Research on the
Carbon Finance
Mechanism in Support of the
Low Carbon Development
of China

全国高校出版社主题出版项目

支撑中国低碳经济发展的碳金融机制研究

刘倩 王遥 林宇威 著

eco

东北财经大学出版社
Dongbei University of Finance & Economics Press

大连

图书在版编目（CIP）数据

支撑中国低碳经济发展的碳金融机制研究 / 刘倩，王遥，林宇威著 . —大连 : 东北财经大学
出版社，2017.12
ISBN 978-7-5654-3028-2

Ⅰ. 支… Ⅱ. ①刘… ②王… ③林… Ⅲ. 二氧化碳−排污交易−金融市场−研究−中国
Ⅳ. ①F832.2 ②X511

中国版本图书馆CIP数据核字〔2017〕第322186号

东北财经大学出版社出版发行

　　大连市黑石礁尖山街217号　邮政编码　116025
　　网　　址：http：//www. dufep. cn
　　读者信箱：dufep @ dufe. edu. cn
大连图腾彩色印刷有限公司印刷

幅面尺寸：170mm×240mm　字数：314千字　印张：21.5
2017年12月第1版　　　　　　　　　　2017年12月第1次印刷
责任编辑：刘瑞东　李季　刘佳　魏巍　责任校对：贺凡
封面设计：冀贵收　　　　　　　　　　版式设计：钟福建
定价：49.00元

　　碳市场是全球应对气候变化的重要价格机制创新。目前，全球区域性碳交易市场正在不断增加，而与此同时，全球碳市场的发展也面临着新的难题：第一，以欧盟碳交易系统（EU ETS）为代表的配额交易系统和以清洁发展机制（CDM）为代表的项目减排交易系统均出现了一定程度的机制失灵；第二，我国政府从2011年开始推动区域碳交易市场试点工作，目前我国碳交易市场呈现多个市场、多个探索模式并存的发展方式。我国于2017年12月底正式启动全国碳排放交易体系，在发展统一的国家碳金融市场进程中，有效避免国际市场曾出现的种种问题，是充分发挥市场在环境资源配置中的决定性作用所面临的关键性、综合性难题。

　　本书正是从上述两个问题出发，希望通过系统地研究碳金融市场的构成要素，追踪碳金融市场的形成过程、特点与发展形态，以期达到分析碳市场的一般运行原理和机制失灵机理的目的，在此基础上梳理了相应的调控手段。此外，基于我国国情，提出旨在有效支持低碳经济发展的完整、清晰的碳金融体系分析框架，并阐明碳金融体系有效运作所高度依赖的制度化机制与技术基础，从而为评估、引导我国碳金融市场建设提供系统的政策建议和改进方案。

　　全书共分为九章。首先，系统回溯了全球为应对气候风险而引入碳价格机制、发展碳金融的创新历程，并针对碳金融制度体系、价格机制设计，风险及其监管进行了重点分析。接着，本书对碳限制下的企业碳资产管理的机制和策略进行了专门剖析。全书在最后一章评估了我国碳市场试点的前期发展情况，并对下一步如何发展碳金融以支持低碳经济的发展提出了建议。

　　碳市场是为激励生产者、消费者和投资者改变碳密集的行为和生产方式，减少温室气体排放而提供的高效、灵活、低成本的激励机制，排放者可以自行决定减排方式。碳市场的优势表现在以下几个方面：第一，碳市场能够实现减排成本的内部化，在产生正向的环境、健康、经济和社会效应的同时激励技术和实践的进步，并进一步推动未来减排成本的大幅下降。碳配额拍卖等收入则可作为气候资金的来源之一，用以缓解税收负担，促进政策公平，或者作为支持其他领域应对气候变化的公共支出。第二，从治理成本角度看，这一改进能够节省大量的政府管理成本。在传统的"命令-控制"政策框架下，若要实现高效的污染控制，管理部门要精确掌握企业排放的各类污染物治理方法及不同治理水平下的边际成本，并且还必须动态掌握治理过程中的变化，以保证治理方案始终处于成本控制效果最好的状态。即使能够克服其中严重的信息不对称问题，收集信息、分析信息的成本也会导致这种政策工具超出合理管理成本，从而难以达到理想的政策效果。从抵消机制的产生一直到后来的总量限制与配额交易机制的出现，其带来的重要转变之一是将收集信息和进行减排管理的责任转移给企业，企业根据自己的生产工艺、成本构成情况，灵活采取对策，市场机制能够激励企业寻找更有效的减排方法和治理方案。第三，从监管成本的角度来看，识别最适合企业的污染控制策略的工作从政府转移到了企业，这种灵活性带来的转变不仅是总体减排成本的控制，而且还为多样化的减排方案提供了广阔的空间。以往在命令-控制政策体系下，更多采用的是末端控制的技术，而在总量控制与交易体系下，灵活的交易市场为污染防治、源头控制等方式提供了经济支撑。

调查显示，碳市场全球链接的潜在可行性将使得市场参与者，尤其碳资产管理类行业，对碳市场成为百亿元以上规模的新兴大宗商品市场和新的社会投资领域充满信心。而形成健康、稳定、可预期的碳价格是这一信心的必要前提。世界银行和经济合作与发展组织（OECD）在2015年曾提出有效碳市场的几个必备特性。第一，公平原则。贯彻污染者付费原则，公正地分担成本和收益，避免脆弱群体背负更大负担。公平因素不仅关乎碳市场拍卖、分配机制的设计，也与惩罚机制及其效力的设计相关，这些要素对于引导参与市场的经济单位的决策至关重要。第二，与其他政策及目标的相容性。碳价格需要与其他的气候政策和非气候政策无缝衔接与融合。第三，价格信号稳定且可预期。稳定的政策框架能够提供持续可信的价格信号，进而能够提供强有力的投资信号，信号随着时间的推移其影响力也将逐渐增强。第四，透明度。设计和实施的过程要清晰透明。第五，效率和成本有效性，即保证价格信号的政策设计能够提高经济效益，减少减排成本。第六，环境信誉，碳市场能够提供可靠的、可测量的减排效果。虽然不同国家和地方的市场都在按照量体裁衣的思路尝试不同的政策路径和机制组合，但仍需要按照以上六个评估原则引领碳市场向高效、诚信的方向发展。

本书的完稿获得了诸多支持，首先要感谢2011年国家社科基金对"支撑我国低碳经济发展的碳金融机制研究"这一课题的支持，将本书的策划提上日程，才有了今天这本完整的书稿。感谢国家社科基金青年项目（10CJY076）"支撑我国低碳经济发展的碳金融机制研究（2012—2014）"、北京市哲学社会科学项目（13JGC068）"北京市碳排放权交易市场定价机制与价格管理策略研究（2013/06—2015/06）"对本研究前期给予的支持，还要感谢广东省广州市花都区委员会对"环境权益质押融资研究"（2018—至今）项目的支持。其次，感谢中央财经大学绿色金融国际研究院高级研究员崔莹老师参与本书的策划及对中国碳市场试点进展的研究，崔老师基于对国内外碳市场的长期观察与研究积累为本书提供了重要的素材和观点支撑。感谢目前在伦敦大学学院（UCL）攻读博士学位的胡媛博士，胡博士在北大就读期间翻译整理了大量的外文资料。感谢康奈尔大学公共事务学院MPA专业的金哲昊，他在世界银行实习期间为本书的更新修订给出了详细的修改建议及最新的文献资料。感谢中央财经大学绿色金融国际研究院的助理研究员姚颖志对全书做了最后的修订和校对。另外，中央财经大学国际金融学本科生张东侯、徐蕾，经济学院本科生李叶紫、周楚、朱晨菲、李秋杪、方晶，金融学公司理财本科生娄惠源，金融学院硕士研究生马玉宝，财经研究院研究生温馨和金融学院研究生席岑均不同程度地参与了本书的讨论、翻译、撰写和修改工作。

在这里，我要特别感谢联合国环境规划署可持续金融特别顾问、清华大学金融与发展研究中心的马骏主任，能源基金会（美国）北京办事处总裁、哈尔滨工业大学（深圳）的邹骥教授在百忙之中为本书做了专家推荐，使本书得以入选教育部"全国高校出版社主题出版项目"。感谢中外应对气候变化、碳市场、碳金融学术界、业界的学者、专家对于我们研究的无私支持及给予的中肯建议。最后，将最真诚的感谢送给中央财经大学财经研究院的领导和同事们，他们对气候与能源金融团队长期的培育和支持是我们的研究工作得以顺利进行且持续开展的重要保障。

本书的前五章成稿于2013年，经过近五年的沉淀及对我国碳市场试点的跟踪观察，进行了增补和重新修订，临近出版，书中仍有诸多不尽如人意之处，我们深感很多问题的研究仍有待深入。希望此书能够成为我们团队和所有关心中国碳市场发展，参与全球碳市场创新的研究人员共同讨论、研究碳金融的起点。我们将带着心中诸多的疑问与深深的好奇继续在该领域探索研究。

编　者

2017年12月

目　录

第1章

碳金融：气候风险与低碳蓝图

近年来，人类活动产生的温室气体对自然环境造成了严重的影响。监测表明，目前地球平均温度比工业化之前升高了1℃。很多研究也表明，如果不采取任何公共政策进行干预，这一增温趋势将达到2.4~6.4℃。地球平均温度升高导致极端天气事件频发，全球社会经济环境也随之发生变化。联合国环境规划署金融机构（UNEP FI）的一项统计表明，1980年到2012年间，独立于地球物理事件的极端气候和水文事件显著增加，而且风暴、热浪、洪灾等极端事件的强度和频率都在提高。与此同时，在全球气候演变的大环境下，部分地区也表现出海平面上升加速，沙漠化趋势加快，干旱期延长的局部气候变化（见图1-1）。[①]

---

① Meehl, G.A., T.F. Stocker, W.D. Collins, P. Friedlingstein, A.T. Gaye, J.M. Gregory, A. Kitoh, R. Knutti, J.M. Murphy, A. Noda, S.C.B. Raper, I.G. Watterson, A.J. Weaver and Z.-C. Zhao, 2007. 'Global Climate Projections.' In: Climate Change 2007: The Physical Science Basis. Contribution of Working Group I to the Fourth Assessment Report of the Intergovernmental Panel on Climate Change [Solomon, S., D. Qin, M. Manning, Z. Chen, M. Marquis, K.B. Averyt, M. Tignor and H.L. Miller(eds.)]. Cambridge University Press, Cambridge, United Kingdom and New York, NY, US.

数量
800

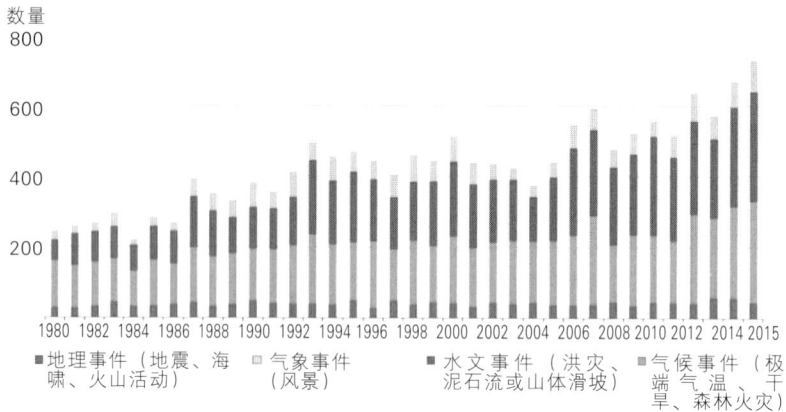

图 1-1　1980—2015 年全球范围内的自然灾害
（按照危险趋势排名的事件数量）

资料来源：UNEP FI. PORTFOLIO CARBON：Measuring，disclosing and managing the carbon intensity of investments and investment portfolios. http：//www.indiaenvironmentpor-tal. org. in/content/378014/portfolio-carbon-measuring-disclosing-and-managing-the-car-bon-intensity-of-investments-and-investment-portfolios/.2013.

　　世界气象组织发布的一项最新研究表明，2011—2015 年这 5 年是人类有温度记录以来气温最高的五年，人类活动对于异常天气与极端气候事件具有明显影响。[①] 2012 年，耶鲁大学的一项调查研究了公众对于极端气候的感知，研究表明大部分美国人（60% 至 70%）相信气候改变加剧了最近的极端气候现象。[②] 2012 年，斯坦福大学和《华盛顿邮报》联合作出的调

[①]　World Meteorological Organization，2016，'The global climate 2011-2015：heat re-cords and high impact weather'.，https://public.wmo.int/en/media/press-release/global-cli-mate-2011-2015-hot-and-wild.

[②]　Yale Environment 360，2012.'Increase in Extreme Weather Influencing Opinion on Climate Change.'http://e360.yale.edu/digest/increase_in_extreme_weather_influencing_opin-ion_on_climate_change/3552/（consulted 22 April 2013）.

查显示，2/3的美国人希望美国成为应对气候变化的全球领跑者。[①]

越来越多的政府部门、商业企业、专家学者、社团组织乃至普通公众，都开始将气候变化视为全球主要的风险之一。2016年世界经济论坛发布的《全球风险2016报告》通过对全球1 000位专家的调查，对50种全球风险发生的可能性及其影响程度进行了评估，这50种风险分别属于包括社会风险、经济风险、地缘政治风险、环境风险及技术风险在内的5个风险类别。评估结果表明，"温室气体排放增加"和"气候变化适应的失败"被认为是后果最严重的风险，而且造成的影响程度级别较高。另外，"水供给危机"和"粮食短缺危机"从影响程度上看被认为是最有破坏性的风险，气候变化是这两种风险的诱因。因此，温室气体排放将成为未来社会核心挑战的重要驱动因素，引发不可持续的人口增长，导致长期财政失衡，并与其他风险交互影响，危及全球社会经济的发展。（见图1-2）[②]

目前，世界各国正纷纷开展应对气候变化的减缓和适应行动，2015年12月12日，《联合国气候变化框架公约》近200个缔约方在巴黎达成新的全球气候协议——《巴黎协定》。

《巴黎协定》是一项有法律约束力的国际条约，在全球应对气候变化的进程中具有里程碑意义。《巴黎协定》共29条，包括目标、减缓、适应、损失损害、资金、技术、能力建设、透明度、全球盘点等内容。世界资源研究所（WRI）将《巴黎协定》简化为五大关键要素：第一，旨在达到净零排放的"长期目标"；第二，每5年盘点一次的不断加强的"行动力度"；第三，保证实现气候承诺的加强"透明度"；第四，帮助发展中家的"气候资金"；第五，帮助世界最受气候变化影响人群的"适应（行

---

①　Eilperin, J. and P.M. Craighill, 2012. 'Temperatures climbing, weather more unstable, a majority says in poll.' The Washington Post, 13 July 2012. http://articles. washingtonpost. com/2012-07-13/national/35488343_1_ climate-change-tax-increases-greenhouse-gases (consulted 22 April 2013).

②　Howell, L. (Ed.), 2013. Global Risks 2013, Eighth Edition. World Economic Forum. http://www3.weforum. org/docs/WEF_GlobalRisks_Report_2013.pdf (consulted 22 April 2013).

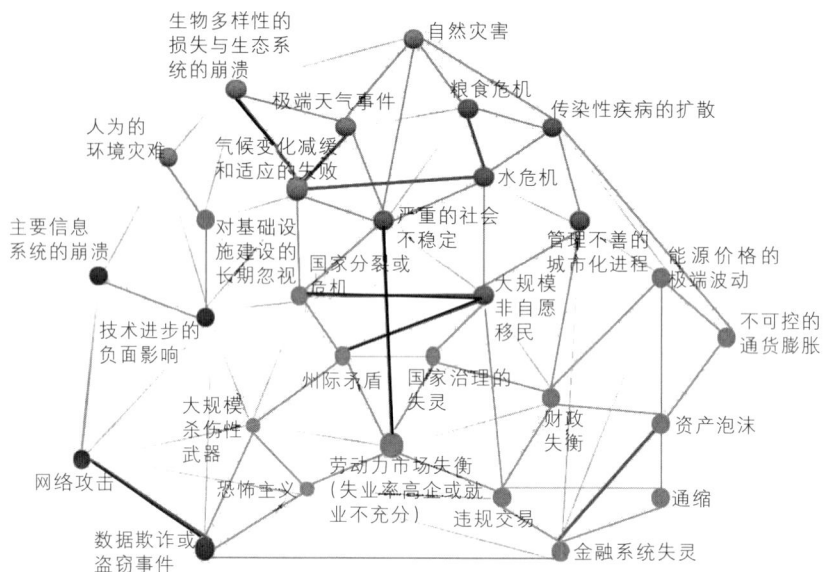

图1-2　气候风险及其与其他全球风险的传导

资料来源：Howell，L.（Ed.），2013. Global Risks 2013, Eighth Edition. World Economic Forum. http://www3.weforum.org/docs/WEF_GlobalRisks_Report_2013.pdf （2014年1月访问）。

动）"。国家自主贡献（INDC）是《巴黎协定》的一项新的自下而上应对气候变化承诺减排的新模式。全球共有189个国家承诺温室气体减排以适应气候变化。相关方所排放的温室气体占全球排放总量的约96%，覆盖了世界98%的人口。此外，国家和次国家级的战略与公共政策也在作出调整。根据国际能源机构（IEA）的统计，从1990年到2010年的二十年间，全球与碳减排和发展可持续能源相关的法律从寥寥无几上升到490个之多。对于已经产生的气候变化及相应的气候风险，人们需要尽快作出调整，以适应相应的改变，并在一定程度上化解气候变化带来的不利影响。全球碳减排发展清洁能源相关的法规数量如图1-3所示。

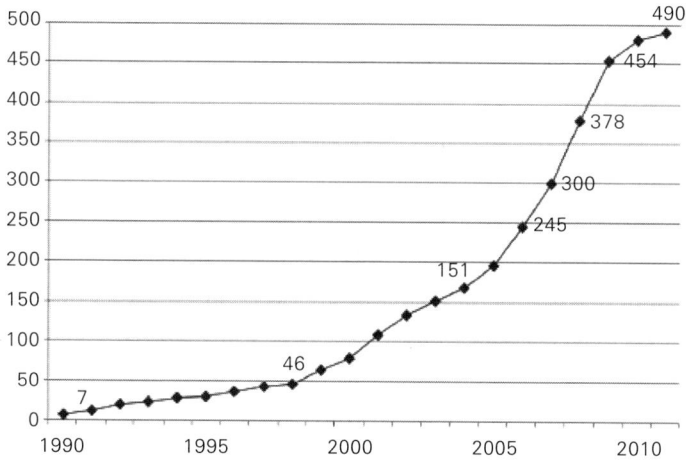

图1-3　全球碳减排与发展清洁能源相关的法规数量

1.1　气候风险及管理机制

1.1.1　气候变化风险的内涵与特点

全球气候变化可能带来的影响对经济主体运用综合手段管理和分散气候风险提出了客观要求。在经济领域，风险是指投资的实际回报与预期不符的机会。气候变化风险则是由气候变化给经济发展、企业经营、居民生命财产安全带来的不确定性，如气候变化引致的新的疾病而导致的人类健康问题，气候对农业、能源等造成的经济影响等。气候变化的风险因素是指温室气体排放导致的全球变暖；风险事件是各类一般性天气事件（如高温、大风、干旱、大雨、大雪、浓雾、沙尘等）、灾难性气候事件（如飓风、洪涝、冰冻、冰雹、热浪等）以及生态系统恶化与退化、海平面上升等事件；风险结果是对各经济部门、生态系统和人类健康等产生的影响，最终导致各种损失[1]。

将气候变化的一系列科学问题与人类的风险损失相关联的跨学科分析

---

① 谢平，段兵. 气候变化风险溢价研究[J]. 金融研究,2010(8):16-32.

范式在21世纪初才逐渐受到重视并丰富起来。基于跨学科的研究范式、跨学科的研究团队逐渐建立，以尽快采取紧急的全球行动应对危险的气候变化，加速实施有效且公平的政策措施，促进全球经济的脱碳化。几位极富代表性的学者的前期研究表明，与一般的经济风险相比，气候变化风险的特点主要体现在以下几个方面[1-3]：

第一，巨大的不确定性。全球温室气体排放是一个包含着技术进步的、多因素交互影响的、复杂的非线性动态系统，气候变化对气候政策的影响是非线性的，存在着巨大的不确定性。与气候变化相关的不确定性表现形式多样，包括气候变化在测量与评估方面存在不确定性，在风险发生时间、影响范围、地域分布以及损失测度方面具有不确定性，应对气候变化所付出的减缓和适应成本具有不确定性等。

第二，外部性。气候变化和温室气体排放具有显著的负外部性，在基于目前政策体制的自由市场条件下，大部分的温室气体排放行为无须对排放造成的风险损失支付成本。

第三，影响的长期性。气候变化造成的损失具有典型的累积性、叠加性和不可逆性。由于温室气体存续时间长，当前的温室气体会在大气层中不断累积，造成持续数百年的影响。因此，代际公平、技术跃迁乃至经济周期等问题都是气候变化风险评估中不可回避的要素。

第四，风险具有内生性。在经济分析中，风险的内生性是指发生损失的概率取决于经济主体的行为。在气候变化中，由于损失的概率取决于温室气体的存量，而温室气体的存量与人类的减排行为有关，因而气候变化风险具有内生的性质。

第五，应对气候变化的投资具有沉没性。用于减缓气候变化的投资一

① The economics of climate change: the Stern review [M]. Cambridge University Press, 2007.

② Llewellyn J, Chaix C. The business of climate change II: Policy is accelerating, with major implications for companies and investors[J]. Lehman Brothers, 2007, 20.

③ Pindyck R S. Modeling the impact of warming in climate change economics[R]. National Bureau of Economic Research, 2010.

且发生，一般难以转换成消费品或其他形式的资本。应对气候变化的投资会将经济资源锁定于特定用途，一旦未来气候变化的损失比预期小，则减缓气候变化的投资不会产生预期的经济价值。

第六，影响的全球性与治理权利结构的分割性。气候变化问题是全球面临的重大公共问题之一，与其他全球公共事务一样，气候变化问题也面临同样的治理障碍。温室气体排放控制尽管会受到一定的国际公约的约束，但最终决策很大程度由各个分割的政权自主决定。目前全球应对气候变化的路径，由于国际统一法律框架推动的举步维艰，已经转为自下而上的全球分散治理，治理效果的不确定性也在增加。

1.1.2 气候变化风险的分类

按照气候变化风险的影响范围与程度，可将气候变化风险划分为系统性风险与非系统性风险。系统性风险是指由于政治、经济、社会等客观环境因素变化而对市场整体造成的风险，主要包括自然风险及市场风险。非系统性风险则是指对某个行业或个别经济单位产生影响的风险，气候变化带来的非系统性风险包括经营风险、流动性风险、诉讼风险、声誉风险和竞争风险等。根据现代投资组合理论，气候变化的系统性风险是不能通过分散化而消除的，非系统性风险则可以随着投资的分散化而减小甚至消除，这就为运用金融手段管理气候变化风险提供了可能性。

（1）气候变化的系统性风险

气候变化带来的系统性自然风险是指气候环境变化对实体经济造成的直接影响，如高温风险、巨灾风险等，其表现形式多样，如旱灾、水灾、飓风，或气候变暖导致的冰川融化、海平面上升等。气候变化带来的系统性自然风险发生的不确定性大，影响范围广，造成的损失严重，且不好预防，给人们的正常生活带来了不利的影响，并且造成了全球范围内的经济损失。英国保险业协会的调查显示，二氧化碳排放量的增加导致美国龙卷风、日本台风和欧洲暴风发生频率增加，预计21世纪80年代这三类灾害事件的发生频率将比现在增加2/3，每年损失将高达数百亿美元。

气候变化带来的系统性市场风险多表现为气候变化导致的基础经济变量，如政治制度、市场环境以及经济条件发生改变而催生的系统性市场风险。例如在第一产业的农业生产中，天气变化可能对农业产出造成巨大的影响，使农产品价格大幅波动，造成农产品市场较高的市场风险。近年来，受拉尼娜等极端天气影响，世界主要粮食产地南美洲的粮食供应量有所下降，供应源的波动造成了全球农产品价格的波动，特别是大宗商品市场通过天气投机炒作加剧了农产品价格波动，使一些农产品采购商面临更大的市场风险。气候变化还可能使政府改变政策倾向，例如为减缓气候变化而实施限制或禁止类的产业政策，导致企业享受的财税政策发生改变，进而使实体企业面临风险，越来越多的企业已经或者将不可避免地受到更为严格的温室气体排放措施的限制，从而遭受气候变化带来的政策风险。

（2）气候变化的非系统性风险

气候变化导致的非系统性风险主要是指气候变化对某个行业或个别公司经营管理产生影响而导致的风险，这些风险可以通过在金融系统内的分散与转移来消除。气候变化可能带来的非系统风险包括：经营风险、流动性风险、声誉风险、竞争风险和法律风险。

经营风险是指公司的决策人员和管理人员在经营管理中没有充分评估气候变化可能带来的影响，导致决策或管理失误，进而影响公司盈利水平而产生的投资者预期收益下降的风险。一方面，气候变化会导致一些生产部门的生产条件发生改变，例如农产品价格上升使加工行业的成本增加，企业应该在充分估计价格条件变化的情况下调整成本策略，或采取预防性措施，否则会面临成本上升、收益下降的风险。另一方面，在某些监管制度下，气候变化会使监管部门对高能耗企业加强监管，例如我国的"绿色证券"制度，对高能耗企业申请上市提出了限制，对企业经营决策造成了影响。

流动性风险是指气候变化可能导致公司经营管理条件发生改变，从而导致经营状况恶化，造成流动性风险。例如在强制减排体制下，部分企业面临着较为繁重的减排要求，不得不进行减排技术革新或产品线更新；部分被纳入碳排放交易体系下的控排企业需要购买配额以履约，这会占用企业现金流，导致公司流动性资金不足，引发流动性风险；或是由于气候变化导致某些特定产品的投资者在卖出所投资的投资物时，面临变现困难和不能在适当或期望的价格上变现的风险。

声誉风险是指由于企业不注重节能减排、可持续发展，导致社会评价降低而对行为主体造成危险和损失的风险。随着社会对气候变化的关注程度不断提升，市场和消费者对企业承担减排责任的要求也不断增强，一些被认为在低碳管理相关政策、产品、程序上有疏忽的企业，将在对气候变化敏感的市场丧失品牌价值和企业竞争力。例如在汽车行业中，品牌忠诚度与低耗能有着密切关系，使得企业不得不注重气候变化带来的声誉风险。

竞争风险是指面对气候变化带来的新的商业机会，企业面临着来自节能减排领域的新的竞争压力与风险。2008年，欧盟正式通过了将航空业纳入欧盟碳排放交易体系（EU ETS）的修订案。中国航空公司如果受到此规则管制，经测算每年大约要购买250万吨碳排放配额，这将是一笔不可忽视的开支，势必对航空业竞争格局带来一定影响。[①]在总量与配额交易市场中，被强制纳入排放权交易体系的企业有如下选择：拥有先进减排技术的企业通过新技术自行减排，降低减排成本，并可将多余的减排配额出售获取额外利润；技术水平落后的企业则需要购买减排配额，甚至面临减产的要求，导致企业竞争力下降，行业格局发生改变。

法律风险是指受气候变化政策影响的公司面临的法律诉讼风险。一些公司可能因为没有履行节能减排义务，或是对气候造成恶劣的影响而面临法律诉讼或监管部门的制裁。

1.1.3　气候变化风险涉及的主要行业

在全球气候变化加剧的情况下，各行业都将面临气候变化风险带来的挑战，但是不同的行业所面临的风险种类各有不同，风险敞口的大小也有所差别。对天气情况依赖度较高的第一产业，即农业、渔业、林业，以及水供应业、旅游业等在生产经营中直接受到气候变化导致的极端天气事件的影响相对严重，会面临更多的系统性风险。

---

① 陈波. 碳排放权交易市场的设计理论与实践研究［M］. 北京：中国经济出版社,2014.

以农业为例，旱涝灾害的频繁发生会导致农业减产，遭受严重损失。据统计，近十年来我国种植业的年均成灾面积近2 727万公顷，损失率高达11%，自然灾害每年给我国造成的经济损失都在千亿元以上。[①]此外，干旱、洪水等自然灾害会直接导致农业产量和质量下降，影响市场供求平衡，加剧农产品价格的波动，使得市场风险加大。

旅游业作为一个资源依存度较高的产业，旅游资源极易受到自然灾害的破坏，在极端天气事件中，暴雨洪水、热带气旋、局部强对流天气常会对景观造成较大的破坏。以海岛旅游资源为例，由于气候变化造成海平面上升、台风与风暴发生频率增加，导致海岸线侵蚀程度加重，海滨湿地、红树林和珊瑚礁等生态旅游系统遭到破坏，影响了旅游业的经营。此外，气候变化以及极端天气事件也会导致旅游行业的消费需求减少，加剧行业内的经营风险。

气候变化所带来的非系统性风险，则更多地集中于以工业生产为主的实体企业，如资源、能源企业，航空、航海运输业等。工业部门是目前消耗能源最多、碳排放量最大的企业，因此在各国节能减排机制的设置中，也是首先受到管制的行业。我国工业部门能耗占中国能源消耗总量的70%，而高耗能行业的能源消耗量又占工业能耗的70%，钢铁、有色金属、建材、石化、化工和电力六大高耗能行业的能源消耗量不断上升。[②]为了有力推进工业的节能减排，全面推行清洁生产，加快工业结构升级，我国加强了产业政策制定和项目管理，大力开展工业节能减排，国务院于2016年印发了《"十三五"节能减排综合工作方案》[③]，要求到2020年，全国万元国内生产总值能耗比2015年下降15%，能源消费总量控制在50亿吨标准煤以内。全国化学需氧量、氨氮、二氧化硫、氮氧化物排放总量分别控制在2 001万吨、207万吨、1 580万吨、1 574万吨以内，比2015

---

① 谢家智,鲜明. 国外农业保险发展对我国的启示[J]. 农村经济,2003(7):70-72.

② 杨宏伟,张敏思. 高耗能产品出口对我国能源环境的利弊分析[J]. 中国能源,2007(1):27-29.

③ http://www.gov.cn/zhengce/content/2017-01-05/content_5156789.htm.

年分别下降10%、10%、15%和15%。

此外，随着人们节能环保意识的不断增强，与居民生活息息相关的衣、食、住、行等行业也面临更高的节能减排要求。以交通运输业为例，作为我国用能增长最快的行业，道路机动车、民航、铁路、水运船舶的总能耗预计在2020年将比2007年增长1.5倍，交通运输领域的二氧化碳总排放量将达到15亿吨左右。[1]面对巨大的减排压力，低碳交通的理念应运而生。为了提高交通运输的能源效率，改善交通运输的用能结构，优化交通运输的发展方式，我国交通运输部启动"车、船、路、港"千家企业低碳交通运输专项行动，积极推进低碳交通的发展。因此，交通运输业的经营环境也受到了气候变化带来的直接冲击与间接政府干预，需要面对更多的非系统性气候变化风险。

1.2　连接气候风险与低碳经济发展的碳金融

在对气候变化风险及其损失进行测算和评估的过程中，在决策者制定应对气候变化策略的过程中，始终面临着两个主要障碍：一是缺乏温室气体减排成本的可靠信息；二是气候变化导致的潜在损害高度不确定，这两个障碍严重阻碍了气候政策的推进。目前，在普遍的全球公共政策干预中，建立碳价格机制被广泛认为是最有效的方法。

根据2017年世界银行发布的《State and Trends of Carbon Pricing 2017》报告，目前全球共有42个国家和超过25个次国家地区实行碳定价政策，共覆盖约80亿吨二氧化碳当量的排放，约占全球年排放量的15%。如果用配额数量乘以2013年年底的配额价格，全球碳市场的规模约为520亿美元。

碳税和碳交易手段都是通过为温室气体排放权赋予价格，将温室气体排放的外部性内部化，为经济系统向高能效、低能耗转型提供价格信号。

碳税被称为应对外部性的"价格手段"，相应的，碳交易则相当于"数量手段"。①

由于有了《京都议定书》这一应对气候变化的国际法作为法律约束，对温室气体排放权进行了确定，使得温室气体排放权成为一种稀缺资源、一种可以在全球流通的资产，具有了商品价值和交易的可能性，并最终催生出一个以碳排放权为交易标的的碳交易市场，而这一市场一发端，就注定要衍生一系列的金融功能、金融产品和服务，这几乎涉及所有金融部门的金融体系。

正如Sonia Labatt阐述的，碳金融是探讨与碳限制下的社会有关的财务风险和机会，这一市场预期会产生相应的市场工具，来转移气候变化风险并完成控制温室气体排放趋势的目标。②从全球围绕碳交易展开的金融实践来看，碳金融体系包括三个有机组成部分：第一，碳金融市场体系，包括交易平台、交易机制、交易产品、交易主体等方面；第二，碳金融组织服务体系，包括银行、证券、保险、基金等机构的碳金融活动、碳金融产品和服务创新；第三，碳金融政策支持体系，包括财政、金融等各方面的政策支持及监管政策③。

在现代经济生活中，金融作为一个庞大的系统渗透到社会发展的方方面面，既是经济体系的核心组成部分，又对社会经济活动产生了重要的影响。金融最核心的功能包括：在时间和空间上转移资源；提供分散、转移和管理风险的途径；提供清算和结算的途径以完结商品、服务和各种资产

---

① 越来越多的碳价格政策倡导者认为在碳税与碳交易孰优孰劣问题的探讨上展开激烈交锋不如对两种政策的细节进行因地制宜的完善重要。比如，碳税实施起来更加简单，特别是对于仅有少数企业构成的部门，没有形成活跃交易的市场的潜质，更适合采用碳税。而交易体系则能够引入私营部门的力量，将环境管理的成本转移给信息优势的企业，增加减排方式的灵活度，减少管制成本，并且减排目标是可控的，可以逐步收紧排放目标。目前，从全球的碳价格机制的设计来看，更多的地区是将这两种政策的优势结合起来运用。比如，南非就在碳税体系内引入了碳抵消机制。加州和RGGI的碳交易都引入了排放成本控制元素，设置了最低限价，其交易体系就具有了一定的"碳税"特征。

② Labatt S, White R R. Carbon finance: the financial implications of climate change[M]. John Wiley & Sons, 2011:11-22.

③ 王遥. 碳金融: 全球视野与中国布局[M]. 北京: 中国经济出版社, 2010:30.

的交易；提供集中资本和股份分割的机制；提供价格信息；提供解决"激励"问题的方法。

碳金融的发展使其成为能够提供可靠的减排成本信息的潜在机制，以碳金融创新为核心，延伸至气候金融体系，能够发挥传统金融体系在评估和分散潜在风险、向气候领域高效调配资源等方面的优势，从而发挥筹融资功能，为节能减排行业的发展提供资金，并通过风险管理机制为市场主体管理和分散气候风险。在促进气候风险管理与节能减排发展的同时，金融行业自身的业务模式也将实现新的变革，业务范围将达到前所未有的深度和广度。

1.2.1　通过定价机制促进节能减排的市场化运作

提供价格信息是金融系统的重大功能之一，传统金融领域的价格信息包括利率、汇率、股市行情等，这些信息对于维护市场运行、形成经营投资决策起到了重要的作用。应对气候变化作为一种具有广泛社会性的活动，不能单独依靠政府行政力量，更需要借助市场的广泛参与。因此，通过市场化的运行机制决定气候变化领域的相关价格信息，对于维持节能减排市场的有效运行显得极为重要。

金融体系的价格发现功能主要是依靠金融市场来完成的，市场化的运作机制可以使产品价格通过供求双方的力量变化而形成，这些价格是所有参与市场交易的经济主体对产品未来收益期望的体现。在有效市场中，买卖双方根据自身所掌握的信息，对产品往期价格进行判断，并最终作出买卖决定，在此过程中，市场即可完成其价格发现功能。随着信息技术的不断发展，计算机撮合公开竞价机制使得价格的形成更加迅速与完备，而遍布全球的通信设备则使价格在世界范围内有效传递，进一步避免了可能的套利行为，使市场价格趋于统一。

碳金融体系在减排价格的功能实现机制方面与其他市场相同，都是通过买卖双方的供求变化达成均衡的市场价格。因此，碳配额或碳信用产品本身具有归属分配和实际使用并非发生在同期的特点，具备远期合约等金融衍生品的某些特征，满足成为金融市场中可交易的金融衍生品的基础条件，而金融市场则为其提供了交易场所，使碳信用的价格得以在供求信息充分的情况下反映在市场上。

1.2.2　通过融资机制为低碳发展提供经济激励

在节能减排领域，金融中介机构作为重要的市场组成部分发挥着积极的作用，目前的气候资金有很大一部分是通过间接方式进行融资的。在全球范围内，世界银行与亚洲开发银行（以下简称"亚行"）作为政府间的中介机构在世界范围内起到了资金的聚集与转移作用。例如，世界银行（以下简称"世行"）目前在140多个国家积极开展支持应对气候变化的工作，2008年，世行公布《发展和气候变化战略框架》（Strategic Framework for Development and Climate Change，SFDCC），指出2009—2011年的关注重点是增加在适应领域的融资、促进碳市场发展和推动气候风险保险的应用。[①]2011年，世行通过的所有国家支持和国家伙伴战略计划，都将气候变化作为优先事项。世行成员机构——国际金融公司则计划将气候年投资额从目前的22亿美元增加到35亿美元，到2020年率先从私营部门每年撬动130亿美元增量资金。除自有资金外，世行还打算在未来五年动员250亿美元商业贷款投入清洁能源。世行还将继续努力协助各国实行碳污染定价，为鼓励政府和私企决策者作出正确的气候抉择建立激励机制。亚行则一直保持与国际和双边的伙伴、政府、私人部门及民间社会的紧密合作，在扩大适应与减缓领域投资的同时，也动员和撬动了其他公共资金和私人资金流向亚太地区。在2015年巴黎气候变化大会上，各国承诺将气温升幅控制在2摄氏度以内，这意味着到2050年，仅清洁能源基础设施一项，亚洲的发展中国家每年需要额外支出3 000亿美元。2016年，亚行共投资37亿美元应对气候变化，较2015年26亿美元的投资规模增长了42%。其中，27亿美元用于缓解气候变化，10亿美元用于提高气候适应能力。亚行一贯坚决支持积极应对气候变化，并将与发展中国家加强合作，共同实现可持续发展目标。预计至2020年，亚行气候投资将达60亿

---

① World Bank. 2008. Development and Climate Change：A Strategic Framework for the World Bank. 浏览于 2012-11. http://climatechattange. worldbank. org / overview / strategic - framework-finance. 2008.

美元，占总投资的30%。目前，亚行正在草拟《应对气候变化战略框架》。这份框架将指导亚行在2017—2030年更有效地推动全球气候改善，并预估发展中国家对亚行气候资金的需求，以便科学地分配气候资金。①

虽然我国商业贷款在应对气候变化领域尚未显现出相应的作用，但已经出现了一些专门为碳减排项目开发的绿色信贷业务模式，如兴业银行推出的碳资产质押授信业务、节能减排固定资产贷款和流动资产贷款业务，浦发银行推出的国际碳保理融资业务以及合同能源管理融资业务等。

直接融资方式是资金的需求者与提供者直接在金融市场上进行联系，并通过多样化的金融契约及金融工具实现资金的转移。目前，已有很多绿色主题的产业投资基金为新型环保企业与项目提供了有利的金融支持，在我国也有产业投资基金或私募股权投资基金开始关注低碳领域。自2009年起，我国已发展起若干专门投资低碳项目的基金，如通用投资基金管理公司投资的"合同能源管理基金"，浙商创投与26个个人投资者成立的"浙商诺海低碳及基金"，瑞士ILB-Helios集团和北京中清信息技术研究院共同出资成立的"新能源低碳基金"等。

1.2.3　通过资源配置功能提高减排效率

资金的配置功能强调资金在分配过程中的有效性，即将资金分配给最需要资金的部门，实现资金利用效率的最大化，这是一种导向性功能。

在经济运行中，非专业的投资者很难发现效益最大化的投资机会，而金融机构与金融市场则可通过内部机制的运作，实现资源从低效部门向高效部门的转移。在节能减排领域，这些规则同样发挥作用，使资金在不同的地区、产业、部门和项目之间合理流动，实现资源的优化配置。

具体来看，金融系统实现资源配置的机制分为政策性的干预机制与商业性的市场机制。政策干预机制是政府在应对市场失灵时采取的必要手段。由于在节能减排行动中，许多项目的资金需求量大、收益期长，导致许多私人部门不愿介入。这时，政策性金融机构会代表政府对金融体系进

---

①　https://www.adb.org/zh/news/asia-can-reap-solid-returns-low-carbon-transi-tion-adb

行干预，从全社会效益最大化、正外部效益最大化的角度进行投资，实现
资金的优化配置。例如，我国的清洁发展机制基金（简称清洁基金）是全
球发展中国家第一家专项应对气候变化的基金，也是国家财政支持气候变
化的一项创新性探索。其资金主要来自清洁发展机制项目转让温室气体减
排量所获得收入中属于国家所有的部分，目前规模大约为60亿元。基金
通过赠款和有偿使用等方式支持我国应对气候变化工作。此外，政策性银
行可以通过与政府的政策或财政投入相辅相成来撬动私人投资。目前中国
的三大政策性银行——国家开发银行、中国进出口银行和中国农业发展银
行根据自身特点，在应对气候变化领域开展了相应的业务（见表1-1）。
但是，目前与气候变化相关的领域并不是政策性银行重点关注的领域。

表1-1　　　　　　　　　　　国内政策性银行在低碳领域的业务

银行	业务重点	业务案例
国家开发银行	包括能源投资项目在内的基础设施、基础产业和支柱产业项目	• 为"十一五"和"十二五"环保规划项目提供1 000亿元人民币政策性贷款 • 参与建立了银行支持环保及节能减排项目形成的环境效益测算体系 • 国家开发银行及下属子公司探索创新的项目融资模式，提供一揽子"投、贷、债、租、证"综合金融服务 • 2017年在全国银行间债券市场发行以大气污染防治为主题的首期50亿元绿色金融债券
中国进出口银行	外国政府及国际金融机构优惠贷款的转贷；绿色信贷	• 进出口银行与世界银行先后合力推出"中国节能融资项目"和"节能转贷第三期项目"，世行共提供2亿美元贷款，进出口银行提供一定比例的人民币配套贷款。已累计实施世界银行节能贷款项目71个，签约金额2.8亿美元及41.66亿元人民币，贷款余额0.89亿美元及17.88亿元人民币
中国农业发展银行	改善农村生态和生活环境的项目	• 截至2010年年底，节能减排贷款余额437.01亿元人民币 • 2016年中国农业发展银行发行60亿元人民币规模的1期绿色金融债

资料来源：根据公开资料搜集整理。

市场机制是指金融机构、投资者由于追求利益最大化，会投资于收益性、安全性、流动性较好的企业，使得气候资金流向最具发展潜力，能够为投资者带来最大利益的部门、企业和项目，使资源得到有效与合理的利用。目前，市场机制在气候金融领域发挥的作用还有待进一步引导和开发。

1.2.4　拓展了碳限制下金融体系对经济的支撑功能

目前世界许多银行、保险等金融中介机构纷纷进入低碳领域，并取得了令人瞩目的成绩。国内也有一批具有前瞻性的银行开始响应国家政策，积极开发新的金融产品，提供低碳相关的咨询业务，寻求新的利润增长点。例如，针对顾客诉求的变化，越来越多的金融机构在加速实现总体商业目标的同时，积极从经营理念、管理体系、银行业务、银行产品、报告制度等多个方面进行创新，成为经济向"低碳"转型的"推进器"，积极引导企业以积极主动的姿态应对气候变化所带来的风险。

随着碳金融体系的不断完善，金融市场在气候领域的衍生产品也日益丰富，市场规模迅速扩大，基于碳交易的金融衍生品，如远期产品、期货产品、期权产品及掉期产品不断涌现。很多大型的金融机构也创新开发了金融结构性产品，为银行提供了新的产品和营利渠道。例如，自2007年4月起，荷兰银行、汇丰银行、德意志银行和东亚银行等几家外资银行和中资的深发展银行先后在市场中发售了以"气候变化"为主题的结构性理财产品，挂钩标的多为气候指数、气候变化基金或与气候变化相关的一揽子股票。

保险公司作为管理风险的重要力量，也针对气候变化提出了新的服务原则与要求。例如，由多家保险公司发起成立的Climate Wise在保险公司参与气候变化风险管理方面提出了包括领导气候风险分析、参与公共政策制定、提升客户的气候意识、将气候变化纳入投资战略、降低自身排放、信息披露在内的六项"气候相关原则"。此外，国外许多保险公司也开始针对客户的特定需求建立完整的气候风险管理方案，为客户提供全套风险管理服务。

尽管目前金融机构的低碳商业模式尚不成熟，业务收入与传统金融领域尚有差距，但多数金融机构都认识到，放弃低碳战略相当于放弃未来市场的竞争优势与市场份额，只有率先行动的金融机构才可以抓住市场环境变化带来的机遇，通过前期的筹备工作建立品牌优势，积累业务经验，并逐步完善低碳商业模式，才能在长期中建立低碳领域的竞争优势，并在市场真正成熟时借助低碳业务实现利润的可观增长与企业的长足发展。

[第2章]

碳排放权交易：原理与实践演进

2.1　排放权交易体系基本原理与早期实践

2.1.1　可交易排放许可经典理论[①]

如第1章所述，与碳税或补贴等政策不同，排放权交易是对排放量政策，而不是价格进行限制。这一特点似乎与命令控制手段相似，二者之间的不同之处则在于排放配额的可交易性（可转让性），在确定总量的同时，允许经济上由于人口增长、技术更新、经济增长等因素带来的一些波动，这就意味着总量下分配的配额必须具有可转让性。正是这种可转让性创造了一个产权市场，并通过创造产权产生有效率的资源使用结果，同时，可交易性也控制着市场机制的效率，确保边际效益与边际成本相等。

由此产生的排放许可或称排放信用，若运用于污染管理，被称为排污交易许可（Tradable Emission Permits，TEP），在渔业管理中则被称为个体

---

① 根据以下专业资料整理:汤姆·泰坦伯格,琳恩,刘易斯. 环境与自然资源经济学[M].[未知]译,北京:清华大学出版社,2001;托马斯,思德纳. 环境与自然资源管理的政策工具[M]. 张蔚文,黄祖辉,译. 上海:上海人民出版社,2005;珀曼,等.自然资源与环境经济学[M]. 侯元兆,等. 译. 北京:中国经济出版社,2002.

可转让配额（Individual Transferable Quota，ITQ）。类似的，也有可转让的放牧权、发展权等，被运用于自然资源管理的其他领域。

可交易的排放许可这一创新的政策工具的理论创立者是 Coase（1960）。[①]根据科斯定理，在交易成本为零的条件下，无论初始产权如何界定，市场都可以通过交易达到的资源的最优配置。Dales（1968a[②]，1986b[③]）被认为首先将科斯理论运用于污染控制。Dales 建议在加拿大安大略省，建立一个能够出售水体"污染权"的权力机构，由地方权力机构根据企业各自的排放量需求和削减成本分配各企业的排放权。Montgomery（1972）进一步从理论上严格证明了排污权交易市场如何实现污染控制成本的最优配置，即在充分和必要条件下存在市场竞争均衡，使得多个以利润最大化为目标的污染企业可以最小化污染控制成本。

管治者利用总污染控制和总污染损害曲线的信息，确定总排污量的社会最佳水平（$E^* = \sum e^*$），并发放相应数量的许可证，分配给每个企业，因此每个企业都可以得到 e_{i0} 个排放配额。企业只要遵从交易限制，就可以自由选择它所需要的产品、减污量和排放配额的组合，最终在履约期递交与排放水平相等的许可证数量。

企业在这个限制条件下最大化其利润：

$$\max Pq_i - c_i\left(q_i, a_i\right) + p_e\left[e_{i0} - e_i\left(q_i, a_i\right)\right]$$

P 是产品价格，q 是产量，i 是一个企业，c 是边际成本，a 是削减成本，p 是许可证价格，e 是排污量。企业拥有正的产量和一阶充分必要条件是：

$$P = c'_q + p_e e'_q$$

　　① Coase, Ronald H. (1960). "The Problem of Social Cost"[J]. Journal of Law and Economics 3(1): 1-44. doi: 10.1086/466560.

　　② Dales, J. H. (1968a). Land, water, and ownership[J]. Canadian Journal of Economics, 1, 791-804.

　　③ Dales, J. H. (1968b). Pollution, property and prices: An essay in policy-making and economics[M]. Toronto: University of Toronto Press.

$c'_a = -p_e e'_q$

即在边际减排成本与配额边际成本相等时达到市场效率，整个市场减排成本达到最低。

根据经典理论，一旦企业获得排放许可，不论是预估其许可证数量充足、无需控制排放量的企业，还是许可证短缺的企业，都会衡量许可证对企业自身的边际价值，这种价值对不同的企业而言有所不同。

一种极端的情况是，企业拥有过剩的许可证，即所持有的许可排放数量多于企业计划排放的数量。另一种极端的情况是企业没有许可证，为了维持企业生产的正常运转急须获得许可证。当然更多的情况是企业拥有一些许可证，但是不能满足其排放需求。这类企业中有一些如果实施削减将面临削减成本的大幅提高，因此可能更愿意出高价购买许可证；另一些企业发现自己的削减成本较低，因而只有在许可证价格足够低的情况下才会购买许可证。如果许可证的价格超过企业的边际削减成本，企业将选择出售而不是购买许可证。

在这样的背景之下，许可证交易市场就建立起来了，并形成了一个均衡的市场价格 λ。交易不会改变许可证的数量，只是通过交易实现配额在企业之间的再分配。购买许可证的企业将是那些削减成本比许可证价格更高的企业，相反出售许可证的企业将是削减成本相对许可证价格较低的企业，但是在均衡点上，所有厂商的边际削减成本都是相等的。这个特征确保了交易许可证像环境税或补贴一样，能够以最低的成本实现给定的总量目标。

图 2-1 中给出了所有污染企业总的边际削减成本函数。许可证总量为 M^*，在该总量的限制之下，许可证的市场价格为 λ^*。现在要求所有企业将污染物总量从 $\hat{M}$ 削减到 M^*，因此总的削减成本为 M^* 右边的阴影边际，它代表从 $\hat{M}$ 到 M^* 的边际削减成本的总和。如果企业在开始时必须按 λ^* 的价格从政府购买许可证，那企业总体还面临斜线区域所代表的成本负担。

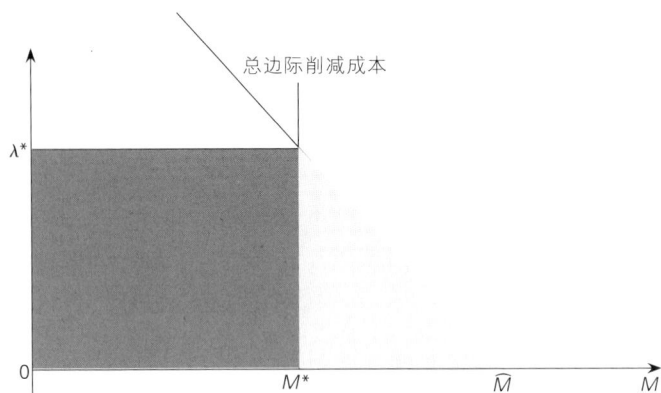

图2-1 排放许可证市场的均衡价格

可以假设市场上只有两家排污企业，A、B企业的污染削减数据如表2-1所示。假定分配的许可总量为50单位污染物，由A、B两家企业排放，污染削减也只发生在这两家企业。配额分配主管部门决定将50单位的许可总量平均分配，A、B各得25单位，从而可以排放25单位的污染物。假定在没有任何控制的情况下，A、B的污染物排放量分别是40单位和50单位。鉴于拥有的污染许可证，A必须削减15单位，B必须削减25单位。图2-2中显示了A、B的边际削减成本函数，A的边际削减成本是45美元，B的边际削减成本是125美元。

表2-1　　　　　　　　　　A、B企业的污染削减数据

	A	B
未实施控制时的排放量	40	50
未实施控制时的削减量	0	0
有效排放量	15	35
有效削减量	25	15
初始许可证分配	25	25
最终许可证分配	15	35

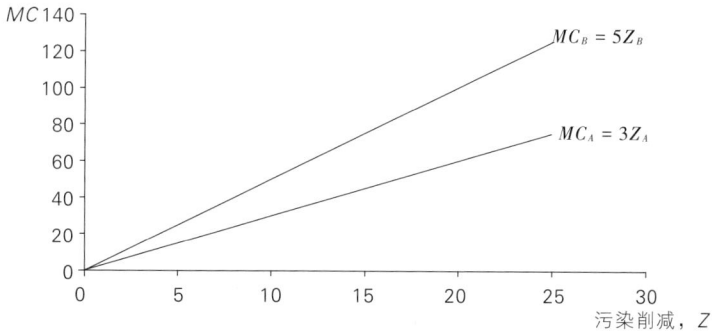

图2-2 A、B企业在交易许可证体系下的有效污染削减水平

在许可证初始分配以后，A的边际削减成本比B的低，说明没能以更低的成本实现40单位的总削减量。同时，单位许可的价值，对B来说远高于A。这种情况下，交易许可证对双方都有利。如果市场是一个竞争性市场，就会达到75美元的市场均衡价格。在该价格下，边际削减成本高的B将购买许可证，因为每份许可证价格远比自己的边际削减成本低，而A将以75美元的价格向企业B出售10份许可证，因为它出售许可证获得的收入将比削减污染的成本高。

交易将一直进行，直到A剩余15份许可证（比初始分配的少10份）、B获得35份许可证（比初始分配多10份）时交易停止。此时所有污染者的边际治理成本相等，削减40单位的总成本也因此降低。

可见，排放权交易能够使整个实施这项政策的地区在既定的环境标准和减污总成本条件下，"容纳"更多的工业增加值，实现环境资源配置的帕累托改进。

2.1.2 早期实践模式：抵消计划

迄今为止，排放权交易主要采取两种形式，美国早期在环境法律规定的排放标准基础上，进一步建立起信用交易法，之后，又进一步建立了灵活性更高的总量与配额交易。总量和配额交易是在信用交易基础上的一种改进，进一步减轻了政府部门的行政负担，催生了真正意义上的排放许可市场。①

美国于20世纪70年代开始实施排放权交易体系，试图以多种灵活方式来实现清洁空气目标，鼓励污染企业采用更新的污染控制技术，以保证空气质量改善或者至少维持现状，不再恶化。

抵消计划是排污权交易的一项早期应用，目的是解决经济增长和空气质量达标之间的矛盾。因此，采用抵消计划的一个重要背景是，这一计划与传统的环境标准是同时运行的。在早期环境管理中，政府部门要对某一特定的排放物实施控制，首先由国家环保局建立国家标准，如空气质量标准、水体中污染物浓度标准等，然后基于这些标准，政府会通过规定污染物削减技术和为排放单位设定污染物排放上限的方式，保证环境质量达标。以上政策路径代表了20世纪以来多数工业国家污染控制的基本过程。而在进一步提出的抵消计划中，只要污染排放企业减排数量超过了其法律义务，就可以向主管部门提出认证申请，将多余的减排额确定为减排信用额（Emission Reduction Credit，ERC），ERC可以用于出售也可以存入银行。获得ERC的企业可以将部分或全部的ERC卖给其他企业，买到ERC的企业则可以排放超过环保局排放标准的污染物。ERC是最早期可交易的许可证形式。

后来几种被广泛采用的较为独立的政策机制，如抵消政策（offset policy）、泡泡政策（bubble policy）、净额结算（netting）、储备机制（banking），都是从ERC中衍生出来的。

抵消政策即允许控排区域的旧企业扩建或引入新的企业，前提是企业不仅要严格遵守抵消计划的具体规定，而且要向该区域现存企业购买ERC，以保证该地区总排污量不会在新建或扩建后增加。新的或改造的大型排放源要拥有下述两个条件才能加入该计划：（1）适当控制自身排放以

---

① 在政治制衡及"大市场、小政府"的政治体制下，总量与配额交易机制建立在实际的度量和预先确定的配额总量的基础之上，企业与政府部门之间不必反复就排污水基准、税率、配套的免税政策等进行旷日持久的争论，因此大大降低了交易成本。

达到LAER标准[①]；（2）申请者所有的或经营的同一州境内的全部现存大型排放源应达到法定的排放控制标准。

泡泡政策允许现存排放源通过改造技术达到既定标准，也可在现有技术无法达到减排标准的情况下，通过购买相应的减排信用来补足差额。减排信用额与实际减排额之和需等于应减排额。该政策之所以称为泡泡政策，是因为其核心思路是将多个控排单位看作一个污染源（如同包在一个泡泡里面），要求泡泡作为一个整体满足特定的标准要求，在这一前提下，允许泡泡内单个污染源超过标准排放，这就为排污交易提供了一定的交易空间。

净额结算是允许改造或扩建的排放源在排放增加量较小（可用减排信用抵减）的情况下，避免像新排放源一样重新接受检查。按惯例，改造或扩建完成之后的排放源，应该开展新排放量是否符合预期排放要求的测试。当增长超过预设阈值时，排放源就应接受检查。净额结算政策允许获得的ERCs用于抵减新增的排放量，以保证排放量限定在阈值之内。工厂不用预先获得许可，也不用符合相关要求，如模拟或监测新排放源对空气质量的影响，应用BACT[②]或LAER控制技术，或是去满足抵减要求；同时，还能避开对新建污染源的禁令（新增排放量满足阈值要求的工厂必须满足由NSPS[③]设定的排放限值）。但是，减排信用不能用于规避实施国家标准。

存储政策允许工厂储存减排信用，用于泡泡政策、补偿政策与净额结算政策。只要条款详细说明存储信用的所有权，具有存储ERCs的资格，具有管理认证以及持有和使用信用的条件，各州就可以设计各自的存储方案。美国将抵消机制创造性地运用于减少汽油的铅含量，控制CFC等臭氧层耗竭物质以及VOC、CO、SO_2、颗粒物和NOx等污染物。

追溯排放许可证的发展是极具启发意义的。不难发现，抵消信用计划

---

① 最低可达排放率(Lowest Achievable Emission Rat)。
② 最佳可用控制技术(Best Available Control Technology)。
③ 新污染源行为标准(New Source Performance Standards)。

实质上是美国对清洁空气法案里空气污染排放限制体系的补充和延伸。

首先，从政策发展的背景看，当时采取这一政策措施的地区是所谓的"非达标区域"，即依靠命令控制手段，还无法实现既定的环境目标，污染水平停留在难以接受的水平。这样的地区一般人口密度高，工业高度集中，经济发展具有很大的潜力，污染控制政策的实施将如同触发多米诺骨牌，直接导致工业发展受到抑制，就业机会缩减等一系列负面社会经济后果。然而，这一两难局面反过来则成为环境政策更具灵活性改进的动力。

其次，从管理成本角度看，这一改进能够节省大量的政府管理成本。在传统的"命令–控制"政策框架下，若要实现高效污染控制，管理部门不仅要精确掌握企业排放的各类污染物治理方法及不同治理水平下的边际成本，而且必须动态掌握治理过程中的变化，以保证治理方案始终处于成本控制效果最好的状态。即使能够克服其中严重的信息不对称问题，收集信息、分析信息的成本也会导致这种政策工具超出合理管理成本，从而难以达到设定的效果。抵消机制则将收集信息、进行减排管理的责任转移给企业，企业根据自己的生产工艺、成本构成情况，灵活采取对策，市场机制能够激励企业寻找更有效的减排方法和治理方案。

2.1.3　政策改进：总量控制与配额交易

在美国联邦政府发起抵消计划之后，各州政府根据现实需求不断推出各种新的交易计划。1993年底，加利福尼亚区域清洁空气激励市场（California's Regional Clean Air Incentives Market，RECLAIM）就属于其中最具远景目标的计划之一，该计划由负责管理洛杉矶地区的南部海岸空气质量管理区创建。计划规定在下一个十年内400个参与计划的排污单位每年应减少5%~8%的氮氧化物和硫排放，以治理困扰这一地区多年的光化学烟雾问题。

RECLAIM计划不同于抵消计划。在抵消计划中，污染源每次投资降低其排放量时，都需要建立相应的减排信用额度。RECLAIM仅要求每年年底比较排放量和持有配额。这一计划是典型的"总量控制和交易体系"，在新的体系下，不再需要认证和监督每一次交易过程，从而大大减少了交易成本，允许市场选择更加接近成本有效的解决方案。

　　总量控制和交易机制是指通过立法或其他有约束力的形式，对一定范围内的所有排放单位（emitters）设定温室气体排放总量上限，排放总量分解成排放配额（allowances），依据一定原则和方式分配给排放单位。排放配额代表了排放的权利，排放单位的排放量不能超过其持有的配额量，配额可以在包括排放单位在内的各种市场主体之间进行交易。

　　总量控制与交易体系改变了监督的本质，识别最适合企业的污染控制策略的工作已经从政府转移到了企业。这种灵活性带来的转变不仅是总体减排成本的控制，而且还为多样化的减排方案提供了广阔的空间。以往在"命令－控制"政策体系下，更多采用的是末端控制的技术，而在总量控制与交易体系下，灵活的环境市场为污染防治、源头控制等方式提供了经济支撑。

　　然而，RECLAIM 计划的实施并不是一帆风顺的，其发展过程中遇到的问题和经验也值得政策设计者借鉴。例如，2001 年夏季，电力企业产生了大量排放，远远超出了预先设定的配额供给总量水平，配额价格迅速上涨，达到政治上无法接受的地步。价格的迅速上涨诱发了安全阀机制的形成。根据 RECLAIM 的设计，如果配额价格超过了某些阈值，计划就会暂时中断，代之以固定价格（相当于收费政策），直至配额价格回落到阈值内。收费在某种程度上使价格回归到政治上可接受的水平。当价格上涨到威胁总量与交易计划整体性的程度时，可能会导致配额的混乱供应与排放量在短期内的大量增加，这就有必要转化成收费系统，直至更多常态条件重新出现。

　　截至目前，美国最为重要的总量－配额交易计划是硫氧化物（SOx）与氮氧化物（NOx）的排污权交易计划。该计划将硫氧化物的排放许可分配给燃煤电厂，以确保 2010 年的排放量比 1980 年减少 1 000 万吨。每份许可授权在某年度允许排放一吨硫，未使用的配额可以转入下一年度。排放源之间可以进行排放许可的转让，每年年终审计排放额应与企业拥有的排放许可总数持平。如果企业的排放水平超过了其所持的排放许可，必须要支付每吨 2 000 美元的罚款①，而且下一年度的配额中要扣减同等数量的排放吨数。

该计划的重要创新在于创建了配额拍卖市场。美国环境保护署（US Environmental Protection Agency，EPA）每年扣下 2.24% 的分配额度，将其投入拍卖市场。出价最高者可以得到许可，出售配额所获得的收益返还给按照一定比例减少排放的企业。在这一体系下，任何人都可以购买排放配额。很多环保组织正是利用这一政策设计的特点，从市场上购买一定比例的配额，使得配额总量低于法律规定的总量，以起到人为促进排放总量降低的作用。

20 世纪末，许可证交易构想在美国之外的很多国家得到借鉴和传播。1990 年 7 月，欧盟委员会也启动了欧洲气候变化计划（Europe Climate Change Programme，CCP）该计划建议在欧洲国家内进行排污权交易（EC，2002）。许多欧洲国家已经开始建立针对环境治理和自然资源管理的交易计划，例如德国针对包装的交易许可计划，英国对于垃圾、氮氧化物和碳领域的交易许可计划。全球温室气体减排政策也计划引入国际碳信用补偿政策，如《京都议定书》的清洁发展计划当时也正在设计完善中。

2.2 碳金融市场的衍生

20 世纪 80 和 90 年代，人们不断意识到气候变化的风险以及减少温室气候排放的必要性。1979 年，首届世界气候大会召开。1992 年，里约热内卢地球峰会上《联合国气候变化框架公约》（United Nations Framework Convention on Climate Change，UNFCCC）的签订标志着人们对于气候变化问题的关注首次达到顶峰。在该项公约中，166 个国家（现为 194 个）承认了限制大气中温室气体（GreenHouse Gas，GHG）累积，以及"防止气

---

① 为了赢得更多的政治认同,最终出台的计划中所规定的总量控制水平根据通货膨胀情况进行了调整。

候系统受到有害的人为干扰"[1]的必要性。

在全球建立统一的温室气体排放权交易体系的倡议开始于20世纪80年代末90年代初，美国最初在UNFCCC条约谈判的过程中大力提倡采用这一市场工具，在美国的推动下，"联合履约机制"（Joint Implementation，JI）[2]作为排放权交易体系的一种非正式形式的想法最终出现在UNFCCC的报告中（Wiener，2001[3]）。

1992年6月4日，UNFCCC在巴西里约热内卢举行的联合国环境与发展大会获得通过，提出将大气中温室气体浓度稳定在避免气候系统受到危险的人为干扰的水平，成为世界上第一个为全面控制CO_2等温室气体排放，以应对全球气候变暖给人类经济和社会带来的不利影响的国际公约，也是国际社会在应对全球气候变化问题上进行国际合作的一个基本框架。

1997年签订的《京都议定书》对UNFCCC附件一国家（包括发达国家和经济转型国家）设置了具有法律约束力的减排指标（如表2-2所示）。根据议定书的规定，附件一国家整体的温室气体排放量到2012年要在1990年的基础上减少5.2%。

为帮助附件一国家完成减排义务，议定书设计了三种灵活履约的市场机制——"排放贸易机制"（Emission Trading，ET）、JI和"清洁发展机制"（Clean Development Mechanism，CDM）。这三种机制构成了国际碳市场，特别是跨国碳排放交易的基础，其碳交易单位分别为"分配数量单位"（Assigned Amount Unit，AAU）、"核证减排量"（Certified Emission Reduction，CER）和"减排单位"（Emission Reduction Unit，ERU）。

---

[1]　根据1992年的《联合国气候变化框架公约》整理而得。

[2]　联合履约机制指一国资助（部分或全部地）另一国减少排放项目建设的机制。

[3]　Wiener J B. Something borrowed for something blue：legal transplants and the evolution of global environmental law[J]. Ecology LQ，2000，27：1295.

表 2-2　　　　　　　　　　《京都议定书》缔约方减排目标

缔约方	减少排放的承诺 （相对基准年或基准期**的 百分比，单位%）	缔约方	减少排放的承诺 （相对基准年或基准期**的 百分比，单位%）
澳大利亚	108	波兰*	94
奥地利	92	葡萄牙	92
比利时	92	罗马尼亚*	92
保加利亚*	92	俄罗斯*	100
加拿大	94	斯洛伐克*	92
克罗地亚*	95	斯洛文尼亚*	92
捷克共和国*	92	西班牙	92
丹麦	92	瑞典	92
爱沙尼亚*	92	瑞士	92
欧洲共同体	92	乌克兰*	100
芬兰	92	英国	92
法国	92	美国	93
德国	92	拉脱维亚*	92
希腊	92	列支敦士登	92
匈牙利*	94	立陶宛*	92
冰岛	110	卢森堡	92
爱尔兰	92	摩纳哥	92
意大利	92	荷兰	92
日本	94	新西兰	100
挪威	101		

*经济转型国家。

**CO_2，CH_4和 N_2O 的排放大部分以1990年为基准年，保加利亚（1988）、匈牙利（1985—1987）、波兰（1988）、罗马尼亚（1989）、斯洛文尼亚（1986）除外；PFCs、HFCs、SF_6的排放大部分以1995年为基准年，澳大利亚、奥地利、加拿大、克罗地亚、法国、冰岛、意大利、列支敦士登、新西兰、挪威、斯洛伐克、瑞士、乌克兰则以1990年为基准年，而罗马尼亚以1989年为基准年。

每个附件一国家根据其历史排放和减排目标分配到一定数量的AAUs，AAUs可在国家之间进行交易，同时附件一国家可通过在其他附件一国家或发展中国家开发减排项目获得 ERUs 或 CERs，另外还可利用议定书下的土地利用、土地利用变化及森林（Land Use Change and Forestry，LULUCF）机制，通过增加土地和林木碳储量来获得碳移除单位（Removal Uint，RMU）。在议定书第一承诺期内（2008—2012年），附件一国家实际排放的温室气体数量不能超出所持有的 AAUs、CERs、ERUs、RMUs 之和。用于履约的 AAU、ERU、CER 和 RMU 也被称作"京都碳单位"，后三者又被称作"京都信用"。

议定书于 2005 年 2 月 16 日正式生效。议定书使得温室气体排放权成为一种稀缺资源，为碳排放权创造了市场需求。同时议定书还为全球碳市场的运作提供了一整套基础性制度框架，并通过 CDM 在发达国家和发展中国家之间建立了一个纽带，成为推动全球积极应对气候变化的重要载体。

除了议定书创造的国际碳市场，为促进完成京都目标或自身的温室气体减排目标，部分地区和国家也建立了自己的排放交易体系（Emission Trading Scheme，ETS），这类交易体系与京都机制的区别是前者的管制对象和交易主体为企业，后者为国家。企业相比国家（政府）是更为活跃的市场主体，因此大部分的碳交易发生在各区域的 ETS 中。

2012 年以前开始运行的 ETS 包括 EU ETS、新西兰碳交易体系（New Zealand ETS，NZ ETS）、美国东北部区域温室气体计划（Regional Greenhouse Gas Initiative，RGGI）和日本东京都总量控制交易体系（Tokyo ETS）。北美西部气候行动（West Climate Initiative，WCI）下的美国加州和加拿大魁北克省 2013 年开始实施碳交易计划，两个碳市场在 2014 年 1 月开始联合运行。除此之外，韩国的碳交易计划（Korea's ETS）确定于 2015 年开启。澳大利亚的碳价机制（Australia Carbon Pricing Mechanism，AU CPM）虽然在 2012 年 7 月开始实施，但前三年实行固定碳价，2015 年 7 月才开始实行浮动价格碳交易，届时碳市场才真正形成。大部分 ETS 与京都机制建立了连接，允许企业使用部分京都单位（主要是 CER 和 ERU）

来进行履约，譬如 EU ETS 允许企业用 CER 和 ERU 来完成一半的减排量，因此在各区域 ETS 市场上也存在京都单位的交易。

由于议定书生效和 EU ETS 的启动，全球碳交易市场自 2005 年以来迅速发展。世界银行发布的历年报告显示，2005 年全球碳市场交易额为 110 亿美元，到 2009 年市场规模扩大了 13 倍，达 1 437 亿美元，2011 年为 1 760 亿美元，比 2005 年扩大了 16 倍。这些交易额绝大部分来自 EU ETS 的欧盟配额——EUA，其次是 CER 的一级市场和二级市场交易，其中二级市场交易的配额绝大部分来自 2008 年开始的 EU ETS。在 2015 年，欧盟排放交易体系交易了将近 2 300 万欧元的欧盟排放许可证（EUAs），这意味着到目前为止，在 2008 年至 2020 年间，EU ETS 所允许的 1.6 $GtCO_2e$ 交易量中，CER 和 ERU 发行总量已近乎 1.5 $GtCO_2e$。到目前为止，EU ETS 已经发放了超过 2.5 $GtCO_2e$ 的 CER 和 ERU。[1]

碳市场运行机制即碳交易机制也包括抵消和总量控制与配额交易两种，分别称为基线信用机制（baseline-and-credit）和总量控制交易机制（cap-and-trade）。这两种机制产生了用于碳市场履约的两类基本单位——排放配额和核证减排量信用。通常来说，每一吨碳单位（碳配额或碳信用）都相当于一公吨的二氧化碳排放当量（metric tCO_2e），且在同一个交易体系内每 1tCO_2e 的配额和信用一般来说是等价的。

2.2.1　碳市场基本运行机制：基线信用机制

基线信用机制是指预先设置排放基准线（baseline），当实际排放量低于基准值（或碳封存量高于基准值）时将会产生减排信用（credit），减排信用可以用于出售交易。基线信用机制目前在三种情况下使用，最常用的是将产生的减排信用作为碳抵消（offset）信用用于自愿碳中和[2]或 ETS 履约，这类信用既可以来自项目减排，也可以来自行业减排，另外还可以作为 ETS 方案即基本设计机制，或者用于衡量早期的减排成果。基线信用机制的运用领域和示例如表 2-3 和图 2-3 所示。

---

① 根据世界银行发布的《2016 年碳价现状与趋势报告》整理而得。
② 见本章专栏。

表2-3 基线信用机制运用领域示例

运用		实例
ETS方案		新西兰林业、GGAS（澳大利亚）、阿尔伯塔（加拿大）
碳抵消	项目减排	国际抵消机制：CDM、JI
		国内抵消机制：CFI（澳大利亚）、CAR（北美）
		自愿减排机制：Golden Standard、VCS等
	行业减排	国际抵消机制：LULUCF、REDD
衡量ETS早期减排成果		魁北克、RGGI

资料来源：作者根据相关资料整理而得。

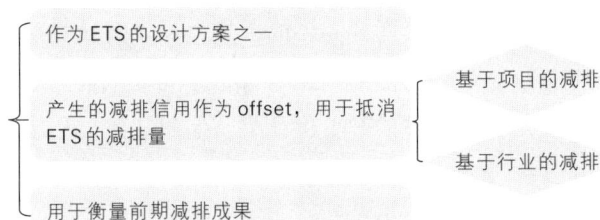

图2-3 基线信用机制的运用领域

资料来源：作者根据相关资料整理而得。

（1）作为ETS设计的基本设计机制之一

基线信用机制与总量控制交易机制一样，可以作为ETS设计的基本机制。根据基线信用机制的原理，规则制定者需首先为ETS下的减排企业划定基线（以碳排放总量、碳排放强度或碳汇为指标划定基线），并对企业排放指标进行检测，实际排放低于基线时发放减排信用，高于基线时则要求其购买碳排放单位来完成履约。

加拿大阿尔伯塔省温室气体减排计划（Alberta Greenhouse Gas Reduction Program）为每个企业设定了碳排放强度基准，企业超额完成目标可以获得"排放绩效信用"（Emissions Performance Credits，EPC），碳强度未达标则要针对超出的排放量购买EPC或抵消信用。澳大利亚的温室气体减排计划（Greenhouse Gas Reduction Scheme，GGAS）设置了人均排放量基线，参与者必须减排或者购买抵消信用来达到基线目标。新西兰1989年后林业（post-1989 forests）所有者可以选择自愿加入 NZ ETS，如果其林业碳储量高于基准（即排放为负值），就可以获得 NZU[①]并在市场上出售，反之则需要购买 NZU 或抵消信用；同时，NZ ETS 强制纳入 1990年前林业（pre-1990 forests），这些林业的所有者根据林地面积分得一定数量的 NZUs，以补偿其不能伐木或将林地改作他用的损失，如果林地面积低于基准，则必须承担毁林责任，上缴一定数量的 NZUs。

简言之，机制下产生的减排信用来源于排放与基线的差值，减排信用或额度属于事后产生，数量少，不确定性大，碳价格发现功能有限，对减排的激励效果有限。而且，基线信用机制需要针对每个行业甚至每种产品、每个设施具体设计基线，需要完备的前期数据以及较高的成本，所以基线的设计远比总量复杂，对前期数据准备工作的要求很高。因此，与早期排污权交易类似，在碳减排的 ETS 设计中，使用基线信用机制作为基本方案的 ETS 所占比例很小。

（2）作为产生碳抵消信用的机制

基线信用机制运用最多的是项目减排领域。这类减排量信用既能用于强制碳市场的履约，也能用于自愿碳中和。ETS 使用抵消机制是指利用 ETS 范围之外的减排量来抵消 ETS 范围内的排放，进入 ETS 的抵消信用可以用于完成履约责任，作为配额的替代品来降低企业的履约成本。主要 ETS 所接受的碳信用类型如表 2-4 所示，根据来源，可以分为国际碳信用和本土碳信用。国际碳信用主要来自国际气候谈判创立的减排机制，包括京都议定书框架下 CDM 和 JI 产生的核证减排量 CER 和 ERU，以及土地利用、土地用变化和林业机制产生的 RMU。

与 CDM 和 JI 不同，LULUCF 是用来核算土地和林业整体的碳储量变化，与此类似的还有 UNFCCC 下针对毁林和森林退化的 REDD 机制，后两

---

① NZU 作为配额,在林业下具有减排信用的性质。

表 2-4　　　　　　　　　　　　主要 ETS 所接受的碳信用类型

	国际碳信用				本土碳信用
	CER	ERU	RMU	REDD	
EU ETS	√	√			无
NZ ETS	√	√	√		无
RGGI*					RGGI 抵消配额
加州**				√	ARB 抵消信用
魁北克					魁北克抵消信用
澳大利亚***	√	√	√		CFI 产生的 ACCU

注：*2014 年之前，RGGI 在配额价格超过 10 美元时允许使用国际碳信用（由于配额价格处于低位实际并未使用），改革之后 2014 年开始的新方案则不允许。

**加州与巴西和墨西哥的一些州签署了 REDD 的备忘录，但尚未正式允许 REDD 信用的使用。

***澳大利亚固定碳价阶段（2012 年 7 月—2015 年 7 月）仅能使用 ACCU，浮动碳价阶段（2015 年 7 月—至今）才可使用国际碳信用。

资料来源：作者根据相关资料整理所得。

者可以看作是行业减排机制。目前的行业减排机制主要针对林业，不过未来的国际气候谈判还可能创造新的减排市场机制，例如欧盟提出的针对工业的行业信用和交易机制（sector crediting and trading）。

国际气候协议产生的减排信用通用于全球，是连接各个区域 ETS 的重要工具，目前 EU ETS、澳大利亚、新西兰均接受 CER 和 ERU，澳大利亚和新西兰还接受 RMU，加州则考虑使用来自巴西或墨西哥的 REDD 信用。

本土抵消信用则来源于 ETS 所在国或区域的本土减排机制，主要针对 ETS 未能覆盖的行业，譬如澳大利亚关于土地利用和废弃物的"低碳农业计划"（Carbon Farming Initiative，CFI）和加州关于林业、畜牧业及 ODS[①]的"气候行动储备"CAR。澳大利亚、加州、魁北克、RGGI 以及未来韩

---

① 消耗臭氧层物质(Ozone Depleting Substance)。

国均接受本土碳信用，而欧盟、新西兰则没有。对于每个ETS来说，其碳市场上流通的是该ETS所接受的配额和抵消信用。

减排信用用于碳抵消除了满足ETS的抵消机制的需求外，还满足自愿市场的交易。这类交易往往与企业抵减其排放量、进行碳中和以履行社会责任有关。主要的自愿减排标准包括黄金标准（Golden Standard）、核证碳标准（Verified Carbon Standard，VCS）等，产生的减排信用一般被统称为"自愿减排量"（Voluntary Emission Reduction，VER）。事实上，自愿减排机制与强制碳市场的抵消机制并无明确的界限，自愿减排信用可能被ETS吸纳作为抵消信用。例如，2008年开始的CAR是北美的自愿项目减排注册计划，减排协议来源于VCS的方法学，2013年加州碳交易体系启动后将CAR的四个减排协议认可为抵消机制的项目类型。2013年改革之后的RGGI也将森林项目类型更改为与加州相同，即也采用了CAR的森林项目类型。

（3）用于衡量前期减排成果

基线信用机制还可以用于衡量先期减排成果，即ETS开始之后，为了奖励在ETS之前就已率先主动采取减排行动的企业，根据其减排量颁发相应数量的早期减排信用。由于配额的免费分配依据往往是近期或当前的排放水平，这对先行减排的企业并不公平，导致了"鞭打快牛"的现象，而早期减排信用能够弥补这种缺陷。例如，魁北克碳交易体系2013年启动，允许履约实体根据其在2008—2011年间相对于2005—2007年的减排量申报早期减排信用；RGGI第一阶段也有关于早期减排信用的规定。

2.2.2　碳市场基本运行机制：总量控制与交易机制

一般意义的碳交易通常指基于总量控制交易机制的碳交易，该机制体现了排放权交易理论的设计原理和设计目的——配额的总量约束了排放的总量，交易可以实现完成一定减排目标时的成本最小化。

总量控制交易的机制设计主要模块一般包括配额总量设置、配额分配、配额交易、履约配额核算等，这些也正是大部分ETS的核心架构。京都三机制之一的排放贸易（Emissions Trading，ET）即为总量控制的ETS，也是目前唯一以国家为履约主体的ETS。

　　由于这类碳交易需要依赖对排放总量的约束，由此产生的碳市场一般是强制碳市场[①]。EU ETS、RGGI、加州、魁北克、澳大利亚碳价机制（AU CPM）都是基于总量交易机制建立的，ET 和各区域 ETS 的碳配额单位如表2-5所示。

表2-5　　　　　　　　　　　　　　　主要ETS的碳配额

交易体系	碳配额
ET	AAU
EU ETS	EUA、EUAA
NZ ETS	NZU
RGGI	RGGI配额
加州	CCA
魁北克	Emission Unit
AU CPM	Carbon Unit
CCX	CFI

　　严格地说，ETS 和总量控制与交易机制以及配额三个概念之间并不是百分之百对应的关系。ETS 的建立机制还可以采用下面即将论述的基线信用机制，在这种机制下，产生的交易单位为碳信用，而不是配额。同时，基于总量控制与交易机制建立的排放交易体系下，除了配额之外，往往还接受基线信用机制所产生的减排信用作为抵消机制。此外，配额市场也并非必然存在总量控制，例如 NZ ETS 创建并发放配额，但目前不设置配额总量，AU CPM 在头三年的固定碳价阶段也不约束排放数量。

　　截至目前，只有澳大利亚新南威尔士州（2003—2012年）和加拿大阿尔伯塔省（2007年至今）选择了基准线法作为碳交易的基本机制。另

　　[①]　即使是CCX的自愿碳交易体系,企业自愿加入之后也有强制减排指标。

外，新西兰针对纳入 NZ ETS 的林业使用基准线法以防止毁林，其他绝大部分 ETS 均选择了总量控制与交易机制。

　　基准线的设计对技术和排放数据的要求较高，需要大量的前期数据和较高的执行成本。而且，如果针对行业设置基准线，只有技术同质性较高、排放源清晰的行业（譬如电力）才比较适用，产品或生产过程异质化比较严重的行业难以设置基准线。

　　基准线法更加适用于排放增长的情况。当温室气体排放处于增长期或不确定性较大时，排放总量目标的设置将非常困难，同时绝对排放量的限制可能挤压经济发展空间，而基准线法既能促进减排，又不至于因设置排放天花板而限制发展。以阿尔伯塔为例，根据其气候变化战略确定的减排目标，要到 2020 年才能达到排放峰值，因此选择了碳强度作为控制指标。

　　与基线信用机制相比，总量控制机制下形成了灵活度更好的环境资源市场，因此，更有利于形成规模化、规范化、金融化的碳市场，2011 年 EU ETS 衍生品市场的份额占到整个碳市场的 98%。如果没有金融化，碳市场的规模将无法扩大，不利于市场的风险控制和碳价格的发现。

2.3　碳市场发展的三个阶段

　　从发展历程来看，可以将碳市场发展分为早期探索、稳定增长、全面扩张三个阶段，如图 2-4 所示。

　　（1）早期探索阶段（2001—2005 年），虽然自 20 世纪 90 年代开始就有零星的碳交易，但真正意义的碳市场在 21 世纪初才开始产生，英国（2002）和芝加哥（2003）建立起了碳交易体系，其他几个国家也进行了相关的探索。这个阶段整体市场规模很小，但其积累的经验为 EU ETS 等大规模市场的发展奠定了重要基础。

　　（2）稳定增长阶段（2005—2012 年），2005 年《京都议定书》生效、EU ETS 启动后，碳市场才开始出现较为稳定的扩张，甚至一度呈现高速增长的势头，EUA 和 CER 交易活跃。但其他碳市场进展迟缓，NZ ETS 和 RGGI 规模较小，交易量大部分来自 EU ETS。

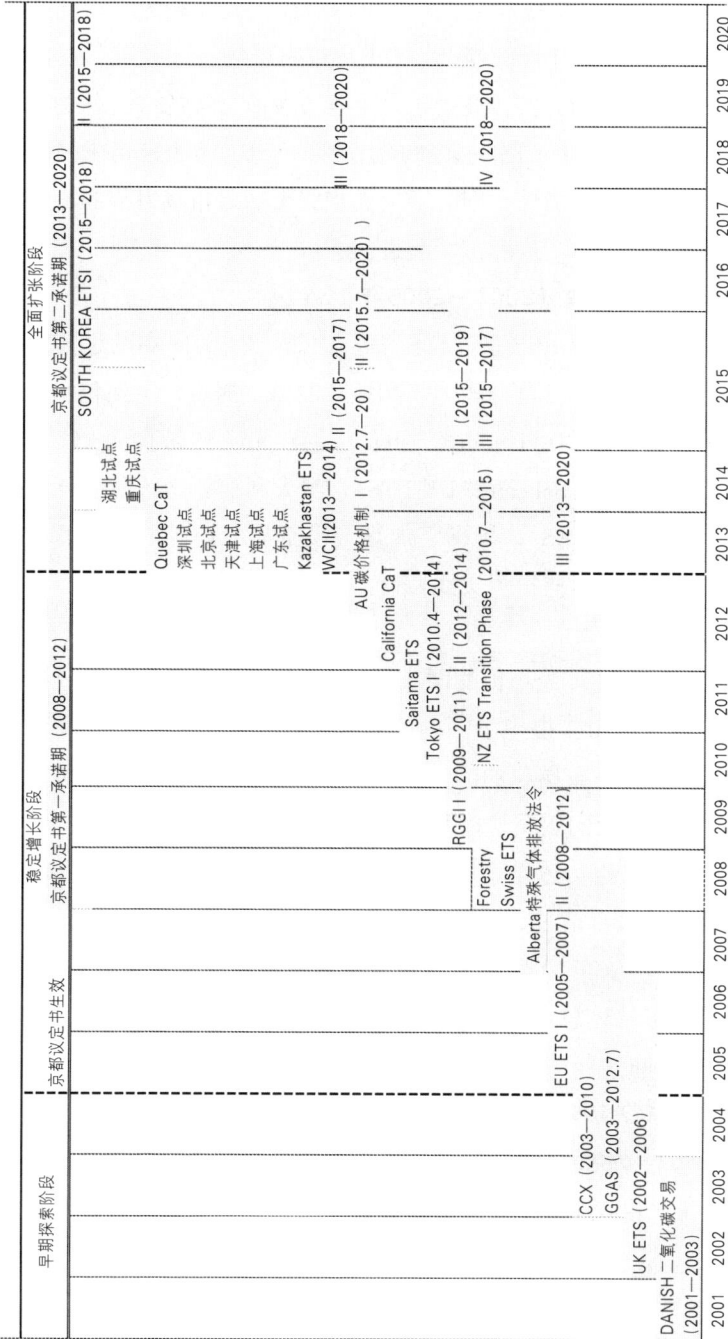

图2-4 全球碳市场发展历程

	早期探索阶段	京都议定书生效	稳定增长阶段 京都议定书第一承诺期 (2008—2012)	全面扩张阶段 京都议定书第二承诺期 (2013—2020)
				SOUTH KOREA ETSⅠ (2015—2018)

DANISH二氧化碳交易 (2001—2003)

UK ETS二氧化碳交易 (2002—2006)

GGAS (2003—2012.7)

CCX (2003—2010)

EU ETS Ⅰ (2005—2007)

Alberta特殊气体排放法令 Ⅱ (2008—2012)

Swiss ETS

Forestry

RGGI Ⅰ (2008—2009)

Tokyo ETS Ⅰ (2009—2011)

Saitama ETS

NZ ETS Transition Phase (2010.7—2015)

California CaT

AU碳价格机制 Ⅰ (2012.7—20)

WCⅡ(2013—2014) Ⅰ (2012.7—2014)

Ⅱ (2015—2017)

Ⅲ (2013—2020)

Kazakhastan ETS

Ⅱ (2015—2019) Ⅲ (2015—2017)

广东试点

上海试点

天津试点

北京试点

深圳试点

Quebec试点

Ⅲ (2015.7—202b))

重庆CaT

湖北试点

Ⅲ (2018—2020)

Ⅳ (2018—2020)

SOUTH KOREA ETSⅠ (2015—2018)

Ⅱ (2015—2018)

2001 2002 2003 2004 2005 2006 2007 2008 2009 2010 2011 2012 2013 2014 2015 2016 2017 2018 2019 2020

（3）全面扩张阶段（2013年至今），全球版图上几个较大规模的强制性ETS依法相继确立，2013之后陆续启动，新的市场设计吸取了前两个阶段的市场经验，且更加务实，充分结合了碳市场所覆盖的经济体的主要特征。这不仅有望改变EU ETS一家独大的局面，也为多个市场未来的进一步连接提供了更多的可能性，同时会大大加强全球碳市场发展的深度和广度，促使碳市场进一步向成熟市场迈进。

2.3.1　早期探索阶段（2001—2005年）

早期探索阶段主要是指《京都议定书》生效、EU ETS启动之前的阶段。这一阶段产生的碳市场是一些国家和地区的自主探索，主要包括丹麦CO_2交易体系（Danish CO_2 Trading System），英国碳交易体系（United Kingdom Emission Trading Scheme，UK ETS），澳大利亚新南威尔士州温室气体减排计划（NSW GGAS），美国芝加哥气候交易所CCX的交易体系和日本的自愿减排体系。这些探索实践目前大部分都已停止。

（1）丹麦CO_2交易体系

丹麦是温室气体减排最积极的国家之一，早在20世纪70年代就开始对能源消费征税，1990年提出了国内的减排目标，1992年成为全球第一个对家庭和企业同时征收碳税的国家[①]，2001年成为最早开展强制碳交易的国家，针对电力部门的碳交易体系运行了3年。

1999年，丹麦在电力改革中引入了《碳配额法》（the CO_2 Quota Act），该法于2000年4月获得通过，2001年正式生效。该交易体系只针对电力行业，纳入的8家排放在10万吨以上的电力企业，占全国电力排放的90%以上，占全国温室气体总排放量的1/3左右。设定的排放总量逐年递减，2001年为2 200万吨，此后每年递减100万吨。配额分配采用祖父法（或称历史法）——依据1994—1998年的历史排放分配配额；对于未履约的排放处以每吨40丹麦克朗（约合5美元）的罚款。丹麦碳交易体系涉及的企业很少，交易量也较小，主要采用双边协商的方式进行交易，并未建立

---

①　苏明,傅志华,许文,等. 碳税的国际经验与借鉴[J]. 经济研究参考,2009(72):17-23.

统一的交易平台[①]。该体系对热电联产企业减免履约责任，允许配额的存储，提出对新加入企业预留免费配额，这都为 EU ETS 更加灵活的制度设计提供了借鉴[②]。

（2）英国碳交易体系

英国政府为实现《京都议定书》的减排承诺，2000 年 11 月发布了英国气候变化计划，根据该计划 UK ETS 于 2002 年 4 月 1 日启动，成为全球第一个跨行业的温室气体排放交易体系。

UK ETS 是自愿碳交易体系，包括了直接参与企业和协议参与企业两类，作为直接参与者的 34 家公司获得了政府 2.15 亿英镑的补贴（后增加到 54 家），前提是自愿向政府承诺 2002—2006 年的减排目标。协议参与者自愿与政府签订气候变化协议（Climate Change Agreement，CCA），承诺减排目标，达到目标可以获得最高 80% 的气候变化税（Climate Change Levy，CCL）减免。签署 CCA 的企业最多时达到 6 000 家以上。UK ETS 为配额市场，根据加入的企业数量发放配额，建立总量交易机制。2006 年 12 月 UK ETS 第一阶段结束，直接参与者退出，改为参加 EU ETS[③]，协议参与者可以选择继续参与，CCA 继续有效。

UK ETS 是 EU ETS 的先驱，第一次尝试多部门复杂碳交易体系的设计，在配额分配、拍卖和交易等方面为 EU ETS 提供了宝贵的经验。与丹麦零星场外交易不同，英国发展了碳市场配套的金融业务，伦敦成为最早开展碳金融交易业务的城市，进而为后来成为全球碳金融中心奠定了基础。

（3）澳大利亚新南威尔士温室气体减排计划

澳大利亚的温室气体减排计划（Greenhouse Gas Reducton Scheme，

---

①　Pedersen S L. The Danish CO$_2$ emissions trading system[J]. Review of European Community & International Environmental Law, 2001, 9(3): 223-231.

②　配额的跨期存储目前已经成为碳交易体系的标准配置, 最早可追溯到丹麦的实践, 不过与目前多于排放的过剩配额就可存储不同, 丹麦要求低于一定限制值(saving limit)下的过剩配额才可存储。

③　在 UK ETS 第一阶段结束前、EU ETS 启动后, 直接参与者和协议参与者被纳入 EU ETS 的话可申请从 EU ETS 豁免。

GGAS）从2003年1月开始在新南威尔士州（New South Wales，NSW）实施，2年后在首都直辖区（Australian Capital Territory，ACT）实行。

GGAS只针对电力的生产和消费，采用的是总量控制机制，不设置排放上限，以人均碳排放为基线，2013年的目标为人均8.65 tCO_2eq，逐步下降到2007年的7.27 tCO_2eq，2008—2012年一直保持这个排放目标。电力零售商和大的电力消费者超过基线的排放必须购买新南威尔士州温室气体减排许可证书（NSW Greenhouse Abatement Certificates，NGACs）进行抵消，否则将被罚款。NGAC主要来自电力生产的碳强度下降、电力需求侧减排（降低电力消耗）和森林碳封存项目。2012年7月1日澳大利亚碳价机制开实施后GGAS停止运行。

（4）芝加哥气候交易所

芝加哥气候交易所（CCX）成立于2000年，其独创的"自愿加入，强制减排"的会员制碳交易模式从2003至2010年运行了8年，是此前北美开始最早、运行时间最长的碳交易体系。CCX采用会员模式，最高峰时会员达到450家，会员类型包括企业（福特、杜邦、摩托罗拉等）、地方政府（奥克兰、芝加哥等）以及高校（加州大学、密歇根州立大学、圣迭戈大学、塔夫茨大学、明尼苏达大学等），另外还有全国农民联盟（National Farmers Union）和爱荷华州农业局这类作为抵消项目参与者的会员单位。参加CCX减排计划的会员必须承担6%的温室气体减排承诺，虽然加入CCX是自愿的，但加入以后的减排承诺有法律约束力。CCX相当于以"俱乐部契约"形式替代了立法，实际运行方式与强制ETS基本类似。CCX的履约工具被称作"碳金融工具"（Carbon Financial Instruments，CFIs），参与CCX减排计划的企业必须提交足够量的CFIs来完成其减排目标。企业允许使用的CFIs除CCX发放的排放配额外，还包括本土抵消机制产生的减排信用，另外，CCX也允许使用京都抵消信用。

CFI价格曾在2008年5月达到7.5美元的最高点，并在当年创下6 900万美元的交易记录。不过，必须指出的是，CCX的建立及其昙花一现的繁荣是出于对美国强制减排立法的预期，先期减排的企业期望在新的市场环境下占得先机，当2009年奥巴马政府的清洁能源安全法案在参议院受挫后，CCX量价齐跌，CFI价格从4.8美元一路狂跌到0.8美元，到2010年11月最后一笔交易时成交价只有不到10美分。2010年7月，CCX的母公司气候变化集团（Climate Exchange Group，CEG）被洲际交易所（Intercontinental Exchange，ICE）收购，ICE宣布终止CCX的自愿碳交易计划。芝加哥气候交易所于2011年1月正式停止运行。

2010年CCX已经几乎没有交易，如图2-5所示，CCX从2003年到2009年累计交易量1.44亿吨，交易额4.7亿美元。CCX的成功一度提供了碳市场机制创新的经典案例，其最终落幕证明了强制立法约束对于建立市场预期的重要性。

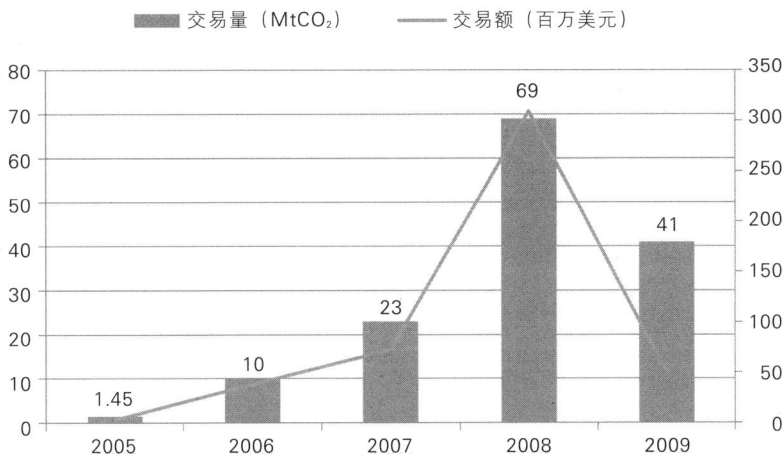

图2-5　2003—2009年CCX交易量与交易额

资料来源：根据世界银行相关资料整理而得。

（5）日本自愿减排行动

日本经济团体联合会（Keidanren）建立工业温室气体自愿减排计划（Keidanren Voluntary Action Plan，K-VAP）的时间比CCX更早，1996年就已开始，不过该体系的"自愿"色彩更强，没有减排约束，也没有统一的衡量标准，工业企业各自提出形式各异的减排目标。与CCX为强制减排作准备的目的不同，K-VAP是经团联以一种自发组织的"自愿"形态来对抗政府的"强制"减排措施的。

除了企业自主行动，为完成 2020 年比 1990 年减排 25% 的目标，日本环境省（Ministry of Environment of Japan，MOEJ）也发起了数个自愿减排计划。2005 年 4 月建立的日本自愿排放交易体系（Japan Voluntary Emissions Trading Scheme，JVETS），共有 359 家企业参与。与 K-VAP 相比，JVETS 更接近于一个成熟的 ETS，在可测量、可报告、可核查（MRV），第三方核证，登记系统，碳交易管理体系等方面积累了宝贵经验。2008年 10 月，K-VAP 与 JVETS 联合组建了新的自愿试验性一体化 ETS（Voluntary Experimental Integrated ETS），并允许企业使用国内中小企业（Small Medium Enterprise，SME）的减排信用和京都信用来抵消排放。2008 年 11月，MOEJ 为促进减排及发展碳汇建立了碳抵消体系信用（Japan's Verified Emissions Reduction ，J-VER），包括了 SME 减排、森林生物质、森林管理等项目。可以看出，多样化的自愿减排机制创新是日本应对气候变化行动的一大特点。不过，由于福岛核危机对日本电力结构的冲击——核电比例下降、煤电比例上升，日本减排目标完成较为困难，强制碳交易体系的引入也被迫推迟。

2.3.2　稳定增长阶段（2005—2012 年）

2005 年，《京都议定书》生效，EU ETS 启动，真正意义上具有一定规模的碳市场开始出现。2005 年至 2011 年，全球碳市场处于稳定增长阶段，且主要交易来自 EU ETS，其在全球碳市场的份额一度高达 97%，2013 年以后 EU ETS 的份额呈下降趋势，2015 年只占全球总市场份额的 77%。另外两个较小的碳市场——NZ ETS 和 RGGI 分别于 2008 年和 2009 年开始运行。

（1）欧盟碳交易体系

根据欧盟 2003 年颁布的 Directive/2003/87 号指令，EU ETS 于 2005 年 1月启动，成为全球第一个强制性跨国碳排放交易体系。EU ETS 纳入了包括能源、钢铁、水泥、炼油、炼焦、石灰、制砖、陶器、纸浆、造纸等行业在内的超过 1 100 个排放设施，涵盖欧盟温室气体排放总量的 45% 以上。EU ETS 是迄今为止世界上规模最大、参与国家最多、运行时间最长的强制碳排放交易体系。

2020 年前，EU ETS 的实施分为三个阶段。2005—2007 年为第一阶段，这一阶段主要是试验期，目的是为了收集基础数据和积累经验。2008—2012 年为第二阶段，这个阶段与《京都议定书》的第一承诺期重合，是巩固和调整阶段。2013—2020 年为第三阶段，是统一协调阶段。

前两个阶段的 EU ETS 采用分权治理模式，成员国在配额分配、碳市场运行等方面拥有相当大的自主决策权。EU ETS 没有设置统一的减排目标和配额总量，各个成员国的配额总量和配额分配方案由其提交的国家分配计划（National Allocation Plan，NAP）确定，NAP 通过欧盟委员会审批后生效，配额数量应确保成员国完成《京都议定书》及欧盟负担分享协议（Burden Sharing Agreement，BSA）所设定的减排目标[①]。

第一阶段批准的每年配额总量为 21.8 亿吨；第二阶段为 21 亿吨。实际发放配额数量可能会由于预留配额未分配或未来配额的提前拍卖而与 NAP 有差异，第一阶段三年实际发放配额 64.7 亿吨。这两阶段配额分配以免费为主，只有少量配额进行拍卖；而且免费大部分根据历史排放量进行分配，只有德国等少数国家采用了本国的基线分配法（benchmarks）。第二阶段，德国、英国、荷兰等国对部分配额进行了拍卖，拍卖比例约占配额总量的 3% 左右。EU ETS 从 2008 年开始允许企业使用京都信用 CERs 和 ERUs 完成部分履约责任，抵消信用比例由各国自行确定，但不允许使用来自核能、大型水电和造林再造林项目的 CERs。欧盟 2009 年通过 Directive/2009/29 号指令对 2003 年的 87 号指令进行了修订，提出 2020 年比 2005 年减排 21% 的目标，并统一了登记系统、MRV、总量设置、配额分配和拍卖、抵消信用使用等方面的规则，同时扩大了其管控的行业和温室气体类型。在这两个阶段采纳的自主分配方案由于相关利益方都可接纳，

---

① 确定《京都议定书》第一期减排目标时，欧盟（当时还称作欧洲共同体）最早的 15 个成员国（包括奥地利、比利时、丹麦、芬兰、法国、德国、希腊、爱尔兰、意大利、卢森堡、荷兰、葡萄牙、西班牙、瑞典和英国）作为一个整体必须完成 8% 的减排目标，这些国家通过 BSA 重新分配了减排责任（具体如表 2-4 所示）；EU ETS 的其他成员国则完成自身的京都目标。

因而有效降低了政治阻力，确保了排放交易机制的快速建立，但存在分配机制复杂不透明，且标准不统一的问题。EU ETS配额数量制定与分配如图2-6所示。

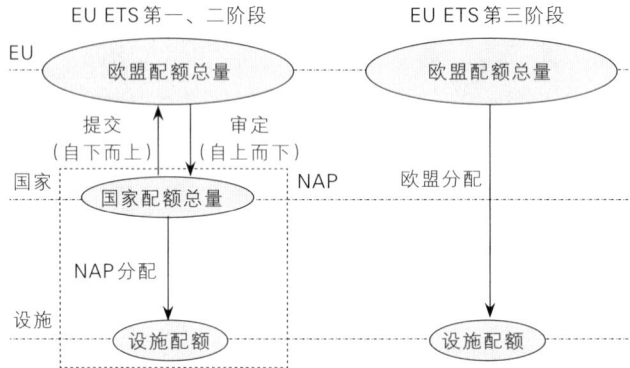

图2-6　EU ETS配额数量制定与分配

资料来源：作者根据相关资料整理而得。

目前EU ETS已经进入第三阶段，欧盟对排放配额进行了重大改革，由祖父法为主转向了基线法为主的免费配额分配法，并逐步增大用于拍卖的碳排放权份额，EU ETS在第三阶段真正成为一个统一的跨国碳市场，配额总量从20.4亿吨递减到17.8亿吨，且除了英国、德国、波兰外，其他国家统一进行拍卖。同样允许使用CERs和ERUs，并不再接受除最不发达国家（Least Developing Countries，LDCs）之外的发展中国家新注册CDM项目所产生的CERs，也不再接受工业气体项目（HFC23项目和己二酸 N_2O 项目）产生的CERs；对ERUs的使用也将作出进一步限制。另外，EU ETS在2008—2020年间国际信用的总使用量不能超过该阶段减排量的一半。

欧盟在2012年1月正式将欧盟境内的航空排放纳入EU ETS的覆盖行业，并引入单独的欧盟航空碳配额（EUAA），要求在欧盟境内起降或经过欧盟的航班提交与其整个航程排放的温室气体等量的排放权或合格减排量。航空排放约占欧盟排放的3%，2013—2020年配额总量为2013—2020

年基准值（2004—2006年的排放年平均值）的95%，为每年2.103亿吨。航空配额的82%进行免费分配，15%拍卖，3%预留给新入或快速增长的航空运营商。航空运营商允许使用CERs和ERUs满足1.5%的履约责任。[①]

欧盟将低碳发展作为其取得国际竞争力的战略手段，而作为气候政策核心的EU ETS是重要工具之一，欧盟期望将碳市场的影响力扩张至全球，2016年欧盟与瑞士就连接两地碳市场达成共识。EU ETS在目前及以后的相当长时间内都将是全球最重要的碳市场，且其碳市场设计及碳市场发展中的经验和教训也将成为其他区域市场探索的重要参考。

目前欧盟正在对EU ETS的第四阶段（2021—2030年）相关制度进行重新修订，包括将每年的总量削减率自2021年起从1.74%增加至2.2%，以进一步强化碳市场，并设立低碳资金机制，如欧元创新基金，基金目前仅对能源领域开放。目前EU ETS的配额价格在8美元/tCO₂e左右。此外，欧洲议会也在考虑将海运行业纳入EU ETS。

（2）新西兰碳交易体系

2008年，新西兰对《2002气候变化对策法案》进行修订，引入了NZ ETS。新西兰成为继欧盟之后第二个通过碳交易立法的国家，其减排目标为2020年排放比1990年降低10%～20%，1990年排放为0.6亿吨左右。

NZ ETS涵盖了新西兰除渔业和园艺之外的所有行业排放，不过由于新西兰整体排放较少，NZ ETS是目前最小的碳市场之一。NZ ETS从2010年7月至2012年12月为过渡阶段，控排企业享受优惠政策，2吨排放只需提交1吨的NZ NZU。除了从市场购买配额，企业也可每吨排放向政府支付25新元，同时不限制CER、ERU、RMU等京都信用的使用比例。25新元相当于控制碳价成本的价格上限[②]，由于提供了无数量限制的固定价格

---

① 迫于各方压力,欧盟于2012年11月宣布暂停1年将国际航班纳入欧盟碳排放交易体系,并敦促各方在ICAO框架下达成航空减排的全球协议。

② Pizer W A. Combining price and quantity controls to mitigate global climate change [J]. Journal of Public Economics,2002,85(3):409-434.

支付选择，NZ ETS 并不是严格意义上的 Cap-and-Trade。除了进口，新西兰还允许 NZUs 转换为 AAUs 出口，不过在过渡阶段，非林业部门的 NZUs 不允许出口。

由于进出口限制较少，NZU 价格与国际信用价格关联性很大，容易受到外部市场不景气的影响。2011 年，NZU 价格从 5 月份的 20 新元跌到了 12 月份的 7 新元，价格最低时在 1 新元左右。新西兰从 2011 年 12 月开始禁用来自工业气体项目的 CERs，2012 年 12 月开始禁用来自工业气体项目的 ERU 和大水电项目的 CERs 和 ERUs，一定程度上减少了 CERs 和 ERUs 的供给。

2012 年 7 月，新西兰完成了对 NZ ETS 的第一次评估并发布修正案，过渡阶段的政策至少延长到 2015 年以后，同时推迟农业部门进入 ETS 的时间表。NZ ETS 目前依旧处于过渡阶段，未设置配额总量，没有配额拍卖，企业履约的信用多于配额，因此还是一个半成型的碳交易体系。

（3）美国区域温室气体行动

RGGI 为美国东北部十个州的联合减排行动，只针对电力部门的 CO_2 排放，约 200 家装机超过 25MW 的电力企业被纳入其中，覆盖了这十个州约 95% 的电力排放。RGGI 是美国第一个强制碳交易市场，2009 年开始运行，每三年为一个阶段，目标是 2018 年的电力碳排放比 2009 年降低 10%。不过，新泽西州于 2011 年第一阶段结束后退出。RGGI 规模较小，前三年每年的配额预算[①]数量为 1.88 亿短吨，新泽西州退出以后降低到每年 1.65 亿短吨[②]。RGGI 的配额大部分采用拍卖形式。

由于页岩气革命导致电力结构改变，以及可再生能源比例提高，RGGI 从实施伊始就出现了严重的配额过剩现象，前四年的排放只有配额数量的 64%。排放剧减带来的后果是碳市场需求严重不足，低迷的碳价和寥寥无几的交易使得 RGGI 碳市场一片萧条：2010 年第三季度到 2012 年第四

---

① RGGI 每年的配额数量通过制定配额预算（allowance budget）确定。
② 1 短吨 =0.9072 吨，RGGI 的 1 单位配额相当于 1 短吨二氧化碳排放。

季度的连续十次拍卖均以最低的保留价格成交；二级市场更为惨淡，其交易额占总交易额的比重从 2009 年的 85% 下滑到 2011 年的 6%，2012 年的二级市场交易量又比 2011 年下跌了近一半。

在此背景下，2013 年 2 月，RGGI 进行了首次修订，将 2014 年基础配额预算数量从 1.65 亿短吨调整到 0.91 亿短吨，2015 年开始在 0.91 亿短吨的基础上逐年递减 2.5%，2020 年减少到 0.78 亿短吨，比 2014 年低 15%。配额预算削减之后，未来碳市场的供需本应基本匹配，但是由于配额可跨期存储，前期发放的过剩配额依然会降低未来的配额需求。为解决此问题，2014—2020 年的最终配额预算数量还需在基础配额预算的基础上调整扣减掉前五年（2009—2013 年）的过剩配额。根据 RGGI 的估计，第一阶段（2009—2011 年）和第二阶段（2012—2013 年）的过剩配额分别为 0.49 亿短吨和 0.60 亿短吨；扣减之后，2014—2020 年的配额预算将从 0.84 亿短吨逐渐递减到 0.61 亿短吨。

RGGI 与 EU ETS 是目前较为成熟的碳交易体系，RGGI 在排放监测、配额拍卖、市场监管与信息公开等方面有着丰富的经验，且 RGGI 能够顺利进行改革，与其从一开始就设计了评估、修订时间表关系密切。在 EU ETS 陷入困境、改革举步维艰的时候，RGGI 率先完成改革，碳市场有望重新激活。

（4）东京都碳交易体系

东京都碳交易体系（Tokyo ETS）于 2010 年 4 月 1 日启动，是日本第一个强制碳减排交易体系，只覆盖与能源相关的 CO_2 排放，东京都地区的年能耗在 1 500 千升原油当量[①]以上的 1 400 个排放设施被纳入其中，包括 1 100 个商业建筑和 300 家工厂，涉及电力间接排放和燃料直接燃烧排放。覆盖排放约 1 300 万吨，约占建筑和工业排放的 40%，占东京总排放的 20%。东京的减排目标为到 2020 年比 2000 年减排 25%，该碳交易体系第一阶段（2010—2014 年）的减排目标是比基准值（2002—2007 年之间的

---

① Crude oil equivalent.

任意连续三年的平均排放）下降 6%~8%，第二阶段（2015—2019 年）则
要比基准值降低 17%。东京所有的配额分配均采用祖父法，依据是 2002
—2007 年之间任意连续三年的平均排放。企业允许使用三类抵消信用：
东京地区 SME 减排产生的抵消信用、可再生能源许可证（renewable energy
certificates）、东京外产生的抵消信用；另外，当碳价过高时，也允许使用
京都信用。

2.3.3　全面扩张阶段（2013 年至今）

2005—2012 年，全球碳市场一直是 EU ETS 一枝独秀，但这个状
况在最近两年开始改变。虽然美国、加拿大未进行国家层面的强制减
排，但继 RGGI 之后，西部气候行动（Western Climate Initiative，WCI）
下的加州和魁北克于 2013 年开启其强制减排碳市场。此外，2016 年中
国的七个试点市场成交量的显著增长已经引起了全世界的关注，全国
统一碳市场于 2017 年 12 月 19 日正式启动，首批预计只纳入电力行业，
长期来看中国碳交易市场交易规模或超万亿元[①]，有望成为全球碳排
放权交易第一大市场。预计 2020 年各主要碳市场的规模如表 2-6 所
示，如果以配额供给量计算，其他碳市场加起来相当于 EU ETS 的 2/3。
不过，澳大利亚与欧盟的碳市场连接之后，将进一步巩固 EU ETS 的
霸主地位。

到 2020 年，全球碳交易总额有望达到 3.5 万亿美元，将超过石油市
场成为第一大能源交易市场。[②]根据国际碳行动合作组织（International
Carbon Action Partnership，ICAP）的统计，到 2017 年底，全球将有 19 个
碳交易体系运行，这些碳市场将负责超过 70 亿吨的温室气体排放，其
所在经济体贡献着全球近一半的 GDP，并占全球超过 15% 的碳排
放量。[③]

---

① http://jjckb.xinhuanet.com/2017-12/08/c_136809562.htm.
② 根据北京环维易为低碳技术咨询有限公司的《2017 中国碳市场研究报告》整理而得。
③ http://epaper.21jingji.com/html/2017-02/16/content_56276.htm .

表2-6　　　　　　　　　2020年主要碳市场规模

	EU ETS	NZ ETS	RGGI	东京都	WCI（加州+魁北克）	澳大利亚	韩国
开始年份	2005	2008	2009	2010	2013	2015	2015
2020年配额数量	17.77亿吨	0.54亿吨左右*	0.61亿短吨左右*	0.1亿吨左右*	3.85亿吨(3.34+0.51)	3.2亿短吨左右*	3.5亿吨左右*
抵消信用及其使用量	京都信用，减排量的一半	京都信用，不限	本土信用，排放量的3.3%	东京中小企业减排信用，不限；东京外抵消信用，1/3	本土信用，排放量的8%	本土信用，不限；京都信用，排放量的12.5%	本土信用，待定
2020年抵消信用			0.02亿短吨**		0.33亿吨	0.45亿短吨**(京都信用)	

注：* NZ ETS、RGGI、东京都、澳大利亚、韩国的2020年配额数量为估算值，其中RGGI为官方估算值，其余根据整体排放量、减排目标和排放比重估算。

（1）北美西部气候行动（加州和魁北克）

WCI是北美最大的区域性温室气体减排计划，成员最初包括美国7个州和加拿大4个省。美国加州和加拿大魁北克省均为WCI成员，其碳交易体系均依据WCI的模板建立，因此两者的碳市场具有非常大的相似性。加州和魁北克碳市场以三年为一个阶段，原定于2012年开始运行，后由于法律问题推迟到2013年（第一阶段因此缩短为两年）。两个碳市场于2013年实现连接，2014年形成统一的区域碳市场，这是第一个碳市场连接的案例。

加州和魁北克的ETS第一阶段纳入了大部分电力和工业排放，2015

年开始的第二阶段新增交通和住宅燃料排放，合计覆盖排放自 2015 年为 4.58 亿吨，到 2020 年降低到 3.85 亿吨。该市场将成为仅次于 EU ETS 的全球第二大碳市场。不过，该市场不允许使用国际抵消信用，仅允许使用北美地区的本土抵消机制，抵消信用允许使用比例为 8%。加州和魁北克的联合拍卖将于 2014 年 11 月份进行，企业要于 7 月底提交拍卖申请，并于 8 月初进行为期一天的投标。加州和魁北克市场内注册的企业都可以参加联合拍卖。

（2）澳大利亚碳价机制

澳大利亚碳市场是欧盟和新西兰之后第三个国家级碳市场。2011 年底通过的《清洁能源法案》确立了到 2020 年比 2000 年减排 5% ~ 15% 的目标，同时引入了碳价机制（Carbon Pricing Mechanism，CPM）。根据法案，澳大利亚碳价机制的实施分为两个阶段：2012 年 7 月—2015 年 7 月，实行类似于碳税的固定碳价机制（第一年每吨排放征收 23 澳元，以后每年上涨 2.5%）；2015 年 7 月后过渡为浮动碳价机制，即总量控制交易。澳大利亚碳市场要到 2015 年 7 月以后才能真正形成。

CPM 覆盖了年排放量超过 2.5 万 tCO_2e 的 300 个排放源，涉及能源、采矿、制造业、垃圾处理、天然气供应（泄漏）等行业，覆盖的温室气体排放量占全国 60% 以上（澳大利亚 2000 年排放为 5.54 亿吨）。农业和土地部门不在管制范围之内，但以低碳农业计划（CFI）的方式参与碳交易。CFI 产生两种澳大利亚碳信用单位（ACCUs）——Kyoto ACCUs 和 non-Kyoto ACCUs，前者用于 CPM 的抵消机制，后者为自愿减排，由政府出资支持。CPM 在固定碳价阶段允许使用 Kyoto ACCUs 完成 5% 的履约责任，浮动价格阶段不限制 Kyoto ACCUs 的使用数量。

2012 年 8 月，澳大利亚宣布其碳市场将与 EU ETS 进行连接：2015 年 7 月建立部分连接，澳大利亚可单方面进口 EUA；最晚于 2018 年 7 月 1 日实现完全连接，建成统一市场。如果该连接顺利实现，将是国际碳市场的里程碑事件。2015 年后，澳大利亚除了允许企业使用 EUA 满足 37.5% 的履约责任，还允许使用国际抵消信用（不超过排放的12.5%）。[①]

（3）韩国碳交易体系

韩国虽然不是《京都议定书》的强制减排国家，但政府在温室气体减排方面却非常积极。2009年确立了到2020年比正常情景（BAU）减排30%的目标，即到2020年减排到5.69亿吨。为实现该目标，韩国于2012年5月通过了一项关于引入碳交易机制的法案[②]，成为第一个通过碳交易立法的亚洲国家。年排放量超过12.5万 tCO_2e 的企业或超过2.5万 tCO_2e 的设施将被纳入韩国碳交易体系中，包括300多家来自电力、钢铁、石化和纸浆等行业的大型排放企业，覆盖了全国排放总量60%左右。

韩国碳市场将于2015年启动，2015—2017年为第一阶段，2018—2020年为第二阶段，前两阶段的免费分配比例高达100%和97%，第三阶段（2021—2025年）也有90%的免费分配比例。韩国碳市场在2020年以前不允许使用国际抵消信用。韩国碳市场启动后规模将与加州、澳大利亚相当，若能正常启动，将成为全球排放量第二大的交易体系。政府预计市场价格将在20美元左右每吨，远高于目前 EU ETS、美国区域碳市场、中国碳交易试点和新西兰碳市场的价格[③]。

2.4　碳市场组成和基本类型划分

根据不同的标准，碳市场可以分为不同的类型。按与国际履约义务的相关性，可以分为京都市场（即国际履约市场）和非京都市场；按地域范围，可以分为国际碳市场、区域碳市场、国家碳市场、地区碳市场等；按立法约束，可以分为强制碳市场和自愿碳市场；按交易产品来说，可以分为配额市场和减排信用市场（项目市场）。另外，在具体的交易环节，可

---

① 2014年7月17日，澳大利亚政府宣布碳定价机制正式被废除。

② Act on Allocation and Trading of GHG Emissions Allowances.

③ 根据2014年7月22日的《中创碳投碳讯》，2014年7月18日，韩国财政部长宣布，韩国碳交易市场在多个方面存在缺陷，他暗示将联合其他各部长施加压力，推迟韩国碳交易市场启动，韩国企业则期望能将启动期推迟至2020年。

以根据流通市场和产品的合约性质，分为一级市场、二级市场和二级衍生品市场；根据交易和结算场所，可分为场内交易、场外交易（over-the-counter，OTC）和双边交易。

2.4.1 按国际履约义务的相关性划分

按国际履约义务的相关性，可以分为京都市场和非京都市场。京都市场是指京都碳单位（CER、ERU、AAU、RMU）的交易市场。由于《京都议定书》的履约主体为国家，很难有动力去出售带有政治约束力的排放配额，导致 AAU 的交易并不活跃（AAU 交易量不足整体碳市场交易量的1%）。京都市场的交易以发达国家向发展中国家购买 CER 为主，其次是向俄罗斯、乌克兰等国家购买 ERU。

《京都议定书》是 UNFCCC 的具体执行条约，第一阶段为2008—2012年，2011年的德班气候会议确定了《京都议定书》第二阶段从2013年开始，终止年份尚未确定，最晚不超过2020年，即京都市场最多持续到2020年。德班会议启动的德班加强行动平台将进行2020年以后国际共同减排的谈判，谈判成果很可能以新的议定书形式出现，新议定书将决定2020年后的国际履约碳市场形态。

2.4.2 按地域范围划分

按地域范围划分，碳市场可以分为国际碳市场、国家碳市场和地区碳市场。全球范围的国际碳市场目前主要是指京都市场，未来可能包括 UNFCCC 下新减排机制产生的市场，或者各 ETS 连接所形成的全球碳市场。另外，自愿碳市场的交易由于其范围不受地域限制，也可以被认为是国际范围的碳市场。

国家碳市场包括跨国家层面的欧盟碳市场，以及国家层面的新西兰、澳大利亚和韩国的碳市场，这三个国家均在亚太地区。地区碳市场主要是在一些未开展全国碳交易的国家，部分地区先行开始的碳市场，主要的例子包括澳大利亚的新南威尔士，北美的 CCX、RGGI、WCI（加州、魁北克）和阿尔伯塔，以及日本的东京和琦玉县。日本虽然由于政治阻力和核电事故推迟了全国 ETS 的时间表，不过东京和琦玉县分别于2010年4月和2011年4月启动了各自的总量控制交易体系。我国也于2013年、2014年启动了七个独立的区域碳交易试点。

2.4.3　按立法约束划分

按是否有立法约束，可以分为强制碳市场和自愿碳市场。强制碳市场的特点是通过立法明确了履约主体及其减排义务。以上介绍的碳市场中除了 CCX 外，其余全都是强制碳市场，不同地域范围的碳市场对应的立法层级不同——国际层面的《京都议定书》，欧盟层面的指令，新西兰、澳大利亚、韩国的国家立法，加州、魁北克的州立法等。

除了强制碳市场，还存在自愿碳市场，即无法律约束自发进行的碳交易。自愿碳市场也分为两类：一类是项目级的自愿减排市场；另一类是自愿减排交易体系，包括 CCX 和日本的自愿减排行动。

2.4.4　按交易产品划分

交易产品是指碳交易的标的物，包括配额和减排信用，这两类产品分别产生于两类碳市场运行机制。由于减排信用大部分来源于减排项目，因此碳市场经常被分为配额市场和项目市场。

除了阿尔伯塔和新南威尔士的碳交易，大部分强制碳市场的主体为配额市场，半强制的 CCX 也是配额市场。项目市场主要分为作为强制碳市场抵消机制的 CDM、JI、CFI（澳大利亚）项目和自愿减排的 VER 项目，CAR 介于二者之间，具有强制和自愿的双重属性。

严格来说，配额市场和项目市场的分法并不准确，项目市场仅指减排项目的减排信用远期合约的交易，并不包括减排信用产生以后在二级市场上的流通。因此，将碳市场分为配额市场、项目远期交易（一级市场）以及减排信用的二级市场更为贴切。从世行报告[①]对碳市场的分类（如表2-7所示）可以看出，对这一分类的界限逐渐变得清晰：头三年的报告仅分为配额市场和项目市场，2007年在"项目市场"中则开始把一级市场和二级市场的 CDM 分开；从2009年开始，二级市场被单列出来，并且范围逐渐扩大和明确——2009年为"二级 CDM"，2010年为"现货&二级京

---

　① 世界银行碳金融部（Carbon Finance at the World Bank）从2006年开始每年出版针对上一年全球碳市场的分析报告：State and Trends of The Carbon Market。

都抵消信用（CER、ERU）"，2011 年则为"二级 CDM、其他抵消信用"，
2012 年为"现货&二级抵消信用市场（sCER、sERU 及其他）"；同时，
一级项目市场的称谓也从 2006—2010 年的"基于项目的交易"演变到
2012 年的"远期（一级）基于项目的交易"，"自愿交易（或自愿市场）"
于 2008 年开始列出，并在 2009 年开始单列，与一级 CDM、JI 并列。目
前，基于项目的一级市场交易产品主要为 pCER、pERU 和自愿市场的
VER；减排信用的二级市场交易产品主要为 sCER 和 sERU。

表 2-7 世行报告对于碳市场的分类演变

2006 年	2007—2008 年	2009—2010 年	2011 年	2012 年
●配额市场	●配额市场	●配额市场	●配额市场	●配额市场
●基于项目的交易	●基于项目的交易	●基于项目的交易	一级 CDM	远期（一级）
CDM	一级 CDM	一级 CDM	二级 CDM	●基于项目的交易
JI	二级 CDM	JI	●其他抵消信用	pCER
●其他履约减排	JI	自愿市场		pERU
	●其他履约减排&自愿交易	●二级 CDM/现货		自愿市场
		二级京都抵消信用		●现货&二级抵消信用市场
				sCER
				sERU
				其他

注：年份为世行碳市场报告的出版年份，例如"2012"代表 State and Trends of the Carbon Market 2012，World Bank。

世行报告关于碳市场分类的演变也体现出了碳市场产品形态的多元化
趋势和对市场认知的日益清晰。

2.4.5　按流通市场和产品合约划分

碳市场可以根据流通市场分为一级市场和二级市场，还可以根据合约性质分为现货市场和衍生品市场。

一级市场是指配额和减排信用进入碳市场的交易过程，包括配额的拍卖和出售及减排信用的远期合约，其中配额的拍卖比固定价格出售更为常见，配额拍卖既有现货的拍卖也有期货的拍卖。二级市场是指对已经产生的碳配额或减排信用进行买卖、转让和流通的市场。二级现货市场与二级衍生品市场相对，前者的买卖有实物的交割，后者的交易主要是为了实现风险管理和价格发现的功能，并不伴随配额或减排信用的转移。衍生品的类型主要包括期货、期权、互换等。

目前在欧洲和北美交易所交易的碳产品主要有：EUA、EUAA、CER、ERU、CCA、RGGI、CAR。这些配额和减排信用既有一级市场也有二级市场，既有现货市场也有衍生品市场。EUA 和 CER 的二级市场的衍生品交易最为活跃，其次是 EUA 和 CER 的二级现货市场交易。EUA 交易以期货交易为主，期权交易也越来越多，2011 年，EUA 现货的交易额只有 28 亿美元，在 EUA 市场中只占 2% 的份额，而且其中有 12 亿美元来自一级市场的 EUA 拍卖，二级市场交易额只有 16 亿美元。EUA 期货是增长最快的合约品种，2011 年交易量增长 32%，达到 70 亿 tCO_2e，交易额为 1 308 亿美元，在 EUA 交易额中的比例为 88%。EUA 的期权交易在过去几年中稳步增长，从 2008 年的 6 亿美元（占 EUA 市场的 1%）增长到 2011 年 142 亿美元，在 EUA 市场份额中的占比已经达到 10%，远超现货交易。

2.4.6　按交易和结算场所划分

针对二级市场，根据是否在交易所内交易，可以分为场内交易和场外交易（OTC）；场外交易又可根据结算场所，分为在交易所结算的场外交易和双边交易。为简便起见，用 OTC 特指在交易所结算的场外交易。因此，按交易和结算场所划分，碳市场交易可以分为场内交易、OTC 和双边交易。

场内交易的优势是对家多、透明度高、安全等级高，交易产品为交易所提供的标准碳期货/期权合约，而且交易所一般会实时公布交易前的报价、头寸，及交易后的成交价、成交量，以确保交易的透明性和安全性。OTC交易的细节原则上不对其他的市场参与方和公众公布，如果是在交易所内进行结算，还会有分析师或金融机构发布的每日交易量数据，在交易所外结算的信息则更少。双边交易一般发生在交易对手之间非常熟悉、彼此信任的情况下，譬如金融机构与其客户之间的交易，双边交易往往交易额很大，而且成交价格不对外公布。

以EU ETS为例，碳市场初期以在交易所结算的OTC为主，2008年场内交易，即"屏幕"交易[①]，只为OTC交易额的60%左右。最近几年场内交易开始稳步增长，2010年已超过OTC，2011年CER、ERU、EUA的场内交易额合计达到829亿美元，占总交易额的49%，OTC和双边交易分别占39%和12%。值得注意的是，2011年双边交易明显增多，原因是欧盟加强了对交易所的监管力度，更多的金融机构与其有长期合作关系的客户更愿意在场外进行双边交易，特别是大单的交易，以规避交易所烦琐的监管程序和高昂的交易成本。

专栏2-1   自愿减排市场的发展

温室气体排放权交易市场可以分为两部分：一个是自愿温室气体排放权交易市场（voluntary carbon markets），另一个是强制性的温室气体排放权交易市场（regulatory/compliance markets）。自愿减排交易市场不受法律的强制性约束，允许企业和个人购买碳抵消量实现其"碳中和"，一般来说，自愿减排项目与清洁发展机制相比，其项目审批周期短、申请费用低，通常作为强制碳减排交易市场的前身或补充形式存在（如表2-8所示）。

---

① exchange-based screen trades.

表 2-8	几类比较流行的自愿减排项目的主要流程
CDM 标准	
项目周期：早期	项目周期：晚期
编写项目说明文件（PIN）»项目设计文件（PDD design）»东道国政府许可（Host Country Approval）»确认（Validation）»注册（Registration）	监测（Monitoring）»核证（Verification）»签发（Issuance）»抵消所有权移交（Transfer of Offset Ownership）
核证碳标准	
项目周期：早期	项目周期：晚期
编写项目说明文件（PIN）»项目设计文件（PDD design）»确认（Validation）»注册（Registration）	监测（Monitoring）»核证（Verification）»签发（Issuance）»抵消所有权移交（Transfer of Offset Ownership）
黄金标准	
编写项目说明文件（PIN）»当地利益相关者投入及项目设计文件（Local Stakeholder Input & PDD Design）» 利益相关方咨询反馈与报告（Stakeholder Consultation Feedback and Report）»确认（Validation）»注册（Registration）	监测（Monitoring）»核证（碳、可持续发展监测报告）［Verification（Carbon, Sustainability Monitoring Reports）］»黄金标准评估核证报告（Gold Standard Review of Verification）»签发（Issuance）»信用所有权移交（Transfer of Credit Ownership）
资料来源：Standard website information：http：//www.cdmgoldstandard.org/；http：//v-c-s.org/；http：//cdm.unfccc.int/.	

对于全球碳市场来说，自愿碳减排市场的交易量和交易额都非常有限（交易量占比为 0.02%，交易额占比小于 0.01%），但自愿减排市场的存在使得没有签署《京都议定书》的国家也能够参与到减排交易市场中，且自愿减排项目第三方核证标准的发展和丰富也为碳减排信用的标准、方法和政策管理提供了先期实验的机会，为碳交易市场覆盖范围以外的地区、机构和普通公众了解碳交易，乃至为未来参与强制减排交易提供了必要的知

识积累和管理经验。

自愿市场本身又可以分为两个子市场，一个是芝加哥气候交易所CCX，另一个是自愿碳交易的场外市场。CCX的履约工具被称作"碳金融工具"CFIs，专门在场外市场交易的碳信用一般称为"VERs"，或者简单的称之为碳补偿抵消（carbon offset）。芝加哥气候交易所于2011年1月正式停止运行。

对于自愿减排项目产生的信用，只有当某一供应商或最终买家"撤出市场"（offset retirement）时，才算完成了其补偿温室气体排放的最终使命。对一个实体来说，为了证实其已通过购买碳信用补偿了自己的碳排放，这些碳信用必须被撤出且不能再次进入市场流通或者说不能排放进大气。因此，"撤出"在自愿碳减排市场上是非常重要的，它可以说明市场在多大程度上实现了它最终的环境目标。例如，根据Ecosystem Market-place与New Carbon Finance的调查，在285个回应调查的供应商中，有88个提供了他们在2010年的"撤出"量。根据调查数据，2010年供应商出售给自愿买家或经销商的OTC碳信用中，撤出信用的比例为47%，即32万吨的碳信用确定被撤出市场。

2010年，自愿碳减排市场随着金融市场一起走出了全球金融危机，交易量达到131.2百万吨。该交易量比去年增长34%，超过了之前报告所记载的交易量。接下来的几年，受CCX交易所交易关闭的影响，交易量、交易价格一路走低。2012年交易量下降为101百万吨，2013年则进一步下降为76百万吨，市场交易总额也下降到了379百万吨，平均价格下降为4.9美元/tCO$_2$e。

通常情况下，OTC市场交易只能占到自愿碳市场的一半，另一半被CCX占有。在CCX关闭后，OTC市场交易量达到了1.279亿吨，占到了全球市场的97%。此后，大量的抵消交易都是通过双边交易或在场外发生的，（如图2-7所示）。

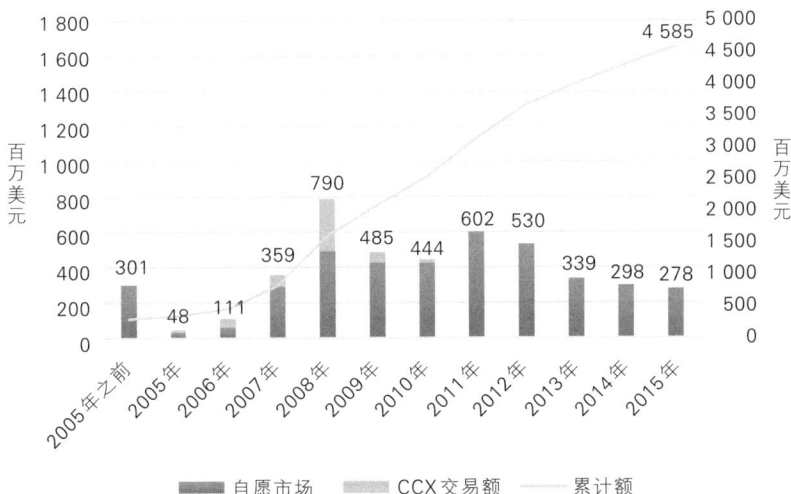

图 2-7　自愿市场总额与均价的历年变化

注：基于代表了 7 600tCO₂e 的交易额的市场受访方的调研。

资料来源：Ecosystem Marketplace，Sharing the Stage：State of the Voluntary Carbon Markets 2016.

- 自愿信用的购买者

OTC 市场主要有四种购买动机：第一，企业家为了"共同的社会责任"买入碳信用；第二，机构、非政府组织、个人等出于提倡环保和健康生活方式的目的，购买碳信用以实现"碳中和（carbon neutral）"；第三，购买未来将被签发的待审 VERs；第四，买入 VERs 是为了倒卖，以投机获利。例如，Ecosystem Marketplace 2013 年的调查显示，在当年的市场参与者中，32% 的买方是为了通过卖出 VERs 而获利，20% 是为了完成应对气候变化的目标，另有 19% 是出于企业的社会责任感，14% 希望通过购买自愿减排信用成为行业内应对气候变化的领导者。其余参与者的目的包括基于供应链合作商以及消费者的要求，或实现供应链可持续转型等，另有 0.7% 的买方准备将 VERs 用于应对未来的气候政策管制。

- 自愿信用的提供者

所有部门（私人部门、公共部门、非营利组织）都可以提供碳补偿信用。虽然非营利组织是自愿市场的开拓者，但是自从2006年起私人企业就在数量上超越了非营利组织。2013年的调查发现，有324个机构报告了它们本年度的盈利状况，其中私人部门供应商数量再一次远超过非营利组织供应商，而且公共部门也成为这一市场新的供应方（如图2-8所示）。

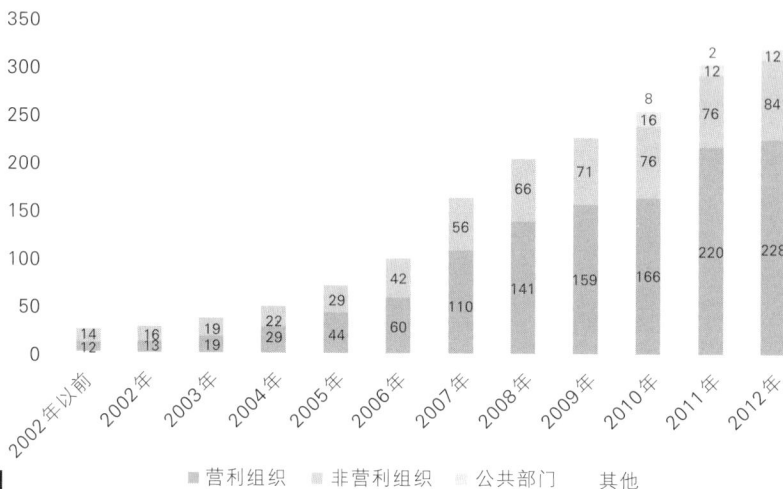

图2-8　历年来自私营和公共部门的提供方情况

（基于对324个组织的受访者的调研）

彩图2-8　资料来源：Ecosystem Marketplace，Sharing the Stage：State of Voluntary Carbon Markets 2014.

• 项目的主要类型

减排或者避免排放的项目是自愿碳减排市场中碳信用的来源。每一个项目因其自身技术、位置及潜在的环境和社会协同效应的不同而不同。自愿信用种类的增加也反映了自愿买家不断丰富的偏好及动机。

从项目类型来看，REDD项目在减排总量上一直保持领先地位，2013年占比为38%，其余的项目来源还包括清洁厨灶、风力发电、造林与再生林、水过滤、废热循环、填埋地沼气、河川天然动力发电、大型水电、氧化亚氮、改进的森林管理、能源转换、生物质、能效改进、生物燃料、地热、农林间作、草地/牧场项目以及牲畜沼气池等。未来，随着交通和建筑环境等领域项目的发起，越来越多的买家会更多地关注社区共享自行车、家庭能源效率等方面的减排行动。2015年不同项目类型碳信用额度市场份额占比如图2-9所示。

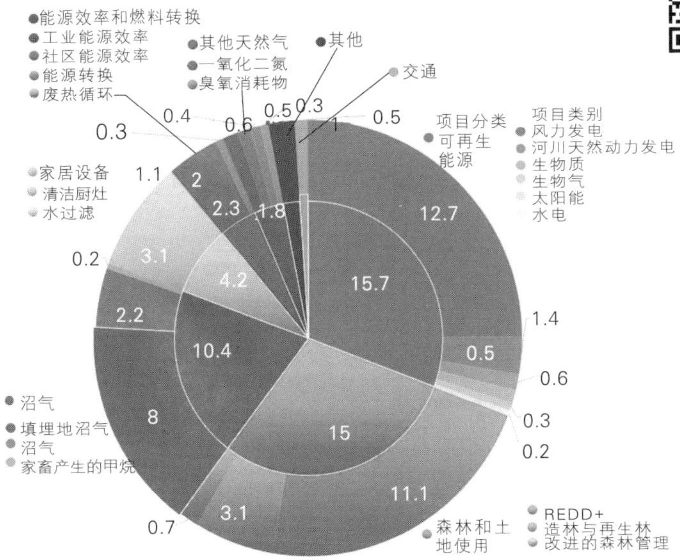

图 2-9　2015年不同项目类型碳信用额度市场份额占比（%）

资料来源：Ecosystem Marketplace，Sharing the Stage：State of Voluntary Carbon Markets 2016.

● 第三方标准

自愿碳市场获得发展的一个主要原因是自愿型市场的第三方标准正趋于完善和多样化，一些类型的项目也趋于成熟。目前，自愿型市场的标准包括黄金标准（Golden Standard）、自愿型碳标准（VCS2007）、标准减排量（VER+）、气候行动储备协议（CAR）、加利福尼亚气候行动登记（CCAR）、美国碳注册标准（ACR）等16个明确标准。各自愿减排标准的发起动机不同，GS的主要目的是完善CDM项目在可持续方面的不足[①]，VCS与VER+的目的是降低项目申请者的费用与管理负担以吸引更多的项目开发者，CCX与CAR主要是为了填补美国没有参与《京都议定书》的市场空白，CCB与Plan Vivo专注于在CDM市场较难通过的森林碳汇类项目。[②]2010年自愿碳市场的抵消标准如表2-9所示。

表2-9　　　　　　　　　　2010年自愿碳市场的抵消标准

标准	地域范围
American Carbon Registry 标准	全球
Brasil Mata Viva 标准	巴西
CarbonFix 标准	国际
CCX 标准	全球（历史上，美国占60%）
Climate Action Reserve 标准	目前美国、墨西哥，很快加拿大
Climate，Community & biodiversity 标准	国际
EPA Climate Leaders 抵消指南	国际
Gold Standard	国际
Green-e Climate	国际
ISO 14064/5	国际
J-VER	日本
Panda Standard	中国
Plan Vivo 标准	国际
SOCIALCARBON 标准	南美、亚洲及欧洲
VER+标准	国际
Verified Carbon 标准	国际

---

① Patrick N. On the Contribution of Labelled Certified Emission Reductions to Sustainable Development：A multi-Criteria Evaluation of CDM Projects［J］. Energy Policy, 2009, 37 (1)：91-101.

② 钱政霖，马晓明. 国际自愿减排标准比较研究［J］. 生态经济,2012 (005)：39-42.

　　根据生态系统市场的统计，目前使用最多的OTC标准是自愿型碳标准（VCS），占37.2%；由于其较早被REDD +采纳，在过去八年中一直拥有最高的交易量。另有19.6%的项目符合气候行动储备协议（CAR）标准。黄金标准项目类别占有率降低到了18.5%以下，其他类型标准各自占有少量的市场份额。2015年不同标准的碳信用额度市场份额占比如图2-10所示。

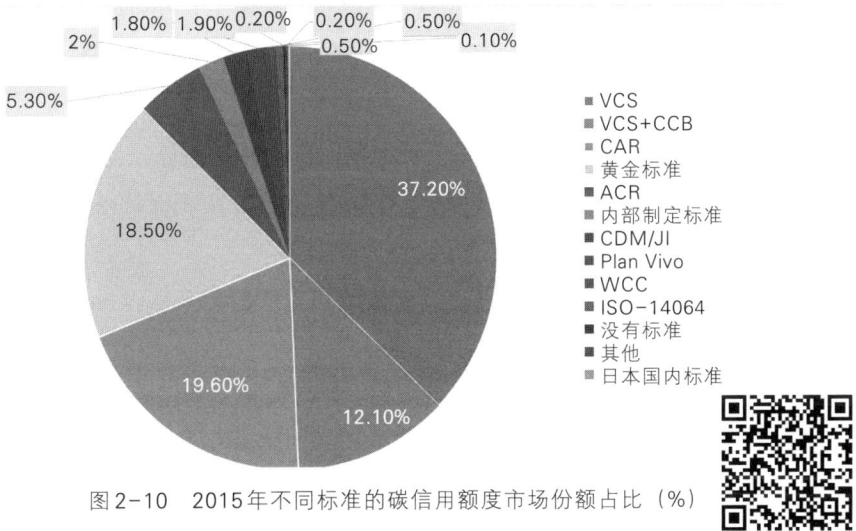

图2-10　2015年不同标准的碳信用额度市场份额占比（%）

注：基于调查反馈者交易的4.88千万 tCO_2e 信用额度的情况。

资料来源：Ecosystem Marketplace，Sharing the Stage：State of Voluntary Carbon Markets 2016.

第3章

碳市场设计：基本框架和构成要素

从环境/资源交易市场实践的生命周期来看，新兴碳市场的发展应包括以下五个步骤：第一，检验经验方法和技术阶段，即探讨以往环境权交易市场的经验、做法、具体技术如何应用于本地区环境问题的市场设计；第二，为排放单位及抵消项目的潜在参与方提供参与的具体专业技术和知识，从而为纳入减排市场的单位顺利参与做好专业知识和技术上的准备；第三，启动对控排或资源使用量的管制，将管制目标纳入生产单位常规的生产或管理目标之中；第四；加强对市场的治理，在确保市场顺利运转的同时也能保证环境目标的实现；第五，市场调控阶段，引导市场产生的价格信号充分反映环境成本信息。

任何形式的碳市场，其设计和培育的基础条件都是必须首先明确市场的法律地位、交易产品的法律性质，以及监管机构、市场主体的责权范围等内容。以美国水质交易为例，美国的《清洁水法》（1972）及其实施条例为规范点源交易建立了法律框架。而针对污染源排放采取的国家污染物排放消减系统（National Pollutant Discharge Elimination Systems，NPDES）许可证制度的联邦法规40CFR（Code of Federal Regulation）122.44（d）[①]则对水质标准排放限值（WQBEL）的设定要求做出了描述。EPA的交易

---

① 《美国联邦法规》第40部第122章第44条(d)条。

政策为各州的交易提供了导则。在以上法律导则下，EPA 进一步鼓励州级管理机构推动本地点源通过交易达到水质要求，一些州则进一步建立了相关法律、政策和导则，以保障交易项目的效率和连续性，主要包括州范围或流域范围内的交易框架、交易框架的支撑或配套政策，以及交易项目的具体细则等。

例如，爱达华州建立的制度就明确了进行污染物交易的条件，建立记录、保存、报告的程序，同时指出进行交易的水域应如何制定最优的管理措施。2005 年，弗吉尼亚议会为批准切萨皮克湾氮信用交易进行了立法，其中包括成立一个用于协调和推动成员间交易的弗吉尼亚氮信用委员会。立法规定弗吉尼亚环境质量部负责制定基于流域的许可证并监控信用交易，对项目产生的信用进行核证、记录和报告。法律还授权弗吉尼亚环境质量部负责对其设立的交易协会进行审计，以保证报告的完整性和准确性。

碳市场建设先行的一些国家或地区，在具体实施碳交易前，也出台了基础性的法律法规，有些体系还出台了技术层面的专门法律法规，规定交易涉及的具体细则，包括覆盖范围、配额分配方法、监测报告与核查、交易的监管等（如表 3-1 所示）。例如，在 EU ETS 中，技术层面的法律法规包括针对登记注册的《登记系统法规》（Registry Regulation）、针对 MRV 的《MRV 法规》（Regulation on MRV）、针对配额分配的《分配决定 2011/278/EU》（Allocation Decision 2011/278/EU），还有《指导文件》（Guidance Documents）和《规则手册》（Rule Books）等指导性文件。[①]

在明确的法律基础之上，碳交易体系设计一般包括以下几个关键环节：（1）选择碳交易体系的覆盖范围（温室气体种类、行业和污染源排放规模）；（2）确定碳配额总量；（3）设计碳配额分配方式；（4）MRV 机制；（5）履约机制等。本章将对以上几个关键基本要素分别进行讨论。

---

① 段茂盛,庞韬. 碳排放权交易体系的基本要素[J]. 中国人口资源与环境,2013,23(3): 110-117.

表 3-1 部分国外碳排放权交易体系的基础性法律法规

交易体系	基础性法律法规
EU ETS	《指令 2003/87/EC》
RGGI	RGGI 提供一个《规范规则》，各个参与州以此为基础各自立法
NZ ETS	《气候变化应对法令 2002》
CCTP	《加州法规》第17卷，第五章，第10节"气候变化"
ACPM	《清洁能源未来法》

3.1 碳交易体系的覆盖范围

所谓确定碳交易体系的覆盖范围，主要是指将哪些行业部门的排放源纳入 ETS 之中，以及交易所涉及的温室气体类型。

在选择纳入碳交易体系的行业时要综合考虑行业排放占总排放的比重；该行业的减排潜力；行业排放核算的难易程度及核算成本；行业发展面临区域外的竞争压力情况等因素。一般倾向于选择碳排放占比较高、减排潜力较大、面临的外部竞争较小、排放源数量较少、核算难度较小的行业，电力、热力和排放量较大的工业行业通常为首选对象。按照以往经验，电力作为排放计量简易且最容易减排的排放大户往往最先被选择；工业部门其次，交通、建筑、农业等行业虽然也是主要的温室气体排放部门，但由于排放源多、排放核算成本较高、监管不便等，一般不会被先期纳入 ETS。[①]从细分行业来看，包括石油、钢铁、玻璃、陶瓷、水泥、造纸、石灰等，即碳强度较高的行业一般都是 ETS 优先纳入的行业。

---

① 例如，加州和魁北克的交通（2009年分别占其总排放量的38%和44%）虽然绝对排放量占总排放量比例很高，但并没有纳入近期的 ETS 之中。

　　化石燃料产生的温室气体排放需要考虑是对上游的燃料供应业（即生产或进口）还是对下游的燃料消费端进行管制。EU ETS 纳入的航空业排放和东京的建筑行业排放是以下游为管制对象（航空器和大型商业建筑物）的，加州和魁北克纳入交通排放针对的则是上游（交通燃料供应商），新西兰管制国内航空排放同样针对上游的燃料供应商。选择上游或下游需要考虑管制的难易、价格传导能力、行业区域竞争力等多个问题，并且要避免上下游排放的重复计算。

　　此外，管制对象可以是排放设施，也可以是企业，最早的丹麦 CO_2 交易体系针对的是企业——电厂，而现在除了韩国以外大部分 ETS 均是针对排放设施的。原因是：一方面，设施比企业更容易划定排放的边界；另一方面，针对企业实行排放限制时，存在企业通过分拆以规避减排的风险。

　　在初步确定了覆盖的行业部门的基础上，一般通过设置"纳入门槛"（threshold）来初步划定可能纳入 ETS 的企业或排放设施，因为在各行业中，往往少数的企业或排放设施要对绝大多数部门的温室气体排放负责。例如，英国20%的企业排放了94%的温室气体，而丹麦的8家电厂排放占到了90%，其余500家电厂只有10%。小型排放源数量众多，排放总量却很小，其排放监测、报告和核查的成本与其对总体减排的贡献不成比例。因此，ETS 一般只纳入一定规模以上的排放源。纳入门槛需要考虑管制对象类型、门槛类型和基准期（baseline period）。

　　选择覆盖行业及纳入门槛既可以选定具体的行业，针对每个行业设置纳入门槛，也可以划定大的行业范围，针对整个范围设置纳入的排放或能耗门槛，而不再指定具体行业。前者以 EU ETS 为代表，而加州、魁北克、澳大利亚、韩国、东京、阿尔伯塔皆为后者。全球交易体系区域覆盖范围一览表如表3-2所示。我国交易体系区域覆盖范围一览表如表3-3所示。

表3-2　　　　　　　　　　全球交易体系区域覆盖范围一览表

排放交易体系	开始年份	覆盖行业及纳入门槛	减排量占比
EU ETS	2005	燃烧装置（总额定热输入20MW以上）；炼油；炼焦；金属矿石煅烧与烧结；钢铁（产能2.5吨以上/小时）；水泥（回转窑产能500吨以上/天，其他窑产能50吨以上/天）；石灰（产能50吨以上/天）；玻璃（产能20吨以上/天）；陶瓷（产能75吨以上/天）；纸浆；造纸（产能20吨以上/天）	45%
	2008	同上	
	2012	航空，在欧洲经济区30个成员方境内起飞或落地的航班	
	2013	黑色金属（总额定热输入20MW以上）；再生铝（总额定热输入20MW以上）；矿物棉（产能20吨以上/天）；石膏/石膏板（总额定热输入功率20MW以上）；有色金属（总额定热输入20MW以上）；炭黑（总额定热输入20MW以上）；制氨；有机化工制造（产能100吨/天以上）；制氢/合成气（产能25吨以上/天）；制碳酸钠和碳酸氢钠；温室气体捕获、运输及地质封存（CCS）	
		制酸（硝酸、己二酸、乙二醛和乙醛酸）	
		原铝	
RGGI	2009	电力，25MW以上的固定式锅炉或燃气轮机	20%
NZ ETS	2008	林业，1990年以前林地（强制）、1989年以后林地（自愿）	50%
	2010	能源；工业，包括钢铁、铝、石灰、玻璃、金（年排放5 000吨以上CO_2e）；液体化石燃料供应商（包括汽油、柴油、航空汽油、喷射煤油、轻燃料油、重燃料油，国际航空、航海用油除外）	
	2013	废弃物、合成气	
	2015	农业（延期）**	
加州碳排放交易计划	2013	（1）年排放25 000吨以上CO_2e的大型工业设施，包括水泥、热电联产、玻璃、制氢、钢铁、石灰、制硝酸、石油和天然气、炼油、造纸、自用发电、固定燃料设施等；（2）年排放25 000吨以上CO_2e的发电设施和电力进口商；（3）年排放25 000吨以上CO_2e的二氧化碳供应商（CCS）；（4）年排放25 000吨以上CO_2e的石油和天然气设施	35%
	2015	（1）燃料（天然气、蒸馏燃料油、液化石油气等）供应商，所供应的燃料完全燃烧或氧化年排放在25 000吨以上CO_2e；（2）所有的电力进口商	
魁北克碳排放交易计划	2013	年排放25 000吨以上CO_2e的设施（主要包括采矿和采石业、石油和天然气开采业、制造业等）及电力进口商	30%
	2015	燃料年排放超过25 000吨CO_2e的燃料（包括汽油、柴油、丙烷、取暖油、天然气等）分销商	
澳大利亚碳价机制	2012	年排放25 000吨CO_2e以上的排放设施和燃料（不包括居民、轻型商业交通燃料和农业非交通燃料）供应商，包括能源、采矿、制造业、垃圾处理、铁路、国内航空航运、天然气供应（逃逸排放）等行业	60%
东京都碳排放交易计划	2010	年能耗在1 500千升原油当量以上的商业建筑和工厂	
韩国碳排放交易计划	2015	年排放超过125 000吨CO_2e的企业或超过25 000吨CO_2e的排放设施，包括电力、钢铁、石化和纸浆等行业	60%
阿尔伯塔温室气体减排计划	2007	年排放100 000吨CO_2e以上的排放设施，包括电力、油砂、天然气、化工、木材、石油、煤、化肥、管道运输、金属制造、废弃物等	50%

表3-3 我国交易体系区域覆盖范围一览表

排放交易体系	开始年份	覆盖行业及纳入门槛	减排量占比
北京	2013	市行政区域内的固定设施和移动设施年CO_2直接排放与间接排放量5 000吨（含）以上的有关单位	45%
天津	2013	工业行业企业和民用建筑领域年碳排放量2万吨以上	60%
上海	2013	年碳排放量2万吨及以上的工业行业企业及年碳排放量1万吨及以上非工业行业	50%
广东	2013	年排放2万吨CO_2（或年综合能源消费量1万吨标准煤）及以上的工业行业企业	60%
深圳	2013	1碳排放量达到3 000吨CO_2e以上的工业行业企业；大型公共建筑和建筑面积达到1万平方米以上的国家机关办公建筑的业主	45%
湖北	2014	综合能耗1万吨及以上的工业企业	80%
重庆	2014	年度综合能源消费总量达到1万吨标准煤以上（含）的有关单位	40%

门槛指标的设定也分为两类：一类是排放门槛，规定年排放超过一定门槛的排放设施或企业需被纳入，加州、魁北克、澳大利亚、韩国均对设施设置排放门槛，其中韩国还针对企业设置排放门槛。另一类是非排放门槛，例如EU ETS针对电力、有色金属、石膏等行业的总额定热输入功率门槛，针对水泥、钢铁、石灰等行业的产能门槛，RGGI的电力装机容量门槛，东京都的能耗门槛等。由于ETS的管制目标是温室气体排放量，所以排放门槛优于其他门槛，但其前提条件是需要企业/设施提供前期温室气体排放数据。

选择纳入ETS的企业或设施时，还需设定基准期，即将企业或设施基准期值与门槛值相比较，如果基准期值大于门槛值，该企业或设施将被纳入ETS。基准期可以是某一年也可以是某几年，由于选择某一年往往很难客观反映过去一段时间的排放情况，因此一般选择 ETS 开始前某几年的平均值或最大值。例如，加州第一阶段的纳入标准是 2009—2011 年间任意一年排放超过纳入门槛的排放设施，即 2009—2011 年的排放最大值大于 2.5 万吨的设施才被纳入加州碳交易体系；第二阶段则为 2011—2014 年间任意一年排放超过纳入门槛的排放设施。

不同的温室气体——CO_2、CH_4、N_2O、PFCs、SF_6 和 HFCs，由于其引发的温室效应不同，因此其排放量不能直接比较，而是通过各自的全球变暖潜能（Global Warming Potential，GWP）值统一转换为 CO_2e 排放量进行比较。选择纳入 ETS 的排放源及 ETS 运行时的排放核算均以二氧化碳当量为单位。CO_2 的 GWP 值为 1，CH_4 大于 20，N_2O 为 300 左右，SF_6、NF_3 均上万，各种 HFCs、PFCs 从数百到上万不等。[1]

温室气体类型的选择与行业特征及该气体的排放比重相关，与行业选择类似，占总排放的比重越大的温室气体，越容易成为碳交易体系的优先考虑对象。首先，所有的 ETS 都会将 CO_2 作为最常规的温室气体纳入管制；其次是甲烷和氧化亚氮；再次是另外三种氟化物。《京都议定书》第二期新增了 NF_3，这类温室气体也在加州和魁北克 ETS 的管制范围之内。

根据已有经验，ETS 的覆盖范围并非一成不变，而是优先纳入制度成本（主要是排放数据监测、报告、核查的成本）较低的行业和气体，再逐步扩大。例如，EU ETS 前两阶段只纳入部分工业行业并且只管制 CO_2，到第三阶段才扩大覆盖范围；加州、魁北克以及新西兰也是分阶段纳入不同行业。

划定覆盖范围并不意味着确定进入 ETS 的管制名单，中间还缺少一个数据收集的环节。应根据纳入门槛类型和气体类型对相应行业范围内的企

---

[1]　GWP 值一般以 IPCC 发布的评估报告为准。GWP 用于评价温室气体在未来一定时间的破坏能力，通常以 20 年、100 年、500 年来衡量，每种温室气体的 GWP 值并不唯一且非一成不变，同时 IPCC 每次报告均会对所测的 GWP 值作出修正。另外，不同的 HFCs、PFCs 的 GWP 值差别很大。

业或排放设施收集基准期的历史数据，只有将历史数据与门槛值相比较，才能选定 ETS 纳入的企业或排放设施。

一般在确定 ETS 的覆盖范围、确定市场设计所采用的主要交易机制后，若采用总量控制与交易机制，则需要根据整体的减排目标确定 ETS 的配额总量；若采用基线与信用机制，则需要确定排放的基准线。由上文论述可知，目前各主要 ETS，运用基线信用机制进行设计的情况很少，因此，下几节集中讨论总量控制与配额交易体系的总量设定、配额分配以及配额的核证、参与主体的履约情况等具体环节。

3.2　碳交易体系的总量设置

总量设置是碳交易制度设计的核心环节之一，直接影响减排交易体系能够完成的减排目标。已有的碳交易体系在运行过程中遇到了影响碳市场效率的各种问题，特别是作为体系核心的总量设置问题。实践表明设置合理的排放总量上限并不容易，已有的数个碳交易体系因为总量制定过松而导致配额过量。中国处于快速发展期，因此设置碳交易政策的排放总量比发达国家更为困难。对总量设置的方式及其他国家的经验教训进行总结归纳，可以为中国碳交易体系的设计和调控提供必要的参考。

3.2.1　总量设置与碳价格

配额总量的设定确定了碳市场上配额的供给。经典的总量控制与配额交易模型是数量控制的手段，配额总量一般设定为一个常量。如图 3-1 所示，需求曲线代表边际减排成本（MAC[①]），需求曲线与配额供给线的交点即为碳配额价格，配额价格体现了既定排放约束下的社会边际减排成本；需求曲线与 x 轴的交点 E_0 为无 ETS 时的照常情景排放，即 BAU 排放，配额总量大于 E_0 时对排放没有约束力。配额总量设置的不同会引起供给曲线的移动，进而影响配额价格的高低：在需求一定的情况下，配额总量

---

① Marginal Abatement Cost.

减少（$E_1 \rightarrow E_2$）会导致配额价格的升高（$P_1 \rightarrow P_2$），相反配额总量增加（$E_1 \rightarrow S_3$）则使配额价格降低（$P_1 \rightarrow P_3$）。如果配额总量高于BAU排放（E_0），配额价格将下降为0[①]，因此，配额数量比BAU排放高，可以定义为配额分配过量（over-allocation）。

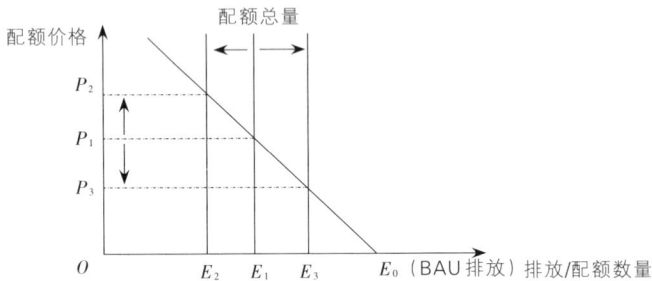

图3-1　配额总量与配额价格

确定市场最合理的总量设置水平在经典理论中应等于边际减排成本和边际减排收益相等时的排放量。然而，在现实经济运行过程中，每减排1吨碳的边际收益（即多排1吨碳的边际损害）很难量度，致使总量设置已经远非一个单纯的经济测量问题。

合理的总量应使ETS在实现目标（有效减排和促进低碳投资）的同时，也使得减排单位的成本在可承受的范围内。以图3-2为例，假设边际减排成本曲线D_0已知，P_1为所期望的低碳投资所需的最低碳价，P_2为社会可承受的最高碳价，合理的碳价成本应大于P_1并小于P_2；E_1和E_2分别为P_1和P_2所对应的总量约束，则合理的总量应大于E_2并小于E_1。若偏重成本考虑可倾向于E_1，若偏重减排目标的可达性则应倾向于E_2。总量设置大于E_1则过松，小于E_2则过紧[②]。主要ETS的减排目标与配额总量/排放基准如表3-4所示。

---

① 指长期情景，短期由于配额可以存储，即使配额多于照常排放，也不会降到0，例如EU ETS第二阶段。

② 由于P_1和P_2为主观判断，因此总量过松或过紧也为主观概念。

表 3-4 主要 ETS 的减排目标与配额总量/排放基准线

ETS		整体减排目标	ETS 占整体排放比重	ETS 减排目标	交易机制	每年配额总量/基准线
EU ETS	2005—2012年	各国的京都减排目标；其中，欧盟15国（EU-15）2012年比1990年减排8%	45%	确保完成京都减排目标	总量法	各国通过国家分配计划（NAP）提交各自 ETS 覆盖部分配额数量，欧盟审定后加总即为 EU ETS 每年配额总量。第一阶段（2005—2007年）每年配额总量为21.81亿吨；第二阶段（2008—2012年）每年配额总量为20.83亿吨
	2013—2020年	欧盟27国（EU-27）2020年比1990年减排20%（相当于2020年比2005年减排14%）		2020年比2005年减排21%	总量法	2013—2020年配额数量线性递减，从20.392亿吨降低到17.771亿吨，每年递减量为第二阶段平均年配额总量的1.74%
航空		无	3%，且增长迅速	到2015年，航空预计减排1.76亿吨	总量法	2012年为基准排放量（2004—2006年的平均值）的97%；2013—2020年为基准排放量的95%。每年2.103亿吨
RGGI		无	无	2018年比2009年减排10%	总量法	第一阶段（2009—2011年）每年配额数量为1.88亿短吨；第二阶段（2012—2014年）新泽西州退出后每年减少为1.65亿吨每年为0.91亿短吨，约为0.78亿短吨，2013年的改革使得2014年基础配额预算数量减少2.5%，到2020年实现减排15%，约为0.78亿短吨。在此基础上还应扣除前五年（2009—2013年）的过量配额进行调整数量0.84亿短吨，递减到2020年为0.61亿短吨，2014年开始在配额预算外设置储备配额，2014年为0.05亿短吨，自2015年起为0.1亿短吨
NZ ETS		2012年恢复至1990年排放水平（京都减排目标），2020年比1990年减排10%（无条件目标）~20%（达成全球协议下的有条件目标），2050年比1990年减排50%	将近100%	确保完成京都减排目标	半总量法	暂缺

续表

ETS	整体减排目标	ETS占整体排放比重	ETS减排目标	交易机制	每年配额总量/基准线
美国加州	2020年恢复至1990年排放水平；2050年比1990年减排80%（AB32）	85%	确保完成整体减排目标	总量法	第一阶段（2013—2014年）从1.628/1.604亿吨线性递减到1.597/1.573**亿吨；第二、三阶段（2015—2020年）从3.945/3.342/3.1**亿吨线性递减到3.777亿吨
加拿大魁北克省	2020年比1990年减排20%，相当于比照常（BAU）情景减排19%	80%	同上	总量法	第一阶段（2013—2014）从0.237/0.235亿吨线性递减到0.233/0.231**亿吨；第二、三阶段（2015—2020年）从0.636/0.611**亿吨线性递减到0.509/0.473**亿吨
澳大利亚	2020年比2000年减排5%（无条件目标）或者减排15%（达成全球协议下的有条件目标）～25%（加上购买国际信用），2050年比2000年减排80%	60%以上	同上	总量法（2015年7月以后）…	2014年5月设置未来五年（2015年7月至2019年6月）每年发放的配额数量，以后每年确定未来第五年的配额数量
东京都	2020年比2005年减排25%（相当于2020年比1990年减排19%）；其中建筑部门减排19%，交通部门为42%	20%	同上	总量法	2014年比基准年减排6%或8%，2019年比基准年减排17%（基准年为2002—2007年任意连续三年的排放平均值）
韩国	2020年比照常排放情景（BAU）减排30%	60%以上	同上	总量法	暂定
加拿大阿尔伯塔省	2020年达到排放峰值，2050年比BAU情景减排50%（相当于比2005年减排14%）	50%	同上	基准线法	2000年以前的设施，碳强度目标为在2003—2005年的平均水平上降低12%；2000年以后的设施运行满三年以后每年增加2%，碳强度减排目标每年增加2%，直到12%

注：*新西兰虽然是配额交易，但不是严格意义上的总量控制交易，允许排放企业每排放1吨碳向政府缴纳25新元的费用，因此也无配额总量。

**斜杠前后分别为含储备配额的配额总量和扣除储备配额后的配额总量。

***新西兰碳价机制前三年为固定碳价，没有配额总量上限，类似于碳税；2015年7月开始总量控制交易。

****澳大利亚碳价结束之后，可能逐步过渡到总量交易。

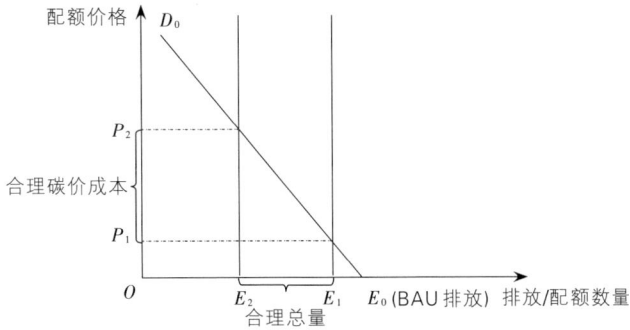

图 3-2　合理的总量设置

社会边际减排成本曲线不仅测算复杂，而且极易波动，在实施过程中还会受到宏观经济运行情况、技术改进以及社会经济政策等多方面的影响，任何一个因素发生较大变动，即使原先"合理"的总量设置也容易变得"不合理"。由于刚性的总量设置机制无法对需求变化作出调整，边际减排成本的不确定性就成为总量设置的内在困境，加上供给无弹性，需求的变动就会带来剧烈的价格波动。

3.2.2　实践中总量设置的主要影响因素

实践中，ETS 一般一次设置若干年的配额总量。配额总量主要受到 ETS 的减排目标和预期 BAU 排放两方面因素影响，同时 ETS 排放总量约束还要考虑抵消信用的使用比例。

ETS 减排目标决定了目标年的配额总量。ETS 减排目标由整体减排目标及 ETS 行业承担的减排比重决定。一般整体减排目标为国际减排协议（譬如《京都议定书》）所分摊的任务或各地自主确定的减排目标（譬如加州、魁北克、东京都等），ETS 行业承担的减排比重则取决于 ETS 占总排放的比重及这些行业的减排潜力。通常 ETS 行业要承担比非 ETS 行业更重的减排任务，而且由于 ETS 有明确的总量约束，减排更为可控，因此主要由 ETS 行业来确保整体减排目标的实现。

减排目标年之前的每年配额总量参考ETS的预期BAU排放值[1]，每年配额总量与预期排放的差值代表了需要作出减排努力，该差值需与减排潜力相匹配，即必须具有可行性。预期BAU排放值由排放基准值乘以预期排放增长因子求得，排放基准值为某年或某几年的历史排放数据；预期排放增长因子即在无ETS情景下未来的预期排放变化率，可能是单因子，也可能是多因子，通过模型或其他途径求得。配额总量设置可总结为式（3-1）的形式。其中，$Acap(k)$ 为第 k 年的配额总量；$Ebaseline$ 为排放基准值；$Fgrow(k)$ 为预期排放增长因子；$Freduction(k)$ 为第 k 年的减排因子，体现了减排的程度。$Freduction(k)$ 必须使当 k 为所设置的最后一年时，$Acap(k)$ 等于减排目标所决定的配额总量。

$$Acap(k) = Ebaseline \times Fgrow(k) \times Freduction(k) \qquad (3-1)$$

另外，每年的配额总量之间应有合理的衔接——通常是线性变化，以提供稳定的政策预期并保证减排的平稳推进，配额总量的年际变化体现了减排在年际之间的分担。因此，配额总量设置也可以用式（3-2）表示。其中，$Acapbaseline$ 为配额总量基准值，$LRF(k)$ [2]为第 k 年的线性递减因子，体现了配额总量的变化趋势。同样，当 k 为所设置的最后一年时，$LRF(k)$ 必须使 $Acap(k)$ 等于减排目标所决定的配额总量。

$$Acap(k) = Acapbaseline \times LRF(k) \qquad (3-2)$$

实际的ETS总量设置均体现出式（3-1）或式（3-2）的特点。

例如，EU ETS前两阶段的配额总量由各国制定，目标为各国的京都目标或负担分享协议的目标。预期BAU排放由基准排放乘以GDP增长因子和单位GDP碳强度改进因子，第一阶段基准排放为各国自主收集的数据，第二阶段为2005年EU ETS的经核查排放数据，两个因子均通过模型求得。如果各国BAU排放已能完成减排目标，则配额总量可设置为BAU

---

[1]　减排目标对于配额总量设置来说是外生变量，虽然减排目标的设定也需要考虑预期BAU排放——整体目标要考虑整体BAU排放，ETS目标也要考虑ETS的BAU排放；不过最终减排目标是各种政治力量博弈的结果，国际谈判、国内立法概莫能外。

[2]　Linear Reduction Factor.

值；否则就按确保完成减排目标的标准设置。这两阶段的总量设置年份分别为3年和5年，阶段内的配额总量没有年际变化。

EU ETS第三阶段的配额总量由欧盟统一设置，为完成欧盟2020年比2005年减排14%（比1990年减排20%）的目标，EU ETS同期必须承担21%的减排任务，建筑、交通等非ETS行业减排10%。根据这个减排目标，EU ETS第三阶段的配额总量由第二阶段的配额量线性递减，以2010年配额量为基准，每年减少2008—2012年均配额量①的1.74%，即3 744万吨时，恰好使配额总量由2013年的20.4亿吨下降到2020年的17.8亿吨。

又如，RGGI由2000—2004年的排放数据估算2005—2018年的排放，并设置2009—2018年的配额总量。预期排放从2004年逐年增长，排放增长因子的设定主要考虑电力需求、新增装机、燃料价格、环境法规等因素。2005年设定的RGGI前两阶段（2009—2014年）的每年配额总量为2011年预期排放值，即1.88亿短吨，相当于前两阶段几乎不减排。从2015年开始，RGGI以前两阶段的配额总量为基准值，逐年下降基准值的2.5%，2018年刚好完成比2009年减排10%的目标，如图3-3所示②。图中2012年配额总量的降低是由于新泽西州的退出，其他九个州配额数量不变。

简言之，配额总量设置首先要根据所设定的ETS减排目标决定目标年的配额总量，再根据预期BAU排放及能够做出的减排程度确定每年的配额总量，并保证能够逐渐过渡到目标年的配额总量。

除了配额，绝大部分ETS均引入了抵消信用（offset）来降低企业的履约成本。这种抵消机制相当于允许企业使用来自ETS范围之外的碳减排信用来抵消其部分排放，这部分抵消的排放当作减排。因此，ETS的允许排放总量上限等于配额总量与抵消信用允许使用量之和，如式（3-3）所示，其中 $Ecap$ 为排放总量上限，$Acap$ 为配额总量，$Eoffset$ 为抵消信用使用量。

---

①　计算2008—2012年均配额量时，在第二阶段NAP的基础上增加2008年至2010年8月31日的新增排放和第三阶段EU ETS范围扩大的排放。详见 http://ec.europa.eu/clima/policies/ets/cap/faq_en.htm.

②　由于新泽西州于第一阶段结束后退出，第二阶段（2012—2014年）的配额总量降为1.65亿短吨；2015年以后的配额总量也随之降低。

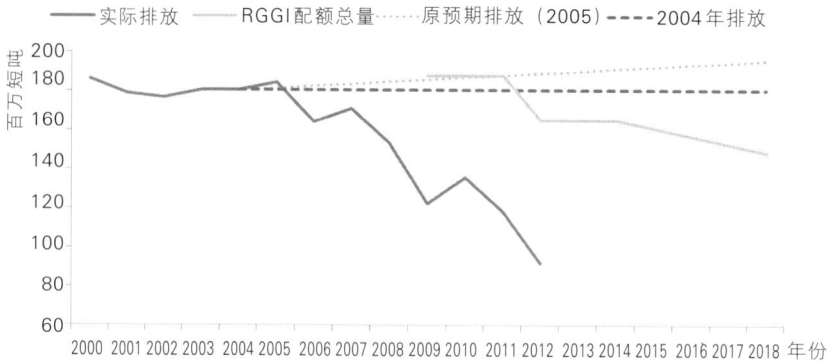

图3-3　RGGI的配额总量（改革前）、历史排放和原预期排放

资料来源：①RGGI Modeling Results & Setting the Cap Level，2007—2018（http：//www.env-ne.org/public/resources/pdf/RGGI_Emissions_Cap_Level.pdf）；②2000—2008年的历史排放数据来自RGGI Historical Emissions_（http：//www.rggi.org/historical_emissions）；③2009—2012年的历史排放数据来自RGGI CO2 Allowance Tracking System。

$$Ecap - Eoffset = Acap \tag{3-3}$$

3.2.3　总量设置过松：EU ETS和RGGI的教训

EU ETS和RGGI这两个先行发展的市场目前均出现了总量设置过松的问题，即配额分配量高于使用量而导致了配额过剩。

EU ETS[①]第一阶段（2005—2007年）发放的配额总量（64.7亿吨）比排放（62亿吨）高4.4%[②]；其中，2005年的配额量（21.8亿吨）比排放（20.1亿吨）多出8.5%。第二阶段（2008—2012年）除了第一年配额总量小于排放外，此后四年的配额数量分别超出排放8.4%、7.4%、10.2%和20.8%（如表3-5所示），配额过剩现象越来越严重，像滚雪球一样越滚越

---

① EU ETS第一阶段(2005-2007)和第二阶段(2008-2012)的各国配额总量由各国向欧盟提交国家分配计划(National Allocation Plan,NAP)，而后经欧盟审核批准(可修改)后确定，各国配额总量加总即为EU ETS配额总量。第一阶段欧盟成员国为25个，批准的每年配额总量为21.8亿吨；第二阶段欧盟成员国增加为27个，批准的每年配额总量为20.8亿吨。实际发放配额数量可能会由于预留配额退出市场等因素而与NAP有所差异，第一阶段三年实际发放配额为64.7亿吨。

② AD Ellerman,FJ Convery,C De Perthuis. Pricing Carbon：The European Union Emissions Trading Scheme [M]．New York：Cambridge University Press,2010.

大。同时，加上从第二阶段开始EU ETS允许企业使用京都灵活履约机制
（CDM和JI）下的抵消信用（CER和ERU）来抵消其部分排放，CER和
ERU是EUA的替代品，前两者使用越多，后者需求就越少，因此配额过剩现
象进一步加剧。当第二阶段结束的时候过剩配额超过了18亿吨（见表3-5），
接近每年的平均排放量，其中抵消信用累计使用量达到了10.48亿吨。

表3-5　　EU ETS第二阶段过剩配额量（金额单位：百万吨）

年份	2008	2009	2010	2011	2012***	合计
配额（EUA）数量						
免费配额数量	1 957	1 966	1 992	2 005	2 050	9 970
拍卖配额数量	50	72	92	93	213	520
配额总量*	2 007	2 038	2 084	2 098	2 263	10 490
抵消信用使用量						
CER	82	78	117	179	214	670
ERU	0.05	3	20	76	279	378
国际信用总量（CER+ERU）	83	81	137	255	493	1 048
过剩配额（EUA）数量						
配额+国际信用（供给总量）	2 090	2 119	2 221	2 353	2 756	11 538
排放量	2 120	1 880	1 939	1 904	1 867	9 710
过剩配额量**	−30	240	282	448	889	1 828

资料来源：根据欧盟公开数据整理，大部分来自欧盟登记系统（Union Registry）和欧盟交易日志（European Union Transaction Log，EUTL）[1]。

注：*配额总量=免费配额数量+拍卖配额数量；

**过剩配额量=配额总量−（排放量−CER−ERU）=配额总量+国际信用使用量−排放量；

***2012年的数据（配额数量、CER、ERU、排放量）不包括当年纳入的航空业。

---

[1] 2008—2011年配额数量数据来自Commission Staff Working Document，SWD（2012）234 final（http://ec.europa.eu/clima/policies/ets/cap/auctioning/docs/swd_2012_234_en.pdf）。2012年配额拍卖数量数据来自Auctions in 2012 & 2013（http://www.eifr.eu/files/file5910440.pdf），其他数据整理自欧盟每年公布的EU ETS排放数据和履约数据（http://ec.europa.eu/clima/policies/ets/registry/documentation_en.htm）。其中，2008—2011年排放数据和2012年免费配额数量来自2013年4月公布的Verified emissions 2012；2008—2011年的CER、ERU使用量来自2012年5月公布的Cumulative compliance data 2008 to 2011；2012年的排放数据和CER、ERU使用量来自2013年5月公布的Cumulative compliance data 2008 to 2012。

第三阶段（2013—2020年）虽然配额总量逐年递减[1]，但由于第二阶段配额可跨期存储到第三阶段使用，第二阶段累积的过剩配额将继续对第三阶段及以后的欧盟碳市场产生影响。根据欧盟的估计，过剩配额累积量的增长要持续到2014年，届时过剩量预计将超过20亿吨；此后，尽管随着配额总量的缩减，不会再大幅增加过剩配额，但到2020年以前过剩量依旧将保持在20亿吨以上。[2]

RGGI总量过松的问题更为严重，第一阶段（2009—2011年）设定的每年配额总量为1.88亿短吨[3]，第一年排放量就比配额总量低34%，前三年排放量分别只有1.24亿短吨、1.36亿短吨、1.19亿短吨[4]；即使此后排放开始稳步增长，但直到2018年每年的预期排放依旧将大幅低于当年配额总量。RGGI的配额大部分通过拍卖进行分配，第一阶段配额拍卖总量为5.03亿短吨，实际只拍出3.93亿短吨。[5]

市场设计之初的总量设置过松对于市场的运行可能会带来以下两个方面的影响：

第一，削弱ETS环境效果。总量控制交易政策的核心目标为成本有效地完成约束性排放总量目标，而长期过松的配额总量将使得总量控制形同虚设。例如，RGGI的配额大部分进行拍卖并设置拍卖保留价格[6]，由于拍卖量远大于需求量，2010年第三季度到2012年第四季度的连续十次拍卖均以保留价格成交；如果没有设置保留价格，配额价格很有可能趋于零，市场机制将完全失灵。EU ETS配额过剩虽不及RGGI，但排放约束力也明

---

① EU ETS第三阶段配额总量由2013年的20.4亿吨线性递减到2020年的17.8亿吨。

② European Commission.COM（2012）652 Final Reportfrom the Commission to the European Parliament and the Council,the State of the European Carbon Market in 2012[EB/OL]. http://ec.europa.eu/clima/policies/ets/reform/docs/com_2012_652_en.pdf,2012-11-14.

③ 1短吨=0.9072吨。

④ 来自RGGI CO₂ Allowance Tracking System。

⑤ Regional Greenhouse Gas Initiative,Inc.RGGI First Control Period CO₂ Allowance. Allocation[EB/OL][2012-02-27].http://www.rggi.org/docs/Allowance-Allocation.pdf.

⑥ 拍卖保留价格（Auction Reserve Price）即拍卖最低成交价。RGGI配额拍卖保留价格最初为1.86美元,2011年、2012年逐步提高到1.89美元和1.93美元。

显减弱，第二阶段有40%的企业认为其排放并未受ETS影响；一份对德国企业的调查表明，EU ETS前两个阶段，大部分企业是从控制能源投入成本的角度考虑减排的，直接考虑碳成本因素进行减排的企业仅占23%和20%。另外，在目前的体系规则下，每年的排放约束由当年配额总量及历史过剩配额量共同决定，虽然后期配额总量可能下降到排放量之下，但是在此之前，过剩配额逐年累积且越来越多，变相推高了后期的配额供给，导致碳排放总量约束很难在短期内恢复。

第二，弱化了对低碳投资的激励和引导作用，影响中长期减排效果。除了完成减排，ETS的另一个重要目标是通过碳价格信号推动社会从高碳向低碳的转型。足够高的碳价将刺激排放企业采用减排技术、选择低碳能源，并吸引私人资本进入清洁能源和低碳产业。但当总量过松导致配额价格处于低位时，该政策目标就难以实现。RGGI配额价格不足2美元，EUA价格从2008年25欧元左右的价位一路跌到2013年初的5欧元以下；如果不采取干预措施的话，EUA价格很难在数年内回到10欧元以上。低迷的碳价不足以推动太阳能、风能等清洁能源的发展，特别是成本较高的太阳能光伏和离岸风电。碳捕获和封存（CCS）技术对碳价的要求更高，至少需要40欧元~70欧元以上的碳价作支撑才具有商业化应用的可行性。另外，低迷的碳价无法对碳排放密度最高的煤炭形成压力，2012年以来欧盟的煤电市场份额甚至出现上升。更重要的是，能源、技术投入使用后在一段时间内具有锁定效应，因此尽管ETS能确保短期排放目标的实现，但低碳转型的推迟将影响中长期的减排。

配额分配以拍卖为主时，配额过量引发的低价和成交量减少将影响拍卖的收入，配额拍卖收入是政府气候融资的重要组成部分。RGGI虽然将大部分配额进行拍卖，但由于拍卖保留价格设置过低，所获得的收入非常有限。EU ETS第三阶段的配额拍卖收入原预计达1 500亿欧元~2 000亿欧元，其中一部分收入将投入新能源、能效、CCS等低碳领域；在碳价大幅下跌后，这一收入预计将减少1 000亿欧元。

3.2.4　从刚性总量到弹性总量

传统配额供给是刚性的，当需求变化时容易引起价格的剧烈波动。北美碳市场（加州、魁北克和改革后的RGGI）针对此问题进行了创新，即在传统总量之外设置了储备配额，这部分配额只有当市场价格较高时才进入市场，起到控制碳价的作用，配额总量从刚性变为弹性。理论上可能进入市场的配额总量包括常规配额总量和储备配额。储备配额可再区分进入市场不同触发价位的层次，以加州和魁北克的三层储备为例，配额供给曲线变为如图3-4所示。

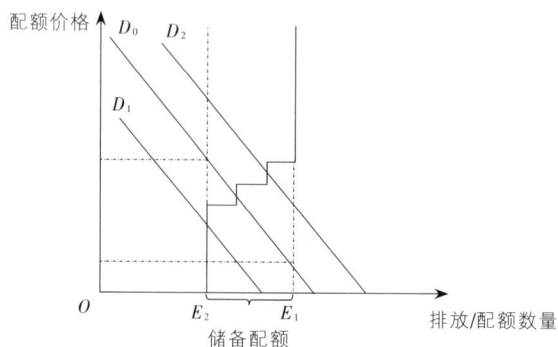

图3-4　带有储备配额的总量设置

弹性总量使得配额总量从一个具体的数值变成一个区间，供给曲线由图3-4垂直于x轴的直线变为阶梯状的曲线，可以看出弹性总量对需求变动的响应相对松配额总量（E_1）、紧配额总量（E_2）均有明显优势：当需求下降时，D_0左移到D_1，如果配额总量为E_1，则配额严重过量，碳价崩盘；当需求上升时，D_0右移到D_2，如果配额总量为E_2，则总量过紧，碳价过高，而在弹性总量下，发生这两种变化时碳价波动较小。

3.2.5　总量设置时间跨度

一次性设置多少年的配额总量取决于对确定性与灵活性的取舍，时间范围设置的长短各有利弊。履约周期长能够给碳市场提供明确的预期，刺激长期的减排投资，但当排放量与预测或预期值有较大出入时，无法对总量进行干预和调节；相反，如果履约周期较短，则可以及时根据排放报告数据变化调整下一个履约期的配额总量，但这也意味着，未来配额供给的高度不确定性，长期政策预期不明朗也会减弱企业进行低碳投资的意愿。

总量设置短期内缺乏调整机制的教训已经显现。欧盟在2009年确定了2013—2020年EU ETS的总量目标，RGGI在2005年确定了2009—2018年的配额总量，总量设置时间长度分别为8年和10年。但欧盟和RGGI的实际排放均大幅低于预期，导致碳价大幅下跌——EUA的市场价格从2008年的30欧元左右跌到了2013年的3欧元以下，RGGI由于完全无需求，价格处在价格下限的最低值上。为改变此状况，RGGI在2013年通过法律修订，将自2014年起的总量缩减45%以上。由于配额总量须通过立法确认，因此在设置完成之后想进行修改并非易事，EU ETS目前正处于对市场的整体评估阶段，同时也面临着改革困境。

澳大利亚碳市场在总量设置的时间上进行了创新，采取"每年更新加审核"的模式：2014年制定2015—2019年的总量，以后每年制定5年后的总量。配额总量由气候变化管理局建议以后再经主管部门批准，如果气候变化管理局未能提出总量建议或建议被否决，确保完成5%减排目标的缺省总量将会自动生效。该模式调节的灵活性大，当配额过量时能够在下一年迅速作出调整，而且有缺省总量作为总量设置的上限，新模式的实施效果还有待市场的检验。

3.3　配额初始分配方法

在碳交易设计要素中，政治性很强的问题是如何根据排放总量目标，将配额公平合理地分配给交易体系覆盖下的排放源（或企业）呢？根据分配方式是否收费，可以分为免费分配和有偿分配两种。

3.3.1　免费分配法

免费分配即配额以无偿的方式分配给企业，常用的免费分配方法包括祖父法（grandfathering）和基准分配法（benchmarking）。前者根据历史排放发放配额，后者根据一定的基准发放配额。

祖父法依据历史排放免费发放配额，需要有基准期的历史排放数据作为依据。EU ETS前两阶段是运用祖父法的代表，第一阶段由于数据缺失，只能以企业自主上报和监管机构审核相结合的方式进行分配；第二阶段则采用2005年的数据作为分配依据。

基准分配法是根据设定的排放基准值（benchmark）免费发放配额，基准分配法是目前运用最多的分配方法。"基准"主要包括产品基准和能耗（热力、燃料或电力）基准两类，免费配额数量的基本计算公式为活动水平（产量或能耗）乘以基准值。基准值一般选择排放效率的领先指标，例如，EU ETS第三阶段的基准值为同类产品中排放效率前10%产品排放效率的平均值。活动水平数据通常为历史数据，即前几年的产量或能耗数据。

免费分配法在通过祖父法或基准分配法计算出免费配额的基础数量后，可能需要针对行业间的区别和年际的区别，进行一定比例的折减。该折减的免费比例一般通过两个调整因子确定：一是根据行业碳泄漏风险（leakage risk）或面临外部竞争的程度所确定的调整因子；二是与配额总量缩减相一致的线性递减因子。祖父法和基准分配法的计算公式分别如式（3-4）和式（3-5）所示。

免费配额=历史排放数据×碳泄漏因子×线性递减因子　　　　　　　　　（3-4）

免费配额=排放基准值×活动水平（产量或能耗）×碳泄漏因子×线性递减因子　（3-5）

比如，EU ETS有碳泄漏风险的行业能获得全部免费配额，碳泄漏因子为100%，无碳泄漏风险的行业只能获得部分免费配额且逐年减少；澳大利亚和新西兰根据"贸易暴露（trade-exposed）"的程度确定两级援助比例并逐年递减；加州将不同行业依据碳泄漏风险分为三级，分别设定不同的产业援助因子（industry assistance factor）来区分其免费比例，风险越低，免费比例越低且递减越快。

免费的初始分配是碳交易的首创，其他排污权交易或环境权益交易均无免费分配，而是依据"污染者付费"的原则有偿出售排放权利。碳交易引入免费分配的设计一方面是由于温室气体是否应定义为污染物尚存争议，另一方面是由于与其他污染物仅涉及少部分生产活动不同，温室气体排放涉及人类社会生产、消费的方方面面，与经济活动的相关性明显大于其他污染物，因此增加碳价成本对经济的影响也较大。另外，由于温室气体排放管制目前只是区域行为，碳配额的有偿分配将会削弱管制企业相对于无碳管制政策区域的企业的竞争力，甚至可能导致企业迁出碳管制区域，产生所谓的"碳泄漏"。

　　ETS 作为公共政策的产物，往往受到各利益集团的影响，因此在碳交易初期，比例较高的免费分配是一个不得已而为之的选择[①]，免费分配只是折中之计，相当于本应由排放者承担的成本由社会来承担。加州、澳大利亚、新西兰等地都明确提出给排放企业的免费配额是一种工业援助措施，类似于税收减免。

　　除了作为对有履约义务的排放企业的援助外，由于配额的有价性，免费分配还可作为一种补贴手段用于其他目的：（1）推动低碳技术发展，EU ETS 第三阶段预留配额中的一部分（约 3 亿吨配额）将赠予 12 项 CCS 示范工程和新能源技术的示范工程，加州和魁北克预留部分配额奖励自愿购买可再生电力的行为；（2）鼓励早期减排，魁北克和改革前的 RGGI 设计了相当于配额的早期减排信用（Early Reduction Credit，ERC），奖励给在碳交易计划实施前先期减排的排放企业；（3）平抑碳价成本带来的价格上涨，加州将免费配额的绝大部分（基数是 9 770 万吨）分配给配电企业（Electrical Distribution Utilities，EDUs），不过要求其配额拍卖所得收入只能用来平抑碳价引发的电力价格上涨（电厂则需要通过有偿分配获得配额）；（4）补贴其他受影响的行业，新西兰为补偿 ETS 给渔业部门带来的燃料成本上升的影响，渔业也将分得一定数量的 NZUs；（5）生态补偿，强制纳入 NZ ETS 的 1990 年以前的林业分两批一次性获得免费 NZUs，以补偿其不能伐木或将林地改作他用的损失，当然如果林地减少，则需要退回补偿以抵减损失的碳储量。

　　目前，各个交易体系较少运用祖父分配法，除了 EU ETS 前两阶段外，

---

　　①　例如,韩国在政策制定过程中,在产业集团的压力下免费比例不断提高的例子——韩国碳交易体系最初的方案中,免费配额的比例为90%,2012年5月公布碳交易草案时前两个阶段(2015—2020年)免费比例提高到95%,2012年7月公布碳交易计划细则的时候,第一阶段(2015—2017年)和第二阶段(2018—2020年)免费比例进一步提高到97%和100%。

只有日本东京都碳交易体系采用了祖父法。下面主要介绍各碳交易体系的基准分配法。

（1）EU ETS[①]

EU ETS 第三阶段由欧盟统一确定免费分配的方法和比例，采用欧盟层面的基准分配法，除电力外其他行业都可获得免费配额。具体实施方法是根据欧盟规定的计算方法，各国通过"国家实施措施（National Implementation Measure，NIM）"计算本国各设施预分配的配额数量，如果各国上报的配额数量总和多于规定值，欧盟将统一进行调整，最后由欧盟确定最终的配额分配数量。预分配数量为历史活动水平乘以排放基准值再乘以碳泄漏风险因子。[②]

EU ETS 的排放基准共有四类——产品基准、热力基准、燃料基准和过程排放基准。其中，产品基准取该类产品排放效率前 10% 的平均值，共设置了 52 个产品基准；基准只与产品有关，与技术、燃料以及排放设施的规模和地域均无关。其他排放基准各只有一个，热力和燃料基准分别为 $62.3tCO_2e/TJ$ 和 $56.1tCO_2e/TJ$，过程排放基准指过程排放量乘以 0.97。排放基准针对的是亚设施（sub-installation）层面，每个设施（installation）在计算免费配额时可以根据亚设施的划分同时采用多种排放基准，各亚设施的免费配额之和即为该设施的免费配额。

EU ETS 第三阶段的基准线配额法的分配方法如表 3-6 所示，亚设施如果能够适用产品基准，就优先使用产品基准；不能适用的，再根据其排放来源使用热力基准或燃料基准或过程排放基准。历史活动水平为 2005—2008 年或 2009—2010 年活动水平的中位值，具体选择哪个基准由企业决定。

2013—2020 年的 EU ETS 碳泄漏暴露风险因子如表 3-7 所示。有碳泄漏风险的行业获得 100% 免费配额，无碳泄漏风险的行业免费比例从 2013

---

① Ecofys. Allocation in Phase 3 of EU ETS[EB/OL].［2011-05-02］. http://ec.europa.eu/clima/policies/ets/cap/allocation/docs/gen_en.pdf.

② Carbon Leakage Exposure Factor.

表3-6　　　　　　　　EU ETS第三阶段基准分配法计算方法

	免费配额数量（不考虑碳泄漏）
使用产品基准的亚设施	产品基准×历史产量
使用热力基准的亚设施	62.3tCO₂e/TJ×历史热力消耗
使用燃料基准的亚设施	56.1tCO₂e/TJ×历史燃料消耗
使用过程排放基准的亚设施	0.97×历史过程排放
设施	所有亚设施免费配额之和

资料来源：Allocation in phase 3 of EU ETS，Ecofys，2011-05.

年的80%逐渐降低到2020年的30%。设置产品基准的52种产品中有49种被当作有碳泄漏风险的产品。

表3-7　　　　　　　　　　EU ETS碳泄漏暴露风险因子

年份	2013	2014	2015	2016	2017	2018	2019	2020
有碳泄漏风险	1	1	1	1	1	1	1	1
无碳泄漏风险	0.8000	0.7286	0.6571	0.5857	0.5143	0.4429	0.3714	0.3000

资料来源：Allocation in phase 3 of EU ETS，Ecofys，2011-05.

　　另外，2012年被纳入EU ETS的航空行业也采用基准分配法。免费配额数量等于吨公里数乘以基准值，基准值2012年为0.6797吨配额/1 000吨公里，2013—2020年为0.6422吨配额/1 000吨公里。

　　（2）加州

　　在加州碳交易体系下，电力企业通过拍卖获得配额，工业企业则通过基准分配法获得免费配额。共有两类排放基准，分别为基于产品的基准（product-based benchmarks）和基于能源的基准（energy-based benchmarks）。能够使用产品基准的就优先使用产品基准，否则使用能源基准。配额分配的量在排放基准的基础上根据行业的碳泄漏风险程度确定免费分配的比例，并且每年递减。

配额分配的基本公式为：

$$\begin{matrix} \text{分得} \\ \text{的配额} \end{matrix} = \begin{matrix} \text{产出} \\ \text{(或能源消耗)} \end{matrix} \times \begin{matrix} \text{基于产品} \\ \text{(或能源)的标杆} \end{matrix} \times \begin{matrix} \text{上限调整因子} \\ \text{(cap adjustment factor)} \end{matrix} \times$$

$$\begin{matrix} \text{工业援助因子} \\ \text{(industry assistance factor)} \end{matrix}$$

上限调整因子用以体现不断缩紧的配额总量上限，如表3-8所示。氮肥、水泥和石灰制造的调整因子从2013年的0.991线性递减至2020年的0.925，其他部门从2013年的0.981递减至2020年的0.851。

表3-8 加州碳交易体系上限调整因子

年份	过程排放占50%以上的部门 （氮肥、水泥、石灰）	其他部门
2013	0.991	0.981
2014	0.981	0.963
2015	0.972	0.944
2016	0.963	0.925
2017	0.953	0.907
2018	0.944	0.888
2019	0.935	0.869
2020	0.925	0.851

资料来源：根据《加州碳交易法案》整理而得。

工业援助因子用以反映该行业的碳泄漏风险。加州将碳泄漏的风险分为三个层级：高泄露风险的行业包括石油和天然气开采、钢铁、造纸、水泥、玻璃、石灰等；中度泄露风险的行业包括炼油、石膏、食品制造等；低泄露风险的行业包括制药和航空器制造等。第一阶段，所有行业的配额均免费分配；第二阶段，中泄露风险和低泄露风险的行业免费比例分别降到75%和50%；第三阶段，再分别降到50%和30%。三个阶段中，高泄漏风险行业的配额一直100%免费分配，如表3-9所示。

表3-9　　　加州碳交易体系不同碳泄漏风险行业的工业援助因子

	第一阶段 （2013—2014）	第二阶段 （2015—2017）	第三阶段 （2018—2020）
高泄漏风险行业	100%	100%	100%
中泄漏风险行业	100%	75%	50%
低泄露风险行业	100%	50%	30%

资料来源：加州碳交易法案。

　　基于产品的分配方式的计算公式如下所示，利用过去2~4年的历史产出和加州空气资源局公布的每类产品的基准来确定配额分配数量。

$$At = \sum O_{a,initial} \times B_a \times AF_{a,t} \times c_{a,t} + \sum O_{a,trueup} \times B_a \times AF_{a,t} - 2 \times c_{a,t} - 2$$

A_t是 t 年分得的配额；

$O_{a,\ initial}$是活动 a 两年前的产出值；

$O_{a,\ trueup}$是活动 a 四年前产出与两年前产出的差值；

B_a是活动 a 的产品排放基准；

$AF_{a,\ t}$是活动 a 在 t 年的工业援助因子；

$C_{a,\ t}$是 t 年的上限调整因子；

$C_{a,\ t-2}$是（t-2）年的上限调整因子。

　　加州对18个行业设置了28个产品排放基准，如表3-10所示。例如，造纸每短吨[①]能分到1.14个配额，平板玻璃每短吨能分到0.471个配额。

　　除了上表列出的行业，其他行业的工业设施采用基于能源的标准进行分配。具体地说，利用燃料、电力、蒸汽的历史年均消耗量和排放标杆来确定设施的配额分配。计算公式如下所示：

$$At = (S_{consumed} \times B_{steam} + F_{consumed} \times B_{Fuel} - e_{sold} \times B_{electricity}) \times AF_{a,t} \times c_{a,t}$$

[①]　per dried shot ton(DST).

表 3-10　　　　　　　　加州碳交易体系基于产品的排放基准

行业	排放基准（配额/单位产品）
原油和天然气开采	0.0816/0.0082
液化天然气开采	0.0146
碳酸钾、苏打和硼酸矿开采	0.948
造纸厂（新闻纸除外）	1.14
纸版厂	0.499/0.562/0.392
炼油	0.0295
其他石油和煤炭制品	0.341
工业气体	8.85/8.85
氮肥	0.349/0.0902
平板玻璃	0.471
玻璃容器	0.264
矿物棉	0.394
水泥	0.178
石灰	1.4
石膏	0.0454/0.134
钢铁	0.170
型钢制造	0.0843/0.0126/0.0313/0.0504/0.061
涡轮和涡轮发电机组单元	0.00782

注：同一个行业可能依技术标准的不同而存在多个排放基准。

$S_{consumed}$ 为历史年均蒸汽消耗量；

B_{Steam} 为蒸汽的排放标杆；

$F_{Consumed}$ 为历史年均燃料消耗量；

B_{Fuel} 为燃料的排放标杆；

e_{Sold} 为历史年均非自用电量；

$B_{Electricity}$ 为电力的排放标杆。

历史年均消耗量的数据来源于美国温室气体强制报送（MRR）2008—2010 年的数据，如果设施参加了加州气候行动注册平台（California Climate Action Registry，CCAR），则也可以利用CCAR2002—2007年的数据。蒸汽、燃料燃烧的排放基准分别为每百万英热单位（**MMBtu**）0.06244配额和0.05307配额，电力的排放基准为0.431配额/**MWh**。

除了工业排放，加州的配电行业也可获得免费配额，以平抑碳管制带来的电价上涨。配电行业每年分得的配额总量为9 770万吨配额乘以上年的上限调整因子，每个企业的配额量根据固定的比例进行分配。

（3）魁北克

魁北克的碳交易体系中，采矿和采石业、制造业、蒸汽及空调系统供应商及部分电力①采用基准分配法进行免费分配，排放基准为碳强度目标。不过与其他碳交易体系的基准分配法中以活动水平数据为历史数据不同，魁北克根据当年数据进行分配。

免费配额数量等于每年的碳强度目标乘以当年的实际产出。碳强度目标根据2007&2010年的平均碳排放强度计算得出，要考虑行业区别，每年碳强度目标递减。而当年实际产出则先用两年前产出替代，预估免费数量，实际值出来后再进行校准：每年1月（2013年为5月）发放当年预估数量的75%，次年9月14日根据实际产出算出应发免费配额量进行校准，即应发免费配额量减去预发量，如为正值则发放差额，如为负值则要求企业退回差额。

为解决当年产量无法事先得到的问题，魁北克设计了这种"历史产量预估配额数量——预估值部分分配——实际产量算出应发配额数量——多退少补"的创新分配机制。相比于传统配额分配固定的事前分配数量，这种事前"订金"、事后调整可以看作是某种程度上的"按需分配"，激励重点在于碳排放强度，只要强度低于目标，排放企业就不用承担碳排放成本，如果排放低于预期，也可回收配额。该事后调整的机制创新避免了传统配额分配容易导致的分配过量问题——不管是根据历史排放的祖父分配法还是根据历史活动水平的基准分配法，当产出下降时均容易出现配额分

---

① 包括从实施碳交易政策但未与魁北克相连接的地区进口的电力和2008年以前签订固定电价合同无法对碳价作出调整的电力。

配过量。

上述设计有点类似于设定碳强度目标的基准线信用交易——只承担超过碳强度目标的履约责任。而且，由于是在总量交易的大框架下，在减排约束和市场交易方面优于基准线信用交易——相比于基准线信用交易有对排放总量的约束，同时避免了基准线信用交易的交易量小、难以金融化的缺陷。

但这一设计也存在一定的隐患，当产出突增时，免费分配的配额也将大幅增加，甚至可能出现库存不足的情况（即实际应发配额数量大于预估配额数量）。魁北克的设计的补救措施是将储备账户中的配额调过来应急，但在极端情况下需要的免费配额数量可能高于配额总量。如果是孤立体系，这种极端情况的出现将会影响碳交易体系的信誉。魁北克碳市场在2014年与加州碳市场的对接，则避免了这类问题——由于加州碳市场的规模远大于魁北克，因此保证了魁北克在配额不足的情况下可以通过进口加州配额来补足缺口。魁北克配额分配设计的另一个缺陷是为应对多余配额的召回规定，企业在非履约年（魁北克履约周期为三年）也必须保持手中持有一定数量的配额库存，从而降低了多年履约期带来的市场灵活度。

（4）澳大利亚和新西兰

澳大利亚碳价机制与新西兰碳排放交易体系的配额分配方式类似。面临国际竞争的排放密集型行业依据基准分配法获得免费配额，免费配额数量等于历史产量乘以行业基准值乘以援助比例和递减因子。两国的援助比例均分为两档，澳大利亚第一年分为94.5%和66%两档，新西兰第二年分为90%和60%两档，两国援助比例每年均以1.3%的速率递减。

澳大利亚对于"排放密集交易暴露行业"（Emissions-Intensive Trade-Exposed Industries，EITE）给予部分免费的配额。固定碳价阶段（2012年7月—2015年7月），这些行业的企业可获得免费配额，除去免费分配部分，其他配额都要求以当年的固定价格购买。在浮动价格阶段（2015年7月至今），这些行业的企业依相同原则获得免费配额，其他配额通过拍卖分配。

新西兰单位GDP碳排放强度在800tCO_2e/100万新元以上的中度碳密集

型[1]企业免费分配比例为60%，在800tCO$_2$e/100万新元以上的高度碳密集
型[2]企业则为90%。除此之外，新西兰还对林业和渔业免费分配配额。强
制纳入的1990年以前林业在2012年前后分两批获得免费NZUs，自愿加入
的1990年以后林业则可以在增加碳储量的情况下获得免费NZUs。渔业获
得免费配额作为应对燃烧价格上涨的补贴。渔业获得的免费配额很少，排
放密集型的企业占的比重也不大，林业部门分得的NZUs最多，2010年和
2011年分别占到了分配总量的90%和87%。

3.3.2 有偿分配

有偿分配即配额以有偿的方式分配给企业，分为拍卖和固定价格出
售两种，两者的区别在于前者是由购买者竞标决定配额价格，后者由出
售者决定配额价格。配额的有偿分配又称为配额的一级市场。目前，碳
市场中采用的拍卖方式有两种。EU ETS和加州、魁北克、RGGI均采用
单轮、密封投标[3]的方式进行配额拍卖，即在拍卖中投标者各自报价，
互相不知道其他竞拍者的价位，拍卖机构将投标价位按从高到低排列，
并累计这些价位上的配额数量，加到刚好等于本轮拍卖量时的投标价格
即为最后成交价格，该价位上的所有投标单以该价格成交。澳大利亚则
采取增价拍卖、多轮投标，事先公布底价，竞拍者申报所需数量，如果
需求量超过总供应量，则提高报价，如此往复，直到投标量与拍卖量
相等。

在常规分配中，固定价格出售运用较少，其类似于税费手段。例如，
澳大利亚碳价机制的前三年就是采用这种固定价格方式。另外，固定价格
也可以在碳交易中作为价格控制手段。这是一种非常规的配额分配方式，
以此购得的配额往往必须直接履约，不能用于二级市场交易，这种设计在
碳交易理论中又被称作安全阀（safety valve）。北美碳市场在配额拍卖中
设计了拍卖保留价格，即最低成交价。例如，加州和魁北克的拍卖保留价

---

① moderately emissions-intensive.
② highly emissions-intensive.
③ single round, sealed bids.

格2013年分别为10美元/加元，以后每年递增5%，改革后RGGI为2美元（2014年），每年递增2.5%。

配额有偿分配收入，除了作为传统的财政收入外，还可以用于以下一个或多个方面：①作为气候融资的来源，推动能效提高、新能源等的技术发展及用于其他减缓、适应气候变化的投入，例如EU ETS、RGGI、加州、魁北克等，德国规定其拍卖收入中的90%必须用于气候领域；②用于应对碳政策给居民带来的生活成本上升，补贴中低收入家庭，并用于减少其他扭曲性税收（类似于"税收中性"），以澳大利亚与碳价机制配套的补贴与税收改革相结合的家庭一揽子扶助计划（Household Assistance Package）为代表，RGGI要求部分拍卖收入直接用于补偿消费者的电力账单，加州也非常重视避免引发电力成本上涨，配电企业配额的拍卖收入作为平抑电价的资金来源；③作为ETS管理成本的资金来源。

3.3.3　各分配方式的特征比较

作为三种主要的配额初始分配方式，祖父法、基准分配法和拍卖法各有优劣，可以从公平性、环境效果、制度成本、政治可行性等方面加以比较。固定价格分配在以上四个方面均与拍卖类似，由于在常规初始分配中运用较少，此处不展开论述。三种主要配额分配方式的比较如表3-11所示。

从公平性角度衡量，拍卖法最优，基准分配法其次，祖父法最差。采用祖父分配法时，存在"鞭打快牛"、奖励后进的情况，即前期排放越多的企业分得的配额越多，率先进行减排的企业反而获得的配额较少，这对早期减排的企业不公平，往往需要配合预留奖励配额等手段以保证配额分配的公平性。基准分配法解决了这个问题，对效率高的企业形成了有效的激励。而无论是祖父法还是基准分配法，免费分配法在具体实施过程中，都存在较大的寻租空间，容易受到政治势力的影响。相比之下，拍卖法的配额是企业通过公开市场有偿取得的，且一般都有健全的报告和监督机制作为制度保障，因此更加公平和透明。除此之外，对EU ETS的经验分析和理论研究均表明，采用免费分配，当出现经济波动时容易造成配额的过

表 3-11　　　　　　　　　　　　　　　主要配额分配方式比较

	免费分配		拍卖
	祖父法	基准分配法	
公平性	较差，排放越多的企业反而获得越多的配额，同时可能分配过量，排放企业有可能获得暴利收益	较好，以排放效率为标准，不过也可能分配过量	最佳，公开透明，企业通过公开市场有偿获得配额
环境效果	由配额总量决定	由配额总量决定	优于免费分配：除由配额总量决定外，拍卖收入可用于其他减排投资，同时带有保留价格的拍卖能够减少过剩配额供给
数据要求和制度成本	需要前期排放数据，制度成本主要来自前期排放的监测、核查与报告	需要大量的历史排放和技术数据，制度成本高于祖父法	不需要前期数据，没有前期成本，制度成本主要来自组织拍卖
政治可行性	企业仅承担增加的碳排放的成本，对企业生产影响最小，政治可行性最高	企业承担超出排放效率基准部分的成本和排放增加的成本，企业成本较低，政治可行性较高	企业需要承担全部排放成本，削弱企业对外竞争力，存在"碳泄漏"风险，政治可行性较低

量分配，受排放管制的企业在无减排措施的情况下就可获利；并且获得免费配额的企业依旧可能将减排成本转移给终端消费者，从而额外获得利润，例如欧洲电厂尽管获得了足够抵消排放的配额，但依旧通过电价的提升使消费者承担碳价"成本"。因此，欧盟在 EU ETS 第三阶段逐步从免费分配过渡到拍卖。

就环境效果而言，拍卖略优于两种免费分配方法。由于排放约束由配额总量（cap）决定，如果配额全部发放下去，不同分配方式的减排效果相同。但如果拍卖设置了底价（即拍卖保留价格），在碳价低迷的时候会有部分配额未拍出，管理机构可选择将这部分未进入市场的配额注销，以提振碳价。这种情况相当于减少了配额供给，避免过剩配额对未来碳市场的影响。目前 RGGI 就有此设计，各成员州可在每个阶段结束后选择将未拍出的配额注销。因此，带有保留价格的配额拍卖带来了政策调整的灵活性，能够在排放低于预期的时候提高减排目标，环境效果优于免费分配。

另外，拍卖所获得的收入能够用于清洁能源、提高能效等减排投资，为碳交易体系创造了总量约束以外的减排收益，这也是免费分配所不具备的。

就数据要求和制度成本而言，拍卖法最优，祖父法其次，基准分配法成本最高。一般来说，拍卖并不需要企业提供完备的前期排放数据，投标过程即为市场价格的显露过程，拍卖收入也足以覆盖组织拍卖的成本。祖父法需要历史排放数据的支持，EU ETS 第一阶段由于缺乏准确的历史数据而对配额分配数量造成了一定影响。基准分配法对数据的要求最高，一方面制定基准需要不同行业、不同产品前期大量的技术数据和排放数据。例如，EU ETS 第三阶段的基准分配法分别制定了 52 个产品门类的排放基准，且分配配额时还需要收集 2005—2010 年所有设施、子设施的历史产量、能耗、过程排放等数据。加州产品基准设定需要收集来自 18 个行业的 28 个产品的相关数据，若采用产品基准需要采集过去四年的产出数据；利用能耗基准则需要 2008—2010 年的能耗数据。当排放源数量、行业较多，配额量较大时，免费分配法，特别是基准分配法的前期成本会大幅增加，而拍卖成本并不会有太大变化。如果实施碳交易的地区没有相关的技术能力和条件收集所需数据，基准分配法的实施难度将非常大。不过，祖父法和基准分配法的成本主要来自前期的数据收集体系的建立，一旦体系建立以后，后续成本相对较小。

就政治可行性和对经济的影响而言，祖父法最优，基准分配法其次，拍卖法往往遭到最大政治阻力。拍卖法对纳入排放交易体系企业的影响类似于开征新税，增加了受管制企业的生产成本，并可能传导给消费者，对一些面临外部竞争的企业还会降低其市场竞争力，影响出口贸易。相比之下，免费分配更受企业欢迎，特别是依据历史排放的祖父法，极大地减轻了排放大户的成本压力，对经济的影响也小得多。

综合以上对各分配方法的比较以及各 ETS 对分配方法的选择的考虑，应根据 ETS 不同的发展阶段，对不同的行业部门采取不同的分配方法组合运用。在 ETS 推进的时间维度上，祖父法在交易体系建立初期最受欢迎，有数据基础的地区在中早期则更青睐基准分配法，而拍卖法则是推进减排市场长期健康发展的最佳选择。从行业维度来讲，面临外部竞争较小、容易传导成本的行业应采用拍卖法，其他行业依据面临的竞争程度可酌情予以免费分配。

主要ETS的配额分配方式如表3-12所示。

表3-12   主要ETS的配额分配方式

	免费分配	有偿分配
欧盟碳排放交易体系（EU ETS）第一阶段（2005—2007）	欧盟规定至少95%以上免费分配，实际绝大部分免费分配，采用祖父法	各国最多5%拍卖，实际很少，只有丹麦拍卖满5%
EU ETS 第二阶段（2008—2012）	欧盟规定至少90%以上免费分配，实际大部分免费分配，部分（德、英等）国家采用国家层面的基准分配法，其他大部分国家采用祖父法，依据为2005年的经核查排放数据	各国最多10%拍卖，实际共拍卖3%左右
EU ETS 第三阶段（2013—2020）	采用欧盟层面的基准分配法，有碳泄漏风险的行业获得100%免费配额，无碳泄漏风险的行业免费比例从2013年的80%逐渐降低到2020年的30%	电力行业100%拍卖（部分东欧国家例外*）；无碳泄漏风险的其他行业拍卖比例从2013年的20%逐步提高到2020年的70% 2013年配额总量中的拍卖比例为40%以上
EU ETS航空（2012—2020）	2012年85%免费分配，2013—2020年82%免费分配，均采用基准分配法	15%拍卖
美国区域温室气体减排行动（RGGI）	没有给排放企业免费配额各州发放少量免费配额用于鼓励自愿可再生电力收购等	绝大部分配额进行拍卖
美国加州碳排放交易体系	工业设施和配电企业（非履约企业）获得免费配额工业设施依据基准分配法免费援助分配配电企业获得免费配额以平抑电价上涨另外，发放极小部分储备配额用于鼓励自愿可再生电力收购	电力和交通排放没有免费配额大部分配额进行拍卖，包括配电企业获得的免费配额设有储备配额，以固定价格出售
加拿大魁北克省碳排放交易体系	采矿和采石业、制造业、蒸汽及空调系统供应商及部分电力采用基准分配法进行免费分配	交通排放没有免费配额免费配额以外的配额进行拍卖储备配额固定价格出售，与加州类似
澳大利亚碳价机制	受贸易影响的排放密集性行业获得免费配额免费分配方式采用基准分配法	2012年7月—2015年7月固定价格出售，第一年23澳元，往后两年以2.5%的速率递增2015年7月以后配额进行拍卖
东京都碳排放交易体系	所有的配额分配均采用祖父法，依据的是2002—2007年之间的任意连续三年的平均排放	几乎没有
韩国碳排放交易体系	2020年前两阶段的配额免费分配的比例分别为100%和97%，出口企业获得全部免费配额	第二阶段（2018—2020）3%拍卖
新西兰碳排放交易体系	部分工业以及林业和渔业获得免费配额面临国际竞争的排放密集型行业依据基准分配法获得免费配额	电力、交通不能获得免费配额目前只有25新元的固定价格出售未来逐步引入拍卖

注：* 指为照顾电网建设较为落后或能源结构单一的经济较不发达成员国，欧盟给10个东欧国家提供了过渡选项——电力行业第三阶段拍卖比例从30%逐步提高到100%；有8个国家最终采用了此选项。

3.4　碳市场的 MRV 机制

　　碳市场是一个信用市场，其基本的交易产品不管是配额还是减排信用，均具有信用特征，即每吨配额代表了一吨二氧化碳当量的温室气体排放，每吨减排信用代表了一顿二氧化碳当量的温室气体减排量或封存量。如果没有严格、可靠的监测、报告、核查机制即 MRV 机制来保证排放与减排的真实性和准确性，碳市场将成为无源之水、无本之木，配额和减排信用的价值将大打折扣。

3.4.1　监测与报告

（1）核算方法

　　MRV 机制的目标是进行温室气体排放的核算。温室气体排放的核算主要有两种方法：基于计算的方法和基于测量的方法。前者是指通过其他活动水平数据进行估算，从而间接衡量温室气体排放量的方法；后者是指通过相关仪器设备直接对温室气体的浓度或体积等指标进行连续测量，从而直接得到温室气体排放量的方法。

　　基于测量的方法精确度更高，不过对温室气体排放进行实时测量的排放连续监测系统（Continuous Emissions Monitoring Systems，CEMS）的成本较为高昂，因此目前运用较少。只有 RGGI 大面积推广使用，其要求电厂必须安装 CEMS，每 15 分钟记录一次烟道气体积流率、烟道气含水量、热输入及氧气和二氧化碳浓度等数据。

　　基于计算的方法主要包括排放因子法和物料平衡法。物料平衡法是根据质量守恒定律，对排放主体的投入量和产出量中的含碳量进行平衡计算的方法，计算方法为投入物量乘以投入物含碳量与输出物量乘以输出物含碳量之差乘以氧化率，如式（3-6）。

$$排放量 = \left[\sum (投入物量_i \times 投入物含碳量_i) - \sum (输出物量_i \times 输出物含碳量_i) \right] \times \frac{44}{12}$$

$$(3-6)$$

式中：

排放量——吨（t）；

投入物量——吨（t）；

投入物含碳量——吨碳/吨（t-C/t）；

输出物量——吨（t）；

输出物含碳量——吨碳/吨（t-C/t）；

i，j——不同投入和输出的物质。

排放因子是目前运用最广的温室气体排放核算方法，通过活动水平乘以排放因子来计算排放量。排放类型分为直接排放和间接排放，直接排放主要包括燃烧排放和过程排放，间接排放则是指电力和热力排放。

燃烧排放指由燃料燃烧造成的排放，计算方法为燃料（如煤、天然气、汽油等）消耗量乘以其低位热值乘以单位热值含碳量和氧化率见式（3-7）。消耗量指各种燃料的实物消耗量；低位热值是指单位燃料消耗量的低位发热量；单位热值含碳量是单位热值燃料所含碳元素的质量；氧化率是燃料中的碳在燃烧中被氧化的比例。不同燃料的低位热值、单位热值含碳量和氧化率不同。在设计碳交易体系时，低位热值、单位热值含碳量和氧化率既可以采用 IPCC 的默认值，也可以在具体行业中进行取值和检测；采用哪种方法取决于该地的技术能力。燃料的消耗量的数据，可通过报告期内存储量的变化获取。

$$排放量 = \sum\left(消耗量_i \times 低位热值_i \times 单位热值含碳量_i \times 氧化率_i \times \frac{44}{12}\right) \qquad (3-7)$$

式中：

i——不同燃料类型；

消耗量——吨（t）或立方米（m^3）；

低位热值——十亿千焦/吨（TJ/t）或十亿千焦/立方米（TJ/m^3）；

单位热值含碳量——吨碳/十亿千焦（t-C/TJ）；

氧化率——以分数形式表示，%。

过程排放是指排放主体在生产产品或半成品的过程中，由化学反应或物理变化而产生的温室气体排放。过程排放中，活动水平数据主要指原材料使用量，或产品、半成品的产量，可通过报告期内存储量的变化获取。

计算公式如式（3-8）所示。

$$过程排放量 = \sum \left(活动水平数据_j \times 过程排放因子_j \right) \tag{3-8}$$

式中：

j——不同种类的原材料、产品或半成品；

活动水平数据——吨（t）或立方米（m³）；

过程排放因子——吨二氧化碳/吨（tCO_2/t）或吨二氧化碳/立方米（tCO_2/m^3）；

电力和热力排放是指排放主体因使用外购的电力和热力等所导致的排放，计算方法为电力或热力消耗量乘以单位电力或热力的排放因子，如式（3-9）所示。电力或热力的排放因子与电力结构关系很大，具有较大的地域差异性。

$$排放量 = \sum \left(活动水平数据_k \times 排放因子_k \right) \tag{3-9}$$

式中：

k——电力和热力等；

活动水平数据——万千瓦时（kWh）或百万千焦（GJ）；

排放因子——吨二氧化碳/万千瓦时（tCO_2/kWh）或吨二氧化碳/百万千焦（tCO_2/GJ）。

不管是哪种方法，温室气体排放核算必然存在不确定性。不确定性产生的原因包括数据缺失、数据缺乏代表性、测量误差等。监测者应对不确定性进行识别和说明，并尽量降低不确定性。

（2）监测

监测是 MRV 的核心，包括监测计划和监测实施两部分。

排放主体应在报告期开始前制定并向主管部门提交监测计划。监测计划的内容包括排放主体的基本信息及边界、核算方法的选择和说明（排放因子法、物料平衡法或基于测量的方法）、可能存在的不确定性及拟采取的措施。

监测计划是进行监测实施的依据，排放主体应根据核算方法的不同，对活动水平数据、相关参数和测量参数等进行监测。

（3）报告

排放主体应将监测得到的排放数据和相应的排放报告提交给主管部门。提交的排放报告的内容至少包括排放主体的基本信息及边界、监测情况说明、排放核算结果、不确定性产生的原因及降低不确定性的方法说明。

从市场透明的角度而言，报告周期越短越好，碳市场能够更快更准确地知晓实际排放量的变化情况，而实际排放量是决定碳市场需求的最重要因素。不过，监测核算的成本是碳交易体系实施的主要制度成本之一，过于频繁会影响碳市场的成本有效性。报告周期与核算方法的选择相关。通常来说，类似 EU ETS 覆盖多种排放类型且以基于计算的方法进行核算的交易体系，核算较为复杂，报告的周期一般以一年为准。如果使用基于测量的方法进行核算则可缩短报告周期，例如 RGGI 通过与 CEMS 配套的自动数据获取和处理系统（Automated Data Acquisition and Handling System，DAHS）可快速获得排放数据，因此要求企业每个季度提交一次排放报告和数据。

3.4.2 核查

MRV 一般分为 MR 与 V 两大块，M 和 R（即监测和报告）由排放主体负责，V（即核查）由独立的第三方机构负责，在 CDM 机制下第三方核查机构往往又被称为指定经营实体（Designated Operational Entity，DOE）。第三方核查机构针对排放主体的排放报告出具核查报告，排放报告与核查报告一起提交给监管机构，经监管机构认可之后，报告的排放数据才可称为经核查排放数据。

第三方核查机构资质可由认证机构或监管机构授予，不过其运行应独立于交易企业和监管机构之外。碳市场中的核查机构所发挥的职能类似于传统市场的审计机构，其审计对象为排放主体的排放核算，具体职责包括了解企业的生产及排放信息、检查监测实施情况、检查数据质量、分析数据不确定性、出具核查结论等。所谓核查结论，即必须明确表明排放主体报送的排放数据是否真实、合理、有效，如果为是则可出具正面的核查报告；如果为否，在形成最终核查报告前，可要求企业提供确实信息以解释排放数据或要求其重新计算排放，如果依旧无法达成一致，则应出示负面的核查报告。核查报告与排放报告有出入时，监管机构应酌情予以处理，不同国家的处理方式不一样，有监管机构根据两份报告直接作出评判的，也有要求第二家核查机构重新进行核查的。第三方核查机构的独立性对于碳市场至关重要，往往是排放数据最终质量的保证。

3.5　碳市场的履约机制

所谓履约机制（compliance mechanism），是指被纳入 ETS 的排放企业上缴配额或减排信用以完成其履约责任的机制。履约机制包括履约责任计算、履约工具、履约周期、履约时间、违约罚则等要素。各主要 ETS 的履约机制要素如表3-13所示。

表3-13　　　　　　　　　　　主要ETS的履约机制

	履约工具	履约周期与时间	违约罚则
EU ETS	欧盟配额（European Union Allowance，EUA），CER，ERU	一年；次年 4 月 30 日前履约	第一阶段每吨40欧元，自第二、三阶段开始每吨100欧元
NZ ETS	新西兰单位（New Zealand Unit，NZU，即新西兰配额），京都信用（CER、ERU、RMU），25 新元固定支付选项	一年；次年 5 月 31 日	每吨 30 新元
RGGI	配额、抵消配额（即本土抵消信用）	三年；前两年每年必须完成50%的履约责任；履约年次年的 3 月 1 日	3 倍配额（前两年履约不要求3倍惩罚）
加州	加州温室气体排放配额、加州抵消信用、加州早期行动抵消信用、基于行业的抵消信用（例如REDD信用），以及连接ETS的配额和抵消信用	三年；前两年每年必须完成30%的履约责任；履约年次年的 11 月 1 日	4 倍履约工具，其中至少 3 倍配额，剩下可用抵消信用（对每年履约都适用）

续表

	履约工具	履约周期与时间	违约罚则
魁北克	排放单位（Emission Unit，即魁北克配额），早期减排信用，抵消信用	三年；履约期最后一年的次年 11 月 1 日	3 倍配额或早期减排信用
澳大利亚	固定碳价阶段：碳单位（Carbon Unit，即澳大利亚配额），ACCU 浮动碳价阶段：碳单位，AC-CU，京都信用（CER、ERU、RMU），其他国际协议下的碳单位，其他国家碳单位（例如EUA，2015 年 7 月后）	一年；每个履约年从 x 年的 7 月 1 日至（x+1）年的 6 月 30 日 固定碳价阶段：在（x+1）年的 6 月 15 日之前完成 75% 履约责任；剩下的在（x+2）年 2 月 1 日前缴清 浮动碳价阶段：（x+2）年的 2 月 1 日前	固定碳价阶段：1.3 倍当年固定价格 浮动碳价阶段：2 倍当年平均拍卖价格
东京都	配额、东京地区中小企业（SME）减排信用、可再生能源许可证（REC）、东京外抵消信用	五年	1.3 倍配额，同时处以最高 50 万日元的罚款
韩国	配额、本土信用（待定）	待定	3 倍配额市场价格的罚金，配额的市场价格上限为 100 000 韩元/吨

3.5.1　履约责任计算

在总量法下，如果没有特殊规定，企业的履约责任相当于其排放量，即每吨排放量必须上缴等额单位的配额或减排信用。也有例外，例如在 NZ ETS 的过渡阶段，新西兰政府为减轻工业企业负担，规定履约责任相当于排放量的一半，即两吨排放只需上缴一吨的配额或减排信用。相应地，NZ ETS 过渡阶段给工业企业发放的免费配额也仅为一半。

在基准线法下，履约责任相当于超过基准线的排放。

3.5.2　履约工具

在总量法下，常规的履约工具包括体系下的配额和抵消信用，在基准线法下，履约工具包括减排信用（或者被称为绩效信用）和抵消信用。

除了这两种，还有像加州的早期行动抵消信用（其实是抵消信用的一种）、魁北克的早期减排信用、新西兰的固定价格支付选项、东京都的可再生能源许可证 REC 等。东京都为了鼓励可再生能源的使用，每个单位的 REC 都可以完成 1.5 单位的履约要求。如果 ETS 之间实现连接，则所连接的 ETS 的履约工具也可成为自身的履约工具，建立在 WCI 框架下的加州和魁北克均对此作了明确说明，澳大利亚更是确定 2015 年 7 月与 EU ETS 初步建立连接后将开始进口 EUA。从表 3-13 可以看出，各地的配额、信用的名称差异很大，但其本质并无太大差异，均是基于 cap-and-trade 和 base-line-and-credit 两种基本机制创建的碳单位。

3.5.3 履约周期

目前的 ETS 中，履约周期（compliance period）有两种类型：一种每年的排放都必须进行履约，包括 EU ETS、NZ ETS 和澳大利亚。另一种履约周期为多年，例如加州、魁北克、RGGI 和东京都，三个北美碳市场的履约周期均为三年，不过加州和 RGGI 每个履约周期的前两年必须完成部分履约责任，剩下的履约责任在最后一年统一完成，这部分又被称作履约校准（true-up）。

多年履约期相比单年履约期具有多重优势。除了能够减少市场波动外，还有助于提高市场流动性，如果履约期为一年，则企业一般会倾向于持有分配得的配额直至最后阶段，以保证完成履约责任，以免市场流动性受到很大影响，长履约期的话能减少企业短期内对于履约的顾虑，提高交易频次。另外，多年履约期由于给了排放企业更长的周期、更多的灵活选择来安排生产和减排计划，因此可能有更好的减排激励效果，企业只要整体达标即可，无须每年均受到碳约束。例如，日本东京都就明确提出碳交易体系的履约期长达五年的目的是鼓励提高能效并减少抵消信用的使用。

另外，履约周期的起止日一般为 1 月 1 日和 12 月 31 日，履约周期为一年的即一个完整的自然年度，多年的为起始年的 1 月 1 日到末年的 12 月 31 日。不过澳大利亚由于每一财年为 7 月 1 日到次年的 6 月 30 日，履约周期也与其相一致。

3.5.4　履约时间

履约时间为每个履约周期结束后上缴履约工具的截止时间，一般为核查数据通过之后一段时间，以一个月最为常见。以 EU ETS 为例，每年的 3 月 31 日公布上一年经核查的排放数据，4 月 30 日以前企业必须完成履约。

3.5.5　违约罚则

如果排放企业没有完成履约责任，则要接受违约惩罚。违约罚则的设计对碳市场至关重要，所谓对碳排放的"约束"就体现在违约罚则上。

违约惩罚有两种方式。一种是固定价格罚款，例如 EU ETS 第一阶段要求每吨超额排放罚款 40 欧元，第二阶段开罚款提高到 100 欧元。这个罚款价格相当于另一种意义上的"价格上限"，必须确保高于市场的价格，否则将无约束力，企业宁愿违约。另一种是多倍惩罚，包括多倍配额惩罚（例如加州要求超额排放需要补缴 4 倍的配额，RGGI 为 3 倍），多倍配额价格罚款（例如澳大利亚 2 倍平均拍卖价格，韩国 3 倍配额价格）。也有将两者相结合的，日本东京都是在 1.3 倍配额惩罚外还要再交最高 50 万日元的罚款，韩国则是进行 3 倍配额惩罚，不过对惩罚的市场金额规定了上限。当碳价低迷的时候，固定价格罚款相比于多倍惩罚更有约束力。

第4章

碳市场金融化：市场兴起与发展趋势

4.1 碳市场的金融化

2005年，EU ETS开始试运行4个月后，欧洲气候交易所上市期货合约。4年后，碳市场已由2004年的低交易量、实验性的市场演变为仅次于石油交易量的重要新兴市场，碳金融中介机构的介入以及对冲、期货和期权等衍生品的发售在此过程中起到了不可替代的作用。Frank J. Convery和Luke Redmond认为根据EU ETS的发展经验，一旦政府法令颁布，决定构建交易体系，期货市场就会同时发展起来，形成一部分交易合同，期货市场会先于现货市场，产生价格信号。市场参与者也可以通过对冲或购买期货等方式进行避险或调整其产品组合，从而消化、抵消市场发展早期在机制设计方面或外生事件冲击方面造成的价格异常波动。[①]

EUAs期货交易在2004年就呈现聚集势头，大量的经纪商进入EUA市场促成双边交易活动。同时，挪威的点碳开始追踪和报道EUA市场及价格的情况，以方便正在观望中的买家和卖家发现价格。

---

① Convery F J, Redmond L. Market and price developments in the European Union emissions trading scheme[J]. Review of Environmental Economics and Policy, 2007, 1(1): 88-111.

自2005年开始，市场上出现了大量中介机构。2005年1月就有7家经纪商在市场上运作，分别是 CO_2e、Evolution Markets、Green Stream Network（GSN）、GT/SKM Global Environmental Partners、Natsource Europe、TFS 和 Vieritas Finance。2005年交易所也开始进入市场，到了2006年8月，市场上已经有5家交易所：欧洲气候交易所（European Climate Exchange，ECX），欧洲能源交易所（the European Energy Exchange，EEX），奥地利能源交易所（Energy Exchange Austria，EXAA），北欧电力交易所（Nord Pool）和法国电力交易所（Powernext），它们都是碳交易发展的重要平台[1]。

但在当时，5家交易所的交易量还不到每个月市场交易活动的45%。欧洲气候交易所的交易量是各交易所中最大的。据经纪商估计，截止到2005年1月，大概有20家公司活跃在碳市场上，大部分都是大型能源供应公司和银行业巨头。2006年第一批投机商进入市场，以美国和欧洲的避险基金管理者为主。[2]经纪商，比如GSN和Nordpool在初期它们只关注本土市场，随着交易量的增长，大量的经纪商活跃起来，其客户群的地域范围也扩展到泛欧洲地区。

理论上，第三方买家和卖家很容易进入市场，然而，如果想到市场上购买配额，首先必须在欧盟成员国注册账号。例如，在爱尔兰，保留账号的成本是250欧元/年。在获得账号后，进入的第三方需要寻找能够符合它们最小交易额需求的交易商。2005年1月，大部分经纪商不会接手规模小于5 000吨的交易，所有交易的规模都超过了1万吨。随着小中型的市场参与者逐渐开始对市场产生兴趣，经纪商开始注意小额交易，例如GreenStream Network 和 GT/SKM 将其最小交易额从5 000吨调整到1 000吨。但总体来说，早期，各交易商关于最小交易数额的规定仍然歧视小型的卖家和买家。

---

[1] 金融机构早期介入是在美国的 SO_2 上没有显现的特点。

[2] 如 Michael Karavias，personal communication，August 21st，2006；Albert De Haan，personal communication，March 29th，2006。

EU ETS 的市场参与者可以在市场上交易排放配额的现货、期货和期权。由于排放配额每年才核证一次，因此持有期货比持有 EUAs 更有优势，且持有多头现货必须支付全部投资，而持有期货只需支付保证金，相比之下投资成本大量减少。[①]在前两个交易期，期货占了交易产品的很大一部分。2009 年大约有 73% 的碳交易合同是期货，22% 为现货，另有 5% 为期权。[②]

EU ETS 的第一阶段，大约有 70% 的碳交易是场外交易，其余的交易在 ECX、Powernext、Nord Pool、EEX、EXAA 和 Climex Alliance Powernext 这六个交易平台实现，交易所交易中大约 50% 是通过 ECX 完成的，其次是 Nord Pool，大约占到 30%，EEX 占到 20%。现货主要是在 Powernext 完成的，占到了现货市场份额的 80%，Nord Pool 占到了 15%。其余交易平台现货的交易非常有限，通常交易日的交易量都为零。

EU ETS 的第二阶段，金融危机导致场外交易的风险增加，很多市场参与者担心交易对象违约，交易所的交易比例有所增加，到了 2010 年 1 月，场外交易和交易所交易的份额各占一半。[③]这一阶段交易平台发生了重新整合，2007 年 12 月纽约泛欧洲交易所集团（NYSE Euronext）与法国国有银行信托投资银行（Caisse des Dépôts）共同并购了 Powernext 旗下的 Powernext carbon 以及 Powernext Weather 这两部分环境业务，成立了新的全球碳交易平台，命名为法国环境交易所（BlueNext）。另外，2008 年美国的 13 个金融机构，包括芝加哥商品交易所（Chicago Mercantile Exchange，CME），瑞士信贷（Credit Suisse），高盛投资公司（Goldman Sachs），摩根大通和摩根士丹利等机构联合成立了绿色交易所（Green

① Daskalakis G, Psychoyios D, Markellos R N. Modeling CO_2 emission allowance prices and derivatives: Evidence from the European trading scheme[J]. Journal of Banking & Finance, 2009, 33(7): 1230-1241.

② Kossoy A, Ambrosi P. State and trends of the carbon market[J]. Washington (DC): World Bank, 2010.

③ Kossoy A, Ambrosi P. State and trends of the carbon market[J]. Washington (DC): World Bank, 2010.

Exchange LLC，GreenX）。总体上，ECX 仍然是欧盟碳市场的领导者，占到了市场份额的90%。其次是 BlueNext，占到约6%，其他每个交易所的市场份额都不到1%。[①]

4.2　交易所的发展

温室气体排放权已经具有鲜明的金融产品属性。建立碳交易所，有利于形成价格合理的、标准化的合约交易，为碳排放交易成为全球无差别性的交易方式提供了条件。碳交易所能够提供以一系列的标准化温室气体减排量作为标的的交易工具和项目，由众多投资者按照一定的交易程序通过公开竞价的方式，借助现代通信手段，反映市场供需，形成价格，为交易双方提供一个安全、准确、迅速成交的交易平台。因此，交易所交易具有公开、公平、公正的特点，市场透明度高，形成的价格有望成为国际贸易中的基准价格，使交易成为各个国家合理配置资源的基础。

4.2.1　世界四大碳交易所

（1）欧洲气候交易所（ICE ECX）

ICE ECX 是目前全球最大的碳排放权交易平台。由于 ECX 的母公司美国气候集团已经被 ICE 收购，被收购后，ECX 业务并入 ICE 欧洲期货交易所，ECX 所有的碳信用产品全部在 ICE 的电子平台上进行独立交易，并在 ICE 欧洲清算所进行清算和结算。

ICE ECX 拥有108家会员单位，既包括巴克莱资本、摩根士丹利等投资银行，也有壳牌、英国石油公司等大型能源公司。会员类型有两种：一般会员和交易会员[②]。前者既可以操作自己账户又可以操作顾客

---

①　Convery F J，Redmond L. Market and price developments in the European Union emissions trading scheme[J]. Review of Environmental Economics and Policy，2007，1（1）：88-111.

②　General Participant and Trading Participant.

账户，后者只能操作自己账户，适用于参与碳交易市场的大能源、工业企业。交易所会员可享受交易手续费降低的优惠，且交易量越大，交易手续费越便宜，但会员需要每年缴纳会员费，交易会员的会员费低于一般会员。

2005 年 4 月 ECX 开始交易 EUA 期货，一年后开始交易 EUA/CER 的日期货。ECX 又于 2006 年 10 月 13 日推出 EUA 期货期权（欧式看涨期权）。随着 EUA 衍生品交易的快速发展，核证减排量（CER）的相关衍生产品也相继诞生，2008 年 3 月 14 日和 4 月 22 日陆续推出了 sCER 期货和 sCER 期货期权交易。此外，ICE ECX 的场外交易（Over The Counter，OTC）市场还提供北美地区碳排放产品的交易服务，包括加州碳交易体系（CCA）、RGGI 的排放配额以及 CAR 的减排信用。

受金融危机影响，为了满足市场参与者的避险需要，碳期权市场快速发展。2009 年 EU ETS 碳期权市场成交额超过 107 亿美金。EUA 期权价格高于 CER，且流动性更好，其中，EUA 期权成交 89 亿美金，占比 83%，CER 期权成交额为 18 亿美金。碳期权市场原由银行主导，后随基金、能源交易公司及工业企业加入，功能性、流动性和复杂性逐步增强，碳期权市场更趋完善。

早期，由于 CER 价格不断攀高，为管理价格风险，交易商越来越多地购买 CER 看涨期权，2008 年以来看涨期权购买比例不断提高。2009 年 CER 看涨期权占期权总量的 56%。与此同时，EUA 看涨期权的购买比例却有一定程度下滑，但从历史数据来看，EUA 看涨期权的购买比例仍始终超过看跌期权。EUA 看涨期权在期权总额中的市场份额，从 2006 年的 89% 跌至 2009 年的 59%。2010 年一季度，看涨期权的市场份额跌至 54%。在 EU ETS 第二阶段的政策确定之前，由于参与方都在管理价格走低风险，看跌期权的市场份额持续上扬。

（2）法国环境交易所（Bluenext）

BlueNext 环境交易所是纽约泛欧交易所集团（NYSE Euronext）与法国国有银行信托投资银行（Caisse des Dépôts）于 2008 年 1 月 22 日合作设

立的全球碳交易平台。^①由于经营不善，2012年底，Bluenext已停止经营。BlueNext在2012年有102家会员单位，主要是银行，能源生产商和供应商、专业中介机构，其中包括花旗集团、巴克莱银行、摩根大通等。交易所会员数相比前几年有所下降，也证明了其经营的低迷。BlueNext关闭的主要原因之一是其交易品种过于单一，只限于碳交易产品中活跃度有限的现货交易。

BlueNext的业务分为三块：场内交易、场外交易和拍卖。场内交易的产品包括CER和EUA的现货与期货、ERU的现货以及CER/EUA现货的价差交易（Spread CER/EUA）。2011年5月13日以后，现货CER产品还分为工业气体项目（N2O和HFC-23）产生的CER和太阳能、风能、能效提高等"绿色"CDM项目产生的绿色CER。场外交易的产品包括CER和ERU的所有相关产品和不被EU ETS所接受的大水电项目的CER和ERU。^②此外，BlueNext还进行少量的CER和ERU的拍卖。

BlueNext曾是全球最大的EUA现货交易平台。2009年，增值税欺诈（VAT fraud）事件波及欧洲碳市场，使其一度在现货交易市场上的占有率高达90%以上。^③为解决这个法律漏洞，法国和英国政府出台了对碳排放单位免征增值税的政策，荷兰政府则采取反向征收政策，即从向卖家征税改为向买家征税。增值税漏洞堵上后，加上经济衰退的因素，现货交易市场陷入低谷，BlueNext的交易量大幅萎缩，现货交易量也被其他碳交易所超过。

---

① 其中,NYSE Euronext拥有BlueNext 60%的股份,拥有法国国有银行信托投资银行40%的股份。

② CER Large Hydro和ERU Large Hydro.

③ 由于从其他国家购买EUA不用支付增值税,而转手出售的时候价格包含了增值税,不法分子便利用政策漏洞骗取转手后未上缴的增值税,加上可以反复在不同国家之间买入卖出,这种旋转木马欺诈(carousel fraud)导致EUA的现货交易量迅速增加,BlueNext的交易量比上一年增长了将近5倍。

（3）绿色交易所（GreenX）[①]

GreenX 是由纽约商业交易所（NYMEX）联合摩根士丹利、JP摩根、美林、高盛等13家公司在2007年12月共同出资建立的，并于2008年3月正式开始交易。

NYMEX 拥有该交易所25％的股权，NYMEX 于2008年被芝加哥商品交易所集团（CME Group）收购后，将 GreenX 的股份转让给了 CME 集团。2010年6月，GreenX 获得美国商品与期货交易委员会（CFTC）颁发的"指定合约市场"（Designated Contract Market，DCM）牌照，正式成为独立的交易所。2012年4月，CME 集团收购了 GreenX 的全部股份。[②]与 ECX 被 ICE 收购后一样，作为独立碳排放交易所的 GreenX 就此退出了历史舞台，其产品作为大型商品期货交易所的一个品类继续存在。

GreenX 交易的产品目录中包括 EUA、CER、EUAA、ERU、RGGI 以及 CCA 的期货、期权合约，产品涉及了欧洲及北美地区所有的碳配额与碳信用，是交易品种最齐全的碳交易平台。该交易所还为美国的二氧化硫

---

① GreenX 所属的 CME 集团是全球最大的衍生品交易所集团，2010年执行了31亿笔期货与期权合约，涵盖所有类别资产，总值近1 000万亿美元；作为纳斯达克的上市公司，CME2012年8月时的市值约为178.5亿美元。CME 集团旗下拥有4个交易所——芝加哥商品交易所（Chicago Mercantile Exchange，CME）、芝加哥期货交易所（Chicago Board of Trade，CBOT）、纽约商业交易所（New York Mercantile Exchange，NYMEX）和纽约商品交易所（New York Commodity Exchange，Inc.，COMEX）；产品共有5大类——农产品期货、能源期货、股指期货、外汇期货和金属期货。这4个交易所中，CME 成立于1874年，主要提供利率、股票指数、外汇和农畜产品的衍生品交易；CBOT 成立于1848年，是全球最大的农产品期货交易所；2006年10月17日，CME 以120亿美元并购 CBOT 后合并组成 CME 集团，一举成为世界上最大的衍生品交易所。NYMEX 的前身是成立于1872年的纽约黄油和奶酪交易所，1882年正式更名为纽约商业交易所，1994年纽约商业交易所收购了纽约商品交易所（成立于1933年），NYMEX 和 COMEX 合并为新的纽约商品交易所（The New York Mercantile Exchange，Inc.），成为全球最大的实物商品交易所，NYMEX 分部负责能源、铂金及钯金的交易，COMEX 分部负责其他金属的交易。2008年3月，纽约商品交易所被 CME 集团以94亿美元并购。在完成这次收购以后，CME 集团在美国期货交易市场的占有率高达98％。

② 由于 GreenX 的 DCM 牌照于2012年9月6日失效，2012年8月25日，CME 将 GreenX 的所有产品合约又转移回 NYMEX。

和氮氧化物排放配额计划以及全美Green-e（TM）认证的自愿性可再生能源证书REC提供合约产品。

（4）欧洲能源交易所（EEX）

欧洲能源交易所（EEX）是目前全球碳市场份额占比位列第三的交易所，是欧洲碳市场，特别是德国碳市场的重要交易平台，自2005年即开始提供碳交易服务。坐落于莱比锡的莱比锡能源交易所（Leipzig Power Exchange，LPX）和位于法兰克福的欧洲能源交易所（Frankfut-based EEX）于2002年合并成立了EEX，该交易所已经发展为欧洲的核心能源交易所之一。EEX的最大股东为欧洲期货交易所苏黎世公司（Eurex Zürich AG），持有其56.14%的股份。

EEX有222家交易会员，其中参与碳排放权交易的会员有185家，另外，EEX与其主要控股公司欧洲期货交易所（Eurex）在排放权交易领域合作，Eurex的交易会员仅需要通过简单的认证就可以利用已有的渠道参与EEX的衍生品交易，目前共有26家Eurex的交易会员获得认证成为EEX的交易会员。

EEX平台上提供的产品包括EUA、EUAA的现货及EUA、CER、EUAA和ERU的期货，交易形式包括场内和场外交易，以及EUA现货和期货的一级市场拍卖。EEX是欧洲地区唯一有拍卖EUA经验的合规交易所，德国政府从2010年开始每周在EEX拍卖一定数量的EUA，自2011年以来，荷兰和立陶宛也在EEX进行了几次EUA拍卖。

EU ETS从第三阶段（2013—2020年）开始，将配额分配方式从免费分配为主转为拍卖为主，使得配额的拍卖量大增，2013年配额拍卖占配额发放的比例达40%以上。2013年，EEX取得了绝大部分欧洲国家配额拍卖的资格，促使其碳市场业务飞速发展，欧洲地区90%左右的配额拍卖在EEX进行。

总体来看，4个碳交易平台的产品各有特点。GreenX的产品种类最为齐全，覆盖了欧洲和北美的碳产品，且大部分产品均有期货、期权合约；ICE ECX的产品类型少而精，主要集中在几个市场交易量较大的品种上；EEX 是一级市场拍卖最活跃的交易所；BlueNext 的现货产品类型最多且现货产品分类最细，甚至还有 CER 和 EUA 的价差交易（spread CER/EUA）。

4.2.2　亚洲碳交易所

（1）印度多种商品交易所（MCX）

印度多种商品交易所（Multi Commodity Exchange，MCX）总部设在孟买，是印度最先进的电子商品期货股份制交易所，并得到了印度政府的授权，可进行网上交易，为国内的商品期货提供清算和结算业务。该交易所于 2003 年 11 月开始运作，目前在印度商品期货市场占有 80％ 以上的份额，并有超过 2 153 个注册会员。

MCX 推出了多个商品指数，包括农产品指数（MCXAgri）、能源商品指数（MCXEnergy）和金属商品指数（MCXMetal）。MCX 还推出了三个气候（降水）指数，即 Raindexmum 指数（孟买）、Raindexidr 指数（多尔）、Raindexjai 指数（斋浦尔），以追踪各自的地理位置季风降雨的进展情况。MCX 目前推出了 CERs 和 CFIs 两款碳信用产品合约。

（2）印度国家商品及衍生品交易所（NCDEX）

印度国家商品及衍生品交易所（National Commodity & Derivatives Exchange Limited，NCDEX）是一个专业管理的网络多种商品交易所。其业务开始于 2003 年 12 月 15 日，总部设在孟买。NCDEX 股东多为国家级机构、大型国有银行和公司。其主要股东包括印度工业信贷投资银行（ICICI）、印度生命保险公司（LIC）、国家农业和农村发展银行（NABARD）和国家证券交易所（NSE）的（印度）有限公司。此外，高盛、洲际交易所（ICE）、Jay pee 资本等国际知名金融机构也有一定比例的股份。NCDEX 是印度唯一的由国家级别机构设立的商品交易所。这种独特的关系，使其能够在商品市场供不应求的情况下拥有特殊的优势。NCDEX 由印度期货市场监管机构和远期市场委员会（Forward Market Commission）监管。截至 2012 年 2 月 9 日，NCDEX 提供了 34 个商品合约——由 23 个农产品、6 种贵金属、2 种能源、1 种高分子材料、其他金属和 CERs 等产品合约组成。

（3）新加坡亚洲碳交易所（ACX-change）

新加坡亚洲碳交易所（Asia Carbon Exchange，ACX-change）成立于
2003年2月。其附属公司包括亚洲碳资本、亚洲碳私人有限公司、亚洲碳
基金和亚洲碳交易所。ACX定位于为能源、环境、可持续发展提供整合
的交易服务，并且特别致力于发展与《京都议定书》中提出的理念相同的
灵活的市场机制。ACX拥有一个全球性的业务网络，为附件一国家提供
相应的服务，以协助它们履行其在《京都议定书》中所承诺的减排目标，
并且通过其亚太地区办事处和一些非附件一国家开展业务。其从事的业务
有三部分：第一，碳咨询服务，其主要目的是促进亚洲碳排放可持续发展
项目，包括可再生能源部门、废弃物管理、能源效率、燃料转换等。第
二，碳金融服务，通过融资减少温室气体排放，并引导碳资本合理投资。
第三，碳资产管理服务，建立了电子网络交易平台ACX-change，用于买
卖碳资产，价格透明度较高，以便交易碳信用资产的相关方可以收回自己
的投资成本。

4.2.3 交易所交易近况

经过将近十年的发展和整合，目前交易所主要推出的碳金融产品
如表4-1所示，市场份额主要集中在3家交易所：英国的欧洲气候交易
所（ICE ECX）、德国的欧洲能源交易所（EEX）和美国的芝加哥商品
交易所集团（CME），另外来自挪威的北欧电力交易所（Nordpool）也
有一小部分交易量。各交易所的碳市场份额如图4-1所示。由于在期货
市场上的优势，最近几年ICE ECX在碳市场中的市场份额一直在90%
左右，占据绝对的主导地位。进入2013年以后，由于EEX成为EU ETS
第三阶段绝大部分国家的配额拍卖平台，使得其市场份额从2012年的
3%以下上升到了将近7%，ICE的市场份额相应地从92%下降到88%左
右。CME的市场份额相比于2012年略有上升，当北美碳市场（RGGI与
加州、魁北克）日渐活跃时，CME在碳市场中的份额有望在未来保持
强势增长。

表4-1　　　　　　　　国外主要的碳排放权交易所及其碳金融产品

区域	名称	碳金融产品
欧洲	欧洲气候交易所（ECX）	EUA、ERU和CER类期货期权类产品
	欧洲能源交易所（EEX）	EUAs
	北欧电力交易所（NP）	EUA、CER
	BlueNext交易所	EUA和CERs的现货和衍生品
	Climex交易所	EUAs、CERs，VERs、ERUs和AAUs
美洲	绿色交易所（Green Exchange）	EUAS、CERs、RGGI、SO_2和NOx配额和加州碳排放配额CCAS，此外还有VER/VCU、RECs
	芝加哥气候交易所（CCX）	北美及巴西的六种温室气体的补偿项目信用交易
	芝加哥气候期货交易所（CCFE）	规范、结算的废弃排放量配额和其他环保产品方面的期货合约
	巴西期货交易所（BM&F）	多个CERs的拍卖
大洋洲	澳大利亚气候交易所（ACX）	CERs、VERs、RECs
	澳大利亚证券交易所（ASX）	RECs
	澳大利亚金融与能源交易所（FEX）	环境等交易产品的场外交易（OTC）服务
亚洲	新加坡贸易交易所（SMX）	碳信用期货以及期权
	新加坡亚洲碳交易所（ACX-change）	远期合约或已签发的CERs或VERs的拍卖
	印度多种商品交易所有限公司（MCX）	两款碳信用产品合约——CERs和CFIs
	印度国家商品及衍生品交易所有限公司（NCDEX）	CERs

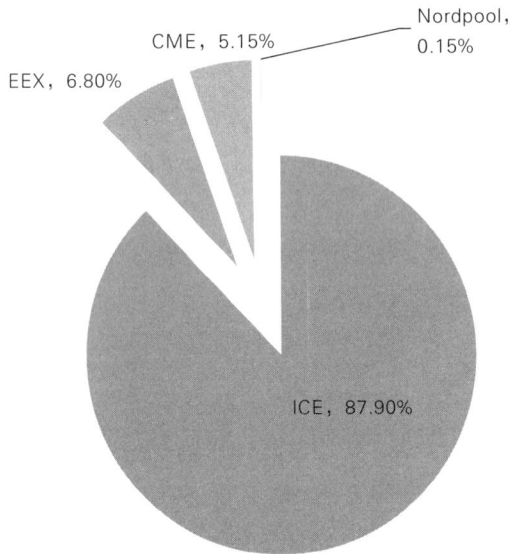

图4-1　碳市场份额

注：1.考虑的交易品种包括CER、ERU、EUA、EUAA；2.截止到2013年4月。

资料来源：ICE ECX.

　　ICE ECX是全球最大的碳排放权交易平台，且交易量呈稳定的逐年上升趋势（如图4-2所示），2012年的成交合约数约为928万份，约合92.8亿吨，比上一年的75.7亿吨增长了23%。

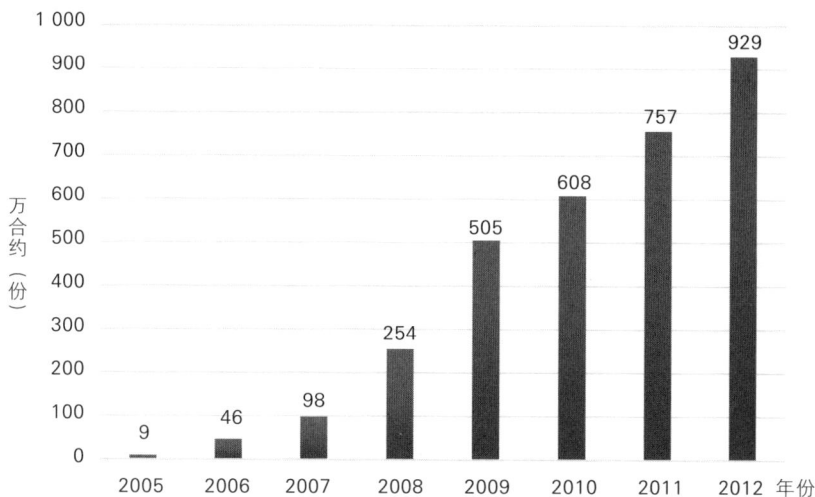

图4-2　ICE ECX交易量（2005—2012年）

注：交易量单位为合约数，1份合约等于1 000吨。

资料来源：ICE ECX.

　　在 ICE ECX 的各类产品合约中，平均日交易量最多的是 EUA 的期货合约，其次是 EUA 的日期货和期权合约，CER 和 ERU 的期货合约分列第三位和第四位，其他合约的交易数量目前都较少，如表4-2所示。

　　作为增长最快的碳交易平台，CME 2011 年比上一年交易量增长332%，超过45万个合约成交，约合4.5亿吨。CME目前最大的碳市场业务来自EUA期货交易，成交量从2010年的4 726万吨增长到了2011年的3.73亿吨，增长了668%。从图4-3可以看出，与OTC相比，场内交易虽然较少但增长更快，2011年的交易量是上一年的25倍，达到1.5亿吨。

表4-2　　ICE ECX主要碳交易产品平均日交易量（单位：万吨）

	EUAs	CERs	ERUs	EUAAs
期货 （futures）	3 506.8	145.8	27.6	0
日期货 （daily futures）	408	9.1		
期权 （options）	240.8	0	0	
英国配额拍卖 （UK auctions）	0.41			

注：截止到2013年4月。

资料来源：ICE ECX.

■ 场内　　■ OTC

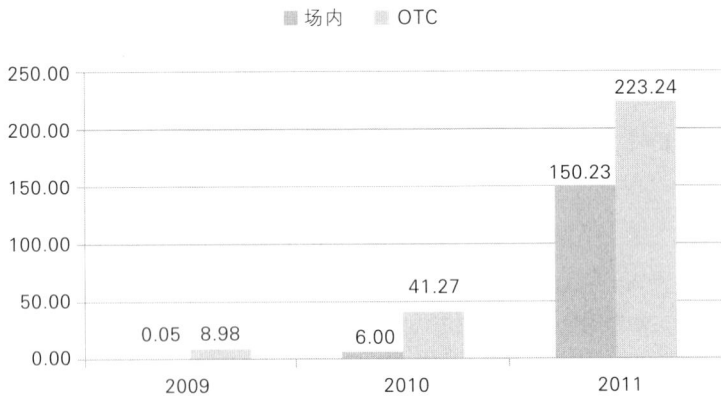

图4-3　CME的EUA期货交易量（单位：MtCO$_2$e）

来源：CME group.

2011年EEX的现货交易量为2 560万吨，比上一年的2 520万吨略有增长；衍生品交易量为8 100万吨，比最高峰的2010年（12 720万吨）有所下降。2011年的总交易量为10 660万吨，约占全球碳市场的1%，如图4-4所示。

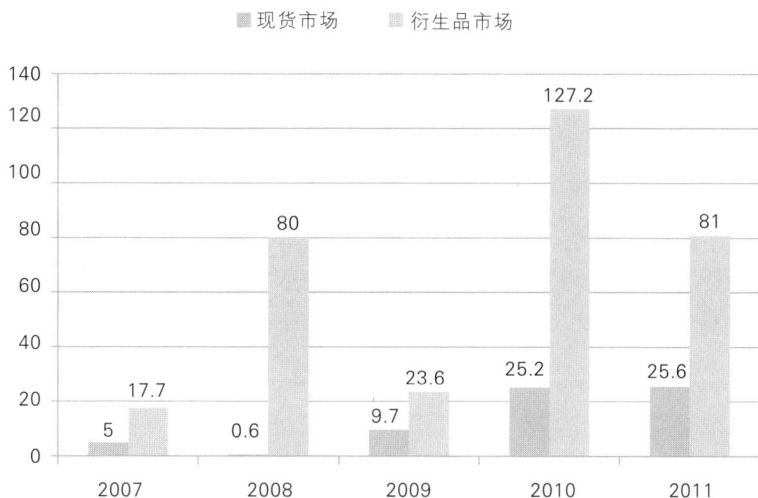

图4-4 EEX的交易量变化（现货和衍生品，单位：$MtCO_2e$）

资料来源：EEX.

除了二级市场现货和期货期权的交易，EEX还可以进行EUA一级市场的拍卖，拍卖的产品包括EUA的现货和期货。德国从2010年1月开始每周拍卖一定数量的EUA现货和期货，每年合计拍卖约4 000万吨，譬如2011年共拍卖现货1 647万吨、期货2 411万吨；荷兰从2011年10月到2012年6月进行了4次拍卖，共600万吨；立陶宛2011年11月和2012年1月分别进行了2次拍卖，每次85万吨。EU ETS进入第三阶段后，由于EEX成为除英国之外其他EU ETS成员国的EUA拍卖平台，随着EU ETS配额拍卖比例的提高，EEX的EUA拍卖交易量大幅增加；另外，航空配额（EUAA）也可能有部分在EEX上进行拍卖。2012年10月26日至2013年4月5日，EEX共进行了66次第三阶段的EUA拍卖，拍出EUA累计2.59亿吨，平均每次拍出393万吨。

BlueNext的业务以EUA和CER的现货交易为主，其余交易量均很小——EUA的期货交易累计不足200万吨，ERU和CER的拍卖量分别只有105.7万吨和20万吨。由于增值税欺诈事件，EUA的现货交易量现实从2008年的不到2.5亿吨猛增到2009年的11.23亿吨；之后到2010年又猛跌到 2.7 亿吨左右；2011 年经济衰退带来的碳市场低迷、需求不足，导致 EUA 现货交易量只有 0.45 亿吨左右。CER 的现货交易量也从 2010 年的 4 650 万吨跌到 2011 年的 3 229 万吨，如图 4-5 所示。

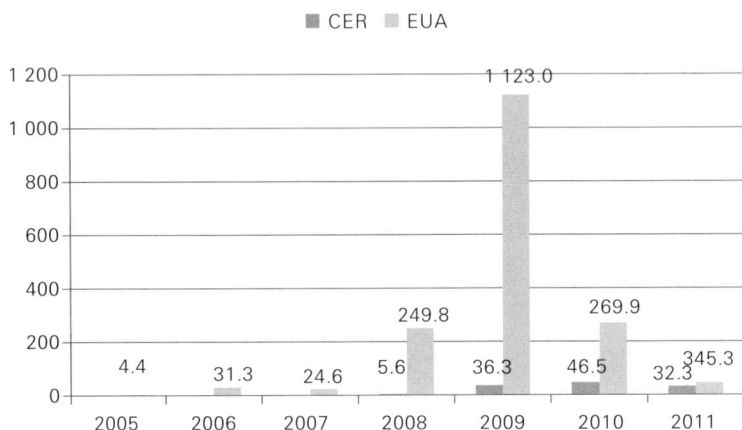

图 4-5 Bluenext 的 EUA 和 CER 现货交易量（2005—2011 年，单位：MtCO₂e）

注：图中数据经四舍五入处理。

资料来源：BlueNext.

4.3 清算机构

在期货等金融衍生品市场中，交易者往往会面临交易对手违约的风险，因此除了交易所提供交易市场平台外，还需要清算机构来确保交易双方按期履约，以消除合约中交易对手的信用风险，保证市场参与方的安全，并提供有效率的交易清算结算服务。现代期货清算机构的主要功能包括：结算交易账户、清算交易、核收保证金、监管实物交割以及报告交易数据等。清算机构对所有的期货和期权合约交易者起到第三方（中央对手方）的作用，也因此承担了保证每笔交易按期履约的全部责任。

清算机构为确保财务的健全性，对其清算会员公司的财力要求较为严格。大型清算机构的清算会员（clearing member）一般为大型银行，这些清算会员可以看作是二级清算单位，为其顾客提供清算结算服务，然后再与清算机构完成清算结算。期货期权交易者的对手方一般为清算机构的清算会员。

在碳交易中，清算机构及其清算银行会员均需要在碳排放权登记系统中开设账户，以进行配额和现金的流转、结算。包括碳排放权在内的大宗商品的交易所一般选定某家固定的清算机构来支持其场内交易和OTC的场内结算，有的交易所有自己的清算机构，有的则与专门的清算机构进行合作。前者例如ICE ECX使用的清算机构为ICE的欧洲清算所，CME集团旗下的GreenX也是利用CME Clearing（场内）和CME Clearport（场外）进行清算结算；后者例如BlueNext选择位于巴黎的伦敦清算所法国公司（LCH.Clearnet S.A.）为其清算结算；LCH.Clearnet曾经为ECX和ICE提供清算服务。EEX则属于第三种情况，它的清算机构为欧洲商品结算公司（European Commodity Clearing，ECC），虽然ECC是EEX在2006年成立的子公司，但是ECC是一个独立的清算机构，还为其他5家交易所提供清算服务。这些清算机构的清算会员基本是摩根、德银、高盛、巴克莱这类投资银行。

4.4 碳金融市场主要产品[①]

目前国际典型的碳金融交易工具主要包括远期交易、期权、期货、互换以及碳资产证券化、碳保险等。

4.4.1 远期交易

碳远期交易是指碳减排项目（如CDM项目）或配额在项目并未开始时签署合同，规定未来碳排放权的交易价格、交易数量、交易时间。交易合约的定价方式有固定定价和浮动定价两种。固定定价是指碳排放权在未来交割时价格是固定的，不随市场变动而变动。浮动定价是由基准价格和

---

① 佚名. 全球主要碳金融衍生品分析[N]. 期货日报,2014-06-24.

欧盟参照价格组成，以最低保底价为基础，加上配额价格挂钩的浮动价格。远期交易为非标准化合约，一般不在交易所中进行交易，而是通过场外市场商讨产品的价格、时间、地点等合同细节。

在我国参与的CDM项目中，对大部分签订CER远期合同进行价格锁定，这一交易形式虽然避免了价格波动的风险，但也丧失了国际市场价格上涨时的利润分成。CDM项目会受到多种因素影响，容易面临违约风险，但目前我国市场的参与者极少利用保险、期货、期权等手段分散、规避风险。

4.4.2 碳期货

碳期货是指购买期货合约来代替现货市场上的碳信用（如EUA），从而对一段时间之后将要出售或买入EUA的价格保值，以达到规避和转移价格风险的目的。碳期货属于标准化的交易工具，一般在交易所中进行交易，也有少量场外交易。在全球碳交易市场中，碳现货交易量占比很小，期货交易占主流，期货产品具有一定的碳价格发现功能。

与传统期货合约相比，以碳排放权作为基础的碳期货交易表现出如下三个主要特征：一是价格规律，据BlueNext的统计，碳期货价格与碳现货价格的波动周期相符程度高；二是碳期货交易资费，碳期货交易一般面临较多门类的手续费，其中包括管理费、交易费和清算费，如BlueNext交易所的管理费为7 500欧元/年，场内和场外交易费分别为0.002欧/吨、0.0015欧/吨；三是碳期货与碳期权的关系，碳期货作为目前碳期权唯一的基础资产，其价格对期权本身价格以及期权合约的交割价格有重要的影响。

碳期货合约是由交易双方签署的、规定双方权利与义务的凭证，它由九个要素构成，分别为交易品种名称与代码、交易单位、报价单位和最小变动价位、每日价格最大波动限制、交割品级、交割方式合约、交割月份、交易时间以及最低交易保证金。

交易品种名称与代码：对合约交易品种的名称进行界定，并以符号作为代表方式。国际上现有的碳相关期货品种名称与联合国清洁发展机制在术语规范上保持了严格的一致，均称为核证减排量期货。欧洲气候交易所、芝加哥气候期货交易所、纳斯达克商品事业部、美国绿色交易所、印度泛商品交易所等推出的与京都机制相联系的期货品种均被称为核证减排量期货。

交易单位：期货交易所的每手期货合约代表的标的物的数量。在国际上，除了印度泛商品交易所的 CER 期货使用了每手 250 个 CER 交易单位以外，其他诸如欧洲气候交易所、芝加哥气候期货交易所、纳斯达克商品事业部、美国绿色交易所的交易单位均为每手 1 000 个 CER 单位。

报价单位：报价单位一般根据交易所所属地来确定，如芝加哥气候期货交易所以美元为报价单位，印度泛商品交易所以卢比为报价单位，其他诸如欧洲气候交易所、纳斯达克商品事业部和绿色交易所的报价单位均为欧元。

最小变动价位：国际上各交易所的最小变动价位分别是欧洲气候交易所 0.01 欧元/吨、芝加哥气候期货交易所 0.01 美元/吨、纳斯达克商品事业部 0.01 欧元/吨、美国绿色交易所 0.01 欧元/吨、印度泛商品交易所 50 派士/吨。

每日价格最大波动限制：对于碳期货市场的最大波动限制较为宽松，欧美核证减排量期货不限制每日价格波动范围，印度则执行了日内 4%、6% 和 9% 的阶梯式限制的复杂设定。

合约交割月份：国际上合约交割月份大都以 3 个月作为间隔，印度泛商品交易所核证减排量期货的合约交割月份设定为 2 月、5 月、8 月和 11 月，而欧洲气候交易所、芝加哥气候期货交易所、绿色交易所、纳斯达克商品事业部的合约月份都是 3 月、6 月、9 月和 12 月。在一般的期货交易中，也存在交割月份按月计算。

交易时间、最后交易日和交割日期：欧美交易所普遍设计成交割月的最后一个星期一（如果该日是非交易日，那么最后交易日为上一个星期一），印度泛商品交易所则把交割月的日历日期 25 日作为最后交易日（如果该日为非交易日，那么最后交易日为上一个交易日）。

交割品级：交割品级是指由期货交易所规定的、准许在交易所上市交易的合约商品的质量等级。国际上同类期货交割品级均以欧洲气候交易所的要求为准，该交易所要求可供交割的核证减排量必须由联合国清洁发展机制理事会签发，但拒绝其中装机容量超过 20 兆瓦以上的水电项目、土地利用变更和森林（LULUCF）项目以及核电项目。

交割方式：碳期货交割主要有两种交割方式，即现金交割和实物交割。欧美、印度的同类期货交割最终以在官方排放贸易登记处的核证减排量"过户"为标记，交易所仍然扮演买卖双方履约对手的角色。

最低交易保证金：最低交易保证金有比例保证金和定额保证金两种形式。欧美碳期货交易保证金的规定采用确定金额，例如绿色交易所投机客户的开仓保证金是 743 欧元，维持保证金是 675 欧元；套期保值客户开仓保证金和维持保证金均为 675 欧元。

4.4.3　碳期权

碳期权是在碳期货基础上产生的碳衍生交易工具。以 CER 期权为例，当预计未来 CER 价格上涨时，CER 买方会购买看涨期权来对冲未来价格上涨的风险，如果未来 CER 价格上涨，通过行使看涨期权 CER 买方将获益。相反，当预计未来 CER 价格下降时，CER 卖家会购买看跌期权，以锁定利润。

碳期权合约是由交易双方签署的合法凭证，规定期权的买方向卖方支付一定数额的权利金后，即可获得合约有效期内的选择权。目前比较常见的合约为 EUA 期货期权、CER 期货期权以及 ERU 期货期权。与碳期货合约相似，碳期权合约由如下要素构成：

交易品种名称与代码：由于碳期权是基于碳期货合约而设立，所以交易品种名称根据期货合约的不同而不同，正如上文所提到的，碳期货的通用名称为核证减排量期货，故而全球各大交易所推出的与京都机制相联系的期权品种均称为核证减排量期货期权。

交易单位：交易所一般以手作为交易单位，而每手代表的核准减排量有所不同。在国际上，除了印度泛商品交易所使用了每手 250 个核证减排单位以外，其他主要交易所的交易单位均为每手 1 000 个核证减排单位。

报价单位：报价单位即根据交易所报价而采用的币种，如芝加哥气候期货交易所以美元为报价单位，印度泛商品交易所以卢比为报价单位，而欧洲气候交易所、纳斯达克商品事业部和绿色交易所的交易单位均为欧元。

最小变动价位：最小变动单位即价格变动的最小单位。国际上各交易所的最小变动价位分别是欧洲气候交易所0.01欧元/吨、芝加哥气候期货交易所0.01美元/吨、纳斯达克商品事业部0.01欧元/吨、美国绿色交易所0.01欧元/吨、印度泛商品交易所50派士/吨。

每日价格最大波动限制：国际上对于碳期权最大波动限制较为宽松，欧美核证减排量期货期权不限制每日价格波动范围，印度则执行了日内4%、6%和9%的阶梯式限制。

合约交割月份：国际上碳期权合约分为季度合约和月度合约。季度合约中，欧洲气候交易所、芝加哥气候期货交易所、绿色交易所、纳斯达克商品事业部的合约月份都是3月、6月、9月和12月，而印度泛商品交易所核证减排量期货的合约交割月份设定为2月、5月、8月和11月。

交割方式：碳期权交割主要有两种方式——现金交割和实物交割。欧美、印度的同类期权交割最终以标的期货所有权转移为标记，交易所仍然扮演买卖双方履约对手的角色，而现金交割则由交易双方根据价格进行现金结算。

4.4.4 碳排放权互换

碳排放权互换是指交易双方通过合约达成协议，在未来的一定时期内交换约定数量不同或性质不同的碳排放权客体或债务。投资者利用不同市场或者不同类别的碳资产价格差别买卖，从而获取价差收益。

碳排放权互换的产生主要基于两个原因：一为目标碳减排信用难以获得；二为发挥碳减排信用的抵减作用。由此产生了两种形式的碳排放互换制度安排：一是温室气体排放权互换交易制度，政府机构或私人部门通过资助国家减排项目获得相应的碳排放减排信用，该机制下碳排放权客体由管理体系（如联合国执行理事会）核准认证后颁布；二是债务与碳减排信用互换交易制度，债务国在债权国的许可下，将一定资金投于碳减排项目，其实质是债务国和债权国之间的协议行为。

第一种形式是通常意义上的互换交易制度，以欧盟碳排放交易市场为例，其于2004年对EUETS指令进行修正，以增强与《京都议定书》的协调性。该指令允许EUETS下的排放实体能够利用清洁能源机制CDM和联合国履约机制JI中获得的减排信用履行减排义务，即欧盟成员国可以利用CDM项目从发展中国家或未参与强制减排的国家购买减排信用，达成减排任务，此举增强了成员国减排方式的可选择性。单就EU ETS市场而言，CDM产生的CER可以进入EU ETS进行交易，EUA和CER可以进行互换。具体而言，当减排目标不能通过本国减排能力达成的时候，其可以通过投资清洁能源项目，获取由此而产生的CER，通过EUA和CER对应比例的互换协议达成互换。而第二种形式的互换，则发生在具有特定债权债务关系的国家之间。

4.4.5　碳金融资产证券化

碳金融资产证券化是由投资银行或其他金融机构将碳资产汇入碳资产池，再以碳资产池未来将产生的现金流为保证，在金融市场上发行有价证券融资，将筹集的资金用于碳资产池内项目或其他投资赚取收益，最终再以各种收益偿清所发行的有价证券。资产池里的资产可以由CDM项目、商业银行碳权质押贷款、针对碳权的融资租赁、企业有关碳排放的应收账款及银行暴利等组成。碳金融资产的证券化提高了碳资产的流动性，并转移了风险，有利于碳金融衍生品市场的发展。

4.4.6　碳保险

碳交易过程中存在着较大的风险。以碳减排额CER为例，其整体风险可以归类为绩效风险，也就是产品未来的交付与合约相符的可能性。这类绩效风险可以再细分为以下几大类：对手违约风险、碳法规风险、国家投资风险、技术绩效风险、运营中断风险、董事与主管责任等。[①]

作为最古老的风险管理方法之一的保险可以在经济制度上为碳交易提供一定的保障。例如，碳交易支付担保就属于规避碳交易信用风险的一种方式。由于碳减排项目成功与否具有不确定性，投资人或借款人会面临一

---

① 熊焰. 低碳之路[M].北京:中国经济出版社,2009.

定的风险，为此一些金融机构，包括一些商业银行和世界银行下属的国际金融公司（IFC），为项目最终支付的减排单位数量提供担保（信用增级）。

另外保险公司可以为碳交易合同或者碳减排购买协议的买方提供保险，如果买方在缴纳保险后不能如期履行协议上规定数量的CERs，保险公司将会按照约定提供赔偿。保险公司也可以为开发CDM项目的企业提供保险，如果企业在缴纳保险后不能将具有很大开发潜力的项目开发为CDM项目，将会获得保险公司提供的CDM项目开发保险。

如果将碳交易保险与碳资产证券化结合起来，就可以形成碳资产的信用违约互换（Credit Default Swap，CDS），即对债权人所拥有的债权的一种保险。具体来说，CDS所担保的债权就是SPV将碳资产证券化发行的证券。这种金融衍生工具风险较高，适合在金融风险防范机制比较完善的情况下采用。[①]

可见，碳保险公司将在碳金融市场扮演重要的角色，如何把碳风险纳入传统保险的承保范围是碳保险发展的关键。保险机构应当尝试提供一种标准化保险合同，着重考虑气候变化如何与过去保险公司承担的风险结合成新的碳保险产品。

4.5　主要碳价格机制发展近况与趋势

经过近十年的发展，全球碳价格机制呈现的特征与《京都议定书》设计之初所构想的全球统一的交易体系形成了鲜明的对比。20世纪90年代初，全球争论的一个焦点是设计一个单一的全球交易体系作为应对气候变化的途径。然而，如今全球减排体系分割发展，且从属于不同政府（或区域）管辖之下，这些体系通过多种类型的政策措施（例如碳税）与碳市场一起实施。这样一个自下而上的新体系，也产生了一系列新的问题，例如各个不同管辖范围内的交易体系需要如何确定，何时以及如何相互链接，

---

① 王留之，宋阳. 略论我国碳交易的金融创新及其风险防范[J]. 现代财经，2009（6）：30-34.

而碳市场管理者们也面临着如何衡量不同政策措施和发展水平之下各市场减排效果的可比性等问题（如表4-3所示）。

表4-3   世界各地的"碳价格"

图中编号	地区	碳税/碳交易/其他	价格水平（美元/MtCO$_2$）
1	阿尔伯塔（加拿大西部）	碳税/碳交易	16
2	不列颠哥伦比亚（加拿大西部）	碳税/碳交易	28（从2018年4月1日起执行该价格）
3	魁北克（加拿大东部）	碳交易	最低限价：9.75（到2020年每年增长幅度为通货膨胀率加5%）；储备销售价格：39.02～48.77（从2014年开始，每年增长幅度为通货膨胀率加5%）
4	魁北克（加拿大东部）	碳税	15
	安大略省	碳交易	15
5	美国/加拿大	碳交易	西部气候倡议（WCI）期望配额价格：15
6	美国	碳交易	区域温室气体协议（RGGI）市场价格：2.80，最低限价：1.98（以通胀率速率增加）（2013），储备销售触发价格：2014年4美元，2015年为6，2016年为8，2017年为10（2017年以后每年增长2.5%）
7	加州	全球温室效应治理法案（GWSA）	全球温室效应治理法案（GWSA）市场价格：13.62，最低限价：10.71（每年增加幅度为通胀率加5%）
8	旧金山港区空气质量管理区域	碳税	0.044
9	墨西哥	碳交易	2017年秋季预计建立长达一年的模拟碳排放交易体系
10	哥斯达黎加	碳税	化石燃料市场价格的3.5%

续表

图中编号	地区	碳税/碳交易/其他	价格水平（美元/MtCO₂）
11	巴西	碳税/碳交易	正在考虑全国范围的碳排放交易或者碳税
12	里约热内卢（巴西东南部）	碳交易	巴西第一个碳市场（覆盖石油、天然气、化学、石油化学和混凝土部门）
13	圣保罗（巴西东南部）	碳交易	正在考虑采用碳交易
14	智利	碳税/碳交易	碳税：5；正在考虑采用国家碳排放交易计划
15	欧盟	碳交易	EUA 现货价格：8.07；EUAA 现货价格：8.04
16	挪威	碳税	60
17	瑞典	碳税	140（将逐步取消免征碳税的行业）
18	芬兰	碳税	交通用油气价格：73；供暖用油气价格 69
19	丹麦	碳税	27
20	英国	碳交易	最低限价：24
21	爱尔兰	碳税	24
22	瑞士	碳税/碳交易	碳税：99（2018 年 1 月 1 日起执行该价格）；参加碳交易的企业免征碳税
23	乌克兰	碳税/碳交易	碳税小于 1；正在考虑建立国家碳交易体系
24	土耳其	碳交易	正在考虑建立国家碳交易体系
25	南非	碳税	原计划于 2017 年 1 月 1 日实施，该计划再次被推迟
26	哈萨克斯坦	碳交易	自 2013 年开始实施国家强制碳交易计划，2016 年 4 月 8 日起暂停交易两年，预计于 2018 年 1 月重新启动
27	印度	强度目标，节能量交易	绩效、达标及交易机制（PAT）2012 年开始的强制排放交易计划
28	印度	对煤征碳税	0.92
29	中国	碳交易试点	2013 年开始实施两省五市碳交易试点，2016 年底福建碳交易试点被引入，2017 年 12 月 19 日启动全国碳排放权交易体系

图中编号	地区	碳税/碳交易/其他	价格水平（美元/MtCO₂）
30	朝鲜	碳交易	18
31	日本	碳交易	自愿排放交易体系（VETS） 2009年平均价格：7.68；2010年开始考虑实施国家强制交易计划
32	日本	碳税	3
33	东京	碳交易	东京都政府碳排放交易系统（TMGETS） 报道价格：14
34	澳大利亚	碳交易	清洁能源法案 2013年固定价格：24.94，2015年之前每年提升2.5%；2015—2018年最低限价：15.5，每年提升4%；最高价格：20.66；最高限价高于预期国际价格，以5%的比例逐年提高
35	越南		计划2018年设立碳市场
36	新加坡	碳税/碳交易	拟在2019年征收碳税，价格将在7～15
37	拉脱维亚共和国	碳税	5
38	新西兰	碳交易	19
39	冰岛	碳税	24（2018年初起执行该价格）

资料来源：UNEP FI. PORTFOLIO CARBON：Measuring，disclosing and managing the carbon intensity of investments and investment portfolios.，http：//www.indiaenvironment-portal.org.in/content/378014/portfolio-carbon-measuring-disclosing-and-managing-the-carbon-intensity-of-investments-and-investment-portfolios/.2013和State and Trends of Carbon Pricing 2017.

目前，全球形成的不同区域、不同层次的碳价格（包括碳交易和碳税）水平跨度很大，从不到1美元每tCO₂当量（墨西哥、波兰和乌克兰碳税及重庆碳交易试点）到140美元每tCO₂当量（瑞典碳税交易试点）。总体的特点是碳排放交易体系的价格都低于碳税的价格，基本上是在12美元左右，其原因是一般碳排放交易体系都是针对企业等生产部门，较低的碳价格能够避免生产部门的竞争力受到影响，以避免产生碳泄漏（如图4-6所示）。

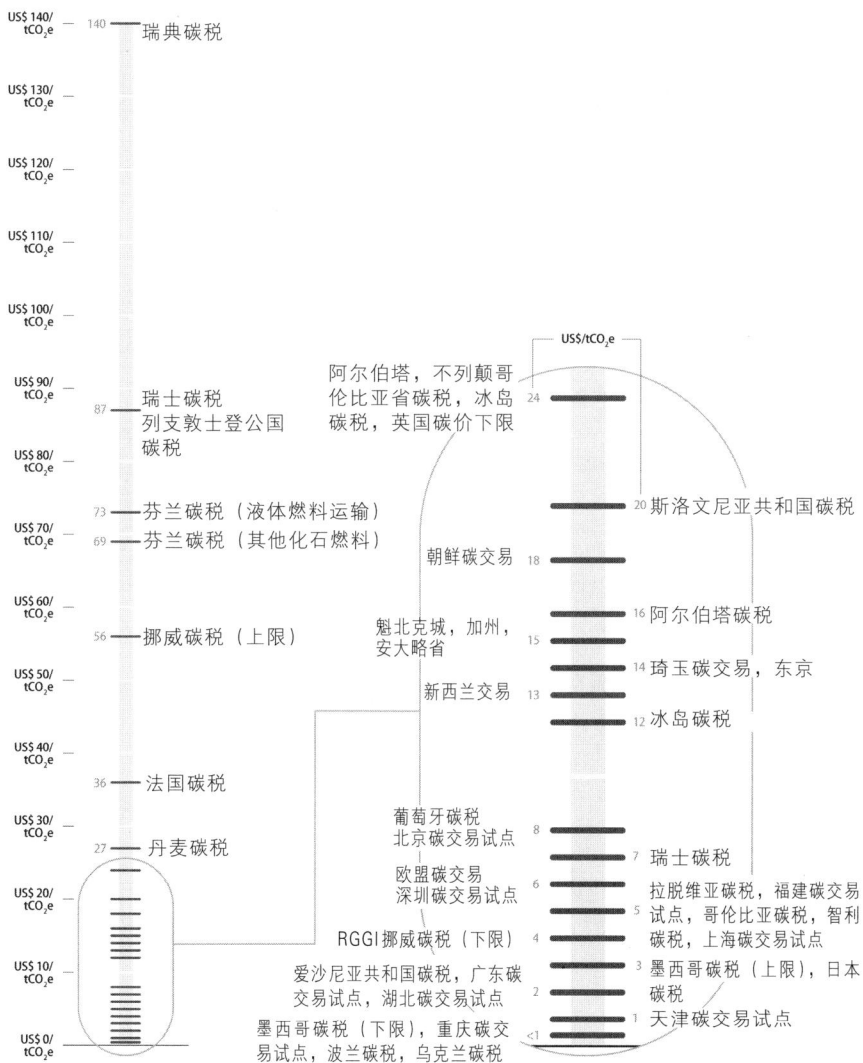

US$ 140/tCO₂e — 140 瑞典碳税

US$ 130/tCO₂e

US$ 120/tCO₂e

US$ 110/tCO₂e

US$ 100/tCO₂e

US$ 90/tCO₂e — 87 瑞士碳税 列支敦士登公国碳税

US$ 80/tCO₂e

US$ 70/tCO₂e — 73 芬兰碳税（液体燃料运输）
69 芬兰碳税（其他化石燃料）

US$ 60/tCO₂e — 56 挪威碳税（上限）

US$ 50/tCO₂e

US$ 40/tCO₂e — 36 法国碳税

US$ 30/tCO₂e — 27 丹麦碳税

US$ 20/tCO₂e

US$ 10/tCO₂e

US$ 0/tCO₂e

右侧 US$/tCO₂e：

阿尔伯塔，不列颠哥伦比亚省碳税，冰岛碳税，英国碳价下限 — 24

斯洛文尼亚共和国碳税 — 20

朝鲜碳交易 — 18

阿尔伯塔碳税 — 16

魁北克城，加州，安大略省 — 15

琦玉碳交易，东京 — 14

新西兰交易 — 13

冰岛碳税 — 12

葡萄牙碳税 北京碳交易试点 — 8

瑞士碳税 — 7

欧盟碳交易 深圳碳交易试点 — 6

拉脱维亚碳税，福建碳交易试点，哥伦比亚碳税，智利碳税，上海碳交易试点 — 5

RGGI挪威碳税（下限） — 4

墨西哥碳税（上限），日本碳税 — 3

爱沙尼亚共和国碳税，广东碳交易试点，湖北碳交易试点 — 2

天津碳交易试点 — <1

墨西哥碳税（下限），重庆碳交易试点，波兰碳税，乌克兰碳税

图4-6　现有碳价格机制的价格水平

资料来源：State and Trends of Carbon Pricing，2017.

由于电力、天然气、煤炭以及石油和货运市场都是碳排放单位价格的基本推动因素，碳市场与这些市场之间有很强的交互性，因此若市场得以通过连接扩容、稳定发展，则具有大规模扩张的潜力，并逐步发展为最大的商品市场。

然而，目前，碳市场与许多其他成熟市场相比，规模还比较小。相比于发展时间较久的商品市场，包括养老基金在内的机构投资者对于碳市场的投资依旧较少。个人投资者的直接参与十分有限，这主要是因为碳市场的发展还不成熟，预期寿命不确定，波动性较强，且由于碳市场发展历史较短，缺乏长期的定量数据记录，因此市场风险管理工具种类和预期效果仍然非常有限。

2013年，华沙会议结束标志着就新的2020年后的气候协议所进行的谈判进程已过半，谈判各方仍然存在严重的分歧。《京都议定书》第二承诺期（2013—2020年）的参与各方仅覆盖了全球排放量的12%，全球减排信心低迷使全球新的碳市场机制的发展和碳价格水平的稳定都蒙上了不确定性的重重迷雾。

4.5.1 CDM市场

CDM机制是与我国碳金融市场直接相关的京都机制。2012年下半年，市场参与者预估到CDM市场需求已经逐渐饱和，由于市场在短期内没有恢复以往活力和交易量的迹象，原本在早期就参与到市场中的投资银行和交易机构开始撤出，项目开发商与减碳有关的项目运作和商业活动也正在减少，开始多样化的经营。2014年2月，DNV GL[①]宣布将停止其核查服务业务，随即JCI在同年3月也取消了同样的业务。

CDM项目的活跃度能够从根本上反映出市场在2013年度呈现的明显衰退。CER在2013年的年均价为0.37欧元（合0.51美元），全球提交的项目数较2012年下降88%，注册的项目或活动数量收缩为2012年的1/10。[②]近两年，CDM市场低迷情况持续恶化，2016年，二级市场的CER年均价

---

① 曾经是市场上最大的DOE。

②   Source：Thomson Reuters Point Carbon，Carbon Market Outlook 2014 2016 …Steady Does It…，Carbon Market Analyst，February 26，2014.

为 0.4 欧元 / tCO₂e（约 0.4 美元 / tCO₂e），全球注册的项目数为 66 个，较
2015 年下降了 35%[①]。

预计 CDM 从 2016 年到 2020 年期间可单独发行约 35 亿吨 CO₂e 配额。
由于清洁发展机制与《巴黎协议》下的新型交易机制之间的关系尚不明
确，2020 年后的 CDM 市场发展前景也尚不清晰。

回顾 CDM 市场十余年的发展，有赖于这一创新的灵活机制，全球 115
个发展中国家和发达国家共同致力于温室气体减排，并且成功引入了一定
规模的减排资金进入发展中国家。截至 2011 年底，初级市场上 2013 之前
签发的 CERs 总量达到 2.4 亿 tCO₂，至 2012 年末已发行 1.115 万亿 tCO₂，
2013 年之前签发的 CERs 合同的总价值已达到 280 亿美元，CDM 已经促成
了 1 300 亿美元温室气体减排投资（相当于 2011 年全球 ODA 流量之和）。
2008—2012 年 CERs 的市场均价为 13 美元，且签发的 CERs 中的 90% 是以
低于这一均价成交的，通过购买 CER，整个 EU ETS 在 2008—2012 年节约
减排资金 40 亿欧元～200 亿欧元，这表明碳信用机制起到了有效调动资金
向成本有效、低碳投资方向流动的作用，如图 4-7 所示。

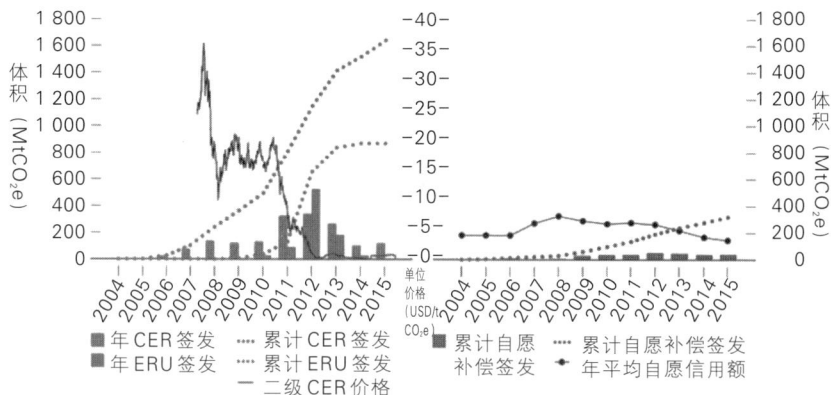

图 4-7　CER 和 ERU 发行量、项目与活动方案的注册数量年际变化

资料来源：UNFCCC.

---

① Word Bank，2017，State and Trends of Carbon Pricing 2017.

CDM 机制为减缓气候变化，成功引入了私人部门参与，但"双刃剑效应"明显。首先，通过基于项目的方法，私人部门可以直接参与到CDM 项目中来，实现了在温室气体减排投资上的公司合作。但与此同时，作为一个创新的、在实践中发展的项目机制，在市场迅速扩张期，其主要的项目经验都以 CDM 项目过程中资产管理与咨询公司等专业化组织或部门的形式积累，一旦市场环境恶化，私人部门迅速退出市场，不仅迅速影响到市场调整的信心，而且还连同固化于私营部门的知识经验与能力积累一同撤离市场，从而进一步影响到市场的复苏。因此，未来需要通过制度建设和机制创新以在私人部门参与和东道国气候治理能力建设上取得适当的平衡。

CDM 机制的特点决定了其更倾向于低投资壁垒的减缓项目。从项目收益的时机来看，在 CERs 交付时获得资金，之前无法获得预付款，项目融资中不承认和接受 CDM 的减排量购买协议。从收益规模的确定性方面来看，首先 CER 的价格有很大的不确定性，而且在 CDM 项目各个主要阶段均存在特有的风险。以上两点决定的收益模式，加上私营部门主导的项目市场，导致 CDM 项目更加倾向于那些可以通过少量的排放设施实现更大的潜在减排量的项目，低投资额、投资回报周期短（比如 HFC 等建设周期短的项目），倾向于在获得 CERs 之外，还有额外收益（比如，可再生能源项目），具备就减排量购买协议进行谈判的能力。因此，CDM 项目投资方在进行投资考虑时，基本上都会选择工业温室气体减排项目、可再生能源项目，这类项目注册的 CDM 项目中比例高达61%，且倾向于在中国、印度、巴西等国进行投资，以上三个东道国提供的 CERs 占总量的67%。这表明，在已证实的具有边际回报率的技术领域，CDM 使得相对低风险的投资更具吸引力和有利可图，增加了其开发和持续运作的可能性。客观来说，CDM 本身的特性决定了 CDM 转移的资金并没能给全部发展中国家均衡地带去效益。

目前，CDM 执行委员会、私营部门以及公共部门的机构投资者正在积极探索重振京都机制的融资手段和其他政策工具，例如建立 CER 的最低限价，推动 CER 的自愿注销，激活新的需求、购买活动以及发展基于成果的融资（Results-based Financing，RBF）[①]等。在这种情况下，大型公共部门机构投资者再次发挥了更加关键的作用，正在积极促进将CDM用于RBF，并且促进新的基于市场的机制的创新和测试。

与此同时，CDM机制的政策设计者也正在针对项目耗时长、时间和经济成本高、程序复杂、只集中于部分国家和项目类型等问题，采取一系列的简化和改进措施。目前正在考虑的改革主要是项目管理、程序简化以及保证环境整体性等方面。[②]CDM形式和程序的修正预计将在COP20上征求意见。[③]CDM十余年的经验对于CDM机制改革和新的市场机制的设计都具有重要的意义。

专栏4-1　　　　　　　正在发展中的新的国际定价机制

一、基于成果的融资

基于成果的融资[④]（Results-based financing，RBF）的主要特征是基于预定义的、验证后的结果进行支付。RBF率先运用在卫生部门，但现在越来越多地被考虑作为一种低碳市场发展之路和温室气体减排的融资手段，其中就包括了绿色气候基金。

在气候金融的背景下，对核证结果的支付很符合MRV的要求，同时能够达到激励私营部门减排活动的目的。RBF可以使用不同的度量作为包括减排量或未排放量的支付基础。当使用一种碳排放指标时，它便成了一种直接碳定价工具，并且可以建立在现有的市场工具基础之上。这一特征已经得到了UNFCCC的认可。

---

① Source：Ecofys，CDM Market Support Study，May 10，2013. RBF即支付建立在已核证的结果之上，它作为一种融资手段，正越来越多地被应用在支持发展计划和国内政策目标之上。

② Governance：membership and composition of the EB，role of the designated national authority（DNA），liability of DOEs. Streamlining of procedures：provisions for PoAs，length of crediting period，simplification of project cycle for certain project categories. Environmental integrity：additionality demonstration.

③ Source：UNFCCC，Decision-/CMP.9 Review of the Modalities and Procedures for the Clean Development Mechanism，2013.

④ Many terms are currently used to describe funding approaches where payment is made upon the verified delivery of pre-defined results. This report uses RBF as an umbrella term to encompass the full range of funding instruments operating in this way.

二、REDD+

REDD 指在发展中国家通过减少砍伐森林和减缓森林退化而降低温室气体排放，"+"的含义是增加碳汇。

REDD+在 2007 年的巴厘岛气候变化大会成为主要的谈判议题，这创造了将正式气候缓解机制与森林作为 2012 年之后气候变化协议的一部分进行对接的一个机会。现如今，全球每年由于森林消失平均造成了 3 000MtCO₂ 的排放。

在 2013 年 11 月的华沙气候变化大会上，REDD+框架的采用标志着 REDD+取得了重要进展。包括金融、制度安排和方法学等在内的议题，共达成了 7 项决议，加上在 2007 年到 2012 年期间产生的 COP 决议，共同构成了 REDD+的核心内容。其中，特别关于 REDD+的融资方面，在华沙气候大会上重申 RBF 可能通过各种渠道对 REDD+进行资助，包括市场和公共来源。绿色气候基金被认为在 REDD+的融资之路上扮演着关键的角色。

迄今，REDD+中大的减排项目一直都没有被纳入任何履约机制，其资金大部分来自双边或多边融资，诸如森林碳伙伴基金[1]和生物碳基金的可持续森林景观计划[2]等。在项目规模不同的融资方案下，定价方法也不尽一致。例如，挪威国际气候和森林倡议[3]将 REDD+活动级别产生的减排量价格定为 5 美元/tCO₂e，这一价格水平已经被巴西亚马逊基金和圭亚那 REDD+投资基金所采用。[4]其他在森林碳市场交易的减排量则产生于项目级活动。例如，2012 年，森林抵消均价微降至 7.8 美元/tCO₂e。[5]由

---

[1]　Forest Carbon Partnership Facility,FCPF.

[2]　BioCarbon Fund Initiative for Sustainable Forest Landscape.

[3]　International Climate and Forest Initiative .

[4]　Source：Norwegian Government,Calculating 2012 Performance Based Payments to Guyana Based on Interim Performance Indicators,2012,http://www.regjeringen.no/upload/MD/2012/Nyheter/Technical_note_payments.pdf.

[5]　Source：Peters-Stanley,M. et al.,Covering New Ground,State of the Forest Carbon Markets in 2013,2013.

于需求有限和供给增长，价格持续下降。2014年初，森林抵消信用的买入和卖出平均报价为5美元～6美元/tCO₂e。[1]当前，几乎所有的项目级REDD+的减排量都是通过自愿性碳市场进行交易的，但却具有需求不均衡、高价格变化以及透明度缺乏的特点。进一步规范、激活私人部门和市场，被普遍认为对发展REDD+的融资，以提升REDD+减排份额起到至关重要的作用。然而，考虑到国际上对碳信用需求不足的现状，这些先决条件很难实现。

4.5.2　EU ETS

EU ETS自2005年实施以来已运行9年，2013年进入第三阶段。市场交易量从2005年的9 400万tCO2e增长到2012年的79亿tCO2e，2013年达到87亿tCO2e，约占全球的86%。在交易额方面，2005—2011年保持了较快的增长趋势，2011年达到780亿欧元，之后开始下滑，2012年和2013年分别约为560亿欧元和360亿欧元。在价格方面，2008—2012年，EUA年平均价格分别约为22欧元、12欧元、13欧元、12欧元和7欧元，呈下降趋势。金融危机之后，欧盟各成员国经济活动几经波动，部分国家已经濒临崩溃边缘。工业活动的减少，导致碳排放权的需求直线降低，2013年已经降低到4欧元/吨（相当于5.5美元/吨）。[2]碳市场低迷使欧盟，也使欧盟碳交易相关服务行业遭受较大打击。巴克莱银行已经出售了其碳交易部门；德意志银行关闭了全球碳交易业务；摩根大通缩减了环境市场团队。过去四年中，伦敦金融城碳排放交易从业者人数下降了70%，碳价的低迷也使得清洁能源和低碳技术

---

[1]　This section strongly benefited from the kind contributions from Forest Trends' Ecosystem Market Place. Assertions here are supported by data gathered by Forest Trends' Ecosystem Market Place and published in a similar timeframe to this report.

[2]　在EU ETS第二交易期开始之前，欧盟委员会期望价格不高于30欧元，经过多情景模拟计算，价格一般会在30欧元~40欧元之间。只有在无限量使用国际信用时，才可能出现4欧元/吨的价格。

投资方面备受影响。①

　　商品市场的价格取决于供给和需求两个方面，碳市场在一个相对稳定（刚性）的预设供给水平下，需求却受到很多基本因素的影响乃至非常规事件的冲击，加之市场设计缺乏对配额需求的重大变化的反应机制，导致市场供需出现严重的结构性失衡。根据欧盟委员会的估计，在 EU ETS 第三阶段开始时，EU ETS 的过剩配额将达到 15 亿吨～20 亿吨，甚至在 EU ETS 第三阶段的大部分时间里都将有约 20 亿吨的过剩配额，过多的剩余配额还会进一步影响未来至少 20 年的碳交易市场的发展。

　　2012 年 11 月，欧盟委员会提出了包括拍卖后置、提高减排目标、提高年度减排系数在内的 6 项结构性改进措施。拍卖后置计划是指推迟拍卖 2013 年到 2015 年共 9 亿吨 EUA，并于 2019 年至 2020 年间分两个阶段返还给市场，即将配额拍卖时间后移，以减少短期配额供给，提升市场价格。2013 年 12 月 10 日，该计划终于在欧洲议会投票中获得通过。2014 年 2 月，拍卖后置正式写入法律。从 2013 年 EUA 价格的市场变化可以观察到，市场对该措施的预期较为积极。

　　2014 年 1 月 22 日，欧盟委员会公布了欧盟 2030 年气候和能源政策框架，提出温室气体排放量在 1990 年的基础上减少 40%，可再生能源利用比例至少达到 27%。2014 年 2 月 5 日，欧洲议会全体会议初步通过了欧盟到 2030 年在 1990 年基础上减排 40% 的目标，并要求到 2030 年相对于 1990 年能效提高 40%，可再生能源比例至少达到 30%。此外，欧盟委员会还在框架中提出了 EU ETS 结构性改革的政策建议，提出从第四阶段，即 2021 年开始设立 "市场稳定储备"（Market Stability Reserve），用于解决近年来碳排放配额过剩的问题，同时通过自动调整拍卖配额的供给，提高系统对市场冲击的恢复能力。

　　2008—2020 年间，EU ETS 的排放设备允许提交 16 亿吨~17 亿吨的京

---

　　①　张敏思,范迪,窦勇. 欧盟碳市场的进展分析及其对我国的借鉴[J]. 环境保护,2014(8),8:023.

都信用用于履约，在第二交易阶段，控排企业已经使用了 10.59 亿吨的京都信用，其中 CERs 占 64%，ERUs 占 26%。使用京都信用为控排企业节省了大约 40 亿欧元~200 亿欧元（约 60 亿美元~280 亿美元）的减排成本。成本节约一方面来源于京都信用与 EUAs 的差价，另外一方面也源自 EUAs 本身的低价格。由于京都信用价格较低，有 70% 的控排设备都使用京都信用代替 EUAs，甚至有的企业 EUAs 有剩余，也会优先使用京都信用履约。允许使用京都信用对市场上配额的剩余可能有一定的影响，但其使用量相较 EU ETS 的 20 亿美元的超额发放量，京都信用的影响作用并不是决定性。

　　以上是分析是 EU ETS 价格趋势基本面的影响因素，而市场每日的价格变动则取决于市场参与者的交易决策。快速建立起复杂的金融支撑体系，使得市场流动性水平进一步增强。在 2008—2011 年 EU ETS 交易配额量为 24.061 亿吨，同期，EU ETS 总的配额量为 7.437 亿吨。这样的流动性水平也是受到 EU ETS 每年履约的影响，参与者为实现每年的履约目标，不断通过参与碳市场调整其持有的配额量，同时，保证以最小的成本达到履约目标。随着 EU ETS 市场逐步成熟，一方面，私人部门对市场信息刺激的反应逐渐变得敏感而迅速，例如，2009 年，宏观经济触底，很多控排企业由于缺乏现金，在碳信用较为稀缺的阶段也以低价卖出配额以获得资金。而与此同时，随着第二交易期即将到期，很多控排企业预期其在2012 年之后无法获得免费配额，因此，开始买入第三交易期履约的配额期货。结果 EUA 期货开始出现明显高出现货的溢价，而相反 CDM 的现货价格则呈现高出期货的溢价。很多能源市场的套期保值者和其他金融部门都看准了这个机会，参与到市场中来，直到 2009 年下半年，随着市场流动性的增强以及企业融资成本的逐渐降低，碳金融市场的此类套利空间才逐渐收缩。虽然稳定价格的市场设计也在进一步完善中，但随着市场复杂性的提高，以及与更广泛碳市场乃至其他市场产生交互影响，未来市场价格的短期波动将更难预测。

4.5.3　其他潜在的碳交易定价机制

　　还有很多国家和地区正在积极研究和对比不同的碳价格手段对其减排

战略的适用性，或研究其他交易体系的经验及交易体系设计细节。例如，在巴西①一些公司发起了商业气候平台-碳交易计划②，SCE EPC有22家大公司参与③，2012年22家公司共排放22MtCO$_2$e，该交易计划于2014年3月举行第一次配额拍卖，整个计划预计持续到2014年11月底。配额可以通过BVTrade交易平台交易。2014年3月21日，配额供给价格在R\$35.00（约14.83美元），需求价格在R\$24.15（约10.24美元），最近一次交易成交价在R\$25.00美元（约10.60美元）。

　　智利正准备在能源领域建立ETS。PMR⁴对交易计划的资金监管，经济和制度分析，以及MRV和注册表系统的设计和实施提供支持。2013年9月哥斯达黎加总统签署针对国内碳市场的法规和操作的法令。2013年10月，哥斯达黎加交易本国碳信用的交易所BANCO$_2$成立。PMR也在支持哥斯达黎加建立和运营国内碳市场。2013年12月哥斯达黎加与日本签署了参与其两国间碳信用额度制度（JCM）的双边协议。

　　2013年10月28日，美国的加州、华盛顿州、俄勒冈州和加拿大英属哥伦比亚省签署了一个地区性协议——"太平洋沿岸气候和能源行动计划"，以调整政策减少温室气体排放。合作将包括关于碳定价和温室气体减排目标的活动。依照该协议，俄勒冈州和华盛顿将对碳定价采取行动。俄勒冈州正在就采取ETS还是碳税建立碳排放价格机制而进行讨论。另外，2014年8月4日，华盛顿州长办公室发布备忘录，声明华盛顿州已经准备好加入WCI。

　　2011年俄罗斯宣布将不参加《京都议定书》CP2（第二承诺期），但承诺"德班行动计划"。2014年4月，俄罗斯政府设立了一个2020年比1990年减排25%的目标。政府已提出一系列行动计划来实现目标，其中

---

① 巴西全国的ETS进展不明显，区域层面上，里约热内卢的ETS也遭到多方反对，圣保罗ETS计划进展不明显，会密切关注这一自发市场的进展。

② 该计划由Fundacao Getulio Vargas（FGV）智库及里约的Green exchange BVRio发起，政府并不参与管理。

③ Companies participating in the simulation include Banco do Brasil，CCR，Braskem，Camargo Correa，Anglo American，Citibank，Duratex，EDP，Furnas，Grupo Abril，Klabin，Raizen and TAM.

包括2014年建立国家注册体系和MRV框架、2015年建立部门级减排指标等。最初公司可能面临强制性的MRV（监测、上报、验证）要求，下一步政府资金将用于为减排提供类似JI的、以核证的减排成果为依据的资金支持。政府的行动草案还提出在2020年之前有可能采取其他的措施促进减排，并形成到2030年的长期计划，这些措施中很有可能包括采用碳交易机制，但尚在讨论中。俄罗斯政府一直都就以上减排措施和实施方案跟商业界、工业部门保持紧密沟通和商讨。

　　泰国正在设计一个国内市场机制来减少能源消耗和能源领域的温室气体排放并打算将它转换为ETS。2012年土耳其采用了MRV立法。覆盖范围内的设施安装必须在2014年6月前向环境和城市化部提交监测计划。PMR对现有法规的实施给予了支持，包括分析和选择适当的市场机制，在电力部门建立可行的排放交易体系等。

　　与此同时乌克兰、哥伦比亚、印度、印度尼西亚、约旦、摩洛哥、秘鲁、突尼斯和越南也在PMR的协助下探索碳定价的手段，伊朗则正在研究构建ETS。

第5章

碳市场的金融化：价格形成与市场模拟

5.1　早期基础模型的研究

作为一种市场机制，配额价格是判断碳排放交易是否有效的一个重要标志。尽管碳金融体系中排放配额、碳信用等产品以及衍生的一系列金融工具，已经在国际市场上进行着较为活跃的交易，但是目前还缺乏比较完善的理论定价框架来对碳价格的形成机制进行刻画。

现有的国外文献对排放交易市场价格形成机制的研究主要集中在基于限额的交易市场上。Crocker[1]和Dales[2]在科斯理论[3]的基础上，首先提出利用限额制度对污染物实行数量控制的政策措施，形成了限额交易的雏形。根据经典理论，碳交易价格形成是一个人为设计市场的静态最优化问题，基于此，Montgomery假设存在多个追求利润最大化目标的不同减排企业，研究其如何达到减排目标并使总成本最小化，从而给出了有效市场实

---

①　Crocker, T. D. (1966), 'The Structuring of Atmospheric Pollution Control Systems', in Harold Wolozin, ed., The Economics of Air Pollution. New York: W.W. Norton.

②　Dales, J. (1968) Pollution Property and Prices (Toronto, ON: University of Toronto Press).

③　Coase, R. H. (1960). 'The Problem of Social Cost', Journal of Law and Economics III (Oct), 1-44.

现均衡的充分必要条件。Montgomery 对静态的、完美市场模型的研究被后续很多文章援引和拓展，这个阶段对于排放权定价机制的研究也主要围绕单一交易期、确定条件下，无配额存储机制的静态市场框架展开[1]。

20 世纪 90 年代，随着排放许可政策工具的应用越来越广泛，很多学者开始关注现实的排放权交易市场价格形成的动态过程，Tietenberg[2] 和 Rubin[3] 等人的研究为确定环境下的动态市场交易研究奠定了基础。这一阶段，主要的研究基本上基于市场均衡的框架展开，但对静态市场价格形成的研究逐步拓展为对多交易期市场价格波动路径的模拟，并且在交易机制的设计中重点引入了配额存储、配额借贷等灵活机制。

在均衡的框架下，很多学者拓展了经典模型中严格的市场运行条件，考虑了市场不完备情况下的交易（Misolek 和 Elder[4]；Stavins[5]；Stevens & Rose[6]）。例如，Rubin[7] 建立了多个企业、连续时间框架（$x_t, t \in [0, T]$）下配额交易的最优化模型，借助最优控制理论探讨了跨期减排成本（$C(e_t)$）最小化问题。在总量控制与配额交易市场中，企业可以直接减少排放量（$e_{i,t}$），也可以选择购买（$x_{i,t} > 0$）、卖出（$x_{i,t} < 0$）配额，以及通过配额储存（$B_{i,t} \geq 0$）或借出（$B_{i,t} < 0$）等方式来履行减排责任，或者在配额交易市场上盈利。他在给定一个无风险利率（r）、初始获得排放配额总量

---

[1]　W. D. Montgomery. Markets in licenses and efficient pollution control programs. Journal of Economic Theory, 5(3): 395 418, 1972.

[2]　T. Tietenberg. Emission Trading: an exercise in reforming pollution policy. Resources for the future, Washington D.C., 1985.

[3]　J. Rubin. A model of intertemporal emission trading, banking and borrowing. Journal of EnvironmentalEconomics and Management, 31(3): 269 286, 1996.

[4]　Misiolek W S, Elder H W. Exclusionary manipulation of markets for pollution rights[J]. Journal of Environmental Economics and Management, 1989, 16(2): 156-166.

[5]　Stavins R N. Transaction costs and tradeable permits[J]. Journal of environmental economics and management, 1995, 29(2): 133-148.

[6]　Stevens B, Rose A. A dynamic analysis of the marketable permits approach to global warming policy: A comparison of spatial and temporal flexibility[J]. Journal of environmental economics and management, 2002, 44(1): 45-69.

[7]　Rubin, J. D. (1996) A model of intertemporal emission trading, banking, and borrowing, Journal of Environmental Economics and Management, 31(3), pp. 269 286.

（N_i）以及外生的配额价格（S_t）的基础上，给出了参与配额买卖的单个企业的最优控制成本的公式：

$$\min_{x_i, e_i, t} \int_0^T e^{-rt} [C_i(e_{i,t}) + S_t \cdot x_{i,t}] dt \tag{5-1}$$

$$\text{s.t. } B_{i,t} = N_i - \int_0^t (e_{i,s} - x_{i,s}) ds; B_{i,0} = 0; e_{i,t} \geq 0$$

最优化的必要条件是每个企业购买或卖出 x_i 单位配额直到该企业账户下的配额贴现边际成本等于配额贴现价格。这个最小化问题的解则为每个企业的边际减排成本等于单位配额的价格，即 $-\partial C_i(e_{i,t}) / \partial e_{i,t} = S_t$。这一研究表明，如果随着时间的推移，对排放水平的限制更加严格，那么企业会倾向于在交易期开始时储备或购买更多的配额以备未来履约使用。当每个企业都可以自由存储和借贷配额时，边际成本不随时间变化，表现为常数；相反，如果企业有借贷配额的需求，但是市场政策设计禁止这样的跨时期灵活机制，则配额的边际成本随时间递减。①而如果折现率过高会使未来节约下来的成本贬值，从而减少企业存储配额的动力。

Schennach②的研究第一次在边际减排成本 $C(a_t)$ 和电力需求（ϵ_t）中引入了不确定性（配额需求以及减排成本都是随机的），进而在连续时间和无限时域随机模型的框架下研究了排放权价格。该研究将每个减排机构（在美国主要是能源公司）视为一个单独的决策者，独立面对在电力需求约束下（ϵ_t）③的跨期最优化决策问题，且要决定在考虑预期减排成本（$C(a_t)$）的情况下的最优减排量。

在 Rubin 的确定性框架中，贴现边际减排成本等于额外储存的一单位排放权的边际成本。在 Schennach 无穷连续的交易期模拟中，在借贷的约束下，随着时间的推移，电力企业行为的演变过程可以分为两个阶段。第

①　另外，还存在一种特殊情况，即当折现率为零时，企业在未来某一时刻之前并没有承担减排的动力。

②　Schennach, S. M. (2000) The economics of pollution permit banking in the context of Title IV of the 1990 Clean Air Act Amendments, Journal of Environmental Economics and Management, 40(3), pp. 189-210.

③　ε_t 是 t 时刻没有任何 SO_2 减排要求时满足电力需求的 SO_2 排放量。

一个阶段是储存期，其中配额价格以贴现率增长 ($S_t = e^{rt} \cdot C'(a_0)$)。随后一个阶段储存停止，排放许可证价格随着减排边际成本和电力需求的变化而变化 ($S_t = \partial C(a_t)/\partial a_t$)，不确定下的最优化问题变为：

$$\min_{e_t} \mathbb{E}_0 \left[\int_0^\infty e^{-\rho t} C(\epsilon_t - e_t) dt \right] \tag{5-2}$$

$$\text{s.t. } B_t = N - \int_0^t e_s ds; \quad e_t \geq 0; \quad B_0 = 0; \quad B_t \geq 0$$

其中折现率 ρ 为常数，$\mathbb{E}_t[\cdot]$ 代表条件期望 $\mathbb{E}[\cdot|\mathcal{F}_t]$。[1]与 Rubin 的研究相似，Schennach 指出了排放权储备机制可以抹平污染减排边际成本方程中可能出现的跳跃。而且其研究第一次为描述排放许可证价格的关键因素及其影响机理提供了可能，表明电力需求的变化、交易体系覆盖的设备数量、管制水平以及技术创新都会影响到配额价格以及企业的配额存储行为。同时，文章也明确指出，配额的实际价格以及污染物实际排放情况可能与经典理论存在显著区别，一个不断能够获得新的信息的市场，其如何达到最优的问题需要不断重新评估。因此，污染排放量的演化路径以及配额的价格可能存在突变或不连续的情况。[2]

在 Schennach 之后，很多学者通过随机模型将不确定性引入排放权市场定价机制的研究。例如，Maeda[3]设计了一个两步随机均衡模型，假设企业的排放量和减排成本都是随机的（随机过程符合特定的结构），文章考察了不确定性、技术进步和不同类型的市场参与者是如何影响配额价格的。Seifert 等[4]的模型则是基于风险中性的代理人的最优减排决策 (μ_t) [5] 建立的。代理人在 $[0, T]$ 的时间内排放污染物 (Q_t)，排放过程则用布

---

① Schennach 没有对于 5.2 提供一个合适的解析方法,因此许可证价格和污染排放量的路径的确定也没有在文章中得到解决。

② cusp or discontinuity.

③ A. Maeda. Impact of banking and forward contracts on tradable permit markets[J]. Environmental Economicsand Policy Studies,2004,6(2):81-102.

④ Seifert, J. Uhrig-Homburg, M. and Wagner, M. Dynamic behavior of CO₂ spot prices [J]. Journal of Environmental Economics and Management,2008,56(2): 180-194.

⑤ μ_t 是指代理人选择的减排率。

朗运动 $dQ_t = \mu dt + \sigma dW_t$ 来刻画。

$$\min_{u_t} \mathbb{E}_0 \left[\int_0^T e^{-rt} C(t, u_t) \, dt + e^{-rT} S(T, \delta_T) \right] \qquad (5\text{-}3)$$

其中 $C(t, u_t) = -1/2 \cdot c \cdot u_t^2$ 为每单位时间的减排成本

$S(T, Q_T) = \min(0, P \cdot (N - \delta_T))$

描述了在 T 交易期末的罚金成本（P）

$$\delta_T = -\int_0^t u_s \, ds + \mathbb{E}_t \left[\int_0^T Q_t \, dt \right]$$

这个公式描述的是在 ［0，T］时间内污染减排量和预期总排放量之间的关系，即净排放量。通过随机最优控制，作者推导出了一个描述排放配额现货价格动态过程的偏微分方程。只有当 $r = 0$ 并且污染动态过程服从白噪声过程，即 $dQ_t = \sigma dW_t$ 时，偏微分方程可以求出解析解。[①]

该研究没有给出一般情况下的偏微分方程解析过程，但同样清晰地描述了影响配额现货价格的几个重要因素，尤其是表明了价格会随着罚金成本（P）、预期的污染排放量（δ_t）以及减排成本（c）的增长而增长，且随着初始配额总量（N）的下降而下降。很明显，对应每个时刻 $t \in [0, T]$ 的排放许可证的现货价格是有界的，上限为罚金成本的折现值（$e^{-r(T-t)} \cdot P$），而在代理人无法按时履约的情况下许可证就达到价格上限。

5.2　近期研究进展

根据以往的研究，静态和确定框架下的最优策略已经是可计算的，但是，这些研究主要是基于交易许可证价格的基本方面以及交易者之间的策略互动，而在存在规制不确定性或排放过程不确定性的情况下，短期内就不太可能直接确定最优的减排策略，而且这些并没有考虑存在非对称信息的市场的情况。另外，排放权市场不仅仅是将配额从盈余的公司转移到赤字的公司，排放权配额不仅仅是作为一种履约工具，也可以作为金融合约

---

① 这是一个非常特殊并且受限的情况,更一般的污染动态过程的研究还需要有数值技术的支持。

交易。[①]近期，从金融学视角入手，很多学者开始探索新的方法对碳市场价格形成机制进行深入分析，近期的研究主要依据两大类方法。

第一类是计量方法。计量方法主要是通过对排放权交易市场上价格数据的统计学特征进行描述，挖掘数据的基本规律，为未来价格预测提供支持。美国的SO_2市场、EU ETS等交易体系的运行，提供了大量的可供分析、对照的时间序列数据，可用于分析经典价格模型与实际价格行为之间的差距。例如，Daskalakis等[②]的研究表明，EU ETS期货价格的时间序列数据可由带跳扩散过程及一些代表性的扩散过程拟合。Benz和Trück[③]用马尔科夫转换模型研究了现货价格收益时间序列的异方差性。Paolella和Taschini（2008）建议使用新的GARCH结构来研究美国SO_2市场以及EU ETS排放配额的异方差性[④]。另外，碳市场定价机制面临的关键问题是新的信息是最先反应在现货市场上还是期货市场上？哪个产品的价格影响交易所的价格发现过程。Alberola等的研究也证明，就现有的EU ETS的交易类型来看，期货相较于现货而言占据更主导的地位，也是EU ETS主要的交易类型，并且具有一定的市场价格发现功能。[⑤]Marliese Uhrig-Homburg和Michael Wagner对EUETS市场的研究表明，期货是市场引领碳价格的发现过程，这可能部分归因于碳期货市场较高的流动性，这与很多金融市场的规律是一致的。[⑥]

① Kijima M, Maeda A, Nishide K. Equilibrium pricing of contingent claims in tradable permit markets[J]. Journal of Futures Markets, 2010, 30(6): 559-589.

② Daskalakis G., Psychoyios, D. and Markellos, R.N. Modelling CO_2 emission allowance prices and derivatives: evidence from the European trading scheme[J]. Journal of Banking and Finance, 2009, 33(7):1230-1241.

③ Benz E, Trück S. Modeling the price dynamics of CO_2 emission allowances[J]. Energy Economics, 2009, 31(1):4-15.

④ Paolella M S, Taschini L. An econometric analysis of emission allowance prices[J]. Journal of Banking & Finance, 2008, 32(10):2022-2032.

⑤ Alberola E, Chevallier J, Cheze B. Price drivers and structural breaks in European carbon price 2005-2007[J]. 2008(36):297-787.

⑥ Wagner M, Uhrig-Homburg M. Futures price dynamics of CO_2 emission certificates-An empirical analysis[J]. Journal of Derivatives, 2009, 17(2):73-88.

计量方法对碳市场已有数据的研究已经得出了很多有价值的结论，但单凭计量方法可能无法挖掘出数据背后价格形成的复杂机制和机理，而且由于碳市场中可供分析的历史数据获得时间较短，在发展不成熟的阶段数据存在剧烈的波动性与结构断点，因此这里就不对运用计量方法的研究做详细的论述。

第二类则为模型法。模型法一方面是沿着一般均衡方法的框架展开的，主要是指基于市场参与者的动机、策略、效用函数、不确定性和风险偏好等参与者行为的内生要素描述市场，进而描述均衡状态下的市场特征。

例如，2009年Rene Carmon等[①]研究了$t \in [0, T]$区间的能源企业，在短期内，采用最为便宜可行的减排措施，即在燃料转换的情况下（ζ_t^i）[②]，如何决定x_t^i个受影响的排放设施的减排水平（I）。排放设施也可以选择进行排放许可证（x_t^i）的买卖。由此，作者将许可证价格（S_t）的演化特征与燃料（天然气和煤）的价格以及配额需求（Γ^i）联系在一起。

其研究证明排放权许可证的均衡价格是配额总需求（$\Gamma = \sum_{i=1}^{I} \Gamma^i$）和总污染减少量（$\Pi = \sum_{i=1}^{I} \sum_{t=0}^{T-1} \xi_t^i$）的方程。许可证的价格并不取决于每个时间点的许可证额数量，这个均衡价格取决于许可证的需求以及最优转换政策（optimal switching policy）（ξ_t^*）。

$$S_t = P \cdot \mathbb{E}_t [1_{(\Gamma - \Pi(\xi^*) \geq 0)}] \tag{5-4}$$

在数值分析部分，作者分析了许可证价格对于累积许可证相对需求（RD_t）[③]和实际燃料转换价格（$\bar{\zeta}_t$）的依赖度。尽管许可证价格都随着这两个值的变化会有所增加，但价格在累积"相对"需求发生微小变动的情

---

① Carmona R, Fehr M, Hinz J. Optimal stochastic control and carbon price formation [J]. SIAM Journal on Control and Optimization, 2009, 48(4): 2168-2190.

② 燃料转换涉及高碳（硫）燃料和低碳（硫）燃料的选择替换问题。在美国燃料转换最普遍的形式是将高硫煤替换为低硫煤。在欧洲，煤一般被天燃气所替代。因此，ζ_t^i是指燃料转换价格的过程。

③ T相对需求为配额总需求期望与实际配额需求的差值，若企业采取短期减排措施，等同于转换燃料的需求。

况下变化就非常显著。虽然燃料转换成本 ζ_t 对于许可证价格的影响相对较小，但作者认为燃料转换仍是一个基本的价格影响因素。该研究对违约概率以及最初配额价格受惩罚水平以及燃料转换需求的关系进行了数值模拟。结果表明，在特定的预期需求水平下，增加罚款额则违约概率和配额价格都会提高，罚款 P 是许可证价格的上限，即 $S_t \in [0, P]$。

2010 年 Rene Carmona 与 Max Fehr、Juri Hinz 等[①]在一般随机动态均衡模型中引入了新的数学分析方法，这一创新可以用于对包括碳税、命令控制政策以及总量管制与配额交易的多种设计方案进行分析和比较。模型中的随机需求和生产成本是外生给定的，而产品和排放配额价格的过程则是在均衡中内生的。几位学者还进一步根据得克萨斯电力市场数据进行了市场模拟，比较了包括设定减排标准、总量控制与配额交易体系中免费分配和拍卖方案以及设定碳税等政策在达成减排目标、提供激励机制、控制意外收益、社会成本和消费者成本最小化等方面的优劣，并且通过数值模拟，给出了通过适当比例的配额拍卖在其他假设条件不变的前提下显著降低意外收益，同时保持与标准的市场设计几乎同样的减排水平的政策建议。

可见，对市场均衡框架下的模型进行研究有利于捕捉一个相对静态的稳定情况下主要的市场特征，方便对市场特征进行刻画和比较，但需要设定市场参与主体详细的信息，因此相对比较复杂。

随着碳金融市场的发展，越来越多的对于不确定性的关注来自于金融视角对实际碳交易运行的观察和研究。在定价的模型研究方法中，现代金融学的风险中性定价方法也被引入碳金融市场的定价研究之中，这一类研究方法是目前国际上研究的前沿和难点。

风险中性假定是金融学的一个通用假定。信用风险中性定价的基本思路是首先确定风险中性违约概率；然后利用风险中性理论确定信用风险的价格。模型主要具有以下几个特点：其一，假设市场完全并符合无套利限

---

① Carmona R, Fehr M, Hinz J, et al. Market design for emission trading schemes [J]. Siam Review, 2010, 52(3): 403-452.

制条件；其二，通过违约概率的计算以求得信用风险资产的价格；其三，违约过程为随机过程。在简约模型中，违约被简化为一个与代理人最优决策无关的随机过程所决定的事件，提供一个简单的违约建模方法。

碳价格的风险中性定价法一般分为两种：简约法和混合法。简约法是基于无套利定价原则采用单纯鞅测度变换方法，通过边界定义良好的终端支付过程来刻画碳现货及衍生品价格的过程。碳排放价格由外生描述的过程衍化而来。[①]

例如，Seifert等在市场风险中性的假设下利用代理人机制推导出碳价格制定过程。Borovkov等[②]为更加贴合碳市场不确定性的情形，利用带跳的泊松过程描述碳累积方程，在此基础上分析和模拟了碳市场的价格。Hintermann以随机总量排放为基础，使用期权价格公式将排放权价格作为不履约惩罚额和限额的函数，以此模拟的EU ETS第一期碳价格与实际价格符合度很高，表明碳价格更多取决于避免未来超额排放的惩罚，这正是从风险中性的视角对限额交易定价的机制[③]。然而简约定价只是外生假定的碳累积量函数，该函数并没有给出市场上碳累积量与生产要素、碳价格之间相互影响的关系，没有给出碳累积量方程形成的微观基础。

混合法是综合一般均衡和风险中性的定价方法。利用均衡的结果详细描述碳累积量形成的过程以及碳累积量与其影响因素的数量关系，然后从风险中性的视角出发对碳排放权进行定价。该定价机制从微观层面详细阐释了碳排放权价格和碳减排成本的反馈效应，而这一特征对于限额交易机制实施的合理性至关重要。在离散框架下，有些文献刻画了碳排放权价格和碳减排成本的反馈效应。[④]有些研究则是在连续框架下，利用电力行业

① Carmona R, Hinz J. Risk-neutral models for emission allowance prices and option valuation[J]. Management Science, 2011, 57(8): 1453-1468.

② Borovkov K, Decrouez G, Hinz J. Jump-diffusion modeling in emission markets[J]. Stochastic Models, 2011, 27(1): 50-76.

③ Hintermann B. Market power and windfall profits in emission permit markets[R]. CEPE Center for Energy Policy and Economics, ETH Zurich, 2009.

④ Carmona, R. and Hinz, J. Risk neutral modeling of emission allowance prices and option valuation. Management Science, 2011, 57(8): 1453-1468.

的投标栈机制来描述碳排放权价格和碳减排成本的反馈效应。实际上在此机制下，排放权的价格是终端支付为企业未履约惩罚函数的倒向随机微分方程的解。[1]混合法定价不仅能利用均衡的方法推导碳累积量形成过程，进而分析碳价格形成的反馈机制，还易于刻画碳市场价格特征。而且它将微分方程及其计算理论引入碳金融的定价模型，借助数值计算和数值模拟技术来获得碳排放权的定价方法，更好地实现了与传统金融定价理论的衔接。本章下面两节将分别详述简约法与混合法的建模和数值模拟过程。

5.3　简约法

从实物期权的角度来看，排放配额的均衡价格必须反映减排的边际成本以及期权的价值，即延迟支付调整生产工艺和治污设备所需的大量成本（无论可逆或不可逆）。另外，其他不确定性的来源，比如管制不确定性、宏观经济波动的冲击也都对确定框架下均衡理论价格造成了扭曲，因此实际配额价格无法与理论价格完全匹配。[2]正是基于上述思路，Marc Chesney 和 Luca Taschini 研究建立了可以延续无限 T 期，在信息不对称条件下的配额市场价格内生的动态模型。主要研究过程如下：

5.3.1　单个企业履约模型

假定概率空间为（Ω，$\mathcal{F}$，$\mathbb{P}$），$\mathcal{F}=(\mathcal{F}_t)$ 信息族，Q_0 为初始污染水平，X_0 为公司在 0 时刻购买（$X_0 > 0$）或卖出（$X_0 < 0$）的许可证数量，N 为该公司配额初始禀赋。我们令 δ_0 为公司在初始时刻的全部净许可证数量，其中 $\delta_0 = N + X_0$，表示公司被赋予排放一定量温室气体（以下简称 CO_2）的权利。我们假定公司在 [0，T] 期间内，不断以外生性随机过程

---

① Howison S, Schwarz D. Risk-neutral pricing of financial instruments in emission markets: A structural approach[J]. SIAM Journal on Financial Mathematics, 2012, 3(1): 709-739.

② Chesney M, Taschini L. The endogenous price dynamics of emission allowances and an application to CO2 option pricing[J]. Applied Mathematical Finance, 2012, 19(5): 447-475.

排放 CO_2。该过程遵循几何布朗运动过程:

$$\frac{dQ_t}{Q_t} = \mu dt + \sigma dW_t, \quad \text{或者等价} \quad Q_t = Q_0 e^{(\mu - \frac{\sigma^2}{2})t + \sigma W_t} \tag{5-5}$$

其中 μ 和 σ 分别为污染过程的瞬间常数漂移项以及常数波动项。$Q_0 \cdot \int_0^T e^{\mu t} dt$ 可以解释为 0 和 T 之间期望累积污染水平,而漂移项和波动项是与排放过程相关的趋势和不确定性。μ 为企业污染累积水平,负 μ 意味着一个更低的污染累积率(可能是由于之前的技术进步造成的),而 σ 衡量了累积污染量的不确定性。

为了将污染水平控制在法定范围内,公司必须在 T 期末拥有足够的配额。如果企业未能按时履约,它将付出罚金 P。EU ETS 罚金成本可能会在每年的年末出现。如果允许交易期间内一年的借贷就意味着公司可以在当年使用未来履约期到期的配额,不需要在市场上购买许可证。因此,可假定公司在特定的交易期内无须支付配额短缺罚金。在交易期末,才须预期在发放的配额和核证的排放水平之间的差额,以确定配额到底是呈现短缺还是盈余,公司要么仍然持有毫无价值的多余配额,要么需要为短缺的配额支付罚金,或者完美地实现对冲。

然而,由于种种不确定性,最后的现金流归为一个二元结果。在 [0,T] 期间内没有任何交易机会的情景中,公司的最终成本为:

$$\max\left\{0, \left(\int_0^T Q_s ds - \delta_0\right)\right\} \cdot P \tag{5-6}$$

其中 $\int_0^T Q_s ds$ 为公司的最终累积污染水平。根据表达式(5-6),排放配额基本上都是期权合约,给出配额的初始禀赋和预期的净头寸,企业在期间开始最小化其成本。全部成本是在初始时刻的现金流量总和(或是减去许可证卖出的收入)以及项目结束时潜在的罚金。因此,由此产生的最小化问题为:

$$\min_{\{X_0\}}\left\{\left[S_0 \cdot X_0 + e^{-\eta T}\mathbb{E}_\mathbb{P}\left(\int_0^T Q_s ds - \delta_0\right)^+ \cdot P|\mathscr{F}_0\right]\right\} \tag{5-7}$$

其中期望是根据历史概率测度 $\mathbb{P}$ 做出的,η 为折现率——加权平均资本成本，S_0 为 $t=0$ 时刻的许可证价格（已知）。[①]最后 X_0 满足如下等式：

$$S_0 = e^{-\eta T} \cdot P \cdot \int_{\delta_0 - \sigma^2/4Q_0}^{\infty} \mathbb{P}\left[A_{\sigma^2 T/4}^z \in dx \right] \tag{5-8}$$

可以发现配额现货价格是罚金水平和配额短缺概率的函数。这样概率的函数形式是已知的，但很难对其进行数量上的衡量。因此为了便于说明，把 T 设为一个任意小的时间间隔（$T = \Delta t$）并且计算 $\int_0^T Q_s ds$ 的离散近似，可获得一个分析形式的许可证现货价格：

$$S_0 = e^{-\eta t} \left[P \cdot \Phi(d_-) \right]$$

$$\text{其中} \, d_- = \frac{\ln\left(Q_0 \cdot \Delta t/\delta_0 \right) + \left(\mu - \dfrac{\sigma^2}{2} \right) \Delta t}{\sigma\sqrt{\Delta t}} \tag{5-9}$$

$\Phi(x)$ 为标准累积分布概率函数 $\Phi(x) = \dfrac{1}{\sqrt{2\pi}} \int_{-\infty}^{x} e^{-\frac{u^2}{2}} du$。在式（5-9）中，排放权许可证的价格反映了购买额外许可证的概率，即不满足规定的概率，这与事件 $\{\int_0^T Q_s ds > \delta_0\}$ 相对应。

可以通过参数赋值，对模型进行一个图形化的解释。若设定配额价格 S_0 是外生给定的，目的是根据式（5-3）的最小化问题的求解观察不同价格水平对公司配额交易策略 X_0 的影响。在确定的情况下，公司卖出 50 个许可证即可合规，即 $X_0 = -50$，公司并没有通过卖出额外 1 单位左右的许可证而状况变得更好，达到最优解，如图 5-1 所示。

在确定情况下，交易策略是独立于配额价格水平的。而在不确定的情况下，公司就需要在配额价格和机会成本之间进行权衡，决定交易多少配额，从而使得企业以最小的成本履约。因此，S_0 与 X_0 呈现反 S 形关系。图形反 "S" 表示这样一种交易行为。当 σ 更高，S 形图更加明显，即在不确定性更高的情况下，价格高时，公司卖出更多（买入更少）的许可证并且要承担不合规的潜在成本；当价格低时，公司卖出更少（买入更多）的许可证。而同时图 5-1 中的曲线只是简单地根据参数 μ 进行平移。

---

① 处理方法参见 eman and Yor（1993）。

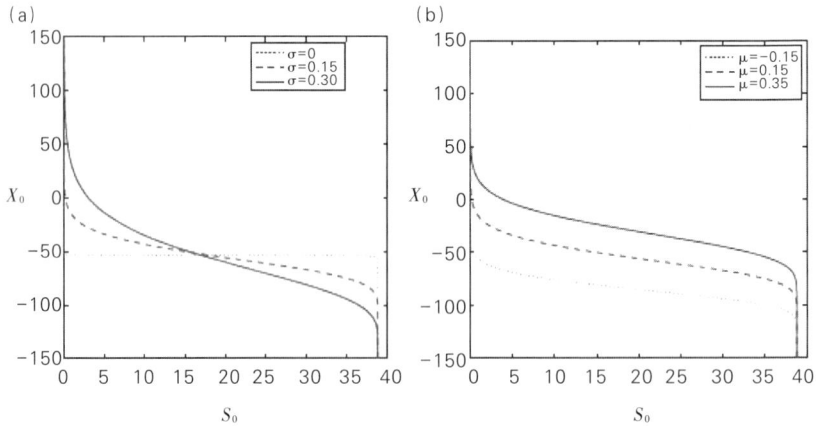

图 5-1　许可证初始数量 X_0 随着许可证价格 S_0 变动的趋势

注：保持其他参数不变，图（a）和（b）分别显示不同的波动率{$\sigma : \sigma \in \mathbb{R}^+$}和不同的排放积累水平{$\mu : \mu \in \mathbb{R}$}两者之间的关系。参数取值分别为 $N = 170, P = 40, \sigma = 0.15, \mu = 0$，初始排放权水平为 $Q_0 = 100$。

5.3.2　两企业和多阶段交易的模型

一个总量限制与配额交易市场应该由不同的公司同时在市场上运营，由此产生的公司间互动最优化战略必须考虑在内。此外，一些技术和操作因素会影响到排放水平，比如，对公司产品和服务需求的不确定性，排放水平不完全信息等，都会导致最终企业或设施在交易期末出现配额短缺或盈余的情况，因此，受影响的企业通过买卖配额来动态调整其拥有的配额与未来期望净减排的差值，以确保履约。这部分主要考察多个公司参与多阶段交易的情况。①

令（Ω，$\mathcal{F}$，$\{\mathcal{F}_t\}$，$\mathbb{P}$）为概率空间，$\mathcal{F} = (\mathcal{F}_t)_{t \geq 0}$ 为信息族，其中 $\mathcal{F}_t = \{\bigcap_{i \in I} \mathscr{I} \mathcal{F}_t^i\}$，$\mathcal{F}_t^i = \{\mathcal{G}_t^j \bigcup_{j \in \mathscr{I}, \, j \neq 1} \mathcal{G}_{t-1}^j\}$，$\mathcal{G}_t^i = \sigma\ (Q_s^i, \ s \in [0, t])$ 并且 $\mathscr{I} = 1, \dots, I$。每个公司不断地根据以下外生过程排放温室气体：

$$\frac{dQ_{i,t}}{Q_{i,t}} = \mu_i dt + \sigma_i dW_{i,t}$$

────────────

① 为了简化模型，此处不考虑由联合履约机制和清洁发展机制项目所产生的排放权许可证交易的可能性。

对于 $\{i,j\in\mathscr{I},i\neq j\}$，假定 $dW_{i,t}\cdot dW_{j,t}=0$。$X_{i,t}$ 和 N_i 分别表示第 i 个公司买或卖的许可证的数量以及初始许可证禀赋。如 EUETS，在限额与贸易的交易中，温室气体减排目标是在每期初决定的；因此，污染许可证的供给实际上是固定的，而且 $I=\{1,2\}$ 等价于 $N=N_1+N_2$。第 i 个公司在 t 时刻拥有的许可证数量净额为：

$$\delta_{i,t}=N_i+\sum_{s=0}^{t}X_{i,s}\forall t=1,2,\dots,T-1,\quad i=\{1,2\}$$

其中 $\sum_{s=0}^{t}X_{i,s}$ 是购买的排放权许可证边际数量总额减去公司 i 卖出的部分，不包括初始排放权禀赋。

由于许可证总额数量是固定的，市场出清条件为

$$\delta_{1,t}+\delta_{2,t}=N\ \text{或者以另一种形式}\ X_{1,t}=-X_{2,t}\ \forall t=1,2,\dots,T-1 \tag{5-10}$$

式（5-10）表明均衡情况下许可证头寸为零净供给。因此，它满足了竞争均衡条件，要求市场中污染许可证的供求平衡。我们将 t 时刻第 i 个污染净累积量标记为 $\int_0^t Q_{i,s}ds-\delta_{i,t-1}$。

针对企业排放信息不对称的情况，不对称意味着一个企业关于另一个企业排放信息可得性的滞后效应。这在现实中自然也是成立的，因为企业通常无法准确知道其他企业（非必要竞争者）污染多少，即在每个阶段 $t\in[0,T-1]$，企业 i 知道自己的净累积污染水平 $\int_0^t Q_{i,s}ds-\delta_{i,t-1}$ 和另一个企业前一阶段的污染水平 $\int_0^{t-1}Q_{j,s}ds-\delta_{j,t-1}$。这里考虑滞后一单位时间的情况。[①]

在 T 时刻，如果任何一个企业都不需要配额，则所有剩余的许可证都没有价值，而如果至少有一个企业配额短缺，配额的价值等于罚金水平 P。这在假设每个配额短缺的企业对于购买配额和支付罚金无偏好时成立，同时也意味着是市场力量来分配过量的配额给企业。因此，T 时刻的配额价值为：

———————————

① 为了不失普遍性，随后将模型拓展到滞后 n 单位时间的情况，其中 n>1。

$$S_T = \begin{cases} 0 & \text{如果对任意} i \in \mathscr{I} \quad \int_0^T Q_{i,s}\mathrm{d}s \leq \delta_{i,T-1} \\ P & \text{如果存在} i \in \mathscr{I} \quad \int_0^T Q_{i,s}ds > \delta_{i,T-1} \end{cases}$$

(5-11)

与 T 时刻排放额市场的构建一致，如果企业 i 许可证剩余，它可以卖给 j 公司其要购买的：

$$\min\left\{\left(\delta_{i,T-1} - \int_0^T Q_{i,s}ds\right)^+, \left(\int_0^T Q_{j,s}ds - \delta_{j,T-1}\right)^+\right\} =: \Gamma$$

(5-12)

另一方面，如果企业 i 许可证短缺，它可以从企业 j 处购买后者想要卖的：

$$\min\left\{\left(\int_0^T Q_{i,s}ds - \delta_{i,T-1}\right)^+, \left(\delta_{j,T-1} - \int_0^T Q_{j,s}ds\right)^+\right\} =: \Pi$$

(5-13)

然而，如果 $\left(\int_0^T Q_{1,s}ds - \delta_{1,T-\Delta t}\right)^+ - \Pi > 0$，根据法律企业 i 需为许可证未覆盖的排放污染支付每单位 P 的罚款。因此，结合式（5-12）和式（5-13），我们可以将 T 时刻许可证数量的边界条件简化为：

$$X_{i,T} = \left(\int_0^T Q_{i,s}ds - \delta_{i,T-1}\right)^+ - \Gamma, \quad \forall i \in I$$

与单个企业模型不同，上述表达式刻画了未售出许可证所隐含的潜在损失。

为了解决这一问题，我们考虑 Δt 为单位时间并将模型离散化处理。考虑到初始许可证禀赋和累积污染量的期望，每个企业在每个时间 $t \in [0, T-\Delta t]$ 最小化其总成本。$i=1$ 公司在 $T-\Delta t$ 时刻的最小化问题为

$$\min_{\{X_{1,T-\Delta t}\}} \{S_{T-\Delta t} \cdot X_{1,T-\Delta t} + e^{-\eta\Delta t}\mathbb{E}_p[S_T \cdot X_{1,T}|\mathscr{F}_{T-\Delta t}^1]\}$$

推导 FOC：

$$\bar{S}_{T-\Delta t} = e^{-\eta\Delta t} \cdot P \cdot \mathbb{E}_p[1\int_0^T Q_{1,s}ds > \delta_{1,T-\Delta t}|\mathscr{F}_{T-\Delta t}^1]$$

$$+ e^{-\eta\Delta t} \cdot P \cdot \mathbb{E}_p[1_{\delta_{1,T-\Delta t}} > \int_0^T Q_{1,s}ds \cdot 1 > \int_0^T Q_{2,s}ds > \delta_{2,T-\Delta t}|\mathscr{F}_{T-\Delta t}^1]$$

(5-14)

综上，排放许可证在 $T-\Delta t$ 时刻的价格可表述成罚款的加权折现值，权重为未履约的概率。表述公司 1 排放权许可证的价格，贴现罚金水平加权了短缺概率：

$$\bar{S}_{T-\Delta t} = e^{-\eta \Delta t} \cdot P \cdot \left[1 - \mathcal{P}_{T-\Delta t}^1 \right] \tag{5-15}$$

相似地，解决公司 2 的最优化问题，它服从：

$$\bar{S}_{T-\Delta t} = e^{-\eta \Delta t} \cdot P \cdot \left[1 - \mathcal{P}_{T-\Delta t}^2 \right] \tag{5-16}$$

$\mathcal{P}_{T-\Delta t}^2$ 代表了从公司 2 来看两家公司未来没有短缺的概率。为了简便，我们对于两家公司使用相同的折现因子 η[①]。

继续重复在每个时间段 $k \in [1, 2, ..., T/\Delta t]$ 的最优化步骤，我们得到了一对（$i \neq j$）排放权价格等式：

$$\bar{S}_{T-k\Delta t} = \begin{cases} e^{-\eta k \Delta t} \cdot P & if \int_0^{T-k\Delta t} Q_{i,s} \mathrm{d}s \geq \delta_{i, T-k\Delta t} \ or \int_0^{T-k\Delta t} Q_{j,s} \mathrm{d}s \geq \delta_{j, T-k\Delta t} \\ e^{-\eta k \Delta t} \cdot P \cdot \{ 1 - E_p [\Phi(-d_{i, T-k\Delta t}) \cdot \Phi(-d_{j, T-k\Delta t}^{\mathrm{lag}}) | \mathscr{F}_{T-k\Delta t}^i] \} else \end{cases} \tag{5-17}$$

在每一时间段，当总排放额没有超过净许可证数额时，我们通过数量上估计满足如下等式关系的许可证数量来确定企业的交易决策：

$$E_p [\Phi(-d_{i, T-k\Delta t}) \cdot \Phi(-d_{i, T-k\Delta t}^{\mathrm{lag}}) | \mathscr{F}_{T-k\Delta t}^i] = E_p [\Phi(-d_{j, T-\Delta t}) \cdot \Phi(-d_{i, T-k\Delta t}^{\mathrm{lag}}) | \mathscr{F}_{T-k\Delta t}^i] \tag{5-18}$$

给定一组两组污染过程特征的参数 $\{\mu, \sigma, Q_0, N_0\}$。给定企业的交易决策，市场出清条件式（5-10）决定了均衡许可证价格。在那里我们说明了总排放量没有超过许可证净额：

$$\bar{S}_T = e^{-\eta \Delta t} \mathbb{E}_p [\bar{S}_{T+\Delta t} | \mathscr{F}_t^i] = e^{-\eta(T-t)} \mathbb{E}_p [\bar{S}_T | \mathscr{F}_t^i], i \in \{1, 2\} \tag{5-19}$$

排放权许可证贴现的均衡价格 $\{ \bar{S}_t \}_{t=0}^T$ 在信息族 F 下是一个鞅过程。

$$\begin{aligned} &\mathbb{E}_p [\bar{S}_T | \mathscr{F}_t^1 \bigcap \mathscr{F}_t^2] \\ &= \mathbb{E}_p [\mathbb{E}[\bar{S}_T | \mathscr{F}_t^1] | \mathscr{F}_t^1 \bigcap \mathscr{F}_t^2] \\ &= \mathbb{E}_p [e^{\eta(T-t)} \bar{S}_T | \mathscr{F}_t^1 \bigcap \mathscr{F}_t^2] = e^{-\eta(T-t)} \bar{S}_t \end{aligned}$$

5.3.3　数值模拟

根据式（5-18）和市场出清条件式（5-10），模拟配额价格的几条路径。在每个模拟中，选择 $N_i \approx Q_{i,0} \cdot \int_0^T e^{\mu_i t} dt$，且根据 EU ETS 的交易设置，时间区间固定为 1 年（即 250 个交易日，Δt），加权平均资本成本设定为 10%，罚金 P 等于 40。

从 $t = 0$ 开始，使用式（5-5），模拟一组独立的污染过程：每个公司 i

---

① 一般化会对两个企业使用两个不同的折现因子。

一个，$[i \in I]$。每个企业选择买或卖的最优配额数量。通过解决式（5-18）和市场出清条件式（5-10），我们使用式（5-17）从数值方面决定许可证数量和均衡许可证价格 S_0^j。重复这个步骤 n 次来计算期望均衡许可证价格 $\bar{S}_0 := \sum_{j=1}^{n} S_0^j / n$。在 $t = \Delta t$ 时刻，相应的净许可证头寸（$\delta_{i,0}; i = 1, 2$）是使用 $\bar{S}_0$ 和随机地从 n 对污染模拟量中选择的固定的一对累积污染量计算。重复上述步骤 n 次，计算出期望均衡许可证价格 $\bar{S}_{\Delta t}$。反复重复以上步骤直到 $T - \Delta t$，就可以获得模拟的均衡配额价格轨迹，如图 5-2 所示。

图 5-2 中两公司污染过程 μ 分别设定为 15% 和 10%，两者 σ 都设定了 10% 的温和的波动水平。第二家企业初始许可证禀赋约等于它的期望污染水平 $Q_{2,0} \cdot \int_0^T e^{\mu_2 t} dt$，第一个公司被分配的初始许可证数量比 $Q_{1,0} \cdot \int_0^T e^{\mu_1 t} dt$ 略小一点儿。正如从图 5-2 底部的图表中所观察到的，随着时间的推移，配额相对稀缺性逐渐变得清晰，不确定性也得以解决。第一个公司设为负值，$\mu_1 = -0.15$；第二个公司漂移项可忽略不计，$\mu_2 = 0.001$。其他项保持不变，我们观察到相反的效果。图 5-3 的底部图表显示了所选择的许可证初始数量的组合，$N_0 = (52; 25)$，负的 μ 导致了配额低价格。

图 5-4 是根据公司污染过程的不同参数对均衡价格进行的敏感性分析。

先设定企业 1 的主要参数 $\mu = (0.25; 0.20)$，$\sigma = (0.15; 0.40)$，$Q_0 = (50; 25)$，$N_0 = (60; 40)$，无论是在第一幅还是第二幅图中，均只有公司 1 的 μ 和 σ 变化，其他参数保持不变。恰如模型所预期的，μ_1 越大，期末配额短缺的概率就越大，这很合理地解释了许可证价格的上升趋势。随着时间的推移和不确定性的解决，初始许可证禀赋足够大从而导致价格下降（如图 5-4（a）所示）。

在图 5-4（b）中，σ_1 越大，$\int_t^T Q_{1,s} ds - \delta_{1, T - \Delta t}$ 的不确定性越大，比如履约日前可能会有剩余的配额，因此很有可能两个企业未来都不缺少配额，即 $P_t^i, t \in [0, T - \Delta t]$。

而且可以观察到，波动的增加并不一定会导致许可证价格的提高。当没有明显的配额短缺时，更高的波动不确定性反映在更高的许可证价格中。

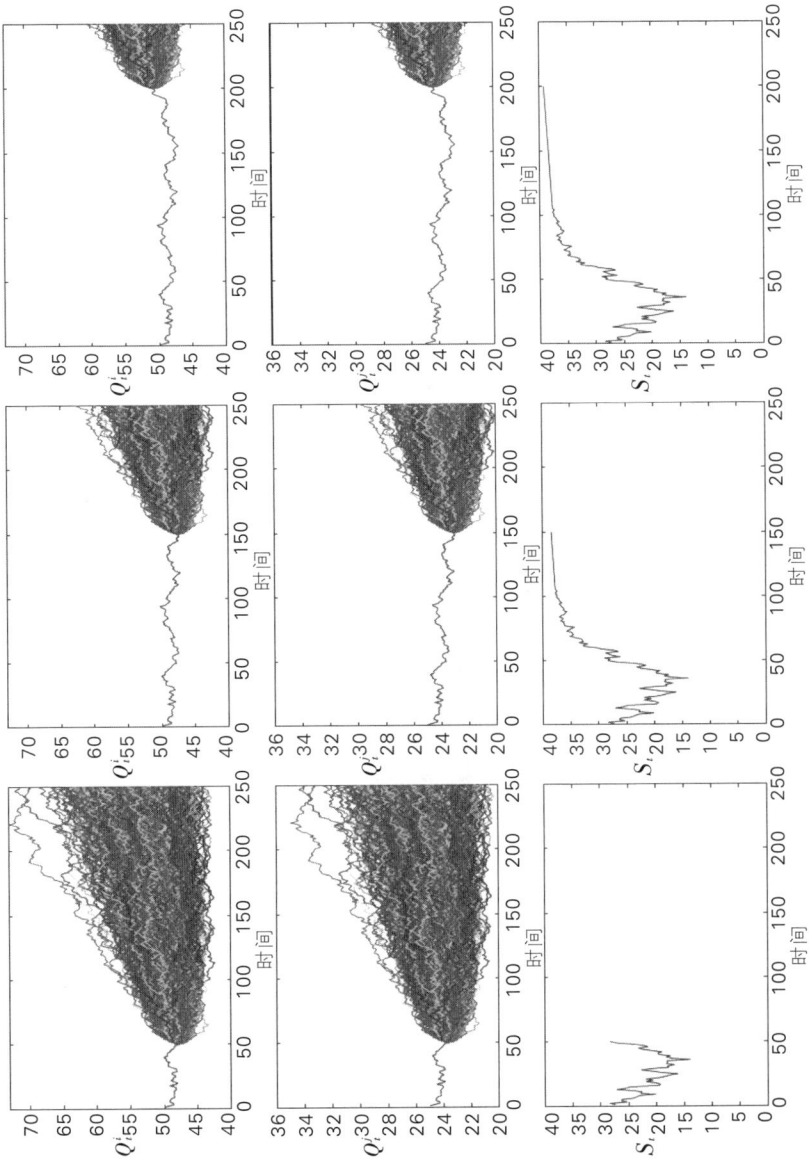

图5-2　在 μ=（0.15；0.10）， σ=（0.10；0.10）， Q_0=（50；25）， N_0=（52；25），

T=1年的参数设置下的配额价格演化（最底层的三个图），模拟排放过程第一层的

（ Q_1，t）和第二层的（ Q_2，t）

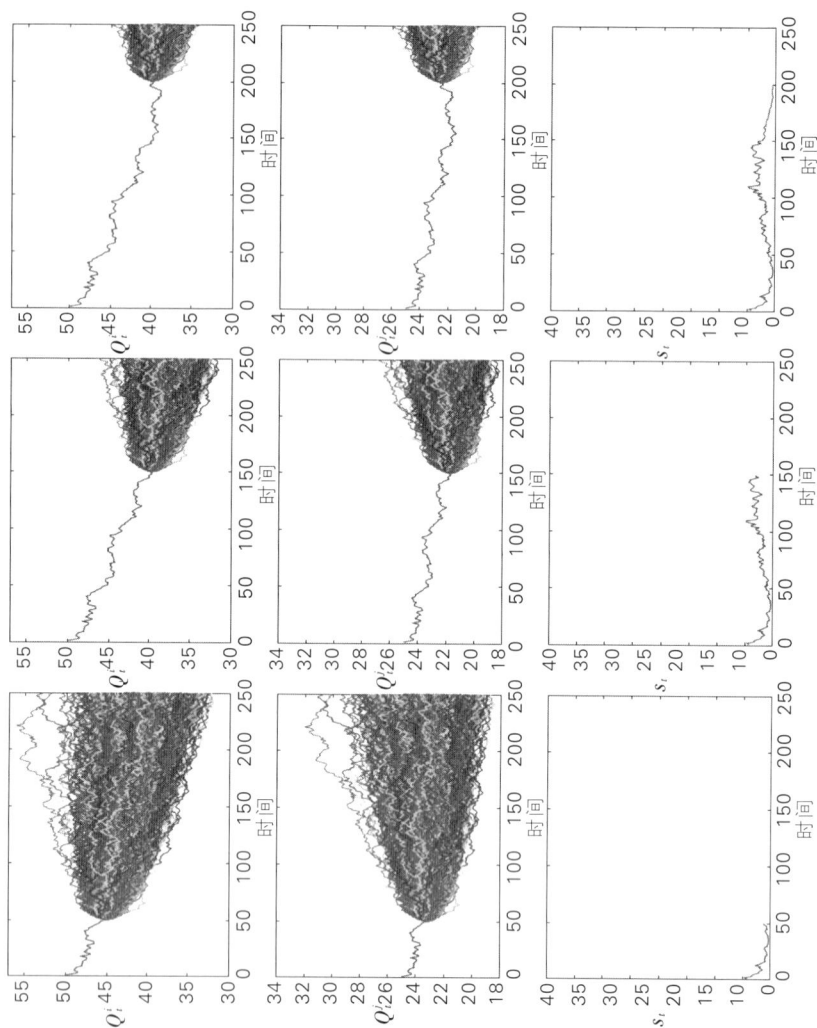

图5-3　在$\mu=(-0.15；0.001)$，$\sigma=(0.10；0.10)$，$Q_0=(50；25)$，$N_0=(52；25)$
参数设置下的配额价格演化（最底层的三个图），模拟的排放过程第一层的
(Q_1,t)和第二层的(Q_2,t)

而存在短缺时，许可证价格就等于贴现罚金水平。在特定模拟过程中，如果能收集到更多的累积污染量信息，目前的配额数量对于企业判断市场情况就非常有价值，就能显著降低不确定性，从而导致了价格的下降（如图

5-4（b）所示）。

图5-4（c）是在不同的初始配额禀赋下的价格模拟结果。市场惩罚额是配额价格的上限，如果市场存在明显的配额短缺，则市场价格为贴现的罚金。而如果两家公司都被分配了过量的许可，则配额价格基本上在0线上方徘徊。中间的虚线价格路径非常近似于2005—2007年之间的欧洲市场碳现货。经过一段时间缓慢持续的上升，当市场发现配额过剩的时候，价格几乎在一天内暴跌了70%，之后又回到0。这种价格反转就归因于市场参与者的净许可证头寸的不对称信息消失。到2007年底，第一阶段EU ETS现货价格几乎为零；然而，模型中的市场只有在过剩情形出现的概率为1时，价格才有可能等于0。这个特点以及之前描述的价格对于μ的反应，对于其他标准的金融期权合约也是很普遍的。

5.3.4 小结

在模拟现货价格演化趋势的基础上，这一研究进一步针对碳期货给出了对应欧式期权假设的一种封闭形式的定价公式，并且用这一公式测试了2007年12月到期的看涨和看跌期权的定价有效性[①]。

这一研究采用了典型的风险中性简约法模型，假设每个企业的污染排放遵循外生给定的随机过程，被管制的公司数量是有限的，这些公司每个交易期的初始配额均事先给定，而且属于市场的公开信息。不对称信息条件具体是指，在每一个交易期，企业都了解其自身累积排放水平，但仅能获得其他公司在前几期的累积排放水平。在T期末，如果公司拥有的配额数少于其累积排放量，就需要为欠缺的配额提交相应的罚款，欠缺的单位配额的罚款数额是一定的。企业需要在$T-\Delta t$的每一阶段确定在市场上买/卖配额的最优数量。企业每一阶段的交易决策以及市场出清条件决定了均衡价格和市场上即时交易的配额数量。模型研究证

---

① 详细研究结果需要这一研究的作者提供：Luca Taschini. The Grantham Research Institute on Climate Changeand Environment, London School of Economics and Political Sciences, London, UK. Email: l.taschini1@lse.ac.uk。

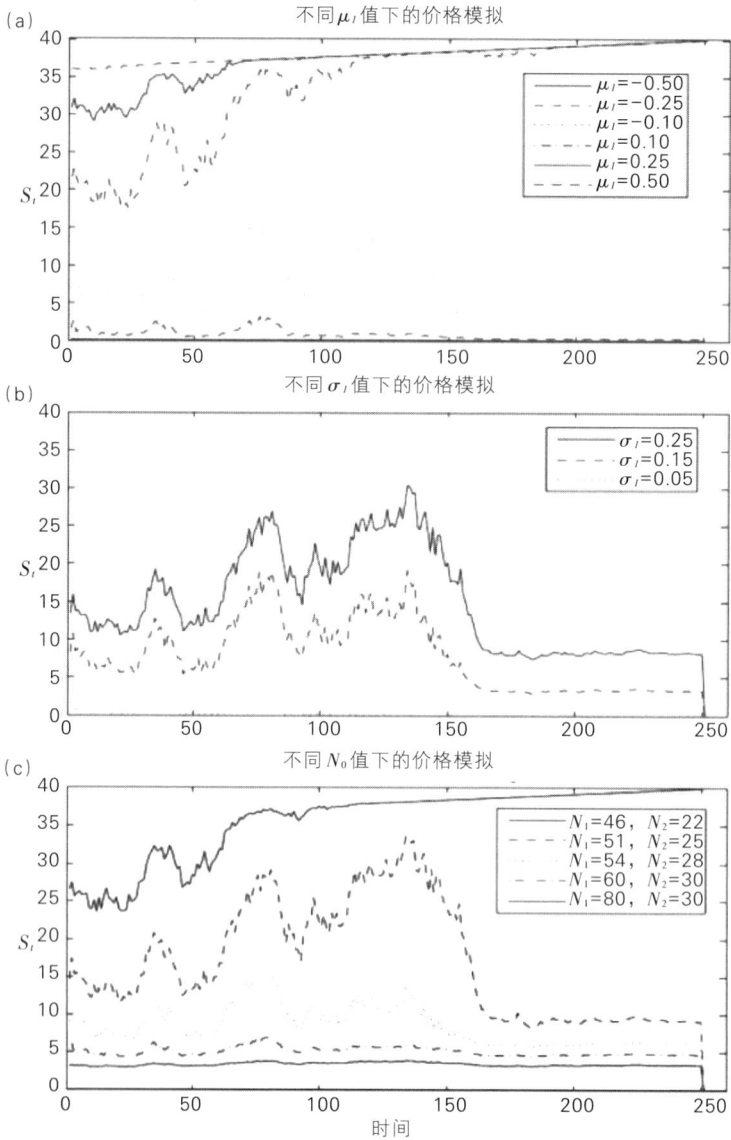

图 5-4 不同 μ（a），不同 σ（b）和不同的初始配额量下的许可证价格

明了配额价格取决于未来配额稀缺程度的概率，也就是说每个 t 时间的配额价格反映了公司基于当时可获得的信息对于市场上配额稀缺或过量的预估。

5.4 混合法

Howison 和 Schwarz 2012 年的研究为碳排放市场金融工具的定价提出了一种新的方法，该方法的结构模型介于复杂的一般均衡模型与单纯的简约模型之间。通过对产品外生给定需求，给出了碳排放累积量的来源解释，并且考虑了碳成本对产品市场碳排放水平的反馈效应。如前所述，该研究既考虑了全均衡方法的一些要素，也保留了风险中心方法简洁的特点。下面将分步骤展示这一研究的核心内容。

5.4.1 从电力市场到碳排放

为了模拟电力和排放市场之间的相互作用，首先要阐明"优先顺序价格"[①]的概念，即在可用资源中，首选边际生产成本最低的资源用于电力生产。其次，需要引入并延伸"电力竞价栈"（electricity bid stack）概念。原本"电力竞价栈"是指一系列供电投标价格按照高低顺序排列构成的连续谱。一个"投标"（bid）是指一个电力生产商在一个特定价格下能够提供的电力量。假设电力公司需要将未来一天每个小时符合其帕累托最优的标底交给中央市场管理员。例如，一个企业上交的标底为（600MW，100€），（200MW，120€），（200MW，200€），就表示这个生产商能够在一个特定的时间，先以100欧元提供600MW的电力，然后以120欧元提供200MW的电力，再以200欧元提供200MW的电力。市场管理者将多个企业上交的标底按照不同的价格水平对发电量进行加总，并且按照价格升序排列，先使用最便宜的电力，从而保证满足需求的每一单位电力都以边际价格进行供应。

在 EU ETS 的限制下，为刻画履约成本，可以将"电力竞价栈"拓展为排放栈（emission stack），以定义由最后一单位生产活动产生的边际排放按照顺序排列所形成的连续谱。

---

① merit order price.

在以上变量和参数构建的基础上，还需通过市场均衡将供给和需求联系起来，从而得到在任意试点上为满足需求所使用的技术，以及在该技术水平下整个生产过程CO_2的排放率。

（1）市场设置

一个在有限的时间区间 $[0，T]$ [①]，$(\Omega，\mathcal{F}，(\overline{\mathcal{F}}_t)_{t \in [0,T]}，\mathbb{P})$ 为满足所有常用的假设的概率空间。其中 $(\overline{\mathcal{F}}_t)_{t \in [0,T]}$ 是由标准布朗运动 $(W_t)_{t \in [0,T]}$ 产生，这是市场随机性的唯一来源 [②]。

电力企业可以采用产生不同生产成本和排放强度的技术生产电力。由于配额的持有成本几乎可以忽略不计，因此完全等同于具有流动性的金融资产，会出现多头和空头的交易情况，如果一个公司预估其配额初始分配量无法抵消其减排量，就需要在市场上通过交易配额来进行差额的调配，这就促成了一个流通的市场，市场上也就自然形成了配额的价格。

市场上消费者的行为导致了一个外生给定的 $\mathcal{F}_t$ 需求适应过程 (D_t)。企业根据市场需求生产电力。在任一时间 t，$0 \leqslant t \leqslant T$，所有企业总体供应的电力为 (ξ_t)。

假设市场上使用目前可用的信息来决定其生产水平，而这个水平总是非负的，并且小于恒定最大生产能力 $\xi_{max} \geqslant 0$。因此，ξ_t 是一个 $\mathcal{F}_t$ 适应的过程，并且：

$0 \leqslant \xi_t \leqslant \xi_{max}$，对于 $0 \leqslant t \leqslant T$

此外，我们假定市场上总有足够的资源来满足需求，所以

$0 \leqslant D_t \leqslant \xi_{max}$，对于 $0 \leqslant t \leqslant T$

　　电力市场的需求通常被假定为完全无弹性的[1][2]，需求和供给之间的关系由瓦尔拉斯均衡建立关系[3]，市场管理员则确保总需求和总供给在每天都保持平衡[4]，即：

$$D_t = \xi_t, \quad 对于 0 \leq t \leq T \tag{5-20}$$

　　在 $[0, t]$ 内二氧化碳总排放量由过程 (E_t) 描述。此外，排放密集型资源是有限的 (E_t)，因此假定其是有界的，即：

$$0 \leq E_t \leq E_{max}, \quad 对于 0 \leq t \leq T$$

　　配额总量水平决定了一定时期的最多可允许排放的累积排放量，并发放配额证书，$0 \leq E_{cap} \leq E_{max}$，在一个履约期内，如果配额不能用于履约，则在交易期末其价值为零，而短缺的配额将被处以 $\pi \geq 0$ 的罚款，$(E_T - E_{cap})^+$ 定义了需要接受处罚部分的排放量。

　　配额证书在市场上构成可交易的资产，其价值由过程 (A_t) 表示。同时假定存在一个无风险货币市场，市场存在一个不变的无风险利率 $r \geq 0$。

　　（2）竞标与累积排放

　　这部分主要关注的是累积排放。需要建立 BAU 情景的电力市场，然后在这个电力市场的基础之上引入碳交易。电力市场要遵循"优先顺序价格"假定，即市场管理者确保按照优先价格次序选择电力生产的资源投入，廉价的生产资料首先用于投入生产以满足需求，以保证以尽可能低的价格提供电力。

　　竞标价格的水平主要取决于可变成本，因此，投入成本成为决定优先次序安排的重要因素。投标栈严格来说是一个简单递增函数，而现实中，

---

①　Carmona R，Fehr M，Hinz J，et al. Market design for emission trading schemes[J]. Siam Review，2010，52(3)：403-452.

②　Coulon M，Howison S. Stochastic behaviour of the electricity bid stack：from fundamental drivers to power prices[J]. The Journal of Energy Markets，2009，2(1)：345-356.

③　Léon Walras. Elements of Pure Economics：Or the Theory of Social Wealth[M]. Psychology Press，2003.

④　在通常情况下，需求和供应的数据是用兆瓦为单位。例如，1 小时的需求 60MW 即 60MWh。

这个过程则包含了很多复杂的步骤，从而使其逼近一个平滑函数，因此，BAU市场的竞价堆栈可以通过一个有界函数给出定义：

$$b^{BAU}(\xi):[0,\xi_{max}]\mapsto\mathbb{R}_+$$

其中 $b^{BAU}(\cdot)\in C^1([0,\xi_{max}])$ 并且 $db^{BAU}/d\xi>0$

变量 ξ 代表电力供给。相对应的，$b^{BAU}(\xi)$ 表示边际生产单位（欧元/兆瓦时）的价格水平。

仿照电价竞标堆，可以进一步构建排放栈，边际排放价格堆栈同样以有界函数形式给出：

$$E(\xi):[0,\xi_{max}]\mapsto\mathbb{R}_{++}$$

有了上面的定义，$e(\xi)$ 与特定的电力供应 ξ 的边际单位排放率相关。

BAU市场的排放率 μ_e^{BAU} 就可以由下式给出：

$$\mu_e^{BAU}(D):=\kappa\int_0^D e(\xi)d\xi,\ \text{对于}\ 0\leq D\leq\xi_{max},\text{其中}\ \kappa>0$$

（3）短期减排措施下的排放栈

在BAU市场的基础上，进一步引入碳排放交易体系，并且专门考虑短期减排策略对电力竞价的影响。

假设为了维持其利润率，公司将增加的与排放相关的生产成本转嫁给消费者。每个企业都需要在竞标价格中增加一定的碳成本，增加的成本等于配额价格乘以该公司的边际排放率。因此，对于一个给定的排放配额价格 A，竞标栈变成了 g 的函数。

$$g(A,\xi):=b^{BAU}(\xi)+Ae(\xi),\ \text{对于}\ 0\leq A\leq\infty,0\leq\xi\leq\xi_{max} \tag{5-21}$$

对于 A=0，式（5-21）则还是BAU市场的竞标函数。对于有正价格的配额，会引起映射 $\xi\mapsto g(\cdot,\xi)$ 失去单调性。

根据价格优先排序，市场管理者会重新对竞标价格进行排序。在一个给定的配额和电力价格 P 下可以定义一系列生产单位：

$$S(A,P):=\{\xi\in[0,\xi_{max}]:g(A,\xi)\leq P\},\ \text{对于}\ 0\leq A<\infty,0\leq P<\infty \tag{5-22}$$

定义子集 $P\mapsto\lambda(S(\cdot,P))$，其中 λ 表示勒贝格测度，是严格递增的，在此假设下，它也是连续的，因此可逆。

假设 $\lambda \left(\left\{ \xi \in [o, \xi_{max}] : \dfrac{\partial b^{BAU}}{\partial \xi}(\xi) + A \dfrac{\partial e}{\partial \xi}(\xi) = 0 \right\} \right) = 0,$　对于 $0 \le A \le \infty$

通过式（5-22），对于市场上可观测到的配额价值，市场竞价栈 b 可定义为

$b(A, \xi) := \lambda \left(S(A, \cdot) \right)^{-1}(\xi),$　对于 $0 \le A \le \infty, 0 \le \xi \le \xi_{max}$

由此可得到电力的市场价格 P：

$P := b(A, D),$　对于 $0 \le A < \infty, 0 \le D \le \xi_{max}$

在 BAU 市场 D 满足发电能力的需求 $[0, D]$（视为排放堆栈 e 的一个子集），排放交易可能会使整个间隔区间向右转移，即产生根据边际成本的变化重新按照减排体系下最优顺序价格安排电力生产的效果。

那么，在排放交易体系下，给定的配额价格 A 及需求 D，市场排放率 μ_e 通过

$$\mu_e(A, D) = \kappa \int_{S_{P(A, D)}} e(\xi) d\xi,\quad 对于 0 \le A < \infty, 0 \le D \le \xi_{max} \tag{5-23}$$

其中 $S_p(A, D) := S(A, b(A, D))$ 给出。可见，BAU 市场排放是式（5-23）中，A=0 时 $S_p(0, D) = [0, D]$ 下的特殊情况。

如图 5-5 所示，在 BAU 市场情况下，投标栈 b^{BAU} 表明与间隔 $[0, D]$ 相关的资源用于满足电力生产的需求。某一时刻的碳排放通过 0 到 D 的排放栈获得。在碳交易体系的影响下，b 使得资源转移到间隔 $[\xi_1, \xi_2]$。某一时刻的碳排放则等于 ξ_1 到 ξ_2 的排放堆栈的积分。

5.4.2　排放许可的风险中性定价

下一步则可根据电力需求及其引致的累积排放来确定配额的无套利价格。首先设定排放市场的一个履约期间，假设存在一个等价鞅测度 $\mathbb{Q} \sim \mathbb{P}$，对于 $0 \le t \le T$，任何流通资产打折后的价格是一个鞅。$\mathbb{Q}$ 为风险中性测度。只要满足以上假设，则根据资产定价第一基本定理（the First Fundamental Theorem of Asset Pricing），市场是无套利的风险中性市场。

对于电力需求 (D_t) 和累积排放量 (E_t)，假设在 $t = 0$ 时对电力的需求是已知的。此后，它根据 $It\hat{o}$ 扩散演变，即 $0 \le t \le T$。在测度 $\mathbb{Q}$ 下，对电力的需求由以下随机过程给出：

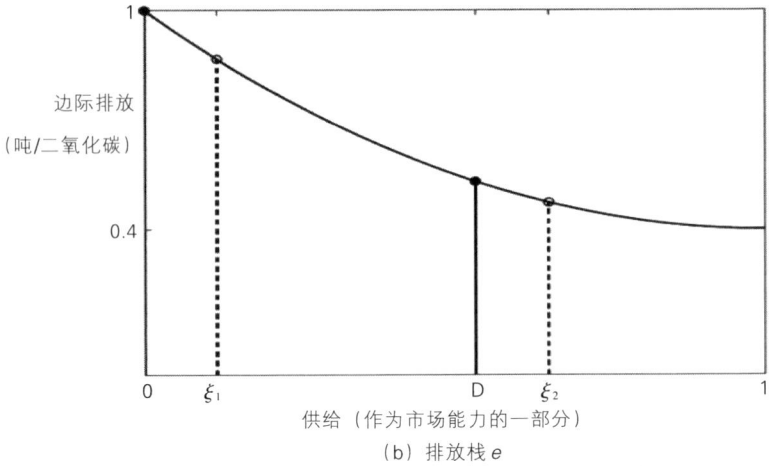

（b）排放栈 e

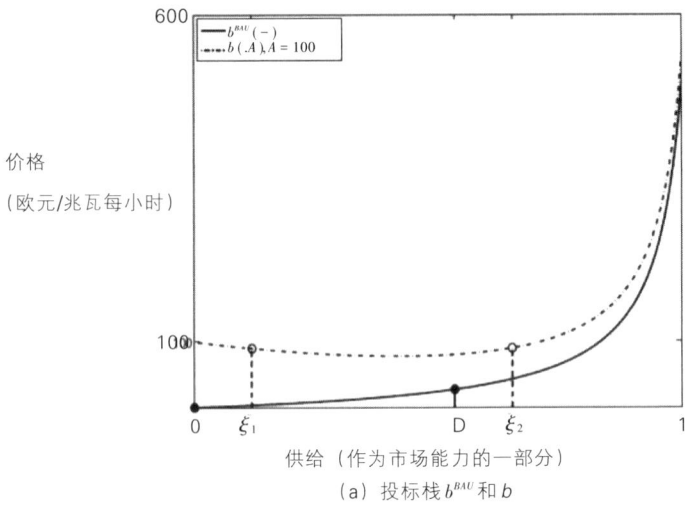

（a）投标栈 b^{BAU} 和 b

图 5-5　BAU 和总量与配额交易下的排放栈（e）

$$dD_t = \mu_d(D_t)dt + \sigma_d(D_t)d\tilde{W}_t, \quad D_0 = d \in (0, \xi_{max}) \tag{5-24}$$

这里（$\tilde{W}_t$）是 $\mathcal{F}_t$ 适应的，$\mathbb{Q}$ 则符合布朗运动。需求完全无弹性的假设反映在系数上都是需求的函数。[①]

―――――――――――

[①]　在现实中，电力需求呈现季节周期性，这个属性使得 μ_d 明显地随时间变动，但在这个研究中为了简化起见，忽略了这个特征。

累积排放量在履约期初 $t=0$ 时开始累积计算，因此 $E_0 = 0$。随后由 μ_e 加总获得。$0 \leqslant t \leqslant T$ 内的累积排放过程可以通过一个有界变差过程表达（a bounded variation process）：

$$dE_t = \mu_e(A_t, D_t)dt, \quad E_0 = 0 \tag{5-25}$$

因为是累积过程，以上定义的 (E_t) 过程是非递减的。

（1）一个履约期

为了建立定价过程的模型，还需要刻画配额价格过程 (A_t) 的特征。与 (D_t) 和 (E_t) 不同，因为 A_t 的值在时间 $t=0$ 时是未知的，但通过风险中性理论，可以确定其在履约期结束时的价值。市场中违约活动的特征是 $\{E_T \geqslant E_{cap}\}$。配额价格在时间 $t=T$ 是下面的约束条件给定的：

$$A_T = \begin{cases} 0 & \text{对于 } 0 \leqslant E_T < E_{cap} \\ \pi & \text{对于 } E_{cap} \leqslant E_T \leqslant E_{\max} \end{cases} \tag{5-26}$$

折现的配额价格是测度 $\mathbb{Q}$ 下的鞅。因此，配额价格为其边界条件的贴现条件期望，即：

$$A_t = e^{-r(T-t)}\pi\mathbb{E}^{\mathbb{Q}}\Big[\mathrm{II}_{(E_{cap}, \infty)}(E_T) | _t\Big], \quad \text{对于 } 0 \leqslant \mathcal{F} \leqslant T \tag{5-27}$$

这代表了配额价格过程在 $[0, \pi]$ 内取值。

当 $0 \leqslant t \leqslant T$ 时，配额价格过程 (A_t) 可以通过一个正倒向随机微分方程表示：

$$\begin{cases} dD_t = \mu_d(D_t)dt + \sigma_d(D_t)d\tilde{W}_t, & D_0 = d \in (0, \xi_{\max}) \\ dE_t = \mu_e(A_t, D_t)dt, & E_0 = 0 \\ dA_t = rA_t dt + e^{rt}Z_t d\tilde{W}_t, & A_T = \pi\mathrm{II}_{(E_{cap}, \infty)}(E_T) \end{cases} \tag{5-28}$$

（2）多个履约期

原则上，拓展到两个履约期的模型给出的结果可以很容易地扩展到任意数量的交易期。但为了便于展示，这里呈现典型的案例。以 $0 = T_0 \leqslant T_1 \leqslant T_2 = T$ 为例，考虑两个合规期间 $[0, T_1]$，$[T_1, T]$ 的具体情况。为简单起见，假设每个时期对应到 1 年。前述的 $\mathcal{F}_t$ – 适应的过程 $(D_t)_{t \in [0, T]}$ 表示总的电力需求。对于 $i \in \{1, 2\}$ 的 $\mathcal{F}_t$ – 适应过程 $(E_t)_{t \in [T_{i-1}, T_i]}$ 测量从一开

始的第 i 个履约期间到时间 t 的累积排放量，$\left(A_t^i\right)_{t\in[T_{i-1},T_i]}$ 代表配额价格。

此外，用 E^1 表示年底首次合规期间的累积排放量。每年，管制者设置大量的 $E_{cap}^i \geqslant 0$ 配额，罚金 $\pi^i \geqslant 0$。

从时间 t=0时就给定电力需求，且需求值在整个交易期 $[0, T]$ 不断地发展演化。另外，假定在履约期初测量累积排放量。

$$E_{T_{i-1}} := 0, \quad i\in\{1,2\} \tag{5-29}$$

每个过程 $\left(A_t^i\right)_{t\in[T_{i-1},T_i]}$ 对应年份不同的配额。如果暂不考虑连接履约期的柔性机制，在第一阶段签发的证书是只适用于 T_1。如果将链接多期的柔性机制考虑在内，即配额可以在不同的履约期之间转移使用。在这种情况下，这两种年份的证书就呈现更复杂的依赖关系。例如，第二期配额的价格就不仅取决于第二期的累积排放量，也取决于上一期的累积排放量。连接机制通过时间 T_1 终端表达，记为 $\phi_1(\cdot)$①。

在具有两个履约阶段的市场，碳许可证的价格 $(A_t)_{t\in[T_{i-1},T_i]}, i\in\{1,2\}$ 可由如下正倒向随机微分方程表示：

$$\begin{cases} dD_t = \mu_d(D_t)dt + \sigma_d(D_t)d\tilde{W}_t, & D_{T_{i-1}} = d \in (0,\xi_{max}) \\ dE_t = \mu_e(D_t,A_t^i)dt, & E_{T_{i-1}} = 0 \\ dA_t^i = rA_t^i dt + e^{rt}Z_t^i d\tilde{W}_t, & A_{T_i} = \phi_i \end{cases} \tag{5-30}$$

其中 $\phi_1 := \phi(E_{T_1}), \phi_2 := \phi(E_{T_2}; E^1)$ 分别表示两个履约阶段的终端条件。对于一些 $\mathcal{F}_t$ - 适应过程 $\left(Z_t^i\right)_{t\in[T_{i-1},T_i]}$，以及 $\phi_1 := \phi_1(E_{T_1})$ 和 $\phi_2 := \phi_2(E_{T_2}; E^1)$ 分别表示第一和第二履约期间的约束条件。

（3）多履约期，且允许配额存储和配额罚没

配额保留与配额罚没可以将两个履约期连接起来，这也意味着两种机制都影响第二履约期的配额供给。在多履约期的研究中需要引入 E_{cap}^2 表示第二履约期间的总配额供给。由于在第一履约期结束时没有使用的配额，

---

① for some (possibly singular) function ϕ_1.

成为在第二履约期间成为履约配额的完美的替代品，即一些 $\left(\hat{E}^1_{cap} - E^1\right)$

价格为 $A^1_{T_1}$，证书将在未来的履约期以价格 $A^2_{T_1}$ 交易，存储机制相当于提供了减少碳排放的一个额外的奖励。

　　而配额罚没则强化了对减排的激励，如果企业超额排放，在第一期差额排放的配额数不但要上交单价为 π^1 的罚款，而且在下一个交易期，还要被罚没等同于本期内拖欠的配额数，即企业在无法履约的情况下，一部分证书将以指定 $A^2_{T_1}$ 的价格从 $\hat{E}^2_{cap}$ 中撤回。

　　如果第二履约期的所有配额都被罚没，还不足以填补第一期的缺口，则需要接受第一期每单位配额的惩罚，并且，还要接受 $\bar{\pi}^1 \geqslant A^2_{T_1}$ 的惩罚。也就是说，第二期配额的总的供给有两个来源，首先是管理者发放了一定数量的配额 E^2_{cap}；其次，还有一定的上期存储或罚没配额，因此，第二履约期的总的配额供给量为：

$$\hat{E}^2_{cap} = \left(E^2_{cap} + E^1_{cap} - E^1\right)^+ \tag{5-31}$$

　　存储意味着在履约时刻，如果有 $E_{T_1} < E^1_{cap}$，第一阶段 T_1 的配额价格等于第二期在 T_1 时的价格。而如果在 T_1 时出现了违约，即 $E_{T_1} \geqslant E^1_{cap} + E^2_{cap}$，则企业需要上交超排的罚款，并且履行配额撤回，导致第一阶段配额价值等于第二阶段配额价值与惩罚金额的总和，即对于时刻的情况，第一阶段配额的价格就等于 π^1 与 $\bar{\pi}^1$ 的总和。因此配额价格的边界条件 ϕ_1 通过以下方式给出：

$$\phi_1\left(E_{T_1}\right) := \begin{cases} A^2_{T_1} & \text{对于 } 0 \leqslant E_{T_1} < E^1_{cap} \\ \pi^1 + A^2_{T_1} & \text{对于 } E^1_{cap} \leqslant E_{T_1} < E^1_{cap} + E^2_{cap} \\ \pi^1 + \bar{\pi}^1 & \text{对于 } E^1_{cap} + E^2_{cap} \leqslant E_{T_1} \leqslant E_{\max} \end{cases} \tag{5-32}$$

　　在 T_2 时，配额价格的边界条件 ϕ_2 与第一个阶段的边界条件相同，只是总的配额供给为 $\hat{E}^2_{cap}$[①]：

　　①　以同样的边界条件定义的两个履约期市场碳信用期货合同价格的研究见 Ren_e Carmona and Juri Hinz. Risk-neutral models for emission allowance prices and option valuation. Working paper, 2010.

$$\phi_2\left(E_{T_2}\right) := \begin{cases} 0 & \text{对于} \ 0 \leqslant E_{T_2} < \overset{.}{E}{}_{cap}^2 \\ \pi^2 & \text{对于} \ \overset{.}{E}{}_{cap}^2 \leqslant E_{T_2} \leqslant E_{\max} \end{cases} \tag{5-33}$$

（4）多个履约期，且存在借贷、存储与罚没机制

除了存储和罚没机制，借贷机制也能够把多个履约期联系起来。T_1 的存储机制使得在履约的情形下第一阶段的配额价格在履约期末从零增加到了 $A_{T_1}^2$，而在违约的情形下，从 π^1 变为 $(\pi^1 + A_{T_1}^2)$ 或 $(\pi^1 + \bar{\pi}^1)$。借贷机制减少了企业违约的概率。如果市场允许借贷，违约事件则是发生在 $E_{T_1} \geqslant E_{cap}^1 + E_{cap}^2$ 的情况下，违约事件发生后惩罚的金额为 $(\pi^1 + \bar{\pi}^1)$。

因此，在三种机制同时存在的时候，ϕ_2 仍然由式（5-32）给出，而包括了三种机制的边界条件 ϕ_1 则由下式给出：

$$\phi_1\left(E_{T_1}\right) := \begin{cases} A_{T_1}^2 & \text{对于} \ 0 \leqslant E_{T_1} < E_{cap}^1 + E_{cap}^2 \\ \pi^1 + \bar{\pi}^1 & \text{对于} \ E_{cap}^1 + E_{cap}^2 \leqslant E_{T_1} \leqslant E_{\max} \end{cases} \tag{5-34}$$

5.4.3 衍生工具的风险中性定价

现在就可以在模型中排放许可证价格的基础上推导欧式衍生工具的无套利定价。首先从一个履约期的市场入手，选择的例子是欧式看涨期权 $(C_t(\tau))_{t \in [0,\tau]}$，其中到期日 $\mathcal{T}$，$0 \leqslant \tau \leqslant T$，成交价 $K \geqslant 0$，所以它的收益是：

$$C_t(\tau) := (A_\tau - K)^+$$

根据研究一开始的假定，在 $0 \leqslant t \leqslant \mathcal{T} \leqslant T$ 时间内，贴现的赎回价格（discounted call price）$(e^{-rt}C_t)_{t \in [0,\tau]}$ 是一个测度为 $\mathbb{Q}$ 的鞅。因此，它可以表述为终端条件期望的贴现值，即：

$$C_t = e^{-r(\tau-t)}\widetilde{\mathbb{E}}[(C_\tau - K)^+ | \mathcal{F}_t], \quad \text{对于} \ 0 \leqslant t \leqslant \tau$$

正如之前对配额的讨论，贴现的看涨期权价格可以用关于布朗运动 $\left(\tilde{W}_t\right)_{t \in [0,T]}$ 的 $It\hat{o}$ 表示。

它遵循：$d(e^{-rt}C_t) = Z_t d\hat{W}_t$，对 $0 \leqslant t \leqslant \tau$，和某一 $\mathcal{F}_t$-适应过程 $(Z_t)_{t \in [0,\tau]}$。

令 $C_t = v(t, D_t, E_t)$，$0 \leqslant t \leqslant \tau$，其中 $v:[0,\tau] \cdot [0,\xi_{\max}] \cdot [0,E_{\max}] \mapsto \mathbb{R}_+$，$v$ 满足

$$\begin{aligned} \mathcal{L}_v &= 0 & \text{在} \ U_\tau \ \text{下} \\ v &= (\alpha(\tau, D, E) - K)^+, & \text{在} \ \{t = \tau\} \times U \ \text{下} \end{aligned} \tag{5-35}$$

其中 $U_\tau := [0, \tau] \times U$，并且

$$\mathcal{L} := \frac{\partial}{\partial t} + \frac{1}{2} \sigma_d^2(D) \frac{\partial^2}{\partial D^2} + \mu_d(D) \frac{\partial}{\partial D} + \mu_e(\alpha(t, D, E), D) \frac{\partial}{\partial E} - r$$

配额和其期权定价问题的区别是许可证价格对该企业在排放率上的影响。这反映在累积排放过程中的漂移项取决于配额证书的价格，但不取决于配额的期权价格。因此描述配额价格的偏微分方程是非线性的，而期权价格则是线性的。

5.4.4 数值分析

本部分通过对模型的进一步数值化分析，阐明配额价格是如何决定产品需求及累积排放的，并且比较单一履约期的配额价格和多履约期下引入灵活机制后的价格的演化路径有什么不同，以及配额的欧式期权对配额现货价格的依附结构。

（1）模型的具体化

BAU市场情景的电力竞价堆栈函数形式如下：

$$b^{BAU}(\xi) := \underline{b} + \left(\frac{\bar{b} - \underline{b}}{\xi_{\max}^{\theta_1}} \right) \xi^{\theta_1}, \quad 对于 0 \leq \xi \leq \xi_{\max}$$

其中 $\underline{b}, \bar{b} \geq 0$，$2 < \theta < \infty$ 选择的 b^{BAU} 在其定义域上是严格凸和严格递增的。参数 $\underline{b}$ 和 $\bar{b}$ 对应于模型下的最低和最高电力价格。由于电力市场的竞标价范围和具有代表性的市场价格很容易获得，因此，在现实中很容易推断出这个价格范围。参数 θ_1 控制栈曲线的陡峭程度，表明了发电的边际成本是如何快速增加的。

边际排放堆栈的形式是：

$$e(\xi) := \bar{e} - \left(\frac{\bar{e} - \underline{e}}{\xi_{\max}^{\theta_2}} \right) \xi^{\theta_2}, \quad 其中 \underline{e}, \bar{e} \geq 0, \ 0 \leq \theta_2 < 1$$

在这个定义下，e 在它的定义域上也是严格凸函数和递减的。参数 $\underline{e}$ 和 $\bar{e}$ 对应于市场中对排放率估计的最小值和最大值。在投入燃料仅有煤炭和天然气的情况下，煤炭与天然气相比是排放更密集的技术，$\underline{e}$ 和 $\bar{e}$ 分别代表天然气和煤炭的边际排放率。θ_2 是控制在市场上混合燃料使用情况的参数，θ_2 值越小，排放密集型技术服务的市场份额越小。

显然 b^{BAU} 和 $\underline{e}$ 均满足前述假设，由于严格凸函数的线性组合也是严格凸的，所以函数 g 也是严格凸函数。此外，电力和排放堆栈 $S_p(\cdot,\cdot)$ 总是在集合 $[\xi_1,\xi_2]$ 中的，其中 $0 \leqslant \xi_1 \leqslant \xi_2 \leqslant \xi_{max}$。

指定在 $\mathbb{P}$ 下的过程 (D_t) 满足随机微分方程：

$$dD_t = -\eta(D_t - \bar{D})dt + \sqrt{2\eta\bar{\sigma}dD_t(\xi_{max} - D_t)}d\tilde{W}_t, D_0 = d \in (0,\xi_{max}) \qquad (5\text{-}36)$$

其中，$\bar{D},\eta,\bar{\sigma}_d > 0$。这一定义 (D_t) 即 Jacobi 扩散过程[①]。此外，$\bar{D} \in (0,\xi_{max})$ 和 $\min(\bar{D},\xi_{max} - \bar{D}) \geqslant \xi_{max}\bar{\sigma}_d$ 始终保持在区间 $(0,\xi_{max})$ 内，其平稳分布是 Beta 分布且其平均值由期望 $\bar{D}$ 给出。

表 5-1、5-2、5-3 汇总了以下数值分析中使用的参数值。这里并不是对应某一个具体的电力市场进行模拟，而是在这个参数设定下，研究的一个典型的中等规模的市场，设计的投入燃料主要是煤和天然气。

表 5-1 指定电力竞价和排放栈的参数，利用 $A_t = 0$ 和 $D_t = \xi_{max}$，在 $0 \leqslant t \leqslant T$ 时，假设每年有 24×365 个生产小时，可得出 $E_{max} = 1.6519 \times 10^8$。

表 5-1   电力投标和排放栈的参数

$\bar{b}$	$\underline{b}$	θ_1	$\bar{e}$	$\underline{e}$	θ_2	κ	ξ_{max}
200	0	10	1.2	0.4	0.4	8 760	30 000

与电力需求相关的参数如表 5-2 所示。

表 5-2   与电力需求相关的参数

η	$\bar{D}$	$\bar{\sigma}_d$	r
10	21 000	0.05	0.05

计算 $A_t = 0$ 及平均需求水平 $D_t = \bar{D}$（对于 $0 \leqslant t \leqslant T$）时的累积排放量，

---

① 这是一个线性的、均值回复的漂移项（mean-reverting drift）和在边界退化（degenerates on the boundary）。

可以得到 $E_T = 1.2961 \times 10^8$。因此，我们必须在这个范围以下选择配额的总量，以达到激励减排的效用。排放交易体系的特征参数如表5–3所示。

表5–3   排放交易体系的特征参数

E_{cap}	π	T
1.17×10^8	100	1

（2）配额价值函数

还需要给出必要的配额价格估价方程边界条件，并讨论其解决方案。

首先需要指定除了约束条件以外的边界条件，而且要明确在给定了初始随机问题——式（5–28）或式（5–30）的情况下，什么样的条件设定才有意义。第一个问题通过考虑Fichera函数 f 给出[1]。定义 $n := (n_d, n_e)$ 为内向量的边界。对于算子 $\mathcal{N}$（和 $\mathcal{L}$）Fichera´s 函数如下所示：

$$f(t, D, E) := \left(\mu_d(D) - \frac{1}{2} \frac{\partial}{\partial D} \sigma_d^2(D) \right) n_d + \mu_e(\alpha(t, D, E), D) n_e$$

当系数 μ_d 和 σ_d 为式（5–35）中所描述的形式时，有：

$$f(t, D, E) := \eta \left((\bar{D} - \bar{\sigma}_d \xi_{max}) + (2\bar{\sigma}_d - 1) D \right) n_d + \mu_e(\alpha(t, D, E), D) n_e$$

在边界点上，当 $f \geq 0$，信息向外流动，不需要特定的边界条件；在 $f < 0$ 时，信息是向内流动的，边界条件成为必须。考虑到边界对应的 $D = 0$ 和 $D = \xi_{max}$，可以发现，当且仅当 $\min(\bar{D}, \xi_{max} - \bar{D}) \geq \xi_{max} \bar{\sigma}_d$ 有 $f \geq 0$，这也是与需求过程所述的可以保证该 Jacobi 扩散停留在时间间隔 $(0, \xi_{max})$ 内的相同的条件。在 $E = 0$ 对应的边界点，可发现 $f \geq 0$。因此只有在 $E = E_{max}$ 时，才必须设定边界条件。这部分边界条件的性质取决于我们考虑一个履约期还是多个履约期。

在给定了电力需求和累积排放的值之后，表明配额价格问题的价值方

①   Olga A. Oleinik and Evgenii V. Radkevich. Second Order Equations with Nonnegative Char–acteristic Form. American Mathematical Society, 1973.

程式就决定了配额的无套利价格，下面会通过求解偏微分方程来阐明价格与这些因素的关联性。

对电力的需求和累积排放量进行赋值，代表配额价格问题的价值等式决定了无套利的配额证书价格。

①一个履约期间

$E = E_{max}$的边界条件的形式为：

$$\alpha(t,D,E) = e^{-r(T-t)}\pi, \quad (0,T) \times (0,\xi_{max}) \times \{E = E_{max}\} \tag{5-37}$$

即只要累积超排的量，都需在$t = T$时被处以π的惩罚。在时间$t = T/2$，配额价格取决于累积排放量和当前的需求水平，如图5-6（a）所示。

对于每一个固定的排放水平$E = E_{T/2}$，$\alpha(T/2,D,E_{T/2})$在D上递增。这与直觉判断也相一致，更高水平的需求，对应的市场排放速率更大，也更容易达到排放总量限制值。同样，固定$D = D_{T/2}$得到$\alpha(T/2,D_{T/2},E)$，为在E上的增函数。

累积排放量的水平决定了配额的价格区间，而对电力的需求则决定了在这个区间内具体的配额价格。如果累积排放量超过了总量限制，则配额价格等于罚款额的贴现。合约期结束时，由约束条件式（5-26）得出α。图5-6（b）反映了这一时刻的价格特性，且这个价格是独立于D的。

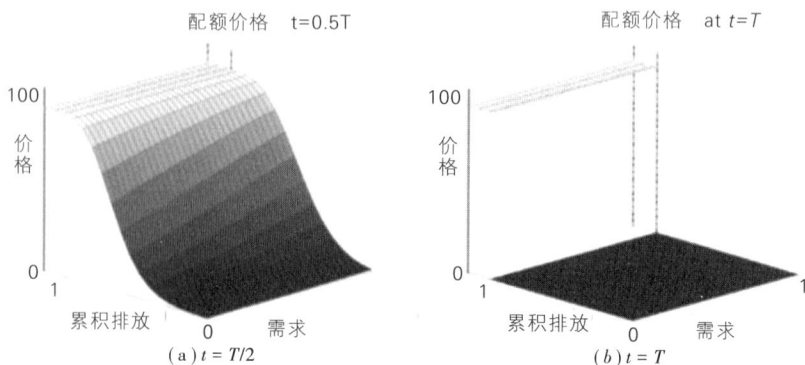

图5-6　两个图分别为一个履约期内，不同的到期时间的配额价格

注：惩罚金额为每单位配额100欧元，价格单位：欧元。

②两个履约期下存在配额存储和撤销机制

第一期和第二期配额的价格以需求和累积排放量的函数形式来确定。当 $i = 2$ 时，在式（5-33）给定的约束条件 ϕ_2 下解偏微分方程[①]。另外，当 $E = E_{\max}$ 时下面的边界条件的形式为：

$$\alpha_2(t, D, E) \sim e^{-r(T_2 - t)} \pi^2, \quad [T_1, T_2] \times (0, \xi_{\max}) \times \{E = E_{\max}\} \tag{5-38}$$

现在的问题相当于一期的定价问题，只是配额总供给 $\hat{E}_{cap}^2$ 取决于第一期结束时的累积排放量 E^1。结果是，第二个时期的配额价格，不仅取决于 t 时间的现值，D 和 E 也取决于 E^1，即 $\alpha_2 = \alpha_2(\cdot, \cdot, \cdot; E^1)$。

当 $i = 1$ 时，在式（5-32）的约束条件 ϕ_1 下，其中 $A_{T_1}^2 = \alpha(T_1, D, 0; E)$。当 $E = E_{\max}$ 时的边界条件为：

$$\alpha_1(t, D, E) \sim e^{-r(T_1 - t)}(\pi^1 + \bar{\pi}^1), \quad [0, T_1) \times (0, \xi_{\max}) \times \{E = E_{\max}\} \tag{5-39}$$

图 5-7（a）显示的是配额在时间 $t = T_1/2$ 的价值。配额借贷的影响非常清晰，当累积排放量非常高的时候，配额价格会超出惩罚额的水平。合约期间结束时 α 由边界条件式（5-32）给出，如图 5-7（b）所示。第二阶段配额价格行为反映出一个时期模型的初始分配 E_{cap} 被 $\hat{E}_{cap}^2$ 取代。

③两个履约期下存在配额借贷、存储和罚没机制

在第二履约期间，问题就等价于市场上只存在存储和罚没机制。假设市场在时间 $t = T_1$ 时能够实现合规，无论市场是否允许借贷，一定量的 $\left(E_{cap}^1 - E_1\right)$ 经过存储可以增加到第二履约期的 E_{cap}^2；而如果市场无法实现合规，一定数量的 $\min(E^1 - E_{cap}^1, E_{cap}^2)$ 将被撤出（如果不允许借贷），或者同样数量的配额从 E_{cap}^2 被剔除（如果允许借贷）。

---

① 具体解法见 Howison S, Schwarz D. Risk-neutral pricing of financial instruments in emission markets：A structural approach[J]. SIAM Journal on Financial Mathematics，2012，3（1）：709-739。

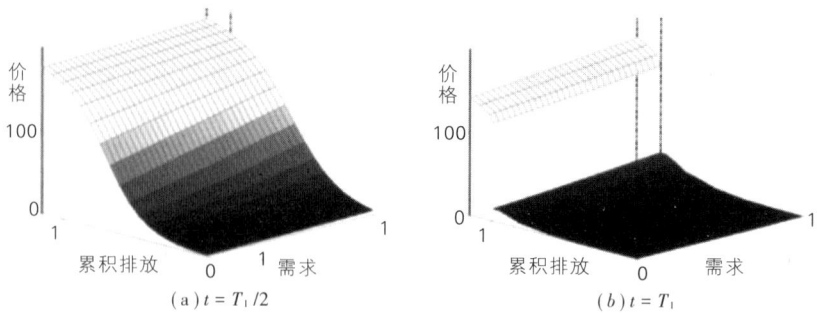

图 5-7　两个图显示在不同履约时刻第一履约期的配额价格

注：排放交易体系由两个履约期组成，并且由存储和撤销机制相连，第一期的惩罚金额为 100 欧元，价格单位为欧元。

因此，对于 $i=2$，在边界约束条件式（5-33）下解偏微分方程，获得了 $\alpha_2 = \alpha_2\left(\cdot,\cdot,\cdot;E^1\right)$。随后，对于 $i=1$，在式（5-33）给出的边界条件下解方程，其中 $A_{T_1}^2 = \alpha_2\left(T_1,D,0;E\right)$ 在 $E = E_{max}$ 的边界条件由式（5-38）给出，模拟价格情况如图 5-8 所示。

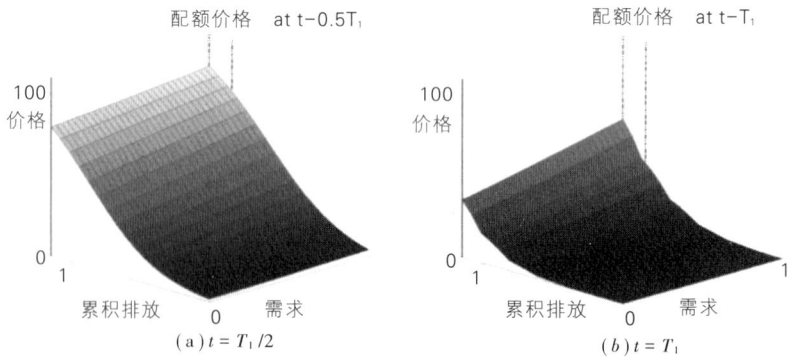

图 5-8　第一阶段配额价格 $(A_t^1)_{t \in [o,T_1]}$

（3）减排效果

这部分通过设置不同水平的惩罚金额 π 来检验到履约期的最后阶段的期望累积排放水平，从而检验交易体系在达成减排目标上的有效性。研究使用蒙特卡洛方案模拟了累积排放过程（E_t），选择 $D_0 = 0.7\xi_{max}$。将罚款的金额设定为 0 到 200 之间的若干水平，反复重复模拟过程，从而计算出累积排放 E_T 的平均值，表示为 $\hat{E}_T$，具体如表5-4所示。

表5-4　　蒙特卡洛估计的累积排放的期望 $\hat{E}_T$ 和相应的标准差 $\hat{\sigma}_E$

π	0	25	50	75	100	150	200
$\hat{E}_T (1 \times 10^8)$	1.32	1.23	1.20	1.18	1.17	1.16	1.15
$\hat{\sigma}_E (1 \times 10^3)$	5.91	7.30	6.20	5.53	5.20	4.56	4.36

为了分析渐增的累积排放，对需求的模拟要在测度$\mathbb{P}$的情况下发生，且通过市场价格的需求风险而与$\mathbb{Q}$相关。这个过程可以在有详细市场数据的情况下准确地估计，而在没有详细的数据可供计算分析的情况下，只能设需求风险的市场价格为常数零。在这一数值模拟中使用了随机微分方程式（5-35）。

10^6路径的模拟结果如图5-9所示。在 BAU 市场，累积排放率将超过配额总量。在引入排放交易体系之后，当惩罚金额设定在 $\pi = 25$ 时，累积排放依然超过了总量限制。随着惩罚额逐渐增加到 $\pi = 100$，市场整体上才达到了履约水平，此后，更加激进的政策带来的排放量的进一步减少是有限的。也就是说在一定配额总量的前提下，交易机制不会激励企业达成比远低于总量限制低的激进的减排效果。

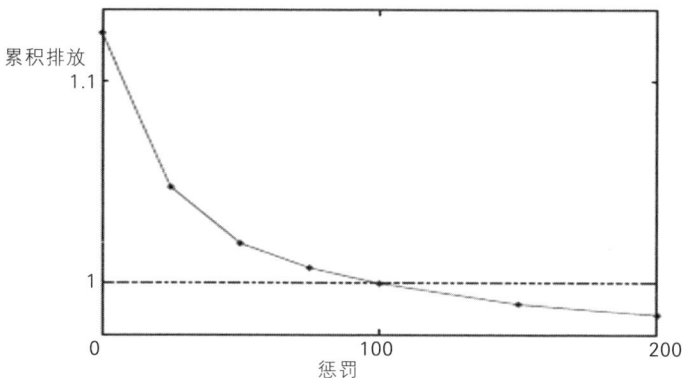

图5-9　累积排放 E_T 代表不同惩罚价格 π 的期望值

注：配额总量由破折线表示。

（4）看涨期权

对于看涨期权的数值解，运用

$$v(t,D,E) = e^{-r(T-t)}\left(\pi - e^{r(T-\tau)}K\right)^+，\quad 在\ [0,\tau) \times (0,\xi_{max}) \times \{E = E_{max}\} \tag{5-40}$$

当 $E = E_{max}$ 时，配额证书价值 α 由 $\alpha(t,D,E) = e^{-r(T-t)}\pi$ 给出，$D = 0$；ξ_{max} 和 $E = 0$ 时边界条件不是必要的。

由于偏微分方程式（5-35）要求配额现货价格作为输入参量，计算所得数值曲面如图5-10所示。

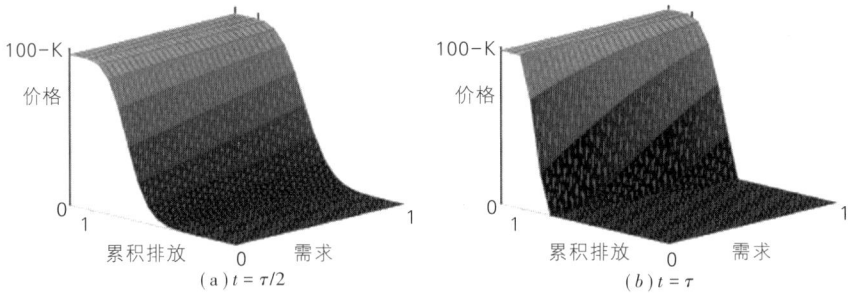

图5-10 在到期前一个履约期的期权价格数值模拟

5.4.5 小结

该研究将电力行业的投标栈机制拓展为排放栈来描述碳排放权价格，并且描述了在EU ETS下边际排放价格是如何引起电力市场供给分配变化的。通过建立产品市场（例如电力市场）和排放配额市场，可以描述履约期内碳排放量的累积速率，给出减排需求这一外生随机过程，从而获得累积排放量。模型依然遵循风险中性定价思路，它定义了违约事件和边界条件，且通过正倒向微分方程的引入，对配额现货和期权价格的结构进行了描述和模拟。在此机制下，排放权的价格是以终端支付为企业未履约惩罚函数的倒向随机微分方程的解。

2013年，Carmona等同样基于混合法利用正倒向随机微分方程，阐述了如何利用带有终端奇异值的正倒向随机微分方程的解来刻画碳现货及期权价格，并利用有限差分方法进行了数值模拟[1]。

混合法定价不仅能利用均衡的方法推导碳累积量的形成过程，进而描述碳价格形成的反馈机制，而且它将微分方程及其计算理论引入碳金融的定价模型，使得该方法同样可以借助数值计算和数值模拟术来获得碳排放权的价格演化路径，且更好地体现了与传统金融定价理论的衔接，为模拟碳市场的动态交易过程提供了重要的方法学基础。

总的来看，尽管碳金融体系中碳配额、碳信用等产品以及衍生的一系列金融工具，已经在国际市场上进行着较为活跃的交易，但是目前还缺乏比较完善的理论定价框架来对这个市场的细微之处进行详细的分析和考虑。国外碳市场的分析虽然提供了有益的基本模式、模型和方法，但还缺乏契合国情的研究成果，且国内相关研究也缺乏系统性、针对性，特别缺乏基于金融视角的政策和机制分析，基于金融工程学衍生品定价理论的碳资产定价机制和风险测度与管理等方面的研究还没有得到应有的重视，难以为发展本土的碳价格信号提供较为全面、科学的研究支撑。因此，当我国将要进入碳交易试点的全面推进期时，通过我国碳金融市场上排放权的定价模型开发，并结合试点发展具体情况进行半定量或定量的方针模拟，不仅能填补我国碳交易与碳金融理论研究的空缺，也能够为市场发展和价格机制完善提供方法依据与政策指导，对于有效引导我国节能减排具有重要的理论和现实意义。

未来，应系统梳理已有环境金融、碳金融市场影响因素的研究成果，并从供给、需求和异质性环境冲击三个方面系统梳理未来各个阶段可能影响我国碳金融市场价格的因素及影响机理，为定价模型的构建、拓展以及参数调试提供基本依据。从供给角度来看，要分析和调研试点地区及全国碳市场的总量设定、配额分配方式、总量调节的灵活机制等制度要素。从需求角度入手，则需要考察试点市场覆盖的主要行业、排放水平、减排目

---

[1]　Carmona, R., Delarue, F., Espinosa, G. E., & Touzi, N. (2013), "Singular forward backward stochastic differential equations and emissions derivatives", The Annals of Applied Probability 23(3): 1086-1128.

标、减排潜力、能源（及转换）价格、天气偏离阈值情况等因素。此外，还要格外关注我国社会经济发展过程中的异质性环境冲击，主要包括气候谈判形势、国际碳市场价格波动、区域或产业部门政策变动、宏观经济形势及传统金融市场主要指标的变动、市场势力的形成等因素的影响。在此基础上，对反映我国市场特性的影响因素进行识别，并构建碳金融市场对产品或能源消费市场的反馈路径。

系统梳理传统环境金融以及传统金融市场定价理论与模型设置，对比已有模型在刻画碳金融价格方面的优劣势。在模型构建的基础上，借鉴国外碳排放权交易的实践经验，从价格安全阀机制、价格上下限机制、配额储备、配额借贷等方面着手，预先制定适合我国碳金融市场的柔性调节机制（组合），探索保证碳价格及收益率的合理波动范围的柔性机制组合和运用条件，为引导试点市场的健康发展提供重要的研究参考。

第6章

碳市场的金融化：价格影响因素与调控机制

6.1　碳市场价格影响因素

全球最具规模的碳市场 EU ETS 的运行，为研究碳价格波动及影响因素提供了数据支撑，作为一个商品市场，碳市场的供求是影响商品价格的基本要素，决定供给的要素包括国家分配方案的议定、配额的性质、覆盖范围及分配方式等。如前所述，EU ETS 的国家分配方案在前两期是由成员国通过国家分配计划先确定并提交到欧盟委员会的，配额的具体值则由欧盟委员会调整后公布。其需求则取决于获得的配额数、参与减排设施的减排成本以及排放水平，排放水平则依赖于很多因素，比如对能源需求的意外波动、能源价格（比如说油价、气价和煤价）以及天气状况（气温、降水量和风速）等。同时，配额的需求还会受到产业更替、宏观经济走势以及金融市场的影响。

6.1.1　配额超发和禁止储备等政策导致 EU ETS 市值折损近半

（1）配额超发

制度因素对碳价的影响最突出的例子是 2006 年 EU ETS 核证报告公布造成的冲击，这次报告使得刚刚建立的市场首次意识到出现了配额发放过量或者可以称为排放短缺的情况，从而造成了碳价格的剧烈波动。[①]

2005年1月EU ETS开始运行时，EUA现货为8欧元/吨。在2005年的核证减排量还没有发布之前，EUA价格一度升至25欧元～30欧元/吨。每年公布一次的核证数据是一次显露市场全貌的时机，且能够为未来交易期市场的运行情况提供指示信息。欧盟委员会在每年5月15日发布信息，但欧盟委员会并没有禁止成员国自行公布本国的核证信息，在欧盟委员会公布数字的数周前，即在4月24日到5月2日之间，包括爱沙尼亚、荷兰、捷克、法国、瑞典以及比利时法语区都公布了信息，数据表明它们在2005年均出现了配额超发，德国等其他国家也传出了配额超发的消息。于是，在2006年4月中旬碳价格出现暴跌[②]，5月15日欧盟委员会最终公布信息后，市场意识到市场上多分配了440万吨配额，此时碳价格已经跌为12欧元/吨，下挫了50个百分点。虽然8月中旬反弹到了17欧元/吨，但到了11月13日又跌到了8.45欧元/吨[③]。当年5月15日欧盟委员会正式公布核证数据后，价格有所回升，但事件的持续影响一直到2007年2月才结束。[④]可见，市场发展初期，制度因素成为长期影响市场价格的主要因素，且由于市场不成熟，价格很容易被某些单一事件所扭曲。

（2）借贷与储备限制政策[⑤]

碳信用的金融性表现为两个层次：其一是碳信用可以利用期货、期权机制进行交易，规避配额供求波动及减排资金运作的风险；其二则表现在

---

① Ellerman A D, Buchner B K. Over-allocation or abatement? A preliminary analysis of the EU ETS based on the 2005-06 emissions data[J]. Environmental and Resource Economics, 2008, 41(2): 267-287.

② 但在价格强烈下挫后，到了2006年4月28日，一个周末，市场的交易量猛增，因为很多企业要赶在4月30日之前提交配额履约。

③ 具体数据来自www.pointcarbon.com。

④ 朱帮助，王平，魏一鸣. 基于EMD的碳市场价格影响因素多尺度分析[J]. 经济学动态，2012(6): 92-97.

⑤ 《京都议定书》的2008—2012年承诺期允许引入跨时期的灵活机制，且根据不同的配额种类规定了不同的储存规则。而有关借贷则被认为暗含在UNFCCC(2000)报告(第二部分，第15条)中，即《京都议定书》的惩罚政策规定未履约者需要承担返还短缺配额的义务并上交一定量的罚款，罚款则相当于借贷配额的利息。

碳信用可以跨时段储存、结转及借用。以上两种灵活机制使得受管制企业可以在现期和预期减排成本之间做出选择。这种允许跨时间维度进行交易的机制在美国二氧化硫减排计划中就起到了关键作用。

EU ETS 在 2003 指令中也引入了储备机制，但第一阶段剩余配额禁止存储到第二阶段使用[①]。欧盟委员会采用这一限制主要出于两个考虑：第一，避免过多的配额进入第二阶段，导致市场萎缩；第二，不限制的借贷不利于实现 EU ETS 的减排目标，欧盟委员会不希望将市场设计的不完善的"后遗症"从 EU ETS"热身期"继续延续到相应的《京都议定书》的"承诺期"[②]。这一政策，在配额超发事件之后又进一步影响了碳价格，使得碳现货价格几乎趋近于零。

如图 6-1 所示，ICE-ECX 的 EUA 现货价格在受到 2006 年 5 月事件影响后在几天内大幅下降，现货在这之后的几个月都维持在几美分，第一阶段到期的期货（intra-phase future）价格的变化趋势与现货一致。这样的非连续性价格突变，用对数累积超长收益率法计算后，得到的结果显示其历史波幅竟然达到 95%。如果储备机制得以实施，就能够激励排放密集型企业将剩余的排放许可在更加严格的第二阶段使用，企业不会纷纷采取卖空策略，从而导致价格暴跌。

图 6-2 则跟踪了第一阶段 ECX 最具流动性的期货合同的价格走势。2006 年 5 月事件对跨期期货价格的影响并没有现货市场激烈。在此之后的一段时期，跨期期货的价格依然保持在较高水平，证明其价格没有受到配额超发以及跨期存储两个制度事件的综合影响。

由此可见，禁止跨期储备也导致了碳衍生品资产定价机制的分化。由于排放权不能储备，意味着排放权将在每期结束时变得毫无价值，即使是在配额超发事件之前，跨期期货价格的变化趋势也与现货不完全一致。2006 年 5 月以后，跨期期货市场似乎处于溢价状态，报价远高于现货价

---

① 法国和波兰曾经允许一定量的配额储备。

② Chevallier J. Banking and borrowing in the EU ETS：a review of economic modelling, current provisions and prospects for future design[J]. Journal of Economic Surveys, 2012, 26(1)：157-176.

格，这与第一阶段内期货与现货价格之间的紧密相关情况已有所不同。

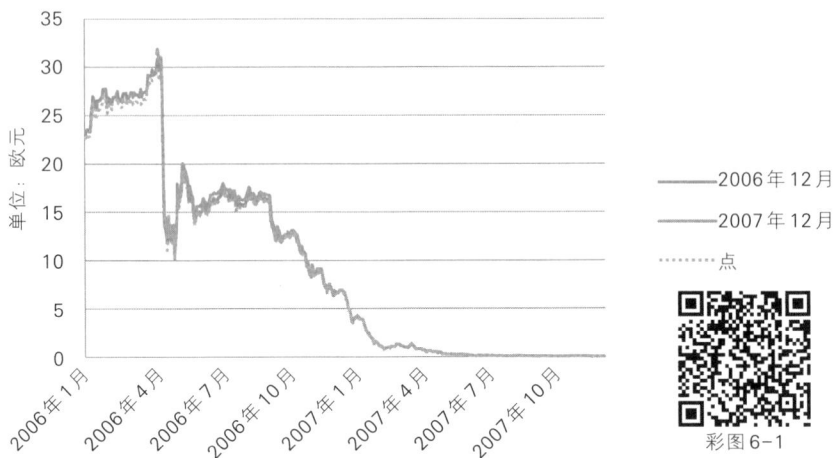

图6-1 2006年12月到期、2007年12月到期的EUA期货及EUA现货价格

资料来源：现货价格来源于Bluenext；期货数据来源于ICE-ECX。

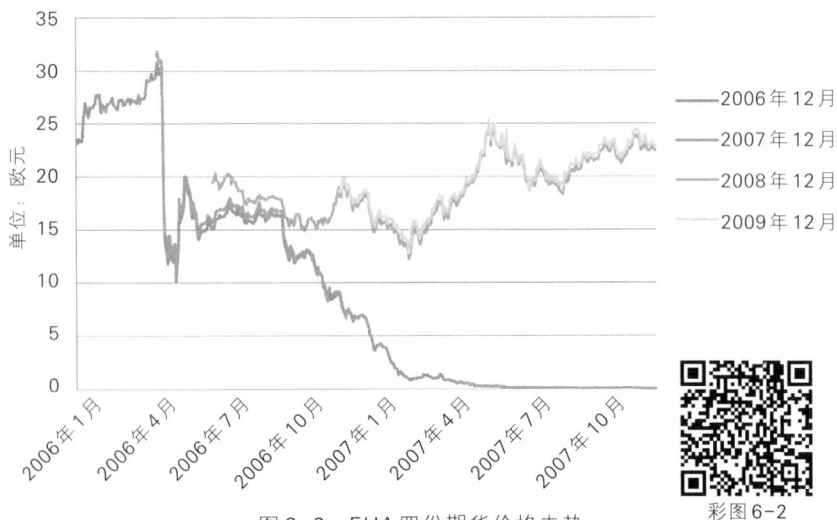

图6-2 EUA四份期货价格走势

注：其中2006年和2007年12月到期的期货合同属于第一阶段内到期的期货合同，2008年和2009年12月到期的期货合同属于跨期期货合同。

资料来源：ICE-ECX.

在2007年对于第二阶段EU ETS的配额发放情况还不得而知，而本期的剩余配额又不允许储存的情况下，做空跨期期货可能扩大产生第二阶段履约困难的风险。这个便利收益使得消费者要么买进更多的跨期期货，要么就有可能面临第二期期末无法履约，需要补交配额及上交罚款的情况。因此，禁止储备的政策就导致了排放配额衍生品由于到期的时间不同而产生了不同的价格机制[①]。

6.1.2　能源价格和能源转换价格均是引起价格波动的基本因素

（1）能源价格的影响

能源市场与碳市场密切相关[②]，化石燃料价格波动会直接影响碳价格[③-⑤]。Mansant-Bataller、Pardo和Valor（2007）最早采用计量方法，探讨了能源价格和碳市场配额价格的相互影响，结果表明，EU ETS在第一阶段，期货和现货数据都受到原油和天然气价格的影响，影响存在一定的滞后期。近期对石油市场和碳市场的观察分析表明，二者的价格都具有非线性特征，且两个变量之间的长期协整关系存在不同的阈值，不同的阈值之间，价格以不同的方式在两个市场之间传导。

一方面，石油市场是大宗商品市场中对实体经济影响最大的市场之一。在各大石油交易所，充斥着大量的投机基金，容易受地缘政治因素

---

①　Daskalakis G, Psychoyios D, Markellos R N. Modeling CO_2 emission allowance prices and derivatives: Evidence from the European trading scheme [J]. Journal of Banking & Finance, 2009, 33(7): 1230-1241.

②　Keppler J H, Mansanet-Bataller M. Causalities between CO_2, electricity, and other energy variables during phase I and phase II of the EU ETS[J]. Energy Policy, 2010, 38(7): 3329-3341.

③　Point Carbon and Chicago Climate Exchange 2004, 'What Determines the Price of Carbon?', accessed 14/10/2009, http://www.chicagoclimatex.com/news/publications/pdf/EU_CO2_price_drivers.pdf.

④　European Climate Exchange 2004. 'What Determines the Price of Carbon in the European Union?' accessed 15/9/2009, http://www.chicagoclimatex.com/news/publications/pdf/EU_CO2_price_drivers.pdf.

⑤　Retamal, C 2009. 'Understanding CER Price Volatility'. Carbon Management Consultingroup, Latin Carbon Forum, Panama, June 25, accessed .19/7/2010, http://www.latincarbon.com/2009/docs/presentations/CERpriceVolatility_Retamal.pdf.

或制度性事件的影响，因此，在不同的时间段，同样高的油价中所反映的市场信息区别很大。另一方面，从碳市场来看，2005 年以来，碳市场的制度还在不断完善，EU ETS 在不同阶段的交易规则存在着较大区别，且碳市场迅速增加的交易量也造成了碳价信息的不断变化。因此在不同的时间段内，二者的影响机理、作用程度存在着多种可能性。

（2）生产者的能源替换行为

在总量与配额交易系统下，配额的价格会受到可供选择的减排策略的成本及其灵活性的影响。根据这些减排策略产生收益的时间长短，企业可以选择前期高额投资、十年或数十年才可收回成本的长期减排措施，比如优化或更换现有的高排放量生产设备、安装末端处理设施、投资 CDM 或 JI 项目等，也可以选择初始投资占比小、短期内能够收回成本的减排措施，比如重新安排企业生产计划或进行燃料转换。短期内，碳减排与能源和热源的原料来源息息相关，若燃料从煤炭转换为天然气，能源部门的减排费用将在短期内显著降低。Delarue 和 D'haeseleer[1]，Alberola et al.[2]，Keppler 和 Mansanet-Bataller[3]，以及 Delarue et al.[4]都关注了 EU ETS 下 CO_2 和电力部门转换价格之间的关系。

电力生产企业原本密切关注的是"黑暗差价"（dark spread）与"点火差价"（spark spread）以及二者的差值。"黑暗差价"是指燃煤电厂每单位电价和生产每单位电所需原料成本的差价；"点火差价"则是指燃气发电厂每单位电价和生产每单位电能所需原料成本之间的差价。这两个指

---

① Delarue E D, D'haeseleer W D. Price determination of ETS allowances through the switching level of coal and gas in the power sector[J]. International Journal of Energy Research, 2007, 31(11): 1001-1015.

② Alberola E, Chevallier J, Chèze B. Price drivers and structural breaks in European carbon prices 2005 2007[J]. Energy Policy, 2008, 36(2): 787-797.

③ Keppler J H, Mansanet-Bataller M. Causalities between CO2, electricity, and other energy variables during phase I and phase II of the EU ETS[J]. Energy Policy, 2010, 38(7): 3329-3341.

④ Delarue E D, Ellerman A D, D'haeseleer W D. Robust MACCs? The topography of abatement by fuel switching in the European power sector[J]. Energy, 2010, 35(3): 1465-1475.

标主要用来衡量能源价格与电价之间的相互关系，但随着 EU ETS 的引入，两个新引入的指标则进一步将能源价格、电价与碳价紧密联系在了一起，这两个指标分别是"清洁黑暗差价"（Clean Dark Spread）和"清洁点火差价"（Clean Spark Spread），它们代表了采用两种不同能源发电的企业在减去原料成本和碳排放成本后的收益[①]。

例如，某一地区主要采用燃煤发电，当碳价不断上升，"清洁黑暗差价"与"清洁点火差价"的差值可能为负时，就意味着不仅要考虑到生产成本，也必须考虑到碳排放成本，因为在生产相同电量的条件下，燃煤发电产生的 CO_2 排放大约是燃气发电排放量的 2.5 倍，采用天然气发电就成为一个更优的经济选择，也就意味着发电企业将通过燃料替代而取得企业内部的减排，从而减少对 EUA 购买的依赖。有的学者将二者的差额定义为"气候差价"（climate spread）。"气候差价"被认为是碳价的一个基本驱动因素[②-③]。

在 EU ETS 的第一阶段初期，由于电力行业相比其他工业部门受到了更严格的管制（分配到 EUA 比预测的 BAU 情景下的排放量少），并且当时煤炭与天然气的价格差距加大（煤炭价格下降、天然气价格上涨）使发电厂不得不更多地使用煤发电，因此电力生产企业普遍对EUA 有短缺的预期，纷纷出手购买排放配额，从而成为碳市场上最为活跃的参与者之一。

而以 EU ETS 的第一阶段中英国的煤和天然气发电情况为例，当 EUA的价格在 2005 年 4 月每吨超过 25 欧元时，天然气发电相比煤电就有了竞争优势，经济效益也更好。到了 2005 年冬天，尽管 EUA 的价格还保持在每吨 20 欧元以上，但随着冬季取暖用气的增加，天然气价格走高，煤电的清洁黑暗差价又反超天然气发电的清洁点火差价。在 2007 年和 2008 年

---

①　欧盟电力市场是主要的碳交易部门，由于其电力市场属于集中竞价的商品市场，因此碳价格会直接影响到电力价格。

②　As calculated by the Caisse des Dêpôts Climate Task Force for Tendances carbone. The methodology is available at http://www. caissedesdepots.fr/spip.php? article659, accessed on August 2007.

③　Kanen J L M. Carbon trading and pricing[M]. Environmental Finance Publications, 2006.

初，天然气价格伴随油价一路高起。据估计，EUA 的价格需要达到每吨
40 欧元才能使得天然气发电比煤电更经济，这也在一定程度上解释了那
两年在欧洲兴建煤电厂的投资热潮。

Anna Creti 等将天然气电厂与煤电厂边际成本相等时的碳价格定义为
转换价格，如果 EUA 价格低于转换价格，则烧煤发电更经济。经检验，
这一转换价格在 EU ETS 的第一阶段，对 EU ETS 的碳价格影响不显著。
在第一阶段，碳价格引发的减排行为只在两个市场发生：第一个是在德
国，由褐煤转为无烟煤；另一个是英国，电力生产部门稍微提高了碳排
放生产效率。第二阶段碳期货价格受到转换价格的显著影响[1]。Bredin 和
Muckley 也研究了碳期货价格与油价、电力生产的能源转化价格，以及
欧元区斯托克 50 指数、欧盟统计局的工业生产指数等指标的关系，发现
碳期货价格和能源转化价格的均衡关系只出现在第二阶段[2]。

（3）气温和极端天气的影响

传统经济活动中很多部门都是温度敏感性的生产部门，其经济产出和
碳排放都会受到气候因素的影响，且降雨量、风速和阳光曝晒度也会直接
影响水能、风能和太阳能等无碳能源的产量和传统能源的需求量。因此，
天气因素对主要的能源部门和供热部门碳排放量的水平有重要的影响[3-5]。

---

① Creti A,Jouvet P A,Mignon V. Carbon price drivers: Phase I versus Phase II equilibri-um?[J]. Energy Economics,2012,34(1): 327-334.

② Bredin D,Muckley C. An emerging equilibrium in the EU emissions trading scheme [J]. Energy Economics,2011,33(2): 353-362.

③ Kruger, D 2008,'Lessons Learned from the EU Emissions Trading Scheme (ETS)', ac-cessed16/9/2009, http://74.125.153.132/search? q=cache: c2AZgfYjusAJ: www.narucmeetings.org/Presentations/Kruger%2520NARUC%2520EU%2520ETS%2520Lessons%2520Feb%252019.ppt+eu+ets+lessons+learned&cd=1&hl=en&ct=clnk&gl=au.

④ Retamal,C 2009.'Understanding CER Price Volatility'. Carbon Management Consult-ingroup,Latin Carbon Forum,Panama,June 25,accessed 19/7/2010,http://www.latincarbon.com/2009/docs/presentations/CERpriceVolatility_Retamal.pdf.

⑤ Betz,R 2006,'What is Driving Price Volatility in the EU ETS?'Centre for Energy &En-vironmental Markets,University of NSW,accessed 17/9/2009,http://www.ceem.unsw.edu.au/content/userDocs/PagesfromAETFReviewOctNov06_web-2-1.pdf.

气候变化对能源价格影响的研究表明温度和电力需求的关系是非线性的，即温度的升高和降低只有超过一定的阈值才会影响到能源需求[1]-[2]。

6.1.3　碳市场受宏观经济走势的影响显著，表现出较高的系统性风险

EU ETS 在经历了 2005—2007 年的剧烈波动，市场表现逐渐成熟之后又受到了波及全球的金融危机的影响。2008 年的信贷危机演变为波及全球的经济衰退，这个过程可以大致划分为以下几个时间节点：2008 年 5—6 月份，信贷市场的不确定性增加；2008 年 8—9 月份全球多个股票市场开始出现下跌，一路快速下降到 2008 年底，直到 2009 年初才缓慢恢复，危机的时长恰好与 EU ETS 的第二阶段的早期相互重叠。作为一个新兴的商品市场，碳金融市场是否会受到经济危机的冲击，市场是否可以依赖碳市场进行适当的避险成为研究的重要关注点。Chevallier 通过宏观经济、金融和商品市场的数据研究了国际经济形势冲击对碳现货和期货价格影响的传导机制，发现碳价将因为外部的全球性经济衰退而表现出负面下滑的趋势[3]。

如图 6-3 所示，EU ETS 进入第二阶段，期货和现货价格的波动基本一致，表明市场信息的流通效率提高，市场逐渐成熟。2008 年 5 月，碳（现货、期货）价格都有所下降，这与美国金融机构[4]发展的不确定性有所显现的时间段是一致的。到 2009 年 1 月全球金融市场触底的时刻，碳市场也马上呈现出触底反弹的迹象。但反弹趋势没有长期维持下去，2009 年 4 月达到危机后的价格高峰，此后，价格一直围绕 15 欧元这一阶段性价格在高峰上下轻微浮动。

---

①　Mansanet M, Pardo T A, Mico V I. CO2 prices, energy and weather[J]. University of Valencia, 2006.

②　Hintermann B. Allowance price drivers in the first phase of the EU ETS[J]. Journal of Environmental Economics and Management, 2010, 59(1)：43-56.

③　Chevallier J. Macroeconomics, finance, commodities：Interactions with carbon markets in a data-rich model[J]. Economic Modelling, 2011, 28(1)：557-567.

④　美国国际集团、贝尔斯登、房地美、房利美以及雷曼兄弟等。

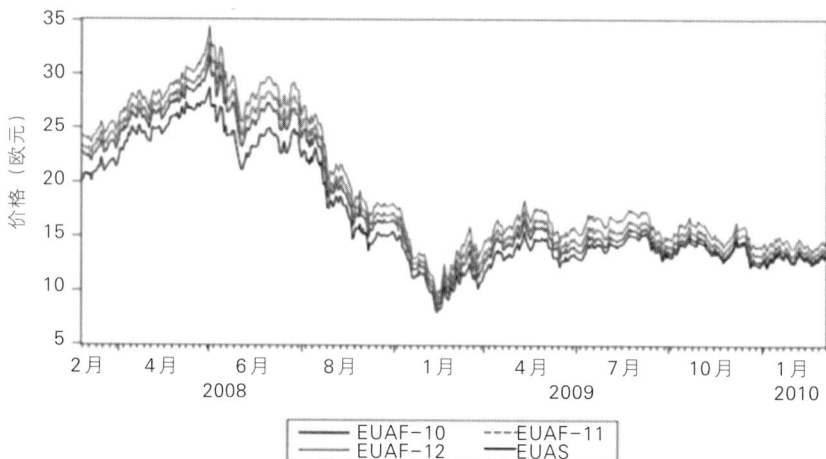

图6-3 碳市场的价格波动（EUA现货价格、EUA2010年、2011年、2012年期货价格走势）

图6-4通过将碳市场价格活动与全球股票市场的活动进行比较，可以发现，股票市场在EU ETS的第二阶段开始之初已经呈现下降趋势，上证指数最早呈现下降趋势，也最早呈现反弹，其他成熟市场的几个指数的变化路径较为一致。而EU ETS则在当年5月才开始呈现下降的趋势，且股票市场反弹趋势延续的时间也比碳市场要长。

但碳市场反弹的趋势没有延续更长的时间，可能的原因有两个方面：第一，全球经济并没有很快呈现出快速恢复的态势，因此，对于碳市场配额的需求依然疲软。第二，全球对于就应对气候变化达成统一协议的反应也充满着不确定性，特别是2009年哥本哈根大会并没有就《京都议定书》第二履约期达成一致协议，碳市场的未来依然充满不确定性。

Niblock和Harrison把碳市场的投资表现与道·琼斯欧洲斯托克整体市场指数[1]、标准普尔指数[2]、标准普尔500指数[3]、标准普尔所有普通股

---

① the Dow Jones EURO STOXX total market index(DJES).

② Standard and Poors(S&P).

③ The standard & poor's 500 index (SP500).

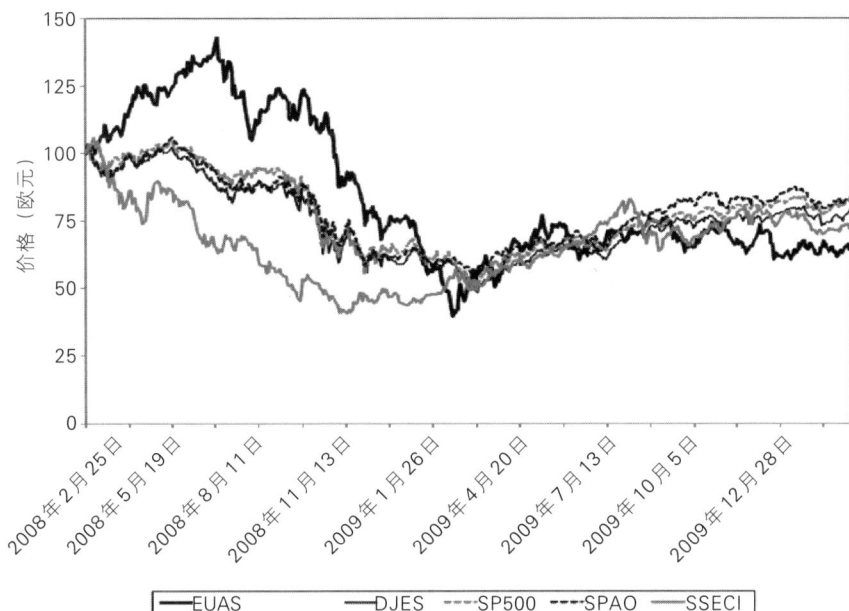

图6-4　EUA现货价格与其他金融市场指数的波动性

票指数[①]，以及上海证券交易所综合指数[②]等权威股指的波动情况进行了
定量比较。其研究表明，EUA的现货价格，以及2010年、2011年、2012
年到期EUA期货的年回报率均为负，且显著低于欧洲股票市场的基准回
报率，这说明危机确实对碳市场和全球股市都有削弱效应。从市场波动
性来看，碳市场的波动风险还要大于股票市场，从而表现出了较高的系
统性风险。

　　对几个指标的关联度进一步进行检验，可以发现EU ETS的第二阶段
碳市场现货与期货价格有很强的关联性，碳市场与其他股票市场的关联度
虽然没有碳市场期货与现货的关联关系强，但也呈现出较高的关联度，特
别是与DJES、SP500以及SPAO的关联度在0.66~0.77，与中国股票市场
的关联度略低，SSECI指数与现货市场关联度为0.19，与2012期货市场的

---

①　S&P All Ordinaries index(SPAO).

②　Shanghai Stock Exchange Composite index (SSECI).

关联度为0.13。

在经济衰退的冲击下，更多的质疑指向了碳市场是否能够达到节能减排的实际效果。根据世界银行2010年的报告，2009年EU ETS排放设施的排放数据显示：全球金融危机导致排放比配额分配总量少了11%，因此对EUA的需求也降低了。虽然剩余的配额可以通过储备机制储备以供经济形势有所好转的阶段使用，但这仍旧表明价格引领减排的作用受到了削弱。[①]

6.2 碳价格调控机制

从EU ETS前两阶段运行的经验来看，碳市场面临的最大风险是碳价的剧烈波动。虽然价格的波动是发挥碳市场优化配置排放权资源的基础，但过高或过低的价格不利于碳市场的健康发展。一方面，目前出现的低迷碳价不仅降低了碳市场的流动性，降低了非履约企业的市场参与度，而且影响了对长期减排的激励和对清洁能源以及CCS等低碳技术的投资；另一方面，如果碳价高企，企业的碳排放成本过大，从而影响了经济的发展。维持市场价格的稳定需要在碳排放权交易体系设计时进行多方面的考虑，包括排放交易平台的功能设计、市场参与主体的选择和限制、交易期的选择、监管机制的建立、价格调控机制、存储和借贷机制、与其他体系连接的设计等[②]。

在碳市场的价格调控机制中，避免价格双向剧烈波动的机制有：①存储与预借；②多年履约期；③配额动态分配；④市场连接。单向控制价格过高的机制有：①抵消机制；②价格安全阀机制（即价格上限及其变型）；③储备配额机制；④提前拍卖。单向控制价格过低的机制有：

---

① Niblock S J, Harrison J L. European carbon markets and the global financial crisis [J]. 2011.

② 段茂盛,庞韬. 碳排放权交易体系的基本要素[J]. 中国人口资源与环境,2013,23(3): 110-117.

①价格下限与配额回购机制；②配额退出或搁置机制；③配额总量更新机制；④拍卖后置。这些机制又常被称为碳市场的柔性机制，即指在不影响碳交易体系目标实现的前提下，为降低碳交易体系对管制对象的履约成本，适当减少对管制行业和区域经济的潜在影响而设计的灵活机制。柔性机制因其在稳定碳价、降低履约成本方面的重要作用而在碳排放交易体系中居于举足轻重的地位，目前所有ETS设计中融入的柔性机制如表6-1所示。

6.2.1　避免价格双向剧烈波动的机制

（1）存储与预借

存储与预借之所以能够平抑市场波动，是因为当企业持有的配额多于其排放时，可以将结余的过剩配额留存到来年使用；当企业配额数量少于排放量时，可以预借未来的配额。

在理想的情况下，随着碳减排法律约束逐渐收紧，减排边际成本的逐步提高，碳价格的市场预期将逐渐提高，因此，存储配额机制能够起到鼓励先期减排、结余配额以供未来履约或出售进而获利的激励作用。但由于配额是人为分配的，当配额分配过多时，碳市场过剩配额会越积越多，难以消化，从而导致碳市场长期低迷，并且降低对未来排放的约束力。

在现有的市场设计中，对预借配额机制的使用较少，这一机制有可能降低对当期排放的约束，目前只有新西兰、韩国和澳大利亚（部分）规定可预借配额。除了常规的预借外，还有一些变相的预借，譬如EU ETS在每年1月发放当年的免费配额，而在4月30日前进行上一年度的履约，时间差使得企业可以使用当年的配额完成上一年的履约任务，另外，加州出售的储备配额不限年份使用。①

---

① International Emission Trading Association. Summary of Final Rules for California's Cap-and-Trade Program[R]. 2011-10-20.

表6-1　主要ETS的价格调控机制

	存储与预借	抵消机制	多年履约期	价格上限/价格安全阀	储备配额	提前拍卖与拍卖后置	价格下限	配额回购	配额退出
EU ETS	第二阶段开始允许存储，不可预借	京都信用（CER、ERU）使用量各国自行确定，2008—2020年总使用量须保证不超过该阶段减排量的50%	无	无	无	第二期拍卖配置后置（未定）	无；英国2013年4月开始的电力支持税率"碳价支持率"起到类似价格下限的作用	无	预留配额可退出
NZ ETS	允许存储与预借	京都信用（CER、ERU、RMU）使用量不限	无	25新元固定支付选择	无	尚无拍卖	无	无	无
RGGI	可存储不可预借	本土抵消信用（5个项目类型）；使用量不能超目目类别使用量的3.3%	三年	改革前安全阀：7/10美元两个信用使用比例（5/10%）目且10美元安全阀能使履约期延长一年；改革后安全阀：2014—2017年分别为4、6、8、10美元，以后每年递增2.5%	有：2014年为500万元，2015年起1000万	第一阶段拍卖前拍第二阶段的配额，第二阶段无	拍卖保留价格：2009—2010年1.86美元；2011年1.89美元；2012年1.93美元；2013年1.98美元，自2014年起每年递增2.5%	无	允许各州决定未拍卖配额和末分配配额的退出
加州	同上	本土抵消信用类型（包括早期行动抵消信用，4个项目类型，REDD信用）不能超过履约责任的8%，其中REDD信用第一阶段不能超过2%，第二、三阶段不能超过4%	三年	储备配额安全阀，2013年为40美元～50美元，每年递增5%加CPI变化	有：2013—2014年1%，2015—2017年4%，2018—2020年7%	提前拍卖三年后配额	拍卖保留价；自2014年起为10美元，每年递增5%加CPI变化	无	无

续表

	存储与预借	抵消机制	多年履约期	价格上限价格安全阀	储备配额	提前拍卖与后置拍卖	价格下限	配额回购	配额退出
魁北克	同上	本土抵消信用（3个项目类型），不能超过履约责任的8%	三年	储备配额安全阀，2013年每加元40加元～50加元加5%加CPI变化	同上	同上	拍卖保留价格，自2014年起为10加元，每年递增5%加CPI变化	无	无
澳大利亚	固定碳价阶段：不可存储，不可预借；浮动碳价阶段：可存储，可预借，预借不超过下一年度额度的5%	固定碳价阶段的CFI产生的Australian Carbon Credit Unit，ACCU，5%；浮动碳价阶段，京都信用（CER，ERU，RMU），12.5%	无	2015财年的最高预期碳价不高于国际碳价20澳元，此差额每年递增5%	无	无	最低限价为15澳元，每年递增4%	固定碳价阶段发放的免费配额可由政府回购	
东京都	可存储，可预借	东京地区中小企业(SME)减排产生的抵消信用；东京外产生的抵消信用：REC；东京外产生的抵消量没有限制，第三者的使用量不能超过基准年排放的1/3	五年	当碳价过高时，也可允许京都地区的抵消供应，同时增加的SME展东京项目的抵消范围，并提高东京外抵消信用的使用比例	无	无	无	无	无
韩国	可存储，可预借	不允许使用京都信用，本土信用待定				有提前拍卖			

（2）多年履约期

多年履约期相比单年履约期，有助于减少碳市场的波动。因为配额分配（决定碳市场供给）一般是渐递变化的，而生产活动由于各种原因在各年之间可能有较大波动，进而导致排放（决定碳市场需求）也有较大年际波动，供给和需求的不匹配带来了碳市场的动荡。在拉长履约周期的情况下，履约企业的排放变化相对比较平缓，能够降低碳价波动的幅度。同时，在多年履约期下，履约紧迫性的放松使得市场流动性提高也有益于碳市场的稳定。

（3）配额动态分配

配额动态分配是类似于货币市场调控手段的方法，主要是通过配额增加或回购、配额拍卖推迟或提前、配额退出或搁置等方法平滑配额供给曲线。以上措施一般用于短期改变市场的供求结构，调节市场供求失衡。此外，可以在履约期的起始端以固定价格提供给企业欧式或者美式期权的选择以增强信息冲击下市场的自我调节能力。①

配额动态分配机制的一个大胆的政策改革构想是建立碳央行。以法国气候问题专家克里斯汀·佩尔蒂（Christian de Perthuis）为代表的学者受中央货币银行启发，提出了独立的碳中央银行（Carbon Central Bank，简称碳央行）的构想，其职能类似于银行体系中的中央银行，即建立一个为实现长期减排目标对碳市场进行宏观调控的独立机构。与中央银行通过调控货币发行量来稳定币值的职能类似，碳央行通过对碳配额数量的调节来调控碳配额价格（其主要职能如表6-2所示）。

中央银行的核心政策目标是在保持货币币值稳定的同时促进其他经济目标的实现（例如，经济增长），而碳央行的核心目标则是在短期内稳定碳市场的价格，长期情境下则要持续推动温室气体减排。中央银行的货币政策工具主要包括价格工具和数量工具两大类。碳央行也与此类似，价格工具包括设定底价、安全阀等，数量工具可采用与货币政策类似的公开市

---

① Unold W，Requate T. Pollution control by options trading［J］. Economics Letters，2001，73（3）：353-358.

表6-2　　　　　　　　　　中央银行与碳央行对碳配额价格的调控

	碳央行	中央银行
政策目标	稳定碳市场价格，实现温室气体减排	币值稳定，并促进经济增长
政策工具（价格工具）	价格控制	利率
政策工具（数量工具）	公开市场操作，减排目标调整等	货币量供给（公开市场业务、存款准备金调整等）

场业务操作，通过买进或卖出配额来调节配额供给量，也可以起到平准基金的作用，通过市场操作提升市场的活跃度，并且拥有制定碳预算目标等更大时间尺度的政策调节手段。

很多研究机构关于碳央行的设想远不止于作为配额价格调控的工具而已，与中央银行作为货币发行者、货币政策制定者、执行者并同时是银行和金融体系的监管者角色一样，碳央行也可承担配额数量制定、配额的创建与发放、抵消信用签发与管理、碳市场监管等职能，即用碳央行替代现有的ETS行政管理机构。可见，在这一构想下，碳央行不仅仅是与价格调控机制并列的政策手段，还可以是实施这些调控机制的独立机构，能够发挥价格调控与监管的双重职能，并且有义务根据对碳市场运行的监管结果向政府提出关于气候政策的改进建议。

最早讨论碳央行的国家是澳大利亚，1997年就提出了发行碳配额独立机构的设想，作为澳大利亚气候政策理论基石的《加诺特气候变化评估报告》（Garnaut Climate Change Review）建议建立类似于澳大利亚储备银行的独立碳银行。2008年，美国联邦碳交易体系的《利伯曼-华纳法案》（Lieberman-Warner Bill）中也提出要建立以美联储为模板的独立碳委员会（board），但是该法案在参议院受挫[1]。同年，英国首相布朗曾提出关于欧

---

① A Carbon Bank：Managing Volatility in a Cap-and-Trade System［R］. Sustainable Prosperity，2011-8.

洲碳银行（European carbon bank）的构想，代替欧盟委员会和各国政府设定配额总量，并在必要的时候发挥调控和稳定市场的作用，包括在低价时购入配额，该构想最终未获响应[1]-[2]。

碳央行的设计相当于创建一个全新的机构，并完全颠覆现有的管理体制，在实践层面，面临着一系列关键性的决策问题：包括调控资金的来源、资金规模有多大、哪个机构负责实施、如何进行监管等，因此短期内实施的制度障碍较大。

（4）市场连接

市场连接即接受体系外的排放配额或信用进入本体系中，承认并允许其完成本体系的履约义务。将不同的排放交易体系进行连接，可以扩大体系覆盖范围，增加市场参与单元，提供更具多样化的减排途径，若设计和对接得当，则能够起到减缓交易价格波动、提振市场活力的作用。然而市场连接设计到诸多市场设计细节的协调，包括减排目标，配额分配方法，抵消信用使用比例、来源、市场惩罚水平，价格调控机制等。2013年7月30日，美国加州政府和澳大利亚政府签署了备忘录，探索将两地碳市场对接，但最终不了了之。2014年，美国加州碳市场正式和加拿大魁北克省碳市场对接。澳大利亚在与欧盟研究市场连接细节时就建议减少抵消信用的使用比例，限制CDM信用的使用量。

6.2.2　控制价格过高的机制

（1）抵消机制

抵消机制是指使用ETS范围外的减排信用来抵消排放，抵消信用可用于完成履约责任。抵消机制为配额市场引入价格较低的抵消信用，有助于降低企业的履约成本。在配额体系中，抵消机制的设计主要需要考虑允许

---

［1］　Strengthening The EU ETS, Creating a stable platform for EU energy sector investment［R］. Climate Strategies,2012.

［2］　在有关欧洲碳央行的争论中,也有专家认为碳市场的震荡与健康的投资是并行不悖的,这种现象在能源市场也非常常见,投资者并不希望看到不带来收益的零风险。碳市场的目的也并非孤立企业,投资具有高边际成本的技术,而是根据目标总量完成减排任务。此外,很多学者也认为对于碳金融市场不应有过多的主观干涉,重点还应放在如何实现更加自由、健康的市场上。

使用的减排机制类型、来源地、方法学和使用比例等几个要素。

　　减排机制、来源地和减排项目类型的选择共同决定了抵消信用的供给水平。例如，EU ETS目前的配额过量就与抵消信用（CER、ERU）的过量不无关系。2008—2012年EU ETS共使用国际信用10.5亿吨，据欧盟估计，扣除国际抵消信用，到2020年的过量配额数量将只有按目前水平发展下去的25%左右。[①]EU ETS从第三阶段开始只接收来自最不发达国家（LDCs）的CDM项目所产生的CER。

　　抵消信用的使用比例是指抵消信用使用量占全部履约责任的比重，使用比例决定了抵消信用的需求。各国对抵消信用的比例不尽相同，新西兰目前不限制抵消信用的比例，欧盟为减排量的一半，澳大利亚和加州分别可以用来完成50%和8%的履约责任。

　　NZU的现货价格在新西兰碳市场启动后一度超过了20新西兰元，但是随着国际碳价的下跌，加上新西兰碳市场过渡期的安排，NZU的价格持续下跌，价格最低时在1新西兰元左右。2014年5月，新西兰国会通过了《应对气候变化法2002》的修正案，规定2014年5月20日以后林业在登记系统注销林地时不能使用国际碳信用。此项措施使得碳市场对NZU的需求有所提升，从而推动了NZU价格的上涨，达到了近年的新高。

　　（2）价格安全阀和储备配额

　　价格安全阀的原理是当配额价格上升到一定值时允许增加碳市场配额或抵消信用的供给，从而抑制配额价格的上升趋势。价格安全阀最早出现在美国为进行京都履约而设计的市场方案中[②]，Kopp（1997）[③]和McKib-

---

　　①　European Commission. COM（2012）652 final, Report from the Commission to the European Parliament and the Council, the State of the European Carbon Market in 2012[EB/OL]. http://ec.europa.eu/clima/policies/ets/reform/docs/com_2012_652_en.pdf , 2012-11-14.

　　②　Jacoby H D, Ellerman A D. The safety valve and climate policy[J]. Energy Policy, 2004, 32(4): 481-491.

　　③　Kopp R, Morgenstern R, Pizer W. Something for everyone: A climate policy that both environmentalists and industry can live with[J]. Policy Brief. Washington, DC: Resources for the Future, 1997.

bin（1997）[①]认为需要在碳交易中允许额外以固定价格出售排放许可，以控制全球减排的成本。早期的设计方案多为设置绝对的价格上限，即碳价高于安全阀时，可以安全阀价格无限购买配额（或信用）。这种价格上限存在的一个隐患是有可能破坏总量控制碳交易的减排效果。[②]此后，各地尝试将价格安全阀与储备配额机制、价格触发机制等手段进行融合改进，从而保证在调节供给数量的同时也能够达成减排目标。Murray（2008）[③]首次提出了将"储备配额"与价格上限结合在一起的碳交易设计方案。储备配额在创建之后就确定以免费发放、拍卖等方式投入市场的常规配额不同，只有在一定条件下才可进入市场，例如与价格安全阀相结合的时候，只有配额价格高于安全阀时，储备配额方才投入市场。目前，价格安全阀主要有以下几种形式的运用：

第一，绝对价格上限（hard cap），NZ ETS、阿尔伯塔和澳大利亚有此设计。新西兰允许企业为每吨排放支付25新元，企业在该价格水平上可以无限排放。阿尔伯塔省允许企业以15加元每吨的价格购买基金信用[④]来完成履约责任，收入将直接进入一个用于投资减排技术的气候变化基金。澳大利亚针对未来的浮动碳价阶段设定了不能高于国际预期市场价格，即20澳元的价格上限。企业以支付上限价格获得的配额必须直接用于完成履约责任。[⑤]

第二，"价格安全阀"配合"固定价格出售的储备配额"，以WCI下的加州和魁北克为代表，即在安全阀价格上对出售的配额进行数量

---

① McKibbin W J, Wilcoxen P J. A Better Way to Slow Global Climate Change[R]. Australian National University, Economics and Environment Network, 1997.

② Pizer W A. Combining price and quantity controls to mitigate global climate change [J]. Journal of public economics, 2002, 85(3)：409-434.

③ Murray B C, Newell R G, Pizer W A. Balancing cost and emissions certainty：An allowance reserve for cap-and-trade[J]. Review of Environmental Economics and Policy, 2009, 3(1)：84-103.

④ Fund credits.

⑤ 另外，对于超标排放的处罚也相当于变相的绝对价格上限。为保证处罚的警戒效果，处罚价格必须大幅高于预期的配额价格。例如，EU ETS第一阶段对于每吨超标排放处以40欧元/吨的罚款，第二阶段开始则为100欧元/吨，因此每吨配额的价格不可能超过处罚值。

限制——这部分配额在加州被称作价格控制储备（Price Containment Reserve，PCR）。在这种融合机制下，绝对价格上限变为软性价格上限，控制成本的同时保证了对排放数量的控制①。同样，企业购买的储备配额也必须直接用于履约，而不能再在二级市场上交易。

第三，增加抵消信用或储备配额的价格触发机制，即当市场价格触碰到价格安全阀时，允许市场增加储备配额供给或允许企业使用抵消信用。这种价格的触发是条件性的。例如，RGGI在改革前后采用了两种截然不同的触发机制。在原有设计中，当每个3年控制期的前14个月过了之后，如果配额价格连续12个月的平均值超过7美元，则允许使用抵消信用的比例可从3.3%提高到5%，超过10美元时提高到10%，而且当提高到10%时，允许使用国际抵消信用。7美元和10美元是两个层级的价格安全阀。在2013年2月通过的修订案中，RGGI取消了上述机制，引入了有固定数量的成本控制储备（Cost Containment Reserve，CCR）。在新的机制下，当拍卖价格高于CCR触发价格时②，CCR配额就可进入拍卖。CCR比原触发机制更简洁、更透明③，且更直接④，能够更便捷地起到市场调节作用。

在以上三种方案中，第一种绝对价格上限属于硬的价格限制，第二种和第三种价格安全阀则属于软的价格限制。不过，二者的界限并不是绝对的，当储备配额的数量逐渐增大时，价格软限制在实际价格控制效果上将逐渐转为刚性，即当储备配额数量足以满足安全阀价格水平上的市场需求时，配额价格将不会突破价格安全阀。事实上，从无价格安全阀的传统总量控制交易方案到带有储备配额的价格安全阀方案再到绝对价格上限的价格安全阀方案，都可以看作储备配额数量从零到无穷的渐变形态，如图6-5所示——硬价格限制可以看作储备配额供给数量无限的极端情况，传

---

① Murray B C，Newell R G，Pizer W A. Balancing cost and emissions certainty：An allowance reserve for cap-and-trade[J]. Review of Environmental Economics and Policy，2009,3(1)：84-103.

② CCR Triggers Prices.

③ 相比之下,原机制计算非常复杂,何时触发对市场参与者来说判断非常困难。

④ 增加配额数量直接调控配额价格而不是通过抵消信用间接调控。

统的纯粹基于数量控制的总量控制交易则可以看作储备配额供给为零的另外一种极端情况。价格安全阀和储备配额机制的核心要素是安全阀的价格水平和储备配额的规模。

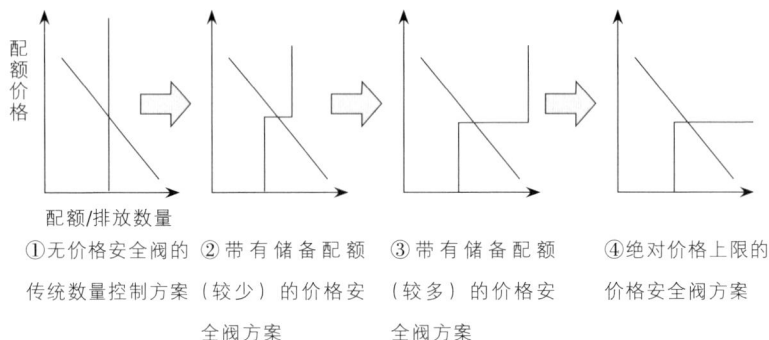

① 无价格安全阀的　② 带有储备配额　③ 带有储备配额　④ 绝对价格上限的
传统数量控制方案　（较少）的价格安　（较多）的价格安　价格安全阀方案
　　　　　　　　　全阀方案　　　　全阀方案

图6-5　储备配额数量变化的不同碳交易体系方案

通过研究软、硬价格限制下，储备配额数量变化对减排成本、碳价格波动、排放量的影响可以发现：一方面，只要设计了价格限制就能够有效降低减排成本并减少碳价格的波动，且最初的储备配额对减排成本和价格波动的控制作用最为明显，随着储备配额规模的扩大，边际效应递减；另一方面，在储备配额较少的情况下，软价格限制导致的排放升高并不明显，但每增加1单位的储备配额，排放升高的边际效应就会逐渐放大，绝对价格上限会导致排放的大幅增加。因此，带有适度规模的储备配额的价格安全阀方案优于绝对价格上限的价格安全阀方案，设计储备配额数量的原则是在获得主要收益（控制减排成本和碳价格波动）的同时，避免产生过多的副作用（排放增加）①。

目前，储备配额与价格安全阀的结合已经成为碳市场价格调控的主要手段，不仅在北美碳市场广泛运用，在EU ETS的结构性改革提案中也有所涉及。

---

① Fell H，Burtraw D，Morgenstern R D，et al. Soft and hard price collars in a cap-and-trade system：A comparative analysis［J］. Journal of Environmental Economics and Management，2012，64（2）：183-198.

专栏6-1　　　　　　　　加州与RGGI的储备配额设计

一、加州价格控制储备

为了防止碳价过高，加州设置了PCR，每年以固定价格出售一定比例的配额储备，出售价格对碳市场的价格形成了类似"天花板"的软约束。PCR配额数量第一阶段每年为当年配额预算的1%，第二阶段为4%，第三阶段为7%，每年的配额预算和PCR数量如表6-3所示。PCR出售每季度举行一次，频率与配额拍卖相同，不过与配额拍卖相独立——配额拍卖在每季度第二个月中旬，PCR出售时间则在每次拍卖之后第六周。PCR配额平均分为三个层级（Reserve Tiers），每个层级的配额数量相等，但出售价格不同，呈等差分布——2013年三个层级的出售价分别为40美元、45美元、50美元，价格会在之后逐年递增，递增速率为5%与上一年CPI变化率之和。三个层级配额出售的顺序为价格较低的先出售，售完之后再出售价格更高一层级的配额。如果最高层级的配额售尽，配额市场价格可能突破储备出售价所设置的"价格安全阀"，因此该价格的安全阀为软性价格约束。

表6-3　　　　　　　2013—2020年加州的配额预算与储备配额

年　份	配额预算	常规配额数量	价格控制储备（PCR）配额数量	可再生电力储备（VRE）配额数量
2013	162.8	160.4	1.6	0.8
2014	159.7	157.3	1.6	0.8
2015	394.5	377.7	15.8	1.0
2016	382.4	366.1	15.3	1.0
2017	370.4	354.7	14.8	0.9
2018	358.3	332.3	25.1	0.9
2019	346.3	321.2	24.2	0.9
2020	334.2	310.0	23.4	0.8

注：1.加州储备配额分为两部分，除了PCR外，每年还有一小部分用于鼓励自愿可再生电力（Voluntary Renewable Eletricity，VRE）的储备配额；2.配额预算=常规配额数量+PCR配额数量+VRE配额数量。

二、RGGI 成本控制储备

2013 年的 RGGI 修订方案增加了新的成本控制机制——"CCR"。CCR 用于配额拍卖中，基本原理是当配额拍卖价格高到一定程度时，CCR 用来增加拍卖配额的供给，进而抑制结算价格。CCR 配额在配额预算之外，2014 年为 500 万短吨，2015 年后数量固定，每年为 1 000 万短吨。RGGI 的拍卖采用密封投标拍卖，每个投标者分别进行报价，在任一拍卖中，当投标价格大于等于 CCR 触发价格，且投标量超过配额的拍卖总量（除 CCR 配额外）时，CCR 配额方可进入拍卖。该次拍卖的结算价即为 CCR 配额的售价，该价格必须至少不低于 CCR 触发价格。CCR 触发价格 2014 年为 4 美元，2015 年为 6 美元，2016 年为 8 美元，2017 年为 10 美元，以后每年递增 2.5%。每场拍卖中 CCR 可供拍卖的数量等于相关的拍卖账户中记录的量，该数量用光后当年不再补充，即便该年后续的拍卖满足上述两项条件，也不再进行 CCR 拍卖，次年 1 月 1 日则将在相关的拍卖账户中补满到当年规定的数量。

三、加州与 RGGI 储备配额机制比较

加州和 RGGI 虽然都有储备配额的设计，但也有以下不同：

（1）额度设计不同，加州取常规配额总量的固定比例且递增，三个阶段分别为 1%、4% 和 7%；RGGI 取固定数量，2014 年为 500 万，以后每年均为 1 000 万。

（2）加州每年的储备配额之间互相独立，未用尽的将滚动到下一个年份，而 RGGI 的设计是每年 1 月将储备配额比例补满到法定额度。

（3）加州储备出售独立于拍卖，RGGI 储备出售是拍卖的一部分，这种设计继而导致了以下几点区别：①条件性，加州每年 4 次的储备配额出售只要有履约实体投标就可进行，RGGI 只有在拍卖中当投标价格达到触发价格或以上，且投标量大于拍卖量时，储备配额才可进入市场；②价格，加州储备以固定价格出售，而 RGGI 储备的出售价格由拍卖结算价决定；③对象，加州的储备配额仅可以出售给有履约责任的排放企业，而 RGGI 储备由于直接参与拍卖，并不限制买方。

> 相较之下，就调控效果而言，RGGI单年的储备比例更大且较稳定，2015—2020年储备比例在14%~16%；其次，RGGI的储备直接参与拍卖，调控更为直接，而加州储备出售由于与拍卖有一定的时间差，所以有滞后效应。不过，对于市场参与者来说，加州方案设计——价格固定、单独出售、只针对履约企业——更为简洁，调控信号更为明确。具体两个方案到底谁优谁劣，还有待市场的检验。

（3）提前拍卖

提前拍卖是指将未来年份的配额提前进行拍卖，从而增加了当前碳市场的供给，能够起到抑制价格过高的作用。如果这部分配额可以用于履约，则相当于预借。不允许预借的ETS进行提前拍卖则起到了提前锁定碳价成本的作用，类似于期货，给企业提供了一种规避碳市场风险的选择。在加州碳市场中，提前拍卖（advance auction）与当期拍卖（current auction）一起进行，提前拍卖的为三年后的配额，2015—2020每年配额总量的10%进入提前拍卖。RGGI的提前拍卖是个可选选项，第一阶段对第二阶段约5%的配额进行提前拍卖，第二阶段由于配额供大于求，因此提前拍卖被取消。

6.3　控制价格过低的机制

6.3.1　价格下限与配额回购

价格下限是指通过一定的价格或数量手段使得碳价格保持在一定水平上。在碳市场中设计价格下限的主要目的是控制价格的剧烈波动；在价格低迷的情况下保证刺激最低限度的减排；提供稳定的碳价格信号，以保证对低碳技术和清洁能源投资的激励作用，促进长期减排。

在碳交易的整体设计中考虑价格下限与价格上限的关系。为保证气候政策的有效性，如果引入价格上限，就应引入价格下限[①]。因为在价格上限限制低碳投资的最高回报的前提下，如果没有价格下限，"收益有上限、

---

① Philibert C. Price caps and price floors in climate policy[J]. IEA Information Paper, 2008.

风险无下限"的预期将会打击低碳投资者的信心，因此价格下限作为价格上限的对映体显得非常必要[1][2]。

价格下限一般可通过三种途径实现：第一，一级市场中的拍卖保留价格[3]；第二，二级市场中的配额回购；第三，在碳配额价格的基础上对排放企业额外征收税费[4]。

拍卖保留价格是指配额拍卖中的最低投标价，当配额价格低迷时，设置保留价格可以达到减少进入二级市场的配额数量的目的，在现有的政策设计中，拍卖保留价格是应用最广的方案。

目前，加州、魁北克、RGGI均设置了拍卖保留价格，EU ETS的改革方案中也包括保留价格的提议。拍卖保留价格之所以广受欢迎，一方面是因为除了价格下限本身对减排和低碳投资的刺激作用之外，配额拍卖中的价格下限还将保证拍卖收入的稳定性，而拍卖收入是政府进行低碳投资的重要资金来源；另一方面，配额拍卖作为配额交易的一级市场，与二级市场相独立，一级市场的价格下限不是整个碳市场的价格下限——在保留价格的情况下，并不妨碍二级市场配额价格降低到保留价格以下，因此拍卖保留价格的政治影响远小于二级市场价格下限[5]。

二级市场的配额回购是指政府承诺出资以固定价格从碳市场中回购配额，当配额价格下降到该价格时，政府回购将减少市场供给。这一政策使用的较少，目前仅有澳大利亚的碳价机制在固定价格期间，规定政府可回购企业免费获取的配额，回购有效期为从获得配额所在履约年的9月1日

---

① Burtraw D，Palmer K，Kahn D. A symmetric safety valve[J]. Energy Policy，2010，38（9）：4921-4932.

② Fell H，Morgenstern R D. Alternative approaches to cost containment in a cap-and-trade system[J]. Environmental and Resource Economics，2010，47（2）：275-297.

③ reserve price.

④ Wood P J，Jotzo F. Price floors for emissions trading[J]. Energy Policy，2011，39（3）：1746-1753.

⑤ 拍卖保留价格被视为直接干预并破坏市场的价格干预措施而备受争议，但是无法直接干预二级市场也使得拍卖保留价格控制价格下限的作用受到了局限，尤其是在配额拍卖比例占比不高的情况下。而且，在有市场连接和抵消机制的情况下，很有可能进口的碳价格会低于本土碳价，拍卖保留价格也有可能无法控制价格下限。

至下个履约年的 2 月 1 日。政府回购价将依照澳大利亚储备银行最新商业债券指数，将当年固定价格配额的价格折现至当前履约年的 6 月 15 日。配额回购可以作为碳市场价格过低时的一种救市措施。

不过与拍卖保留价格不同，利用配额回购来实现二级市场价格下限的政策属于直接的政府干预市场的措施，这一措施的使用存在较大政策阻力。一方面，回购配额的资金来源是一大难题，如果配额大部分以免费方式分配，回购资金只能从其他财政资金中挪用，即使有足够的配额拍卖收入，用于配额回购也将影响原有的拍卖收入用途；另一方面，如果与国际碳市场相连接，在进口碳价低于本土碳价的情况下，配额回购的资金需求可能是无底洞，财政风险被放大，政府很难履行回购承诺。

如果二级市场价格下限不通过配额回购实现，而是以行政指令强制实施，则可行性更低。欧盟就明确提出不在二级市场设计价格下限，原因是这种措施直接干预市场交易，对市场效率影响较大，会降低市场的流动性，也很有可能使很多交易从场内走到场外[1]。另外也有观点认为，只要在拍卖中设计了保留价格，就没有必要同时在二级市场中设计价格下限，特别是拍卖在初级配额分配中所占比例较大的 ETS，保留价格已经足够起到对市场的支持作用。

在碳市场之外，再针对碳排放征收税费（为表述方便，以下统一以"税"相称），是碳税（价格手段）与碳交易（数量手段）的直接叠加。税率既可以是固定的，又可以是浮动的。前者即为传统的碳税，保证碳价高于碳税税率，但如果配额价格也较高，将会带来过高的双重碳成本；后者指先事先设计价格下限，价格下限与配额价格的差值设为税率水平，难点是配额价格的预测。两者相比较之下，后者更为合理和可行。与碳市场预期配额价格相挂钩的浮动碳税最典型的案例是英国最低碳价[2]政策，英国从 2013 年 4 月开始在电力行业实施该政策，通过对电力燃料征收碳税来达到支撑碳价的目的，税率水平根据预测的两年之后的配额价格提前两年确定。

① Gerard Wynn，Reuters. COLUMN-EU readies second-best carbon market fix［EB/OL］.［2012-01-04］. http://www.reuters.com/article/2012/01/04/carbon-idUSL6E8C30TO20120104.

② Carbon Price Floor.

专栏 6-2　　　　　　　　　**英国最低碳价政策**

2013 年 4 月 1 日，英国开始在电力行业实施最低碳价（Carbon Price Floor，CPF）政策。根据政策设计，电力企业面临的最低碳价从 2013 财年的 16 英镑每吨，每年上涨约 2 英镑，逐步达到 2020 财年的 30 英镑每吨。2020 财年以后则每年上涨约 4 英镑，在 2030 财年达到每吨 70 英镑（以上均以 2009 年物价水平衡量）。

最低碳价政策仅针对电力行业，目的是通过长期、稳定的碳价格预期，来刺激低碳电力投资。最低碳价通过碳价支撑税率（Carbon Price Support rate，CPS rate；以下简称"CPS 税率"）来实现，基本原理是使得 EUA 价格加上 CPS 税率等于所设计的目标最低碳价，如图 6-6 所示。因此，CPS 税率由目标最低碳价减去预期 EUA 价格得出。每年 3 月份的英国财政预算将公布两年后的 CPS 税率。例如，2011 年 3 月，英国财政部公布 2013 年 4 月 1 日至 2014 年 3 月 31 日的 CPS 税率，以此类推。目前，已经确定了头三年的 CPS 税率，第一个财年（2013 年 4 月 1 日——2014 年 3 月 31 日）为 4.94 英镑每吨，第二个财年（2014 年 4 月 1 日—2015 年 3 月 31 日）为 9.55 英镑每吨，第三个财年（2015 年 4 月 1 日—2016 年 3 月 31 日）为 18.08 英镑每吨。

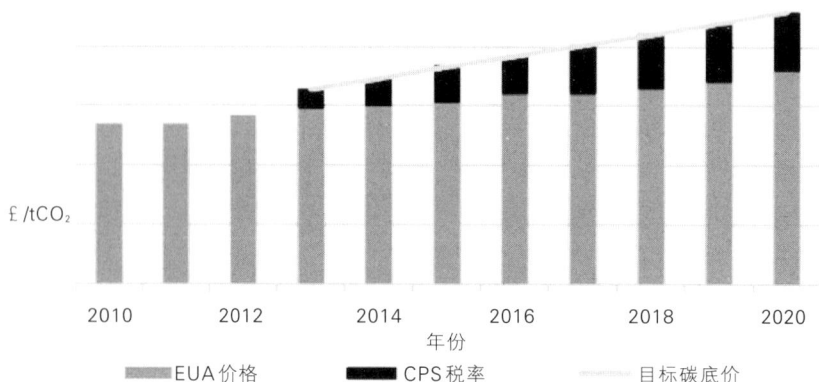

图 6-6　最低碳价政策示意图

CPS 税率针对的是电厂燃料，包括煤炭、石油、天然气等。CPS 税率的税种包括针对天然气、LPG 和固体燃料（煤炭或焦炭等）征收的 CCL 及针对油品征收的燃油税（fuel duty）。由于按照燃料的碳含量比例征收，因此这两个税实质上是碳税。最低碳价政策本质上是将碳税与碳交易结合起来的创新碳定价方式，碳税与预期碳交易价格挂钩形成了碳价格下限。

由于 CPS 税率是根据预期的 EUA 价格设定的，而实际价格与预期会有所区别，因此实际形成的碳价格（即 EUA 价格加上 CPS 税率）与设计的目标最低碳价会有所差别。

例如，2011 年 3 月设计第一财年税率时，EUA 价格为 15 欧元左右，而到 2013 年 4 月份开始实施时，EUA 价格已跌至 5 欧元以下，加上 4.94 英镑的 CPS 税率，每吨碳排放的实际价格不到 10 欧元，与目标最低碳价有较大差距。不过由于该税率每年都有调整，因此能够及时应对碳价变化，保证最低碳价不会持续偏离设计的轨道。2013—2015 年，英国电力企业实际面临的碳价成本如表 6-4 所示（EUA 价格以当年年底期货价格估算），分别为 8.92 欧元、14.43 欧元、24.53 欧元，相当于 7.65 英镑、12.38 英镑、21.04 英镑。

表6-4　　　　2013—2015年EUA价格和英国电力最低碳价

	EUA价格 （欧元）	CPS税率 （英镑/欧元）	EUA价格+CPS税率 （英镑/欧元）
2013	3.16	4.94/5.76	7.65/8.92
2014	3.30	9.55/11.13	12.38/14.43
2015	3.46	18.08/21.07	21.04/24.53

注：1.EUA 价格为 2013 年 4 月 19 日时，该年 12 月份到期的 EUA 期货价格；

2.汇率按 2013 年 4 月 19 日计：1 英镑=1.1657 欧元。

6.3.2　配额退出或搁置机制

配额退出（retirement）或搁置机制是指 ETS 管理者将其多余配额永久或暂时退出市场，以解决或缓解配额过量问题的补救措施。目前运用的配额退出或搁置机制包括三种：未拍出配额的搁置和退出、未出售储备配额的退出、未分配预留配额的退出。这些配额退出机制是一种事后调整机制，除了拍卖配额的搁置和退出以外，其他配额搁置机制均在每一阶段结束后才能实施。

拍卖配额的搁置和退出一般必须与价格下限（即拍卖保留价格）相结合。RGGI 和加州、魁北克的配额拍卖均设计了保留价格，如果配额过量，可能有部分配额未拍出。加州和魁北克的未拍出配额并不能直接进入下次拍卖，只有当连续两次拍卖结算价格高于保留价格的时候，才能被重新拍卖。这种搁置机制在配额过量的情况下将持续减少市场上的配额供给，帮助碳价尽快回到浮动状态，同时又不改变长期的配额总量。RGGI 规定各州保留处置剩余拍卖配额的权力，允许在每个阶段结束后将剩余配额退出市场，第一阶段结束后七个州行使了该权力，拍卖账户中 1.09 亿短吨未拍出配额中有 0.83 亿吨退出市场。[①]

调节总量的储备配额，预留给新入的排放企业或作特殊用途的配额，在每一阶段结束后如果未用尽也可退出市场。例如，EU ETS 的第二阶段部分成员国决定将未发出去的预留配额退出市场[②]；RGGI 第一阶段 0.33 亿短吨预留配额中有 0.16 亿吨退出了市场[③]。

6.3.3　配额总量更新机制

如果配额过剩现象（即配额创建数量多于排放量）已经出现，对于过剩配额，根据配额持有者的不同，有两种解决手段。第一种手段针对的是 ETS 管理者手中持有的过剩配额，这部分配额直接退出市场，即将其从管理账户中注销；第二种手段针对的是私人（即非管理者）持有的过剩配额，由于配额已经发放下去，所有权不属于管理者，管理者无权再直接对

---

①　Regional Greenhouse Gas Initiative, Inc. RGGI First Control Period CO_2 Allowance Allocation[EB/OL]. http://www.rggi.org/docs/Allowance-Allocation.pdf,2012-2-27.

②　Ellerman A D, Convery F J, De Perthuis C. Pricing carbon: The European union emissions trading scheme[M]. Cambridge University Press,2010.

③　Regional Greenhouse Gas Initiative, Inc. RGGI First Control Period CO2 Allowance Allocation[EB/OL]. [2012-02-27]. http://www.rggi.org/docs/Allowance-Allocation.pdf.

这部分配额进行处置。管理者可以选择对下一阶段的配额总量进行更新，即在原来设计的配额总量的基础上扣减过剩配额数量（两种手段的基本原理如表6-5所示）。若管理者和非管理者手中均持有过剩配额，则可以同时采用配额退出与总量更新机制。

表6-5　　　　　　　　　　　　配额退出与总量更新机制

	第一阶段配额总量	第二阶段配额总量
原有设计	C_1	C_2
配额退出机制	C_1-a	C_2
配额总量更新机制	C_1	C_2-b

注：a为管理者持有的过剩配额；b为私人持有的过剩配额

碳交易体系某一阶段结束以后，已通过免费分配、拍卖等方式发放的配额超过碳市场的基本需求（即企业的排放量），在下一阶段开始的时候可以将两者的差值在新的配额总量计算中扣除。在2013年的RGGI改革方案中，RGGI的2014—2020年配额预算须扣除前期的过剩配额。配额总量更新机制的作用是避免前期过剩配额对未来碳市场需求的影响，与配额退出机制一样，属于一种事后调整的措施。

6.3.4　拍卖后置

拍卖后置（back-loading）指将当前年份的拍卖配额后置到未来进行拍卖。拍卖后置并不属于常规的价格调控机制，而是 EU ETS 在应对碳市场危机时提出的一种解决方案。[①]欧盟提议将9亿吨配额拍卖时间从2013—2015年推迟到2019—2020年，如表6-6所示。该方法将减少短期内的配额供给，在一定的时间内对碳价起到支撑作用，并且有助于提高初期的配额拍卖收入。因此，该方法相当于一个应急措施，整个阶段的配额供给不变，而后置配额重新进入市场后仍将再次对碳价形成冲击，目前欧

---

① European Commission. COM（2012）652 final，Report from the Commission to the European Parliament and the Council，the State of the European Carbon Market in 2012［EB/OL］.［2012-11-14］. http://ec.europa.eu/clima/policies/ets/reform/docs/com_2012_652_en.pdf.

盟寄希望于2019年这部分后置配额进入市场时整体市场需求已经得到提振（如果2020年后的排放约束较强的话，政策设计目的有望实现）。不过，在2013年4月的欧洲议会投票中，拍卖后置提案被否决，欧盟期望通过调整配额拍卖时间来刺激配额价格提高的计划落空。

表6-6　　　　　EU ETS第三阶段拍卖配额调整（单位：百万吨）

年份	减少的拍卖数量	增加的拍卖数量	最终拍卖配额
2013	400		808
2014	300		543
2015	200		629
2016			732
2017			935
2018			939
2019		300	1 245
2020		600	1 572

资料来源：COMMISSION REGULATION （EU），amending Regulation （EU） No 1031/2010 in particular to determine the volumes of greenhouse gas emission allowances to be auctioned in 2013-2020, European Commission. http://ec.europa.eu/clima/policies/ets/cap/auctioning/docs/20121112_com_en.pdf.

专栏6-3　　　　　　　　　RGGI改革的配额调整

　　2013年2月，深陷低价困扰的RGGI公布了改革方案。根据该方案，2014年以后的RGGI配额预算将大幅削减45%，在此基础上还将进一步扣减前期的过剩配额，2014—2020年累计配额削减幅度将达到55%左右。

　　修订方案缩紧配额总量分两步进行，第一步先大幅削减配额预算的基数，第二步再针对前几年的过剩配额作出调整。

　　首先，2014年，RGGI基础配额预算（Base Budge，BB）数量从1.65亿短吨削减到0.91亿短吨，削减幅度达45%；自2015年开始，在0.91亿短吨的基础上逐年递减2.5%，到2020年实现减排15%，2020年的基础配额预算约为0.78亿短吨。2014—2020年的基础配额预算数量如表6-7所示。各州的基础配额预算等比例削减。

表6-7	2014—2020年RGGI配额预算（单位：短吨）						
	2014	2015	2016	2017	2018	2019	2020
基础预算	91 M	89 M	87 M	85 M	82 M	80 M	78 M
第一次临时调整（49 M）	7 M	7 M	7 M	7 M	7 M	7 M	7 M
第一次调整后预算	84 M	82 M	80 M	78 M	75 M	73 M	71 M
第二次临时调整（60 M）		10 M	10 M	10 M	10 M	10 M	10 M
第二次调整后预算	84 M	72 M	70 M	68 M	65 M	63 M	61 M

注：M为100万。

　　其次，将基础配额预算扣除前期的过剩配额进行调整，形成"调整后配额预算（Adjusted Budget，AB）"，调整后配额预算才是最终的配额预算。第二步缩紧总量的目的是为了解决过剩配额问题——由于配额可跨期存储，市场上超出排放部分的过剩配额会降低未来的配额需求。而且，这部分过剩配额为数不少，如果不加以解决，碳市场的稀缺性依然无法得到保障，碳价难有起色。调整对象为私人持有的前五年（2009—2013）配额数量，分为"第一次临时调整"和"第二次临时调整"两块。"第一次临时调整"指的是对第一控制期（2009—2011）过剩配额的调整，该次调整值平均分摊到2014—2020年的配额预算；"第二次临时调整"指的是对第二控制期头两年（2012—2013）过剩配额的调整，该次调整值平均分摊到2015—2020年的配额预算。在RGGI的评估预计中，第一控制期过剩配额总量为49M，因此"第一次临时调整"的值为7M；2012—2013年过剩配额总量为60M，"第二次临时调整"的值为10M。两次调整之后，2014—2020年的配额预算如表6-7所示。预计2014年的配额预算数量将为84M，2015年为72M，之后逐渐递减到2020年的61M。

　　各州"第一次临时调整"的值须在2014年1月15日前确定，计算公式等于第一控制期过剩配额除以7再乘以各州配额比例。第一控制期过剩配额指：2014年1月1日时，RGGI登记注册系统——碳配额追踪系统（CO_2 Allowance Tracking System，CO_2ATS）——的普通账户和履约账户中的2009—2011年份的配额数量之和减去该时期内的排放量。

各州"第二次临时调整"的值须在 2014 年 3 月 15 日前确定,计算公式等于第二控制期过剩配额除以 6 再乘以各州配额比例。第二控制期过剩配额等于:2014 年 3 月 15 日 COATS 的普通账户和履约账户中的 2012—2013 年份的配额数量之和减去该时期内的排放量。

由于两次临时调整的值最迟要到 2014 年 3 月 15 日才能确定,因此 RGGI 在 2014—2020 年的最终配额预算最迟也要到该日期才能敲定。根据表 6-7 的估算结果,调整之后 2014—2020 年的配额预算总计约为 48 亿短吨,如果不改革的话该阶段配额预算数量将高达 107 亿短吨,因此修订方案的配额总量缩紧幅度可达 55%。

第7章

碳市场金融化：市场风险与监管体系

7.1 碳金融市场可能面临的风险和挑战

碳市场的监管是指监管主体运用法律、经济及行政等手段，对碳排放权的初始分配、权力行使、权利交易等行为及其与碳排放权交易相关的问题进行监督和管理，并不涉及排放及减排活动的监管。EU ETS，美国酸雨计划的SO_2排放交易体系以及美国十个州目前已实施的RGGI，均是在缺乏系统的监管框架下发展起来的，随着市场的不断发展和经济、金融市场格局的不断演化，碳金融市场风险识别及风险监管框架也在不断完善之中。

对碳市场可能存在的风险和市场整体发展存在的挑战进行记录、分析和预估是制定政策调整手段和构建监管体系的前提。根据对先期运行的碳市场的发展的跟踪，碳市场在发展过程中可能面临的风险主要包括市场基础风险、市场运行风险和市场滥用风险三个方面。

7.1.1 市场基础风险

（1）配额的合理供给。EU ETS第一阶段配额的超额供给导致配额价值一度趋近于零，使得其市场有效性及可持续性遭到质疑。实践证明，配额过度分配或是分配不足都会打击市场信心。此外，部分金融市场参与者担心，如果未来衍生品的数量迅速增长，以至于金融合约数量超过了发放的配额数量的总和，也会对碳金融衍生品市场产生不利影响。

（2）多个市场的连接。全球碳市场自下而上分散发展，不可避免地要面临各市场之间缺乏联系的问题，这也被认为是限制全球碳交易进一步发展的主要障碍。未来，整个碳市场的流动性有望随着在市场间建立有效连接，以及在各地区、各政府间实现更广泛的注册连接而得到提高，通过连接形成的市场容量及其有效维护是整体市场有序运行的保障。

（3）共同的市场标准。分散交易体系面临的一个重要问题就是如何围绕共同的标准发展，以增加整个碳市场的流动性、透明度和市场发展的深度。以我国为例，哪些类型的项目适用于注册CDM或我国的温室气体自愿交易标准；哪些减排信用能够被不同的体系、渠道（市场）普遍接受；哪类会计标准适合拓展以融入碳交易的企业会计体系，多个市场或多个试点之间何时可以在会计标准上对接或统一等问题都是市场标准的重要方面。

（4）市场主体诚信。碳市场设计的初衷是应对气候变化，高效地实现经济体的节能减排目标。因此，对于市场主要参与者、主要需要履行减排目标的企业、投资者、金融工具的设计者而言，碳市场发展与节能减排总体目标之间的关联度尤为重要。任何来自碳市场的微观市场行为以及宏观发展上与节能减排的总体目标背道而驰的评价都有可能给市场长期、有序发展带来不利的影响。例如，在应对气候变化的大背景下，很多投资机构为了迎合这一主题，向投资者推销新的主题产品，但如果这些产品无法达到其诉求的减排效果，投资者发现产品不符合其利益诉求，则会导致大量资本流失，进而导致市场失调，损害消费者利益和市场信心。

（5）市场初级阶段风险。碳市场发展历史较短，缺乏有规律性的数据积累和成熟的避险工具，给参与企业的风险管理带来了更多的不确定性。同时，对于一个年轻的市场，无论是市场设计者还是操作者的经验积累都非常有限，受管制的公司和投资、咨询机构也缺乏相应的人才储备和能力准备。这些因素都可能导致市场操作失误或出现事故的概率较高，从而损害投资者的利益。因此，参与企业需要尽快开发和建立完善的碳资产管理体系，控制和管理碳风险，并且仔细考虑碳资产管理工具可能存在的缺陷及其影响。同时，碳金融市场工作人员的从业资格以及能力保障体系也必须在市场建立之初就考虑在监管体系的设计范围之中。

7.1.2　市场运行风险

（1）信息风险。透明度是建立市场信息的基石。市场发展的有序性在很大程度上取决于市场参与者以及公众是否能够及时、准确地获得有关交易规模、质量、价格等方面信息。因此，需要由官方建立信息发布体系，明确信息发布的内容、频率和渠道，做到有序、及时地整理和发布有关市场设计规则执行情况的报告。此外，第三方对市场信息质量及市场运行情况的评估对于提升市场透明度、避免市场信息混乱的情况也十分关键。

（2）流动性风险。在一般情况下，市场围绕着具有较高流动性的交易所运行。这取决于市场本身的商品化程度，从而使参与者针对相对较少的产品寻求风险管理解决方案。如果市场的发展致使交易工具可替代性低，进而导致流动性分散，则会有损市场信心。低流动性阻碍了参与者的自由交易，会给市场和潜在投资者带来风险。

（3）垃圾碳资产风险。目前，全球碳交易包括配额交易和项目信用两种。项目交易包括一级、二级 CDM 交易和 JI 交易。CDM 和 JI 二级市场主要是指由碳基金的投资行为建立的规模庞大的不受国际法约束的碳金融市场。在不同机制形成了不同产品的同时，又形成了在交易所等平台上完成的场内交易和交易平台之外的场外交易，并且衍生出远期、互换、期货、期权等产品，呈现出碳货币证券化和发展为套利交易产品的趋势。将来碳证券产品可能发展得更多、更加复杂，可能会有不同来源和类型的碳资产捆绑在一起。随着交易变得更加复杂，产品也会变得更加不透明。如何衡量这些金融产品的质量将成为方法和评估技术上的难题，这种技术上的不确定性将使碳衍生品交易变得更加不透明，更易于隐藏和传递风险。

7.1.3　市场滥用风险

2009—2010 年，EU ETS 连续发生了多起系统安全事故和利用碳交易系统进行非法牟利的行为。例如，利用碳市场作为工具的严重犯罪行为，包括欺诈、洗钱、为恐怖活动筹资等。典型的就是增值税欺诈事件，或以碳市场为目标的盗窃犯罪行为，包括利用网络钓鱼或者黑客攻击登记系统来盗取账户中的配额或减排信用。这类犯罪行为会严重损害市场的信誉并打击市场参与者的信心。另外，还有可能出现操纵市场和内幕交易等问题。操纵市场是指利用资金、信息等优势或滥用职权，影响市场价格，扰乱市场秩序的行为。内幕交易是指内幕人员和以不正当手段获取内幕信息的其他人员违反法律、法规的规定，泄露内幕信息，根据内幕信息进行买卖或者向他人提出买卖建议的行为。操纵市场和内幕交易的行为人为地扭曲了市场的正常价格，是市场竞争机制的天敌，违背了金融市场透明和公平的原则。这两者在成熟的金融市场上较为常见，虽然目前尚未在碳市场出现过，但在碳市场的规模日益扩大，市场参与方增多的情况下，未来很有可能出现这类金融违规行为。

7.2　欧盟碳金融监管框架

目前，一级市场交易的远期合约一般有严格的管理机构和第三方核证机构来确保减排信用的有效性。在一级市场上，监管者主要致力于追踪配额的初始所有权、配额拍卖的实施以及碳抵消信息的创造和核证。

二级市场上兼有现货交易与期货交易，根据欧盟颁布的《金融工具市场法规》（Market in Financial Instruments Directive，MiFID），二级市场即时交割的排放配额交易目前在欧盟一级不受监管。因此，早期二级现货市场对大部分欧盟ETS来说都是监管的"真空地带"。

碳衍生品市场一般与其他衍生品市场一样，被直接纳入金融监管的范畴之内。在欧洲，碳衍生品符合市场滥用指令（Market Abuse Directive，MAD）关于"金融工具"的定义，因此只要在受监管的市场上交易，便必须遵循MAD的规定，从而降低了操纵市场和内幕交易等市场违规行为的风险。另外，碳衍生品只要在有监管的市场或多边交易场所（Multilateral Trading Facility，MTF）进行交易，便在MiFID的管制范围之内，提供碳衍生品投资服务的金融中介机构必须得到MiFID的授权，并受相应金融法规的监管，以满足一系列商业行为规则和市场信息报告的要求。

2009—2010年，EU ETS连续发生了多起系统安全事故和利用碳交易系统进行非法牟利的行为。这些事故部分是由于系统设计上存在漏洞，部分是由于管理制度上存在缺陷。值得注意的是，这些事故全部发生在二级现货市场上，这与前面提到的二级现货市场处于监管"真空地带"不无关系。相反，市场份额大得多的衍生品市场由于处于金融法规的监管范围内，所出现的问题也较少。

专栏 7-1　　　　　　　　EU ETS 已发生的监管事故

一、增值税欺诈（VAT fraud）

按照欧盟的税收规定，欧盟内部商家从本国供应商处购买的商品或服务的价格中包含增值税，但商家可以向税收机关申请退还这笔税款；如果是从另一个成员国供应商处购买，价格中则不包含增值税，因此，便存在向政府骗取退税的操作空间。增值税欺诈促使 EUA 的现货交易量在2009年出现激增，4月时达到高峰，全年的交易额从2008年的75亿美元猛涨到2009年的268亿美元。这种"旋转木马"的增值税欺诈行为不仅发生在碳市场，而且广泛存在于计算机芯片、手机、贵金属和香水等交易中。2009年底，欧盟委员会对这5种交易行为实行"反向征收机制"，对EUA交易来说就是向EUA买方而非卖方征收增值税，这个政策杜绝了EUA被用作增值税欺诈工具的可能性。"反向征收"政策出台以后，EUA的现货交易便大幅减少。

二、网络钓鱼和黑客攻击

2010年1月，网络钓鱼第一次出现在欧洲碳市场，少数德国账户持有人接到了一个假的电子邮件并做出回复，提供了公司账户的登录细节等信息。在2010年11月，更为复杂的涉及"特洛伊木马"病毒的钓鱼事件发生了，虽然并未成功，但是德国登记处为以防万一将交易关闭了数天。同月，罗马尼亚水泥生产商Holcim的账户也受到类似攻击，160万吨EUA被盗，最后只追回了60万吨，另外100万吨已被转移到列支敦士登。截止到2011年1月，EU ETS至少有300万吨的配额可能被盗并被网络犯罪分子迅速转手重新进入市场，造成的损失可能超过5 000万欧元。如果被盗的配额不能被用来履约，这一欺诈会严重影响市场的供需平衡，同时严重打击市场参与者的信心。为了防止进一步的攻击，欧盟委员会于2011年1月19日决定关闭所有国家的登记系统并冻结所有现货交易，各国只有在证明其登记系统符合最低的安全标准后才能重新开放，列支敦士登甚至关闭了3个月之久。

造成如此混乱的局面有多方面的原因，首先，EU ETS每个成员国拥有单独的登记系统，并且系统之间相互连接，根据"木桶短板"的原理，最弱的系统决定了整个体系的安全等级，因此东欧国家的登记系统的账户出现问题，会直接波及整个ETS的登记系统和现货交易；其次欧盟各国对碳排放权的监管分类不同——例如，罗马尼亚将EUA归类为金融工具，而奥地利则将其归类为商品——使得监管体系非常混乱，配额流出国境后没有统一的法律进行跨国监管；再次，虽然受到攻击的国家登记系统及时发布了被盗配额的序列号信息，但由于这些信息是由账户持有者提供的，既无法保证无遗漏，又无法保证及时，而当时欧盟没有权力也没有能力获得所有被盗配额的序列号信息，也就无法进行统一的信息发布。因此，在这些系统安全事件发生后，欧盟针对EU ETS的监管体系展开反思，并进行了一系列的改革措施。一方面，管理权限上移，建立统一的登记系统，管理员、监管机构、执法部门才有权获得数据信息；另一方面，提议将二级现货市场纳入金融监管体系中去，利用已有的成熟监管体系保证碳金融市场的安全。

三、CER重复使用

2010年3月，EU ETS成员国匈牙利将已经提交用于履约的170万吨CER再次在现货市场上出售。这种违规行为为碳市场所特有，减排信用的重复使用，破坏了减排的环境完整性，对以控制温室气体排放为目标的碳交易体系来说是巨大的伤害。针对这种制度漏洞，欧盟2010年的《登记系统管理规定》（Commission Regulation（EU）No.920/2010）对2004年的版本进行了修订，提出已被提交的CER或ERU不能再次被提交，且不能转移到履约账户或个人账户，更重要的是提出设立"退休账户"（retirement account），提交的CER或ERU只能转移到退休账户。法律修改以后，减排信用重复使用的漏洞就此堵上。

　　欧盟的碳金融监管框架主要由相关法律法规、各层级的监管机构以及登记系统和交易日志三个方面构成，下面将分别从这三个方面对欧盟碳金融监管框架的现状及为应对这一新兴市场漏洞可能做出的政策调整进行详细的说明。

7.2.1　欧盟碳市场监管的相关法律

　　欧盟碳交易监管的法律主要由碳市场的相关指令、金融市场与能源市场的相关立法构成。其中，碳交易的相关指令明确了碳减排的目标、碳指标的分配方式、受控碳排放源的范围、指标登记、监测、报告、转移、追踪等制度以及碳交易的监管机构等。由于金融机构开发出一系列以配额或信用为标的的金融工具及产品，因此，与此相关的部分金融立法也适用于监管碳市场的市场行为。这些立法包括《市场滥用指令》《金融工具市场法令》以及有关市场交易的一些规定。这些法律要求被确定为金融产品的排放配额衍生品应该受到相应的管制，例如，必须在受规制的市场上交易，入场交易需满足一定的资格要求，遵守交易规则，按规定披露信息，禁止内幕交易及市场操纵，成员国的监管机构有责任监督市场运行、防止市场滥用等。此外，包括《拍卖法令》在内的其他金融法律以及与能源市场相关的法律都会影响到碳金融市场的运行和监管。[1]

　　金融危机后对各种金融业务进行综合监管和国际协调已经成为明显的趋势。这些文件中的部分内容同欧盟碳市场金融监管理念及监管制度息息相关。2011 年底，欧盟公布的一系列有关金融监管修订的提案引起了碳市场各方的广泛关注和热烈讨论。其中，新制定的《市场滥用指令》[2]、《透明度指令》[3]和《金融工具市场指令 II》[4]提案均明确规定，将把欧盟

　　① 李挚萍. 碳交易市场的监管机制研究[J]. 江苏大学学报·社会科学版，2012(14).

　　② http://eur-lex.europa.eu/LexUriServ/LexUriServ.do? uri=CELEX:32010L0078:EN: NOT Directive 2010/78/EU,Market Abuse Directive 修正案。

　　③ Directive 2004/109/EC, on the harmonisation of transparency requirements in relation to information about issuers whose securities are admitted to trading on a regulated market and amending Directive 2001/34/EC http://eur-lex.europa.eu/LexUriServ/LexUriServ. do? uri=OJ:L:2004:390:0038:0038:EN:PDF

　　④ COM (2011) 656 final 2011/0298 (COD), http://ec.europa.eu/internal_market/ securities/docs/isd/mifid/COM_2011_656_en.pdf.

排放权交易体系（EU ETS）下的排放权现货交易纳入金融工具监管体系。①

（1）《金融工具市场法规》②

《金融工具市场法规》（MiFID）最初是协调对投资公司的金融监管的一项法规，2007年11月正式实施，目的在于加强对投资者的保护，改善跨境准入以及促进整个欧盟金融市场的竞争。近期，欧盟委员会已经提议，对《金融工具市场法规》（MiFID）进行修订，修改为两部相互独立的法案：《金融工具市场法规》（第二版）（MiFID Ⅱ）和《金融工具市场规定》（MiFIR）③。其中对于碳金融市场最直接的影响包括以下四个方面：

第一，关于排放配额现货交易。根据新的议案，包括EUAs、CERs和ERUs等在内的排放信用单位都将被包括在法规的"金融工具"的定义之中。当事人只有在获得了成员国相应的金融监管机构或EU其他金融监管部门的授权后（比如，在英国，需要获得英国金融服务监管局Financial Services Authority，FSA的授权），才能够提供与以上排放权配额的现货交易相关的投资服务或将承接这类投资活动作为其主要的商务活动。

第二，关于EU ETS的合规买家。在大多数情况下，ETS的合规买家都是在交易系统管制下的公司，如能源生产企业、制造企业或者航空公司。作为工业部门，交易、买卖EUAs或京都排放单位是其主营业务之外的附属经营活动。将交易排放配额作为其附属经营活动的企业不需要得到监管部门的授权，只要符合交易体系下的成员资格标准就能够直接参与碳

---

① 何鑫. 欧盟为何建议将排放权现货纳入金融监管体系[EB/OL]. [2012-12-04]. http://business.sohu.com/20120214/n334609228.shtml.

② 在欧盟的立法过程中,欧盟委员会的提议会受到欧洲议会和欧洲理事会的详细审查并可能被修改。因此,最终颁布的法案在范围和影响上可能与以上讨论有所出入。《金融工具市场法规》(第二版)(MiFID Ⅱ)预计会在2013年生效,但是这些措施在个别成员国的实施可能会在2014年或者更久以后。

③ 以下将两部分法案统称为《金融工具市场法规》(第二版)(MiFID Ⅱ)。

现货和衍生品的市场交易，但将碳交易作为其主营业务的企业则必须得到监管部门的授权。因此，如何界定"附属经营业务"就很关键。现阶段MiFID Ⅱ新议案中并没有做出明确的解释，欧盟委员会将会制定进一步的技术标准来判断一个企业参与的碳市场的交易活动是主营业务还是附属经营活动。

第三，关于EU ETS现货市场交易员。以在欧盟排放配额和京都排放单位现货市场上进行交易为主要商务活动的交易员，也将被纳入到MiFID Ⅱ的监管。具体受到监管的服务和活动包括：用自己的账户进行交易、代表客户进行交易、接收和发送订单、投资建议以及保管客户的资产五个方面。同时，交易员由于受到金融监管影响而必须实施的管理、组织和操作要求主要包括："了解你的客户"、检查、交易汇报、保存记录、投资者保护规则、有关的业务要求（例如：对客户的条款和协议）[1]、组织要求（例如：系统和控制，管理结构）[2]、促销规则[3]以及资金要求这八个方面。

第四，关于交易所。按照新的议案任何有组织的实行或者安排基于多重第三方订单的排放配额交易的机构或渠道，都将被纳入MiFID Ⅱ的管理范围内。现在市场上能够满足这个目标的不同的交易场所或渠道将越来越多，比如受管制的市场、多边交易机构、有组织的交易机构以及系统化的内部撮合等。对于这些不同的交易渠道或机构，监管程度会有所区别[4-5]。

根据2015年11月18日欧盟委员会关于欧洲碳市场运作的报告，以上金融监管机构对于金融衍生品的定义意味着"适用于传统金融市场的MiFID Ⅱ规则（包括碳衍生品在主要平台上的交易），也适用于二级碳市场

---

[1]　Conduct of business requirements（e.g. terms and conditions of business for clients）.

[2]　Organizational requirements（e.g. systems and controls，management structures）.

[3]　Financial promotion rules.

[4]　欧盟委员已经明确指出，经营排放配额的交易所将不会被要求设置持仓限额。

[5]　Proposed Regulation of EU Emissions Allowances as Financial Instrumentshttp://www. shearman. com / proposed-regulation-of-eu-emissions-allowances-as-financial-instruments-11-08-2011/.

的现货部分"使其以保护投资者和市场诚信为出发点，在透明度方面与衍生品市场保持同等地位。①

（2）《市场滥用法规》的修改议案②

《市场滥用法规（Directive 2003/6/EC）》2003年1月份正式实施，旨在协调各国法律，禁止内部交易和操纵市场。欧盟委员会建议把MAD修订和修改为两部相互独立的法案：《市场滥用规定》（MAR）和《市场滥用的犯罪处罚法规》（CSMAD），尤其是MAR的条例将涵盖配额的一级和二级市场中的拍卖、交易等行为。与碳金融市场最直接相关的内容包括以下两个方面：

第一，披露内部信息的责任。因符合MiFID Ⅱ"金融工具"的定义，欧盟排放配额和京都排放单位将被纳入到提案的MAR和CSMAD管理范围内。将这种金融工具（及其衍生品）纳入市场滥用管理体制下，是该体制的一次重大的扩展。任何涉及欧盟排放配额和京都排放单位的违禁行为，例如拥有内部消息同时进行交易或者进行市场操纵，会被以市场滥用罪名处以数额最高无上限的罚款，并接受成员国监管部门的其他处罚。

根据新的提案，任何参与到欧盟排放配额和京都排放单位交易中的个人，都有向公众披露内部信息的义务。内部信息指的是这些信息一旦被公开，将会显著地影响到相关的金融工具的价格。不同于证券市场，仅有发行商承担披露内部信息的义务，碳市场的披露信息的义务适用于其行为可以对排放配额的价格产生实质影响或导致间接内幕交易风险的实体（例如拥有和使用某种温室气体排放设施）。实际上，在一般情况下，只有EU ETS大型排放源的信息（例如隶属于欧盟能源部门）才有可能会对欧盟排

---

① https://www.emissions-euets.com/mifid2-mifir.

② 在欧盟的立法过程中，欧盟委员会的提议将会受到欧洲议会和欧洲理事会的详细审查并可能被修改。因此，最终颁布的法案在范围和影响上可能与以上的讨论有所出入。欧盟委员会规定，各成员国有两年的时间将《市场滥用的犯罪处罚法规》（CSMAD）写入本国法律，《市场滥用规定》（MAR）会在颁布后两年开始正式采用。《市场滥用规定》（MAR）/《市场滥用的犯罪处罚法规》（CSMAD）管理体制预计将在2014年被正式采用。

放配额的价格产生显著的影响。欧盟委员会会根据这些排放源年度排放量或热输入或两者的组合，确定临界值，临界值以下的参与者不需要承担披露内部信息的义务。

第二，局内人列表。根据现有MAD的规定，发行人和其他接触到内部信息的当事人应当按照有限的免责条款，尽快披露其掌握的内部信息。在延迟公开披露的情况下，发行者必须制定一张"局内人列表"，其中包括能够接触到内部信息的人员的详细信息，其目的是给监管者提供一份详细的联系表单，以帮助他们确定是否有与任何市场公告相关的异常交易。根据其排放数据，排放交易系统市场的大型参与者也将有义务制作和维护这种"局内人列表"。

（3）其他相关的欧盟法案①

另外，与碳市场交易最直接相关的主要是《拍卖法令》《反洗钱法》《大宗能源产品诚信和透明度监管》《结算终局法案》《资金要求法案》《证券法律法案》《招股说明书和透明度法案》《场外衍生品的管理规定》等，这些法律（新议案）对于碳市场场外衍生品交易的参与者基本上都适用，除非某些参与者符合草案中有限的几个非金融企业的豁免条款。

① 《拍卖规定》（Auctioning Regulation）

2010年欧盟颁布的《拍卖规定》为EU ETS第三期的排放指标拍卖建立了管制框架。该规定要求拍卖平台及金融机构的活动即使是在典型的二级市场之外进行也需要遵守大致相同的规定，一些排放指标即使不具备金融工具的特质（如一些拍卖的产品或两天的现货合同）也要纳入管制的范围。根据该规定，《反洗钱法》的若干措施也适用于拍卖的参与者。此外，《拍卖规定》要求拍卖平台发现或怀疑存在市场滥用、洗钱、恐怖分子融资及其他犯罪活动，有义务向监管机构报告。

---

① 详细内容可参阅"Towards an enhanced market oversight framework for the EU Emission Trading Scheme"和"Proposed regulation of EU Emission Allowance as Financial Instruments"。

②《反洗钱法案》（Money Laundering Directive，Directive 2005/60/EC）

该法案旨在阻止利用金融系统进行洗钱或者资助恐怖主义的活动。根据被提议的对《拍卖条例》的修改，排放配额的拍卖将受到新的客户尽职调查要求的约束。[①]按照提议中对 MiFID 的修改，将会针对现货市场参与者实施客户尽职调查的附加要求。

③《大宗能源产品诚信和透明度监管》（Wholesale Energy Market Integrity and Transparency Regulation）

2010 年 12 月，欧盟委员会根据《第三次能源市场自由化一揽子计划》采纳了《大宗能源产品诚信和透明度》的立法监管建议，以加强对欧洲能源批发市场的透明度和市场诚信。该规定明确禁止电力及其相关产品的批发市场和天然气及其相关产品的批发市场上的市场滥用行为。这个规定不直接适用于碳市场，但适用于与碳市场有重要关联的情况，且其引入对于同时参与能源及碳市场的成员有规制作用。其他可能有相关性的法案如表 7-1 所示。

7.2.2 主要的监管机构

在碳市场建立之初，欧盟的金融监管系统可以划分为四个层次。第一级是框架性、原则性立法层级，由欧盟委员会提出立法建议，理事会、委员会和议会三方共同决策。第二级包括欧洲银行委员会、欧洲证券委员会、欧洲保险和职业养老金委员会、欧洲金融集团委员会。委员会有"准规则制定权"，主要职责是建议、确定和决定有关对第一层次指令和条例的实施细则，解决法律的实施程序问题，建立一套法律规章制度。第三级由欧洲银行监管者委员会、欧洲证券监督者委员会、欧洲保险和职业养老金监管者委员会组成。委员会主要是作为一个联系欧盟委员会和国家监管机构的平台和桥梁，促进国家间监管者的信息交流，推动监管趋同，其指示都是非约束性的。第四级即执行层次，由各国监管机构执行实施欧盟指令、条例，欧盟委员会也负有监督、促进实施的责任。具体到碳市场的监管，最直接相关的监管机构目前主要是欧盟委员会以及成员国的监管机构。

---

① 请参阅 the Auctioning Regulation（Regulation No. 1031/2010 http://ec.europa.eu/clima/policies/ets/auctioning/third/docs/draft_consolidated_en.pdf）。

表7-1　　　　　　　　　　　　　其他可能有相关性的监管法案

《最后清算法案》（Settlement Finality Directive，Directive 98/26/EC）	该法案颁布的主要目的是降低与支付和结算系统相关的系统性风险，尤其是参与者破产的相关风险。在欧盟排放配额和京都单位被界定为金融工具后，排放配额的交割将通过清算中心完成，相关的清算活动受此法案保护
《资金要求法案》（Capital Requirements Directive）	根据巴塞尔协议，任何受到 MiFID 监管的投资公司，也必须满足资金要求法案所规定的监管资金要求。新的资本要求管理体系《资金要求法案》（第四版）（CRD IV）将会执行《巴塞尔协议 III》
《证券法》（Securities Law Directive）	欧盟委员会已经单独提议了一份《证券法》，以建立统一的法律框架来管理证券账户内证券的持有和处置。（目前尚不清楚欧盟排放配额和京都排放单位是否会在其中被归类为"有价证券"）
《招股说明书法案》和《透明度法案》（EU Prospectus Directive 和 Transparency Directives）	欧盟排放配额和京都排放单位的售卖仍将不受欧盟《招股说明书法案》的管制，《透明度法案》中也没有适用的披露要求
《场外衍生品的管理规定》（Regulation on OTC derivatives，central counterparties and trade repositories）	该条例要求对于场外衍生品引入报告义务，对于合格的OTC衍生品引入结算义务（由欧洲证券及市场管理局ESMA确定），并减少双边结算的场外衍生品交易对手信用风险和操作风险

（1）欧盟委员会

作为欧盟政治体系的执行机构，欧盟委员会负责提交议案并贯彻执行欧盟理事会[①]和欧洲议会[②]的决策。具体到 EU ETS，根据《欧盟建立温

---

① Council of the European Union，欧盟两院制立法机关的上议院。
② European Parliament，欧盟两院制立法机关的下议院。

室气体排放权交易机制指令》（Directive 2003/87/EC，以下简称 ETS 法令）所授予的权力，欧盟委员会提出 ETS 方案并完成后续监管工作的机构，负责制定碳市场监管法规，监督市场运作，防止市场滥用以及其他可能导致市场扭曲的违规行为。同时，欧盟委员会还负责拍卖行为、交易流向和交易量等一系列具体事务的监管，以及审核各国提交的年度交易报告，协调欧盟内各国交易事宜，对不正常的市场行为和市场趋势发出建议和报告。

（2）成员国的监管机构

在欧盟的监管体系中，执行层次的责任主要由各国监管机构承担，各国监管机构执行并实施欧盟指令、条例，欧盟委员会则承担监督、促进实施的责任。成员国的碳市场监管机构多为其环保、金融或能源监管部门。这类部门在 EU ETS 前两个交易期中也承担着国内登记处的运行维护工作，并具体负责本国碳金融市场的监管工作。

例如，在英国，由环境、食品与乡村事务部①（DEFRA）主管京都减排单位，对应 CDM 和 JI，分别履行国家指定机构（DNA）和指定协调中心（DFP）的职责。而国家登记处则由英国环境厅管理。同时，包括公司、个人和其他归属英国金融服务监管局监管的机构，若想在英国从事碳信用的金融活动，都需要在 FSA 进行注册。FSA 对碳交易和相关产品的监管同其他金融活动一样，从各个方面对其进行全方位的保障和服务。

对于交易所的监管，欧盟碳交易所从属的监管体系足以媲美美国商品期货交易委员会（Commodity Futures Trading Commission，CFTC）对美国期货建立的监管体系②。交易所本身必须满足许多注册条件，包括进行市场监督以制止欺诈和市场操纵，对于各种报告设定要求（其中包括对于交易和价格数据的公开）等，交易所的规章制度一般都会受到监管监督或需要经过批准。

---

① Department for Environment,Food and Rural Affairs,DEFRA.
② CFTC的监管在很多方面都仿照证券交易委员会(SEC)对股票市场的监管。

专栏 7-2　　　　　　　　　　　　**欧洲碳交易所的监管**

以欧洲气候交易所（ECX）为例，其合同是在 ICE 欧洲期货交易所签订的，ICE 是在英国获得认证的投资交易所，由 FSA 监管。在 FSA 的规则下，衍生品交易是一项"受监管的活动"，它只能在经认证的交易所内进行。如果交易者要参与，则个人为主体进行的投资交易、以机构为主体进行的投资交易、安排投资交易以及为投资交易提供建议，均需要 FSA 的授权。

Bluenext 被归类为管理多边贸易机构的投资公司，注册在信贷机构及投资管理公司监管会（the Comité des Etablissements de Crédit et des Entreprises d'Investissement，CECEI），受法国金融市场管理局（the Autorité des Marchés Financiers，AMF）监管。法国能源监管委员会（the Commission de Régulation de l'Energie，CRE）和法国财政部（the DIDEME）也有监管责任。AMF 负责保证受监管的交易市场能够正常运行。它监管在法国运营的投资企业是否遵守交易规则和监管规章，以及交易是否符合 AMF 的规章，有权力对违反规定的企业予以制裁。

Nord Pool 的主营业务是在北欧国家进行电能的现货交易。交易所需要向挪威金融监管局（Norwegian Kredittilsynet）和挪威能源监管机构（NVE）做正式汇报。市场参与者需要汇报所有非交易所内（OTC）交易，披露所有会影响价格的内部消息，并且在拥有这类信息的时候要节制交易。交易所提供了一个披露价格敏感性信息的机制，称为紧急市场信息（Urgent Market Message，UMM），不论日夜都可以在上面发布信息。Nord Pool 明令禁止碳市场的价格操纵行为。Nord Pool 也运营着自己的清算中心，同时清算交易所内的和场外交易，该清算中心则在挪威金融监管局（Kredittilsynet）注册。

位于德国莱比锡的欧洲能源交易所 EEX 运营着 EUA 的现货市场，同时还有天然气的现货和期货市场。在德国法律之下，交易所保留着市场监管部门（Market Surveillance Department，HUSt）是独立于交易所的自治机构。HUSt 每月向设于经济事务和劳动部的交易所的监管当局汇报两次。监管当局向交易所的管理层发布命令并进行检查，HUSt 也可能负责执行此类检查。HUSt 的检查权力超出交易所会员，可以检查任何牵涉可疑环境的人以及对交易过程的申诉并向德国联邦金融监管局汇报（BaFin）。由于目前国际交易数量众多，HUSt 也定期向一系列外国金融和能源监管者汇报，包括美国的 CFTC。

7.2.3 欧盟登记系统与交易日志

如果碳信用交易环节被称为碳金融交易市场运行的"前台"，注册和结算登记环节就是碳金融交易市场运行的"后台"，登记系统不仅承担着排放指标的在线储备功能，还负责记录排放单位的持有、交易、排放报告以及用来履约的排放单位的提交，其效率性、安全性以及和交易系统的匹配性是促进气候交易市场有效发挥经济功能的基础。

根据欧盟议会的 280/2004/EC 号决议，欧盟要求所有成员国都设立一个全国性的注册平台，欧盟的这些交易平台又通过欧盟交易日志（Community Independent Transaction Log，CITL）这个电子记账系统连接起来。CITL 是记录发行、转让和清除指标的电子系统，用于记录各成员国国内的交易转移和成员国之间的交易转移，对每一笔交易进行自动记录并供检查。为了进入碳市场，任何参与者都必须在相关的登记处持有至少有一个账户。

在 EU ETS 运行的第二阶段（2008—2012 年），时间跨度与《京都议定书》第一承诺期对接。2008 年，CITL 实现了和联合国国际交易日志（Independent Transaction Log，ITL）的对接，ITL 记录着《京都议定书》下各减排机制的指标的交易情况。EU ETS 前两个交易期采用的是分权化的管理模式，大部分管理权限都在各个成员国，登记系统也在 30 个国家登记系统（National Registry）的分权体制下运行。由于"网络钓鱼和黑客攻击"等事件反映出分散的登记体系框架在安全性方面受到了诸多挑战，因此出于风险隐患且国际碳市场的延续性不确定等方面的考虑，欧盟于 2009 年通过的 ETS 修正指令（Directive 2009/29/EC）提出计划在 2013 年以前建立与京都市场完全独立的登记体系，即欧洲登记处（Union Registry）。

2010年和2011年通过的《新登记系统管理规定》（Commission Regulation NO910/2010）确定建立一个新的统一欧盟登记系统取代原有的分散体系，同时用欧盟交易日志（EUTL）代替原来的CITL，原有的国家登记系统仍保留京都登记系统（Kyoto Registry）的职能，仅通过ITL进行京都单位的转移。[①]

碳市场的"配额"实际上除了在登记处记录了一串带有独特性的编码以外，并不以物理形式存在。在2005年EU ETS推出之时，专家们对市场违规行为的担心大都集中于目前占市场交易份额85%左右的衍生品市场，但经过7年的运行，EU ETS衍生品市场并无重大问题产生。到目前为止，所有重大违规行为都出现在监管规则不统一、监管框架分散的现货市场上。因此，除了在ITL构架上对EU ETS提出了监管改进外，EC还对登记系统的安全监管措施进行了一系列升级。欧盟的2011版登记系统管理规定，从提高管理员权限，到加强与其他部门的配额以及严格开户审核等，都提高了登记系统的监管等级，这些措施在2011年11月新规定生效以后开始逐步实施。EU ETS下欧盟注册处的升级安全措施如表7-2所示。

第一，提高管理员权限。主要是针对欺诈、洗钱、为恐怖活动筹资等严重的犯罪行为设立了多道关卡：

①如果国家管理员发现申请者在过去五年内利用碳市场账户进行过以上犯罪行为或正在接受类似的调查，甚至只要有充分的理由怀疑账户可能被利用进行类似的犯罪行为，那么国家管理员就可以拒绝申请人开设账户或拒绝批准其成为授权代表；

②如果管理员发现某个账户涉及或有充分的理由怀疑其涉及以上严重的犯罪行为，就可以暂停对账户的访问；

---

① 2012年4月27日,EC宣布欧盟登记系统正式全面激活,这意味着将从多个国家登记系统中转移超过3万个EU ETS的账户信息至新的登记系统。5月3日,EC公布了具体的转移流程,从5月14日开始,分三步进行,至6月20日结束。在此期间,各交易所的交易业务也因登记处账户转移而休市。

表 7-2   EU ETS 下欧盟注册处的升级安全措施[①]

立即生效：

1. 对账户持有人及其代表加强了解客户审查

2. 在涉嫌诈骗的情况下，国家监管机构可冻结账户和配额（2 周）

3. 国家主管部门可获取更多欧盟登记处的机密信息：欧洲刑警组织（EUROPOL）将得到一个永久的数据库只读访问通道

4. 不再披露配额的编码序列号

自 2012 年初生效：

a）双重身份验证（类似网上银行使用的安全令牌）

b）交易带外验证

c）强制实行四眼原则

d）除非针对受信任账户，允许交易延迟 26 小时：卖家可以在前 24 小时内取消欺诈交易，后面的 2 小时留给登记处管理者来执行这次取消操作

e）进一步完善打击洗钱的规定

f）配额完全等值，这意味着如果有法律纠纷，任何配额都可被其他配额替换

g）良好的买家将获全部的购买配额

h）不再显示配额编码序列号：序列号只对登记处管理员可见，与提供有需求的资质政府机关

2012 年年中生效：

I）创立信任账号制度（trusted account list）

II）账号分为交易账号（trading account）和持有账号（holding account）：在配额传输，交易账号比持有账号更有灵活性

（注：此按生效时间对主要措施进行了梳理，这些措施主要可以划分为三大类：第一类，预防诈骗的措施（1，a，b，c，I，II）；第二类为诈骗发生后的快速反应措施（2，3，d，e）；第三类为诈骗发生后防止市场扰乱的措施（4，f，g，h）。

③如果管理员发现只要有充分的理由怀疑有交易涉及以上严重犯罪行为，就可以冻结相应的配额或减排信用，最长可达两周，并通知执法部门和金融情报中心[②]。

---

① Commission Regulation（EU）No 920/2010http://eur-lex.europa.eu/LexUriServ/LexUriServ.do? uri=CELEX:32010R0920:EN:NOT.

② Financial Intelligence Units, FIU.

另外，系统的管理员在得知安全漏洞或安全风险时，可以暂停所有针对登记系统和交易日志的使用。

第二，加强与其他部门的配合。执法部门、税务部门、欧洲反欺诈办公室[①]、欧洲法院审计部门、国家监管部门、国家碳交易主管部门等在必要的时候可以获得更多的有关碳市场数据的机密信息；欧洲刑警组织还将得到一个对于欧盟统一登记系统和欧盟交易日志存储数据的永久只读访问通道。

第三，严格开户审核。在2009—2010年期间发生的增值税欺诈和配额偷盗行为与对账户的开户管理过于宽松有很大关系。在新的管理规定中，根据"了解你的客户"的原则，申请开户的法人需要提供法人实体登记的法律文件、银行账户详细信息、增值税登记记录、最新的审计财务报表等资料，自然人也需要提供身份证件和常居留地的信息，这大大加强了对开户者的审核力度。这些措施于2011年11月最新版的登记系统管理规定生效后实施。

为提高转移配额或减排信用时的安全性，欧盟还将在2012年6月之后实施以下措施：

a）双身份验证，除了账户名、密码，还需要短信验证或电子密匙等类似网上银行的安全验证措施。

b）四眼原则，大部分操作除了授权代表发起，还需要额外授权代表的批准。

c）交易带外确认[②]，即需要短信确认。

d）除非向信任账户发起转移，否则转移将在申请提出后延迟26小时才发起。转移发起方可以在24小时内取消转移，后面的2小时留给登记系统管理员来执行这次取消操作。延迟设置是为了在发生欺诈转移时留给授权代表反应的时间。

e）建立信任账户名单，信任账户名单的措施与延迟措施配套，可以避免在转移向可信度高的账户时依旧要延迟而影响效率。账户持有者的其

---

① European Anti-fraud Office.

② 即频带外传输，指交易信息和交易指令不单单在交易系统软件内给予提示，还会通过其他系统外的方式给予相同的交易提示。类似于网络付款前或ATM取款后的短信通知。

他账户将自动成为信任账户。拍卖交付账户、持有账户和交易账户可以有信任账户。信任账户名单的更改需经额外授权代表的确认。

f）创建交易账户，与持有账户的功能分开，持有账户只能向信任账户转移，向非信任账户的转移只能由交易账户发起。

g）转移只在工作日的上午10点至下午4点进行。

7.3　美国碳金融监管演化

7.3.1　美国SO₂市场监管部门及其权限

美国 SO_2 市场[①]涉及的监管部门主要有 EPA，联邦能源管理委员会（Federal Energy Regulatory Commission，FERC），商品期货交易委员会（CFTC）以及证券交易委员会（The Securities and Exchange Commission，SEC），其监管范围和主要的劣势如表7-3所示。

EPA 的职责是管理二氧化硫配额的交易、储存和拍卖。1990 年的《大气净化法案》规定了配额分配计划后，即由 EPA 负责具体的法律解释。EPA 对这些方案进行了详细阐述并创建了国家配额数据库（National Allowance Data Base，NADB）和补充数据文件（Supplemental Data File，SDF），并详细说明了每个企业获得 SO_2 排放配额的计算方法。

每年的配额拍卖是保证 SO_2 市场流动性的一个重要机制，自 1993 年起，EPA 每年都要以现货和预付两种方式拍卖25 万个配额单位。投标者需最晚在拍卖开始前 3 个交易日将包含数量、类型、价格以及付款额的密封投标交给 EPA。拍卖根据投标价格出售配额，从最高投标价开始，直到售完所有配额或者没有新的报价为止，并且不设置最低价。在最初的 13 年内，芝加哥交易所（Chicago Board of Trade，CBOT）受 EPA 所托举行拍卖。CBOT 既不会因提供服务获得补贴，也不允许收取费用。从 2006 年 3 月开始，CBOT 决定不再举行此拍卖，现在 EPA 自己直接举行拍卖。

---

①　其法律依据是 1990 年《大气净化法案》第四章的修正案（Clean Air Act Amendment，Title4,1990 Public Law）。

表7-3　　　　　　　　美国二氧化脱硫配额交易市场的监管

机构	监管范围	劣势
EPA	监管排放配额以及市场的拍卖和二级市场的配额转移；其在初级市场上收集到的数据对于监管二级市场非常重要	与CFTC和SEC相比，在监管交易市场上经验不足
CFTC	对市场进行监管以阻止或发现欺诈及操纵行为。目前监管着SO₂配额交易项目	缺少资源和法定效力来执行其工作
FERC	对进入市场交易之前的各种配额确定与分配作出监管。FERC监管范围内的配额持有者需要根据FERC的统一会计制度（USofA）保留公司账簿和记录。USofA为FERC监管下的企业按照FERC不同形式的要求递交报告提供了详细的指南	与SEC、CFTC相比，FERC在市场监管和执行方面的经验有限，但目前并没有在监管SO₂配额市场上扮演积极的角色
SEC	SEC也有一些合适的监管工具能够运用到排放市场中。这些工具包括对内部交易以及对市场上企业信息披露报告的监管。随着未来投资银行在排污权交易市场上的重要性逐渐增强，SEC在监管投资银行碳业务中也扮演着重要角色。此外，排放权衍生品合同或指数也很有可能在证券交易所中交易	监管资源和权力不足的问题

　　CFTC是美国的金融监管机构之一，负责监管商品期货、期权和金融期货、期权市场，其主要任务在于保护市场参与者和公众不受与商品和金融期货、期权有关的诈骗、市场操纵和不正当经营等活动的侵害，保障期货和期权市场的开放性、竞争性的和财务上的可靠性。CFTC不会监管现货（或现金结算）商品交易，或者以实物形式结算（也可视为现金结算）的期货合同交易①。也就是说，CFTC完全没有监管SO₂配额现货交易的权力，只有按要求受监管的交易所内发生的碳期货和碳期权交易，以及特定的受监管程度弱于交易所的市场中发生的碳衍生品交易才会受到CFTC的监管。

　　具体来看，根据《商品交易法案》（The Commodity Exchange Act），

---

① CFTC偶尔会对现货市场中的欺诈采取措施。

CFTC认可四种免监管商品交易场所：（1）指定合同市场（Designated Contract Markets，DCM）；（2）商业衍生品交易执行机构[1]；（3）免监管商业市场（Exempt Commercial Markets，ECM）；（4）不通过交易机构的场外交易[2]。SO_2配额的期货合同和清算服务在美国纽约商业交易所（New York Mercantile Exchange，NYME）和芝加哥气候期货交易所（Chicago Climate Futures Exchange，CCFE）进行，CCFE也提供期权商品，这三类产品都属于DCM市场的交易。配额的小型公共投资者只能在NYMEX和CCFE（属DCMs）内进行；DCM进行全面的自我监管，并受到CFTC的官方监管。ICE和TradeSpark属于电子交易机构，由于交易者被认为是有能力避免市场欺诈行为的，因此属于免监管市场（ECM），但是小型交易者很少在这样的机构中进行交易。如果电子交易设备扮演价格发现角色（就是说，如果它生成的价格被用作现金市场或其他衍生品市场的参考），CFTC就会要求它披露真实交易量、交易价格等信息。纯粹双边的、经协商的并在委托人之间执行的SO_2配额交易，一般发生在OTC市场，这一市场除了适用于CFTC有关价格操纵和欺诈的处理条款之外，基本上都在其监管范围之外。

1993年3月，依据最新修正的《大气净化法案》，美国联邦能源管制委员会（Federal Energy Regulatory Commission，FERC）首次发布排污权交易会计处理的委员会文件18CFR Parts 101 and 102，该报告对排污权分类、价值评估、费用确认及报告等做了详细规范。按规定，FERC[3]监管

---

① Commercial Derivatives Transaction Execution Facilities（尚未开始运营）。

② 详情请参阅 Table Venues for the Trading of Exempt Commodities under the Commodity Exchange Act（CEA），http://www.cftc.gov/stellent/groups/public/@newsroom/documents/file/exemptcommoditiesvenues_091207.pdf。

③ FERC成立于1977年，是针对美国电力、天然气和石油等能源市场的独立监管机构，其使命是通过适当的监管和市场手段来帮助消费者以合理价格获得更为可靠、有效以及可持续的能源服务。美国国会2005年通过的《能源政策法案》以及2006年通过的《新反操纵法》，要求FERC加强对电力、天然气及相关能源衍生品市场的监管，以防出现市场操纵现象，从而扩大了FERC的监管与执法权。《新反操纵法》还给予FERC一把市场监管的"尚方宝剑"——可对与其所监管交易有联系的所有经济实体进行调查并处罚，而且该法对FERC在认定市场操纵行为时是否需要提供证明、证据不做明确要求，这大大增强了FERC的监管自由裁量权限，也意味着如果该能源期货市场的交易者同时也参与能源现货交易，或FERC认为能源期货市场上的违规交易行为与现货市场有关联，就可以调查并处罚。

范围内的配额（或称排放许可证持有者）需要根据 FERC 的统一会计制度
（Uniform System of Accounts，USofA）保留它们的公司账簿和记录。USofA
为 FERC 监管下的企业按照 FERC 不同形式的要求递交报告提供了详细的
指南。除了投机外，企业出于其他目的持有的配额都按照成本，根据具体
情况计入 158.1 号配额存货①账目，或者 158.2 号保留配额②账目。出于投机
性目的持有的配额计入 124 号其他投资账目③。通过以历史成本的形式定
义配额价值，由 EPA 分配到企业的配额定价为零。USofA 也提供了记录销
售配额的盈利和亏损的账户④。FERC 要求支持性账目 158.1 号和 158.2 号
的记录应具有 "足够的细节以在到期年提供配额编号和相关成本"。

　　此外，SO_2 市场的经纪商趋向于在证券交易委员会（SEC）和市场自
律机构，如美国金融业监管局（FINRA）内注册，但是参与这一市场的企
业并不在 SEC 的监管范围内。

　　总的来说，在 SO_2 交易项目中，监管机构呈现分散的监管特征，每个
监管机构都没有明确的监管范围，针对 SO_2 市场，还没有形成很好的协同
和合作，如果能够为协作监管提供一个统一的平台，可能有助于防止市场
中监管漏洞或监管冲突的产生。

专栏 7-3　　　　　　　　　EPA 的 SO_2 配额跟踪系统

　　在 1995 年最初的配额分配之后，EPA 创建了名为配额跟踪系统
（the Allowance Tracking System，ATS）的记录通知系统，与 EU ETS 的交
易日志（CITL）相似，ATS 通过允许 EPA 跟踪配额交易和配额账号状态
来确保企业合规，系统中每个用户都有一个 ATS 账户，每个账户对应一
个身份标识编号。ATS 是针对配额和结算而设立的官方记录，而不是一
个交易平台（具体记录内容见表 7-4）。市场参与者在 ATS 中记录的任

---

　　①　Allowance Inventory.

　　②　Allowance Withheld.

　　③　Other Investments.

　　④　美国国税局（Internal Revenue Service，IRS）也将由 EPA 分配到企业的配额以零成本为
基础计价。

何配额交易或者转移活动都必须通知 EPA，当两方达成了一个交易，并记录在 ATS 中时，需要提供购买方、出售方以及对应的 ATS 追踪系统中的配额的序列号。

表 7-4　　　　　　　　EPA 的限额跟踪系统记录的信息

ATS 记录的信息	ATS 未记录的信息
已发放配额量 （Allowance issued）	限额价格 （Allowance prices）
每个账户中持有的配额 （Allowanced held in each account）	期权交易 （Option trades）
在多种 EPA 储备中持有的配额 （Allowances held in various EPA reserves）	未官方汇报给 EPA 的配额交易 （Any allowance transaction not officially reported to EPA）
出于履行义务目的上缴的配额 （Allowance surrendered for compliance purposes）	
账户间的配额交易 （Allowance transferred between accounts）	

为了便于履行其基本的监督履约的职责，EPA 为每一份配额分配了一个 12 个字节的序列号，序列号包含了配额可以用于履约的最早年份。ATS 包括两类账户，第一类被称为"单位账户"（Unite Account），在这个账户下，存放根据酸雨法令规则分配的配额，EPA 在账户下扣除履约的配额数；第二类被称为"普通账户"（General Account），这个账户由 EPA 为了记录持有、交易或配额退出等机制而创建。

拥有综合账户的参与主体包括：（1）拥有一定量的备用的、无须立即使用的配额储备的机构，如配额银行；（2）在买卖过程中需要持有一定数量配额的经纪商；（3）在一定时间内持有一定量的配额以备出售的 SO_2 市场投资者；（4）希望能够通过购买配额使一部分总量永远退出交易市场，已直接达到减少配额总量目的的环境类组织。

EPA 已经将 ATS 更名为限额管理系统（Allowance Management System，AMS），但 ATS 仍是常用的术语，本书中将继续使用 ATS。

7.3.2　RGGI的监管框架[①]

目前美国联邦政府还没有形成统一强制性的碳市场，在运作中的碳市场主要是美国区域温室气体减排行动（RGGI）这一由东北部十个州共同合作的，以总量限制与配额交易为核心机制的区域减排项目，首次配额拍卖已于2008年9月29日举行。

在美国，州与州之间缔结的条约的合法性以获得美国国会同意为前提。在美国退出《京都议定书》的背景下，作为RGGI签署州之间达成强制性减排的"协议"难以获得国会的批准，因此RGGI签署州以"倡议"的形式规避了"协议条款"的约束，并通过制定"模板规则"（Model Rule）对各州的监管事项进行指导，事实上，模范规则本身不具有强制执行效力，具体执行事项应当为各州立法机关所吸收并以州的名义颁布实施方能产生法律效力，这意味着RGGI实际上将强制性减排的监管权保留给了各签署州自行行使。各州行使市场监管的主体一般都是州环保行政机构及能源监管机构。在各州内，通常由环境保护部门制定与其他RGGI成员州一致的年度预算，能源监管机构（主要是公用事业局）则制定相应的原则，保障市场的公平、公正和诚信，以最大限度地保护消费者利益及实现其他目标。

RGGI通过碳配额跟踪系统（简称RGGI COATS）记录和跟踪每个州碳市场产生的数据。受管制的电厂需要将数据汇报给RGGI参与州的政府，每个电厂的数据均记录在EPA的清洁空气市场部门（Clean Air Market Division，CAMD）下的数据库中。公众能够通过RGGI COATS定制和下载碳市场活动的报告和数据，可公开获得的市场信息包括以下八类：（1）碳配额交易的日期、价格及交易类型；（2）注册在COATS的账户列表；（3）账户代表，包括所有账户的详细联系方式；（4）每类受管制的电厂及其位置；（5）受规制企业的业主/经营者；（6）政府特殊批准分配配额的详细信息；（7）碳抵消项目的申请和批准；（8）每类受管制电厂的排

---

① 此部分参阅并引用了李挚萍.碳交易市场的监管机制研究[J].江苏大学学报:社会科学版,2012,14(1):56-62.

放量和10个区域汇总的二氧化碳排放量。

由于美国宪法中"协议条款"的约束，RGGI市场也不可能设立一个超越各州之上的具有行政主体资格的监管机构来行使法定监管权。2007年9月，RGGI各签署州授权成立一个名为RGGI，Inc.的非营利性公司，其任务是为签署州的碳减排计划提供行政和技术服务的支持。RGGI，Inc.的任务包括：开发和系统维护以监测排放源的数据，并跟踪配额；运行配额平台拍卖；监测碳配额的拍卖和交易市场；为签署州审查碳抵消项目申请提供技术援助；为签署州评估和修改州的RGGI方案提供技术援助。但RGGI，Inc.并没有监管或执行的权力，所有监管权力均归属于每个签署州。

虽然各州都保留了碳市场监督的权力，但实际的监管工作，如核准交易、确定是否出现价格操纵、调查守法及违法行为等监管事务主要委托给几个第三方机构进行，如世界能源代表RGGI负责组织拍卖活动、Potomac Economics咨询公司则被授权负责一级和二级市场的监管，以确保一级市场配额的拍卖符合拍卖的程序，保证结果公开公正，且市场不存在价格操纵及串谋的现象。每次拍卖后立即发布独立的市场监测报告，其中包含竞价的结果，并列出所有投标人提交的出价的意向书。在每个季度末，发布一份二级市场报告，包含RGGI的配额及期货合约交易的分析和数据。Potomac Economics也对世界能源拍卖管理行为进行调查评估，对违反公平竞争原则的不当行为进行调查，调查结果报告给RGGI的成员州[1]。

7.3.3　美国气候议案中对碳监管的讨论[2]

作为全球第一大温室气体排放的发达国家，美国的气候变化立法一直备受瞩目，其立法进展对全球气候谈判的进程具有重大影响，也直接决定

---

[1]　http://www.rggi.org/market/market_monitor.

[2]　Financial Market reform and the implication for carbon trading.http://nicholasinstitute. duke.edu/sites/default/files/publications/financial-market-reform-implications-carbon-trading-paper.pdf.

了未来联邦碳金融市场的命运。自2008年以来，每一部联邦气候议案都包括了规范和监管碳金融市场交易的规定。

《2008气候安全法案》也被称为《华纳议案》（the Lieberman-Warner bill），提出对碳市场的运行进行为期两年的研究，并在市场运行6个月以内提交一份关于"碳市场波动性"以及排放配额的平均价格的报告，标志着碳市场监管问题第一次出现在联邦气候法律之中。2008年6月，众议员Ed Markey向众议院递交了《对气候行动的投资和保护法案》（The Investing in Climate Action and Protection Act）也被称为《Markey议案》。这一议案首次详细列举了与管理配额交易有关的金融市场活动的规定，也为此后一系列主要的联邦气候议案奠定了基本的模式。

随后的许多议案，都沿用了《Markey议案》建立的基本的市场监管框架。这些议案大多数以限制投机和预防系统风险为内核，重新配置监管权，从局部监管扩展到全面界定监管范围，对监管机构的责任安排也从以金融机构为主导逐步转型为以其提供的产品所体现的金融功能为主导，将投资者的权益保护作为重要的监管价值追求。基于美国在市场监管上的经验，对碳市场的监管主要关注以下三个方面：

第一，碳价格的准确性决定了消费和投资，因此对碳市场的监管应当引导市场产生的价格信号充分反应减排的成本信息。

第二，保证碳市场信息的透明度，以减少交易成本，降低市场的不确定性，从而最大限度地减少市场主体和市场参与者的风险。碳市场透明度主要包括三个方面的内容：其一，政府监管部门可以获得信息以促进政策实施和有效监管；其二，市场参与者可获得反映市场活动的信息（价格、数量以及交易工具的类型）；其三，公众也可以获得有关市场的信息。

第三，必须保证碳市场对市场参与者是普遍公平的，防止市场被操纵和扭曲。这一问题是能源和金融市场辩论中不断重复的问题。议案的制定者认为配额的逐步收紧以及限额市场潜在的稀缺性，会为碳市场的欺诈和操纵提供机会。另一方面，担心碳市场出现价格飙升不仅影响碳市场，还会波及能源等相关市场，从而导致碳市场和其他相关市场的消费者经历极其显著的价格波动。围绕以上三个主要问题，碳议案在监管措施的设计中主要涉及以下几个方面：

（1）监管机构及其监管权限

从美国联邦层面的行政职能配置情况来看，SO_2市场的监管经验以及第111界国会主要气候立法的提案来看，未来美国有权对全国性碳市场进行监管的机构也主要涉及 EPA、CFTC、FERC和SEC四个机构。国会可能会选择从这4个机构中抽取专门的人员组建一个碳市场的混合规制体系，也有可能创建一个全新的监管机构。《Markey 议案》最初提议在联邦能源管理委员会（FERC）设立专门的碳市场监管办公机构，而后来的议案均更多地倾向于美国商品期货交易委员会（CFTC）更适合于进行此类碳市场的监管。

从监管权限来看，如前所述，在SO_2市场阶段，2000年的《商品现代化法案》并不对排放权交易的配额进行监管，气候议案则均将监管的范围从配额的衍生品市场拓展到了配额的现货和衍生品市场。有的议案明确定义了其监管的碳金融工具的类型，另一些则赋予了监管部门更灵活的决策权，指定由监管机构建立规章制度来明确具体的监管范围。

此外，对于在外国交易所中发生的交易的监管权限问题，有的议案中提出要求市场交易必须在注册过的交易所中进行，从而阻止被监管的配额在外国交易所中进行交易，但是这些要求可能不适用于基于配额的衍生品，特别不适用于那些不用进行配额的实物交付的合同。不过，CFTC也可以利用其合法当局地位，通过与外国市场监管部门达成信息共享协定来监管发生在美国以外的交易。

（2）市场操纵，过度投机和欺诈

在《Lieberman-Warner 议案》之后出现的所有气候议案都禁止（或者要求监管机构禁止）碳市场交易中的价格欺诈或市场操纵。此外，这些议案明确授权监管部门制定规则来管理经纪人、经销商以及他们的合作者的商业运作。绝大多数议案要求交易机构获批成为"注册碳交易机构"，以证明其能力通过实时市场监控，强制执行联邦或者特定交易规则以及应对紧急情况的机制来阻止市场操纵。这些议案同样要求注册碳交易机构建立规则，以最小化利益冲突。

《Kerry-Lieberman 议案》和《Feinstein-Snowe 议案》还分别禁止了原本在商品市场上被视为一般管理的两项交易，《Kerry-Lieberman 议案》禁止合规碳市场工具的卖空行为，也就是卖出从第三方借来的证券，以期通过能在将来用低价买回并偿还借贷证券的做法。《Feinstein-Snowe 议案》禁止无担保卖空。

（3）持仓限额

在《Lieberman-Warner 议案》之后的每一部气候议案都有类似确立（或者授权规则制定者确立）配额和基于配额的衍生品持仓限额的描述。例如，《Markey 议案》和《Feinstein-Snowe 议案》分别授权 FERC 和 CFTC 制定头寸限额，作为"阻止、减少或去除与合规金融工具（包括配额和信用及其衍生工具）相关联的负担"的必要手段。《Cantwell-Collins 议案》禁止其效力范围内的实体在一个自然年内购买"显著"①超过它们的预测合规负担数量的配额，或者积累足以"进行投机或市场操纵或者影响市场正常竞争"的数量的配额。而与此同时，所有建立持仓限额的气候议案都对良性对冲交易给予了豁免权，并授权管理机构决定哪些是符合条件的交易。

专栏 7-4　　　　　加州与魁北克市场的交易限制制度

一、拍卖购买限制（Auction Purchase Limit）

加州对每次拍卖中单个竞拍者的购买量做出了限制，在当前年份配额的拍卖（current auction）中，履约实体每次拍得的量不可以超过当次配额拍卖量的 15%，EDUs 不能超过 40%，其他不能超过 4%。未来年份配额提前拍卖（advance auction）的限制相对宽松，所有投标者每次不能超过当次拍卖量的 25%。

魁北克与加州一样设有拍卖购买限制。在当期拍卖中，获得免费配额的排放设施拍卖购买限制为配额拍卖量的 15%，不能获得免费配额的排放设施及电力进口商、燃料分销商拍卖购买限制为 40%，其他碳市场

---

① 具体标准由财政部决定。

参与者为4%。在提前拍卖中，所有投标者的拍卖购买限制均为25%。

二、账户持有上限（Holding limit）

加州账户设有配额持有上限，该上限针对的是一个实体的持有账户与履约账户的配额之和。持有上限分为两种，第一种持有上限针对的是三类配额的总量——当年及往年的配额、从配额价格控制储备（APCR）购得的任何年份的配额、提前拍卖购得的但配额年份已不晚于当前年份的配额；第二种持有上限针对的是提前拍卖购得的未来年份的配额。

由于设计持有上限的目标是控制以投资投机为目的的配额交易，而非以履约为目的的配额交易，因此，第一种持有上限设计了"有限豁免的额度"（Limited Exemption），即转到履约账户里的相当于实际排放量的配额数量不受持有上限的约束。豁免额的计算方法如下：2012年6月起设，豁免额为其最近一次的年度核查排放数据，从2013年开始，每年10月1日（10月1日为每年经核查排放数据公布的日期）豁免额增加最近一次核查排放数据（若无核查数据则以ARB指定排放数据代替），每个履约期次年的12月31日豁免额扣除该履约期的履约值。在每年10月1日之前，如果企业能够提供证据证明其去年排放增长则可以申请豁免额的临时增加，临时增加值至少应为25万吨，到10月1日经核查排放数据公布时，豁免额将回归正常。

两种账户持有上限的计算公式形式类似。

第一种持有上限：某年账户的该年及之前年份的配额数量+之后年份的APCR配额数量≤0.1×25 000 000+0.025×（该年配额预算数量−25 000 000）

第二种持有上限：账户针对提前购买的之后某年的配额数量≤0.1×25 000 000+0.025×（该年配额预算数量−25 000 000）

根据加州每年的配额预算数量和上面两个公式计算每个年份的账户配额持有上限。由于计算公式相同，某个年份的持有上限有两个含义，既指某年的第一种持有上限，也指在这之前的针对该年份的提前拍卖配额的持有上限。例如，如表7-5所示，2015年第一种持有上限为0.117亿吨，同时，2013、2014 年针对提前拍卖获得的 2015 年度配额的持有上限也为 0.117 亿吨。

表 7-5　　　　　　加州账户配额持有上限（单位：百万吨）

年　份	2013	2014	2015	2016	2017	2018	2019	2020
持有上限	5.9	5.9	11.7	11.4	11.1	10.8	10.5	10.2
配额预算	162.8	159.7	394.5	382.4	370.4	358.3	346.3	334.2

一般情况下，某笔交易/转移如果导致接收方账户超出了持有限制，那么该交易/转移将不被允许。超出持有限制分为两种情况：（a）转移后才发现超过持有限制；（b）到某一年的时候因提前拍卖的配额超出持有限制——比如 2014 年拍得的 vintage2017 配额在 2014—2016 年时属于第二种持有上限，在 2017 年时变为属于第一种持有上限，有可能使得账户在无交易/转移的情况下超出第一种持有上限。

当账户超出持有限制时，管理机构将通知账户持有者，账户持有者有 5 天时间可以把履约工具数量降到持有限制以下，5 天后管理机构将把超出持有限制的量转到政府的拍卖持有账户。

魁北克的持有上限的规则、公式及处罚方法基本与加州类似，如表 7-6 所示。同样履约账户里的相当于当年及往年排放量的配额和早期减排信用可以作为豁免额度。唯一不同的是，魁北克要求当达到上限的一半时，账户持有者必须说明其策略或原因。

表 7-6　　　　　　魁北克账户配额持有上限（单位：百万吨）

年　份	2013	2014	2015	2016	2017	2018	2019	2020
持有上限	2.5	2.5	3.5	3.4	3.3	3.3	3.2	3.1

7.3.4　强制的交易所交易和结算要求

不同议案对于在已注册的交易所进行交易和结算的要求的规定存在很大分歧。例如，2008 年 Kerry-Lieberman 的《美国能源法案草案》中并没有相关的强制要求，《Feinstein-Snowe 议案》则针对此方面，给出了所有碳议案中最严格的规定，要求所有包括碳抵消交易在内的现货以及所有"标准化的"基于配额的衍生品都进行交易所交易和结算，只对极少的一部分非标准化的衍生品进行豁免。其他的议案，例如，《Waxman-Markey议案》和《Kerry-Lieberman草案》，主要是提出要依赖于监管机构制定具体规则来决定哪些合同必须进行交易所交易和结算。而《Markey议案》和《Dingell-Boucher草案》要求所有现货交易实行交易所交易和结算，对配额的衍生品交易没有任何要求。

《Feinstein-Snowe议案》和《Cantwell-Collins议案》要求在建立交易所和结算机构的时候，监管部门要起到更加直接的作用（也包括私人交易所）。《Feinstein-Snowe议案》提出授权CFTC建立一个碳配额交易机构和一个专门的结算机构来管理配额和碳抵消信用，当然也允许由一家私人公司来充当这个角色。《Cantwell-Collins议案》规定配额的二手交易由一个专门由财政部建立和管理的碳交易所进行管理。

7.3.5　对注册的要求

绝大多数《Lieberman-Warner议案》之后的气候议案都包含了对碳市场金融工具的经纪人、经销商和交易员的注册的要求，禁止未注册的个人从事以上角色的碳市场活动。对于按照要求在交易所交易和结算中心结算的交易机构，也必须在适当的监管机构进行注册，通常是要求CFTC注册。另外，《Feinstein-Snowe议案》还为碳市场交易员规定了资格测试要求，包括完成CFTC认证的联邦法律、报告要求和职业道德指南等内容的课程。

7.3.6　对报告的要求

《Markey议案》对受监管的碳配额和衍生品交易的经纪人、经销商和交易所成员提出了保存记录和报告的要求。后续的议案大多都延续了Markey提出的措施，且趋向于要求增加碳市场交易数据的公开报告频率。例如，《Markey议案》要求每日公开报告所有在交易机构进行交易的合规工具[①]的结算价格、数量、未平仓合约数量以及开盘、收盘价。随后的4个气候议案全

---

① 《Markey议案》的合规工具包括碳配额、碳抵消及二者的衍生品。

部要求公开碳配额现货和衍生品交易数据的实时报告。此外，尽管《Wax-man-Markey 议案》和《Feinstein-Snowe 议案》都允许为特定用户定制的衍生品交易提供对交易所交易和结算要求的豁免，以免除其实时公开报告的义务，但议案仍要求市场参与者按照 CFTC 的要求，对 CFTC 进行交易报告。

《Waxman-Markey 议案》和《Feinstein-Snowe 议案》为了提高市场效率和透明度，还提出建立一个覆盖美国全国的 ETS 以保证市场上形成最佳的执行碳价格。《Feinstein-Snowe 议案》要求建立一个中央自动报价系统来实时显示市场价格。

7.3.7　碳抵消机制

与碳抵消信用有关的金融市场活动在碳市场监管辩论中尤其受关注，辩论的核心是抵消信用交易是否也要接受与配额及其衍生品交易相同的监管，比如交易所和结算中心是否必须符合相关的要求等。由于此类项目的开发合同是根据特定项目量身定制的，很难标准化，因此有些议案提出在交易和结算要求中据此设定一些豁免条例，对一部分（严格限定的）种类的合同免除监管或授权监管部门自行界定何种与碳抵消信用相关的金融工具需要受到交易和结算相关要求的制约。

7.4　《多德-弗兰克法案》中有关碳监管的规则

2010 年 7 月，为了应对金融危机，美国国会颁布了《多德-弗兰克华尔街改革和消费者保护法案》（下文简称《多德-弗兰克法案》或者《法案》）。这部正在执行中的法案在给整个经济带来结构性变化的同时赋予了监管部门制定和解释新的条例的自由裁量权，这使得这部法案的全部效果只能在几年之后才能逐步完全显现。[①]

《多德-弗兰克法案》中有两条专门涉及碳交易的规定。第一条是要求由一个高级别跨部门的工作组进行关于碳市场现货和衍生品市场监管的

---

① 对该法案的概要介绍请参看黎四奇《多德-弗兰克华尔街改革和消费者保护法》之透析及对中国的启示[J]. 暨南学报：哲学社会科学版,34(10): 68-78.

研究。第二条要求创建"能源和环境市场咨询委员会",作为一个讨论平台,就CFTC关注的与能源和环境市场相关的监管议题,在交易所、公司、最终用户和监管部门之间进行公开讨论。这些要求暗示了政策制定者可能在将来重新审视碳市场监管,并且除了以上那些在《法案》中实施措施以外,很有可能发展更多针对碳市场的附加监管措施。

从某种程度上说,《法案》中的规定与气候议案中的若干规定极其接近甚至完全一致。美国联邦碳市场政策的制定者在设计未来的碳市场的监管体系时,很有可能以《法案》为蓝本,兼顾碳市场的独特性,再涵盖一些额外的监管要求来应对这一特有的问题,而不是重新建立一系列与《法案》有重叠甚至是相互冲突的对于碳市场的监管要求。《法案》中与碳市场直接相关的监管条款如表7-7所示。

表7-7　　　　《多德-弗兰克法案》中与碳金融市场相关的规则

监管机构和监管权限	• 碳市场的衍生品工具将受到CFTC的监管,但法案并没有提到现货交易市场,因此也就没有为监管碳现货市场指定监管机构
市场操纵、过度投机和诈骗	• 衍生品交易者和被定义为"主要掉期交易参与者(major swap participants)"的大型交易商,将受制于以下新的要求:核实合同参与者资格;揭露风险信息或在掉期交易中可能出现的利益冲突;遵守任何其他CFTC可能会认定为"与公众利益一致,为了保护投资者,或者在某些方面可以促进本法案目标的实现"的标准
	• 对注册的衍生品交易所的要求包括:进行实时市场监视,需要强制执行联邦或者特定交易规则以及具备施行紧急权力的能力以阻止市场操纵。注册的衍生品交易所也必须最小化其决策制定阶段的利益冲突
	• 为提高案件诉讼的成功率,《法案》为向CFTC提供违反《商品贸易法》的信息的检举者提供新的激励和保护措施
	• 法案也扩展了针对市场操纵的禁止条例,任何人直接或间接地在掉期交易中,在州际商品贸易中售卖的任何合同中,或在已注册的交易所进行的远期交割中使用任何操纵性或欺诈性的策略,或违反CFTC在接下来一年中强制执行的任何规定的行为都被认为是违法的。这一条款在法律上意味着,以往需要证明嫌疑人有故意影响价格的证据才能够裁量定罪,而现在,则根据对于嫌疑人是否知晓他的行为将会影响价格的判定就可以作出裁决

持仓限额	• 显著地扩大 CFTC 的权力，准许其设定整个衍生品市场的持仓限额以1）减少、消除或者预防过度投机；2）制止或者预防市场操纵、挤压和恐慌；3）为良性的套期保值者保证足够的市场流动性；4）确保基础市场的价格发现功能不被破坏。法案也为良性套期保值交易提供了头寸豁免，且明确规定 CFTC 可以为这些持仓限额添加其他豁免条款
强制的交易所交易和结算要求	• 要求绝大多数标准化的衍生品交易实行交易所交易和结算，但给予了 CFTC 灵活处置权，让其决定哪些合同是非标准化的，从而使这些合同豁免于交易所交易和结算的要求 • 在以下两种情况下免除了对终端用户的交易所交易和结算的要求：1）终端客户为了对冲或者消除商业风险；2）按照法案规定的方式向 CFTC 汇报终端客户如何履行他们与未结清互换交易相关的金融义务。在可以申请豁免的情况下，终端用户仍然可以要求结算互换交易或者进行交易所交易。CFTC 则应当制定规则以及对必要规则进行解释说明，以防止终端用户豁免权被滥用
对注册的要求	• 将 CFTC 的监管范围扩展到场外交易的衍生品，要求从事碳市场衍生品交易的经纪商和顾问在 CFTC 注册 • 添加了经销商和衍生品的被定义为"主要掉期交易参与者"大型交易商的注册要求。法案也为衍生品创建了一个新的受监管的平台，称为"掉期合约执行系统"。这项新规定包含了一大批之前未被监管的不符合指定合同市场定义的交易平台（例如：受到 CFTC 最高级监管的交易机构的交易平台） • 经济顾问委员会（CEA）要求处理合规衍生品工具的结算所进行注册
对报告的要求	• 要求实时报告所有已结算的衍生品交易和价格数据，包括不需要依据终端使用者豁免条款进行结算的衍生品。非标准化的衍生品交易也要在 CFTC 决定的时间框架内报告给公共数据库 • 根据《法案》，监管部门将拥有掉期交易数据库中的未结清衍生品信息的直接访问权，但这部分交易数据的公开报告则为半年一次的总体数据。CFTC 必须防止泄露市场参与者的身份信息，也就是说报告大规模的名义掉期交易需要一个合适的时间延迟；并且要考虑到公开报告是否会显著降低市场流动性 • 经销商和主要掉期交易参与者们将要遵守《法案》要求的报告和保存记录的要求，其中包括提供一份完整的用于交易重建的审查跟踪记录（《法案》未提出要建立一个全国市场自动报价系统）
对市场参与的限制	• 《法案》禁止美国联邦保险银行及其附属机构将自有资金用于交易衍生品，这其中就包括了碳衍生品，但《法案》对于特定的承销和做市活动，以及代表消费者进行买卖等活动给予了豁免权。在银行为了承销和做市相关活动允许有限度地购买被限制的金融工具的情况下，《法案》没有就购买额度给出固定限制，规定这些行为"满足这样一个限度……并不是故意地超过委托方、客户和交易对手的合理预期的短期需求"即可

7.5　《多德-弗兰克法案》尚未解决的问题

如上所述，气候议案和《多德-弗兰克法案》中存在很多重叠之处，除此之外，有关碳市场的监管也存在一些问题，还没有被《多德-弗兰克法案》所覆盖。

7.5.1　对配额现货市场的规范

《法案》与在第110及111次国会上提出的气候议案的主要区别之处在于对配额现货交易市场的规范。大多数气候议案都包含了特别针对现货交易市场管理的条款，但是在《法案》中并未直接规范这些市场，新法案不会管理谁可能参与到配额和碳抵消的现货交易中、这些交易将在何处进行、一个市场参与者可以控制的数量以及何种信息必须向公众开放。因此，联邦政策制定者们在考虑将来碳市场的监管规则时，需要考察碳现货与其他商品的不同，并进一步明确针对现货市场交易的监管规章。

7.5.2　对终端用户交易的规范

《多德-弗兰克法案》在新的对标准化衍生品的交易所交易和结算要求中豁免了终端用户（例如，良性商业套期保值者）。然而，在一个强制性的配额交易系统中，这项豁免将可能会适用于任何拥有减排合规义务的实体。因为很大一部分衍生品交易中会涉及合规实体，一大半的市场活动将可能获得豁免的资格。政策的制定者们将会面临如下选择：去除或者限制对于配额交易议案中涉及的合规实体的豁免，或依赖《法案》中其他的报告要求来充分监管这部分被豁免于交易所交易和结算要求的市场活动，也可以寻求其他代替机制来加强市场透明度并限制对于碳市场系统性风险的担忧。

在新的碳市场投入运营前，其他能源市场的市场行为能够提供一定的参考。例如，满足豁免条件的终端用户可能仍将选择在交易所进行交易，由此，很大比例的涉及终端用户的交易都在交易所交易，在合规的结算所结算，法律制定者可能会认定对碳市场采取附加措施是没有必要的，或者也可能会授予CFTC在必要的时候实施附加措施来监管终端用户活动的自由裁量权。

7.5.3　对碳抵消信贷交易的规范

在碳市场的交易中，碳抵消项目的开发者有权拥有项目产生的碳抵消信用，这些合同在项目可以申请碳抵消信用认证之前可以更换持有人。然而，CFTC有可能认定这些合同不满足掉期交易的条件。如果合同只是给予了开发者由这个项目制造的信贷的权益，并未明确一个明确的信用额，CFTC可能会认定其只是一个简单的商业合同而不在其权限范围内。即使合同明确了减排信用额，也非常有可能被认定为"掉期交易"这一定义中的例外情况，仅仅视为一个非金融商品推迟出货和实物交割的合同。即使在CFTC确认项目开发合同符合掉期交易的定义的情况下，CFTC也可能认为这类合同不符合标准化的要求，很有可能也会豁免其在强制交易所交易以及在指定结算中心结算的要求。因此，对于与碳抵消项目相关的金融交易到底会受到哪些规定的限制，还需要根据CFTC未来颁布的规定的目的性和针对范围来确定。

7.5.4　对碳市场参与的限制

根据《法案》，碳市场参与者只要符合注册规定即可，除此之外并没有对交易的金融机构有过多的限制。这与绝大多数主要的气候提案以及西部气候倡议参与辖区（WCI Partner jurisdictions）所推荐的方法相一致，但是这样的安排与两部最新的气候提案——《Cantwell-Collins提案》和《Kerry-Lieberman草案》相冲突。因此，是否需要为了防止碳市场的过度投机和市场操作而对其参与者进行额外的限制是未来监管立法需要进一步明确的问题。

综上所述，《多德-弗兰克法案》针对金融市场上风险的主要来源的场外交易衍生品市场缺乏有效监管的问题拓展了监管范围。其中很多条款与气候议案中对监管条款的要求是一致的，包括授权CFTC监管碳衍生品，要求对碳金融工具进行交易所交易和结算，要求增加价格和交易数据的公开报告，要求监管部门明确市场的头寸限额，并且包含了防卫市场欺诈的强化措施等。在某些情况下，《多德-弗兰克法案》中的市场监管措施比气候议案的监管措施还要进一步，特别是对衍生品经销商和大型交易者的更多的资本、准备金和汇报要求，以及以制止市场欺诈和操纵为目的的附加措施等。然而，《法案》对于在指定的结算中心结算，以及在指定的交易所交易的相关规定中为终端用户提供的豁免条款将适用于碳市场上大部分主要的交易活动，而且碳现货市场以及碳抵消项目的信用交易的监管问题也是《法案》中未明确涉及的问题，还需要碳市场政策制定者或有权设立规则的监管部门在未来进一步明确监管细则。

7.6　对未来碳金融市场监管的启示

无论是从碳金融市场的可持续发展、相关经济部门和市场的稳健发展还是从公共利益出发，以保证有效的交易和定价机制、避免欺诈和价格操纵、平衡信息透明度及保密程度为基本原则和目标，尽早完善碳金融市场的监管安排显得尤为关键。

7.6.1　保证有效的交易和定价机制

碳市场价格及其传导机制直接影响排放企业、碳市场投资者及相关能源、高新技术等市场的投资决策，因此，监管最核心的目标是要形成并维护一个权威的价格信息放射源。

在一个流动性更强的市场上，众多的交易者通过其买卖行为将信息带到了价格决定过程之中，形成的价格发现机制是最有效的。然而目前，价格机制的运行还没有成为欧美碳市场监管者对碳金融市场监管的要点，一般还是依赖于交易所的功能和自我监管。很多商品现货市场都从期货交易所中获得时价，在交易所内每一秒都会有新价格产生、记录并几乎在同一时刻传输出去，碳市场也是如此。监管者需要确保交易所没有将实时价格数据作为私有产品出售而赚取额外费用。价格信息的可获得性也取决于监管范围和监管规则的设置，由于碳衍生品的交易绝大部分是场外交易，因此，场外市场的监管和若干导则设计是未来市场发展、价格机制形成过程中需要谨慎考虑的领域。

7.6.2　避免欺诈和价格操纵

对二级排放权交易的监管需要考虑欺诈和价格操纵行为，交易者或中

间商对其他投资者的欺诈以及长期持续的价格操纵，会损害市场参与者和
消费者的利益，危及整体市场发展。

（1）投资者欺诈

金融监管部门在防止和惩罚欺诈上积累了很多经验和案例，也有合适
的监管工具。这些类似的监管保护目前在欧美国家也适用于在受监管的交
易所完成的碳现货和衍生产品交易。不同市场交易形式的监管压力不同。
一般而言，指定交易所或其他交易平台进行的交易在传统金融监管部门的
监管之下，可依靠原有的证券市场和衍生品市场的监管经验及其监管功能
的延伸来防止投资者诈骗。但场外市场的碳交易参与者在该领域一般不具
备丰富的投资经验，因此，对这一市场参与者的监管和保护需要有针对性
地设计更为详尽的监管框架，完善相关的法律法规。碳现货交易市场是除
了 OTC 市场以外另一个可能由于滥用信息引起大型的经验丰富的交易者和
小型的经验匮乏的交易者之间产生信息不对称问题的市场。如果市场参与
者很容易获得实时价格数据，滥用信息的可能性将会被大大降低，因此明
确现货监管部门及其责任、细化现货交易的数据报告责任细节也极为重要。

（2）内部信息

欧洲的经验表明，可能会出现利用内部非公开信息进行交易的情况。
然而，内部交易这个概念在证券市场和期货市场上却不尽相同。在证券法
下，持有"实质性"未公开信息（即内部信息）的公司内部自然人——
他/她能够影响理性投资者买卖的决策——在其拥有的信息被公开披露之
前是不能够买卖公司股票的。公司经理、高级职员和董事参与的买卖公司
股票的信息必须在两个交易日内公开披露。对"内部人"的定义在最近几
十年间已经通过立法和法庭裁决有所扩展，因此在特定环境下，投资银
行、记者和委托人都会被包含在内。[①]而期货市场则不存在"内部信息"
这样一个概念，因为期货合同是建立在数千人生产、交易以及购买同质商
品的基础上的，某些交易者——如大型生产商或对该商品需求量很大的工

---

① 详情可参阅 CRS Report RS21127,Federal Securities Law:Insider Trading,by Michael
V. Seitzinger。

业企业——会拥有其他企业没有的信息，然而期货价格的发现过程则正是取决于这些融入价格之内的各种信息。

在美国，《商品交易法案》和 CFTC 主要监管柜台交易员（或理事会或委员会成员），防止其使用通过职务之便获取的未公开信息进行交易，或者"提示"其他人使用这些信息进行交易，但这种禁令不会涉及市场中所有的交易者。我国碳市场在试点时期就确保市场免于 2006 年欧洲信息提早披露、滥用对市场价格的冲击，同时根据不同市场类型明确了内部碳市场"内部消息"以及"局内人"的具体定义，进而修改相关的立法或者单独设立法律法规，明确对企业进行信息披露的具体要求。

（3）市场操纵

配额市场也同样会面临垄断和市场挤压的风险。市场操纵者可以大量囤积配额，同时持有期货或远期头寸以要求其他市场参与者在未来向其交货。如果对市场的挤压成功了，负有交货义务的交易者就没有其他选择，只能从市场操纵者手中以其控制的价格买入配额，然后再将这些配额以期货和远期合同中规定的较低的价格卖回市场操纵者手中。这种市场操纵会导致配额价格在较长时期内远远超出市场正常（有效）水平。

美国 CFTC 有一系列适用于现货和期货市场的监管手段防止这类操纵行为。首先，CFTC 一直保持运行一个大型交易者汇报系统，任何持有合同超出某一特定额度的企业都必须每日报告其投资额，但这一信息是不公开的，只有 CFTC 可以通过报告信息跟踪观察大额头寸的累积情况，累积往往是形成市场操纵的基础。CFTC 也能够通过多家经纪公司获得一个交易者通过不同渠道持有的头寸的总和。其次，CFTC 一直持续监控商品可交付的供给量，尤其是当期货合同接近到期的时候。如果可交付供给量出现了意外短缺，CFTC 就会采取一些补救措施。[①]

期货交易所和清算中心自身都具有很强的阻止市场操纵的动力。如果

---

① 但 CFTC 没有能力（也没有明确的法定职责）对现货交易进行全面的监控。

市场价格受到市场势力的影响，基本上所有期货交易所的交易员都会深受其害，而承诺所有合同都会按期付款的清算中心则会面临交易者违约的风险。为了防止市场操纵，交易所对合同额度设置了上限，但这种设置只针对投机者，生产或交易标的物的套期保值者则基本不受此限制。在配额市场，某家排放量很大的厂家，或者几家可联合行动的厂家，有可能具有影响市场的能力。如果配额市场的规模足以引起监管者的重视，那么以上适用于套期保值这种限制交易额的规则或体系也同样可以应用于配额市场。美国的 SEC 则通过信息公开机制来监控某只或某几只股票是否存在价格扭曲。按照 SEC 的规定，公开购买超过企业股票总额 5% 的交易者必须公开其所有权，并声明其投资是否是被动的，还是寻求对目标企业的控制权。

由于能源市场与排放权市场是紧密联系的，因此，未来也有可能存在跨市场的价格操纵问题，对这类问题的监管也应该通过与能源市场监管部门的协调尽早考虑到市场监管框架之中。由于有操作市场意图的交易者一般会通过 OTC 市场积累市场势力，因此预防透明度普遍不高的 OTC 市场的价格操纵也必须在监管政策制定者的考虑之内。

7.6.3　平衡信息透明度与保密性

在碳市场信息透明度和保密性之间找到一个平衡是政策制定者较难把握的问题。当市场透明度超过一定程度，信息披露的可能会超过投资者可以负担的合理成本，或者破坏了交易参与方的保密性而对市场有害。例如，在很多交易市场上，大型交易者为了防止其他交易者在其进行交易的时候也跟风、模仿其交易决策进行交易，从而选择匿名交易，以免增加交易成本。为了及时监管市场风险，很多监管机构必须要掌握市场参与者不愿意提供的信息，比如上文提到，CFTC 需要投资者每日汇报其大额期货投资额，但这类信息监管者不会向公众公开。在碳交易市场，政府部门可以获得大量的价格敏感信息，比如负责设定和分配配额的部门将掌握所有有关配额数量的信息，也将会获得企业现实排放量的信息，这些信息都会对市场价格信号产生关键的影响。对这类信息需要设计披露程序和相关法律条款，以保证不会产生提前泄露信息的问题。

第8章

企业碳资产管理

8.1 碳资产的定义与分类

随着碳交易市场规模的不断扩大，碳资产管理的概念逐渐被人们了解。碳资产管理是指企业需要树立低碳意识，将碳资产视为常规资产进行管理。低碳发展已成为未来经济发展的长期趋势，相比国外，我国碳交易市场起步较晚，碳资产管理处于初级阶段，但我国的碳资产规模却十分庞大，企业作为碳资产的潜在持有者，需要给予高度重视，在制定未来发展战略时应充分考虑低碳发展的影响。值得注意的是，谋求低碳发展并不等同于成本和投入的增加，而是通过有效的工具和手段，识别和管理潜在风险，对资产进行战略性配置，最终实现规避风险、提升资产价值的目的。因此企业应加强碳资产管理，抓住这一重大机遇，规避隐形风险，以谋求更好的生存和发展，提升企业竞争力。

2006年世界银行在《创造碳资产》中给出了狭义的碳资产定义，碳资产是指在设定基准排放量后，企业由于实施有助于减排的项目而减少的碳排放量。因此，碳资产可以划分为正资产和负资产。若企业实际排放量低于设定的基准排放量，则企业的碳资产为正资产；若企业实际排放量高于设定的基准排放量，则为负资产。碳资产分类如表8-1所示。此处碳资产的定义无异于碳排放权。广义的碳资产则是指存在碳排放限制影响的那些由企业拥有或者控制的预期会给企业带来经济利润的资产。

表 8-1　　　　　　　　　　　　　碳资产分类

流动资产	固定资产	无形资产	金融资产
• 化石能源和外购电力 • 碳排放权（配额或信用） • 排污权	• 为减排、减污、增效购置的专用设备 • 勘探、开采、储备化石能源的设备 • 运输化石能源的基础设施	• 检测、开采传统能源技术 • 自主研发的低碳、减排（污）技术	• 配置的各种（传统）金融资产 • 基于环境信用的资产

8.2　企业资产管理面临的风险

8.2.1　监管风险

监管风险是指由于国际以及国内法律或监管规定的变化，可能影响企业正常运营，或减弱其竞争能力、生存能力的风险。复杂、多样的国际气候变化监管环境为企业管理带来了极大的复杂性。[1]其变化主要受到政策的影响，根据政策制定目标的不同，可分为直接政策和间接政策。直接政策可能会直接对某些特定类型实物资产的温室气体排放量进行限制，通过直接立法或市场化手段（例如碳排放交易或碳税）将企业的环境影响内部化。间接政策分为三类：第一类，政策法规不以减少温室气体排放为直接目标，但是会限制释放温室气体的资产的使用。例如，《石化行业挥发性有机物综合整治方案》[2]针对石化行业挥发性有机物（VOCs）污染进行治理，会限制化石燃料的使用，间接减少温室气体排放量；第二类，支持发展低碳技术以及提高能源效率的政策，会影响高碳行业资产及能源的需求

① 徐玉高. 全球气候变化风险下的企业竞争战略[J]. 中国能源,2011(12):21-36.

② 环境保护部. 石化行业挥发性有机物综合整治方案[EB/OL]. [2016-01-24]. http://www.chem17.com/news/detail/102116.html.

总量。表8-2汇总了扶持可再生能源产业的主要措施及应用国家。[①]第三类，政府通过宣传、标准化等手段引导消费者消费倾向向低碳产品和服务转变，例如"碳标签"，以标签的形式告知消费者产品的碳信息，试图引导消费者选择碳排放更低的商品，从而达到减少温室气体排放、缓解气候变化的目的[②]。

表8-2   可再生能源产业扶持政策及相关国家

扶持政策	应用国家
上网电价	澳大利亚、奥地利、加拿大、克罗地亚、塞浦路斯、捷克共和国、丹麦、爱沙尼亚、芬兰、法国、德国、希腊、匈牙利、爱尔兰、以色列、意大利、日本、卢森堡、马耳他、荷兰、葡萄牙、斯洛伐克、斯洛文尼亚、西班牙、瑞士、英国、阿尔及利亚、阿根廷、波斯尼亚/黑塞哥维那、保加利亚、中国、多米尼加共和国、厄瓜多尔、伊朗、约旦、哈萨克斯坦、拉脱维亚、立陶宛、马其顿、马来西亚、毛里求斯、黑山、巴拿马、秘鲁、塞尔维亚、泰国、土耳其、乌拉圭、亚美尼亚、加纳、洪都拉斯、印度、印度尼西亚、莱索托、摩尔多瓦、蒙古、尼加拉瓜、尼日利亚、巴基斯坦、巴勒斯坦领土、菲律宾、塞内加尔、斯里兰卡、叙利亚、乌克兰、肯尼亚、卢旺达、塔吉克斯坦、坦桑尼亚、乌干达
直接资本补贴、补助、回扣或优惠贷款	澳大利亚、奥地利、加拿大、克罗地亚、塞浦路斯、捷克共和国、丹麦、芬兰、法国、德国、希腊、匈牙利、意大利、日本、卢森堡、马耳他、荷兰、挪威、阿曼、波兰、葡萄牙、斯洛伐克、斯洛文尼亚、西班牙、瑞典、瑞士、英国、美国、阿根廷、波斯尼亚/黑塞哥维那、博茨瓦纳、保加利亚、智利、中国、多米尼加共和国、俄罗斯、土耳其、乌拉圭、埃及、加纳、印度、印度尼西亚、莱索托、尼日利亚、巴基斯坦、菲律宾、斯里兰卡、越南、孟加拉国、吉尔吉斯斯坦、尼泊尔、坦桑尼亚、乌干达、赞比亚

---

① Joanna I. Lewis. The Rise of Renewable Energy Protectionism [J]. Global Environmental Politics,2014(01):10-35.

② 张斌,何艳,王丹萍.碳标签食品的消费者行为相关研究:一个文献综述[J]. 华东经济管理,2013,27(4):41-46.

续表

扶持政策	应用国家
当地含量要求	中国（风能，1997），巴西（风能，2002），印度（2010），加拿大（风能，2003，风能/太阳能，2009），乌克兰（风能/太阳能，2013），美国（风能/太阳能/其他，2009），西班牙（风能，1994），意大利（2011），法国（2012），克罗地亚（风能/太阳能/其他，2012），南非（风能/太阳能，2011），土耳其（风能/太阳能/其他，2011），阿根廷（风能，2005），马来西亚（风能/太阳能/其他，2010）
财政或税收激励本地制造业	英国（绿色产品，2009），巴西（风能，2009），美国（风能/太阳能/其他，2009）
使用关税/进口关税支持国内商品或促进国内制造业	巴西（风能，2009），俄罗斯、白罗斯和哈萨克斯坦（太阳能，2010），中国（风能，多年），委内瑞拉（所有发电产品，2009）
出口信贷援助	丹麦（风能，不同年份），美国（绿色产品到韩国，2009，可再生能源到阿布扎比，2013，其他），经合组织（所有可再生能源，2012）
国内企业研发、示范支持	中国（风能/太阳能，不同年份），美国（太阳能/海上风能，2011/2013），丹麦（风能，不同年份），德国（风能/太阳能，不同年份）

　　监管风险带来的国际层面压力体现在国际贸易方面。发达国家为实现低碳发展，在国际贸易中提出了"碳标签"和"碳关税"等概念。碳标签主要针对出口产品，是指将产品生命周期内（从原料、制造、储存、废弃到回收的全过程）温室气体的排放量在产品标签上用量化的指标标示出来，2007 年英国最早推出了碳标签，随后德国、法国、美国、泰国和中国台湾等也先后推出了不同种类的碳标签。碳标签可能会成为一种新型的国际贸易壁垒，特别是对于以能源和高碳行业为主导产业的发展中国家来说，碳标签可能会成为其在国际市场上面临的重要风险。[①]"碳关税"是指主权国家或地区对高能耗产品进口征收的二氧化碳排放特别税。2009

---

　　① 刘田田，王群伟，许孙玉．碳标签制度的国际比较及对中国的启示[J]．中国人口资源与环境，2015(5)，599-601．

年 6 月，美国众议院通过了《美国清洁能源安全法案》，该法案规定：除对"具有温室气体排放强度目标并且这一目标不低于美国的国家、最不发达国家、温室气体排放占全球份额低于 0.5% 的国家，或者占美国该行业进口份额不超过 5% 的国家"豁免征收碳关税外，将于 2020 年对其他国家进口产品征收碳关税。[①]碳标签作为量化的衡量指标逐渐成为实施碳关税的依据。我国目前尚未形成一个完善、可行的碳标签体系。碳标签与碳关税的实施在推动我国企业节能减排的同时，将对我国高耗能产业造成严重冲击。

监管风险源自国家、省及地方层面的政府行动，因此企业的实物资产及公司可能面临的风险在很大程度上取决于其所处的地理环境。例如，某项政策或监管措施在某个行政管辖区域内开始实施或正在考虑实施，但在其他行政管辖区域内引入或实施的可能性却较低。此外，即使同类型的监管政策在不同的行政管辖区域，政策的具体设计与实施也存在差异。

政策本身的不确定性也加剧了监管风险。例如，2015 年 8 月 3 日，奥巴马政府宣布推行《清洁电力计划》[②]，要求到 2030 年美国发电厂碳排放目标在 2005 年的基础上减少 32%，各州必须于 2016 年 9 月前提交初步减排方案，这意味着大量燃煤电厂将关闭，该法案的提出引发了诸多争议。2016 年 2 月，美国联邦最高法院作出裁定，暂停执行奥巴马政府的《清洁电力计划》。2017 年 3 月 28 日，美国总统特朗普签署了一项被称为"能源独立"的行政令，废除了奥巴马政府的《清洁电力计划》。

8.2.2　法律风险

国际律师协会（IBA）对法律风险的定义为企业因经营活动不符合法律规定或者外部法律事件导致风险损失的可能性。法律风险来源于三个方面[③]：（1）欧盟、美国的部分州和其他一些地区已经实行强制性的减排政

---

① 栾昊，杨军. 美国征收碳关税对中国碳减排和经济的影响[J]. 中国人口资源与环境，2014(01),70—77.

② 参见 https://obamawhitehouse.archives.gov/the-press-office/2015/08/03/fact-sheet-president-obama-announce-historic-carbon-pollution-standards。

③ 徐玉高,全球气候变化风险下的企业竞争战略[J]. 中国能源. 2011,33(12):21—36。

策，违反这些政策的企业将面临高额罚款或诉讼；（2）投资者开始关心所投资的企业是否采取了恰当的措施来应对气候风险从而影响了企业的财务状况，投资者可能采取诉讼企业或者企业高管的行动来保护自己的投资；（3）大规模侵权（Masstorts）。气候变化将成为发生大规模侵权的原因之一，从而将引发针对企业的集体诉讼形式（Class-action-style lawsuits）的官司。

分析具体企业面临的法律风险，要考虑企业所处的具体法律环境因素。碳资产面临的法律风险威胁与特定管辖区制定的政策法规以及现行法律制度的类型密切相关。这种风险包括"黑天鹅"事件（例如，重大漏油事件）所引起的法律挑战和索赔以及因违反各种政策法规而引起的法律挑战和索赔。原告在诉讼中寻求的结果和补救办法也是需要考虑的因素。例如，原告可能要求碳资产运营商安装污染控制设备或开发能降低温室气体排放水平的技术，甚至还有可能要求资产停产。此外诉讼可能导致新的碳资产建设的延迟，或导致运营商在诉讼过程中承担较高的费用。

随着气候改变的事实以及严重性得到广泛认同，气候改变类诉讼案不断增多，常见形式为原告起诉企业排放温室气体危害民众健康。2006 年 11 月，马萨诸塞州与环境保护局（EPA）的诉讼是美国最高法院受理的第一例气候变化诉讼案，马萨诸塞州联合其他 11 个州以及一些城市和非营利组织，起诉要求 EPA 履行《清洁空气法》，限制机动车的二氧化碳排放。此外，康涅狄格州与美国电力公司的气候变化公害诉讼案也广受关注，原告是康涅狄格州在内的八个州、纽约市以及三个土地信托投资集团，它们要求降低五个最大的二氧化碳排放公司（美国电力公司、南方公司、田纳西流域管理局、Xcel 能源公司和 Cinergy 公司）的排放量。该案件中虽然原告败诉，但企业面临的气候变化法律问题得到了广泛的关注。[1]

---

① Richard Dahl. 气候改变的诉讼案[J]. 环境与健康展望, 2007(9).

8.2.3　技术风险

在碳危机背景下，技术风险是指与促进低碳技术商业化、提升低碳技术吸引力的技术变迁相关的风险。技术变迁可能会导致现有技术被迅速淘汰，也有可能导致在较长时间内对现有技术的渐进改进，包括成本降低、设计创新等重大技术突破。在这两种情况下，现有技术都面临着不同程度的替换风险，新技术将拥有较低成本、更丰富的功能、更高的效率、更强的可靠性和可用性以及更低的温室气体排放水平。此外，提高能源效率的技术变革也有可能降低总体能源需求，从而减少对现有技术资产的生产或产品的需求。

许多技术变革影响着能源行业的企业，未来可能会面临更多改变。在过去的五年间，可再生能源已经从全球产能的10%提高到15%，可再生能源的快速推广推动了成本降低：到2040年，太阳能光伏的平均成本会再降低40%～70%，陆上风能的平均成本会再降低10%～25%。到2025年，中国新建太阳能光伏的单位补贴会减少3/4，印度的太阳能项目在2030年前将实现无须任何支持就可以与传统电力竞争。热力是全球能源服务需求最大的部分，可再生能源在供热方面的利用也在增加，到2040年将占到热力需求增长的一半。其主要形式有：亚洲新兴经济体工业采用生物质能——太阳能，这在很多国家已经成为一种成熟的选择，包括中国、南非、以色列和土耳其等国。美国的科技进步使得水平钻井和水力压裂技术在过去十年得以广泛应用，从而推动了石油天然气产量的大幅增长。产量的增加导致天然气平均价格大幅下降，这是美国许多电力公司淘汰老煤电厂的一个关键因素。其他技术变化还包括电池存储和智能电网技术的新发展，也有助于更广泛地使用可再生能源。此外，生物燃料（作为石油替代品）、碳捕获和储存技术以及小规模核电也存在着较大的发展潜力。

8.2.4　声誉风险

声誉风险指由于公司出现负面事件，而使公司品牌价值或声誉遭受损失的风险。由于通信网络的快速发展，新闻可快速传播，因此声誉风险相较其他风险而言还存在突发性。

一些化石燃料公司已经逐渐成为剥离运动的目标，投资者出于对气候变化和潜在环境破坏的担忧，以道德和伦理为由主张对化石燃料进行剥

离。一些公司也因某类碳排放项目，或者是其总体业务的温室气体密集性
而被公开指责。

2014 年，洛克菲勒兄弟基金宣布从化石燃料中撤资 500 亿美元，开始
减少煤炭和油砂给自然环境造成的污染。2015 年，挪威体量庞大的主权
财富基金，也是世界上最大的基金之一，曾经靠石油投资获得巨额收入，
开始剥除采矿资产组合里煤炭占比在 30% 以上的公司的持股权益。拆分
资产总额约 90 亿美元，据称是煤炭行业历史上最大笔的撤资。

2008 年末，《绿色汽车杂志》公布了最终赢得年度最佳绿色汽车奖的
五款汽车，2009 年款大众捷达 TDL 的排名位于榜首。然而，2015 年 9 月，
美国环保署发布了一个令人震惊的"违法警告"，人们因此才知道大众汽
车排放的氮氧化合物（NOx），只有在启动时才会显现严重超标。美国司
法部（Department of Justice）和环保署（EPA）起草了一份民事诉讼，大
众公司有可能因此面临高额罚款。

此外，声誉风险的压力还来源于消费者偏好的转变。随着公众环保意
识的增强，越来越多的消费者愿意为环境保护支付成本。市场消费者可能
会更偏好于有低碳标志的产品。

8.2.5　市场风险

碳资产的市场风险是指碳市场价格发生不利变动或急剧波动而导致企
业碳资产价值遭受损失的风险。

8.3　企业碳资产的压力来源

8.3.1　全球二氧化碳预算

（1）碳预算约束

温室气体排放量的增加是全球气候变暖的主要原因，特别是化石能源
燃烧释放的二氧化碳。据初步估计，某一时间段累积年排放量将决定温室
气体的浓度变化，并因此决定变暖的程度。这就意味着，对于任何气温上
升，为了避免气温上升超过目标限值，必须先制定一项温室气体（包括二
氧化碳）排放预算。预算越高，将全球变暖控制在特定水平的可能性就越

低。[①]为应对气候变化,《巴黎协定》中各国承诺到本世纪末,将全球平均气温增幅控制在低于2℃的水平,并向1.5℃的温控目标努力。

不同的碳预算对应不同的温控目标,此外还与不超过某一特定气温上升限值的可能性以及涵盖的时间段相关。表8-3显示了2013—2049年和2050—2100年两个时间段内,在1.5℃、2.0℃、2.5℃和3℃的温控目标下,以50%和80%的概率[②]完成时所对应的碳预算。

表8-3　　　　　　　2013—2049年、2050—2100年时间段
对应不同温控目标下的碳预算情况

温度最高上升幅度	2013—2049年化石燃料碳预算(单位:十亿吨二氧化碳)		温度最高上升幅度	2050—2100年化石燃料碳预算(单位:十亿吨二氧化碳)	
不超过温度限值的概率	50%	80%	不超过温度限值的概率	50%	80%
1.5	525	—	1.5	25	—
2.0	1 075	900	2.0	475	75
2.5	1 275	1 125	2.5	1 175	650
3.0	1 425	1 275	3.0	1 875	1 200

资料来源: 根据carbontracker相关资料整理所得。

Meinshausen等所做模型的研究结论显示,为实现2℃的温控目标,在80%至50%的概率下对应的碳预算范围为5 650亿吨到8 860亿吨二氧化碳。该预算值只占世界已探明的化石燃料储备所含碳(总量达2.86万亿吨)的一小部分。[③]由于气候改变的全球性和不可逆性,以及之前工业排

---

① 碳追踪计划与格兰瑟姆气候变化与环境研究所联合发布:不可燃碳(2013)浪费的资金与搁浅的资产。

② 很多因素影响着碳预算的不确定性程度。例如:气候敏感性(即气候系统的一种属性,决定着在大气中二氧化碳浓度加倍时全球气温的上升幅度);碳循环反馈(指化石燃料燃烧所排放的二氧化碳被海洋与陆地吸收或留存在大气中的比例)等。

③ Meinshausen, M., Meinshausen, N., Hare, W., Raper, S. C. B., Frieler, K., Knutti, R., Frame, D. J. and Allen, M. R. (2009) Greenhouse-gas emission targets for limiting global warming to 2°C. Nature, 458, 1158–1163.

放的累积效应，2050年后剩余的碳排放量十分有限。

（2）碳捕集与封存技术对碳预算的影响

从目前来看，碳捕集与封存（Carbon Capture and Sequestration，CCS）技术对于碳预算的延伸作用还十分有限。

CCS是从大型点源（如化石燃料发电厂）捕集二氧化碳（CO_2），并将其运输到储存地点（通常是一个地下的地质构造）进行储存的技术。[①]CCS被认为是大规模减少温室气体排放的有效手段。全球碳捕集与封存研究院（Global Carbon Capture and Storage Institute，GCCSI）已确定全世界目前有38个大规模CCS项目，这些项目正处于运行、建设和发展规划等各个阶段。

国际能源署（IEA）认为，如果要实现2℃的目标，到2040年全球每年需要捕集和封存约40亿吨二氧化碳。如图8-1所示，目前运行中或者建设中的项目碳捕集能力约为4千万吨/年，只能满足目标的1%。

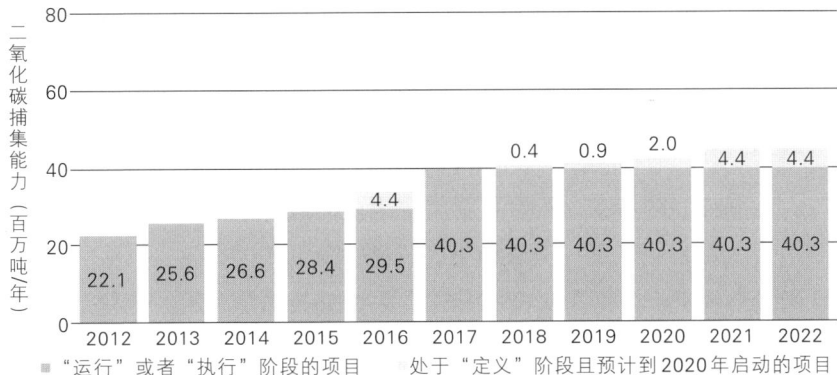

图8-1　截止到2022年处于运行、执行和定义阶段的
大规模CCS项目的二氧化碳捕集能力

资料来源：2016年全球碳捕集与封存现状报告摘要。

而CCS若想实现大范围部署，还面临着诸多问题：对于部分行业，

---

① https://en.wikipedia.org/wiki/Carbon_capture_and_storage.

CCS成本较高，不能被普遍接受，例如燃煤电厂，CCS会使其成本增加40%～80%；CCS会降低发电效率并增加能耗，在常规电厂上加装CCS会降低发电效率20%～30%左右；CO_2驱油还不是CO_2永久封存技术；目前仍缺少一体化的商业性示范项目；还未找到可行的独立运营商务模式。[1]

综上可见，要实现CCS的大规模使用还存在很大的障碍。即便CCS技术获得充分投资，也只能将实现2DS的概率提高12%到14%（原目标实现概率为50%到80%）。同时需要注意的是，CCS技术实际上只用于天然气和煤炭，目前认为这种技术还不适用于交通运输所用燃油。由此可见，CCS技术对于碳预算的延伸作用还十分有限。

8.3.2 搁浅资产

（1）搁浅资产的定义

受到2℃碳预算的限制，世界上大量化石燃料资源，特别是煤炭，将被储存于地下不能被开采。这是目前为控制全球平均气温升高不超过2℃所能采取的所有合理措施中的一项重要举措。在2℃的情境下，需要降低对化石燃料特别是高碳燃料的依赖，这将导致大量资产被搁浅。

搁浅资产是指因意外或过早减记、贬值或转化为负债而受损的资产。[2]搁浅资产产生的原因包括以下几个方面：包括气候变化在内的环境挑战；能源格局的转变；政府监管新政策；清洁技术成本的下降；社会规范和消费者行为的转变；诉讼和法定解释的变更。

衡量搁浅资产有两个重要指标：①收集公开交易公司的燃料储备所含二氧化碳的数据，该指标揭示了会被搁浅的储备量；②公司用于开发新资源的资本支出水平与用于维持储备替换的资本支出水平之比，该指标揭示了碳资产所有者会因为效果不佳的资本投资失去那些宝贵的现金资源（比如养老金基金）。总体而言，二者都可以作为监管机构的衡量指标，衡量

---

[1] 韩文科,杨玉峰,苗韧,等.当前全球碳捕集与封存(CCS)技术进展及面临的主要问题[J].中国能源,2009（10）: 5-7.

[2] 参见 Caldecott, B., et al. (2013). Stranded Assets in Agriculture: Protecting Value from Environment-Related Risks.

因碳约束的挑战在资本市场累积起来的系统风险。

搁浅资产并非全新概念，但是由于环境风险和技术进步的影响，在未来几十年里资产搁浅的规模和风险将不断加剧。未来将会受到资产搁浅影响的行业包括基础设施（运输、港口及低效建筑等）、农业、房地产、采矿、水电等。其中，受到冲击最大的行业是化石能源，据碳追踪计划估计，未来世界为应对灾难性的气候改变，60%~80%公开上市的化石燃料储备是"不可燃的"。[①]

化石能源面临的环境相关风险是巨大的，即便在2050年前能充分利用碳捕集与封存技术，也只能将化石燃料的碳预算提高1 250公吨二氧化碳。2050年后的碳排放量也同样影响着全球气温，如果没有有效的负排放技术，例如生物能CCS技术或者其他二氧化碳清除（CDR）技术，想要以80%的概率实现2℃的温控目标，2050年后的碳预算仅为750亿吨，仅相当于目前排放水平的两年排放量。低碳发展作为未来长期发展趋势，最终将导致相关资产关闭、停止使用或出售另作他用。

（2）全球上市公司煤炭、石油和天然气储备

2016年的《世界能源展望报告》显示，气候承诺的落实能将全球二氧化碳量限定在年均1.6亿吨的水平，相比2000年以来年均增加6.5亿吨的水平已经大幅度减少，但与能源相关的二氧化碳排放会继续增加，到2040年会增加到360亿吨，显然这些承诺无法实现《巴黎协定》尽快达到排放峰值的目标。[②]由此可见，未来能源的使用还会受到进一步的限制。

碳追踪计划的分析结果显示，国有单位拥有大部分的能源储备，上市公司拥有的储备量约占1/4（相当于7 620亿吨二氧化碳）。图8-2展示了上市公司的储备与实现概率为50%和80%时碳预算比例的对比情况。如果按其储备比例（总量的1/4）给上市公司分配碳预算份额，那么它们差

---

① 参见 2016 Inter-American Development Bank. Stranded Assets: A Climate Risk Challenge. http://ays.issuelab.org/resources/25566/25566.pdf.

② 参见 IEA 2016. World Energy Outlook. http://www.iea.org/publications/freepublications/publication/WEO2016_ExecutiveSummary_Chineseversion.pdf.

不多已经达到能以合理概率实现 2DS 所对应的碳预算份额的 3 倍，上市公司将面临巨大的碳预算赤字。

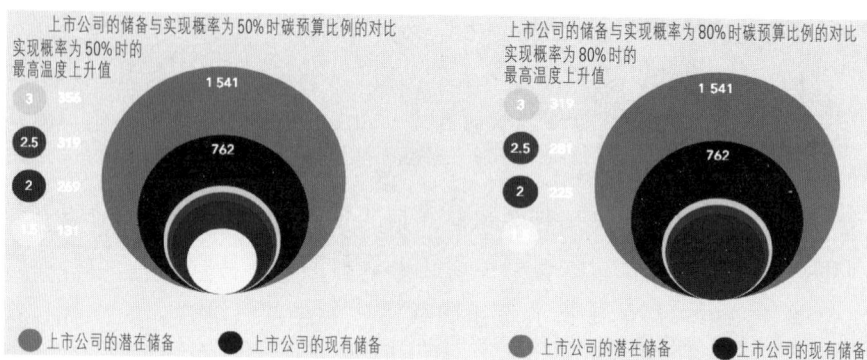

图 8-2　上市公司的储备与实现概率为 50%、80% 时碳预算比例的对比

资料来源：https://www.carbontracker.org/reports/unburnable-carbon-2013-cn/?lang=zh-hans.

彩图 8-2　　将上市公司煤炭、石油和天然气资产的储量依据交易所进行划分，探究各交易所中化石燃料的集中情况，会发现纽约、莫斯科和伦敦位列前三。从风险的绝对水平来看：伦敦是煤炭之都，而纽约则为石油金融中心。这两个交易市场的监管机构需要率先采取行动。将上海、深圳和香港交易所的储备量进行加总的话，中国的排位也十分靠前，而且不难看出，中国交易所的绝大部分二氧化碳储备量来自煤炭。

　　2015 年世界能源署（IEA）曾预计，中国的煤炭需求要到 2030 年才会达到峰值。然而，在《世界能源展望 2016》中，IEA 提出，中国的煤炭需求其实在2013 年就已经达到了峰值。一些收入较高的经济体，总体能源需求经常保持平稳，甚至出现下降，大幅采用低碳能源取代煤炭。但由于中国采取了一系列措施削减煤炭产能，供给的减少推动了煤炭价格（在连续四年下滑之后）于 2016年开始走高。[①]这给全球化的煤炭市场造成了一定冲击，因为很多生产商目前的

---

　　①　IEA 2016. World Energy Outlook［EB / OL］.［unknow］. http://www. iea. org / publications/freepublications/publication/WEO2016_ExecutiveSummary_Chineseversion.pdf.

增长计划都是以中国市场未加抑制的煤炭需求为前提而设定的。

根据世界能源署 2016 年的统计，全球能源供累计需要 44 万亿美元的投资，其中 60% 投向石油、天然气和煤炭的开采和供应，包括使用这些燃料的电厂，另外有将近 20% 投向可再生能源。此外，还需要 23 万亿美元用于提高能效。与此相比，2000—2015 年间能源供应投资总额的将近 70% 投向化石燃料，这代表了资本分配的重大变化，特别是考虑主要可再生能源技术的成本将会继续下降。到 2040 年时，全球能源需求将增加 30%，这意味着所有现代燃料的消费都有会增加。各国政府在其气候承诺中共同传递的信号是，化石燃料在未来几十年将依然是全球能源体系的基石，尤其是天然气和石油，但是化石燃料行业承受不起忽视更急剧的转型可能导致的风险。[①]

（3）搁浅资产与我国燃煤发电

目前，燃煤电厂面临着巨大的资产搁浅风险。发电厂作为资本密集型行业，具有较高的初始投资和相对较低的边际成本，其成本将在发电厂 30 ~ 40 年的寿命中进行摊销折旧。然而发电厂的温室气体排放情况在建厂时就已基本锁定，这使得发电厂对碳风险格外敏感。由于煤炭又是碳密集度较高的化石燃料（生产单位千瓦时的电，煤炭二氧化碳的排放量是天然气的 2 倍），因此燃煤电厂在各种发电厂中面临着更高的碳风险。同时，大部分燃煤电厂采用的是粉煤燃烧技术，不适合使用碳捕捉技术。[②]

煤炭是中国最主要的能源，在现有的国民经济发展所需能源消耗中，占据着极为重要的地位。电力、冶金、建材和化工等几大耗能产业占煤炭总消费量的 80% 以上，其中以电力行业耗能最大，占总耗能的 40% ~ 60%。[③]由于产能日益过剩、可再生能源的竞争激烈、碳排放配额的减少、电力需求

[①]　IEA 2016. World Energy Outlook. http://www.iea.org/publications/freepublications/publication/WEO201 66WEO2016_ExecutiveSummary_Chineseversion.pdf.

[②]　Merrill Jones Barradale.JonesBarradale. Investment under uncertain climate policy：A practitioners′ perspectiveperspectivepractitioners′perspective on carbon risk [J]. Energy Policy. 2014,69：520-535.

[③]　张洪潮,王泽江,李晓利,等.中国煤炭消费需求波动规律及成因分析[J]. 中国人口资源与环境,2014,(1)：94-101.

下滑，中国现役和已批煤电厂面临着严重的资产搁浅风险。煤电搁浅资产将会影响投资者的预期收益，损害电厂偿还巨额负债的能力，并最终会导致纳税人和电力用户承担这些搁浅资产的后果。图 8-3 为 2012 年中国各个行业煤炭需求占比，图 8-4 为中国煤炭消费量占世界总量的比例。

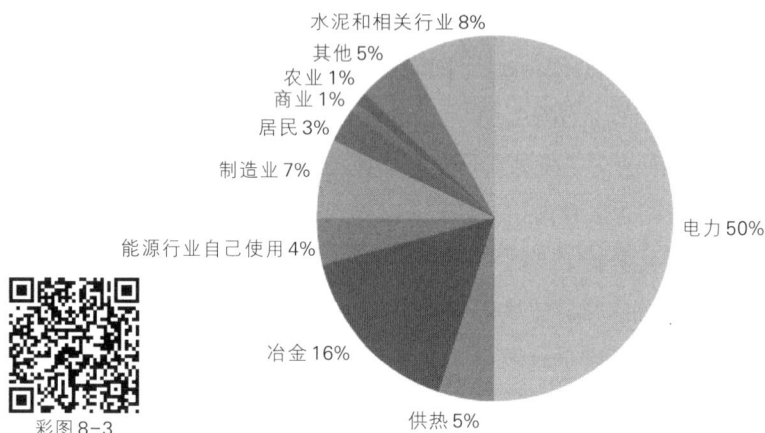

图 8-3　2012年中国各个行业煤炭需求占比

资料来源：花旗银行。

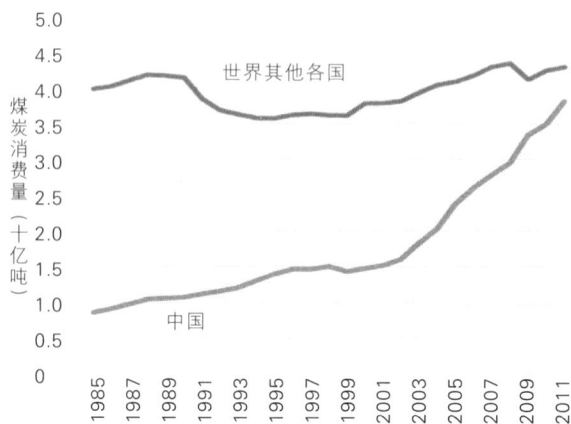

图 8-4　中国煤炭消费量占世界总量的比例

资料来源：美国能源信息署。

　　牛津大学史密斯企业与环境学院对我国潜在的煤炭搁浅资产规模进行了评估，设定了现役和计划煤电厂分别在五年、十年、十五年和二十年后搁浅四种情景（如图 8-5 所示）。[①]在五年时间窗口的情景下，总的搁浅资产价值达 72 010 亿元，其中现役机组的搁浅资产是 27 030 亿元，计划或者在建机组的搁浅资产是 44 980 亿元。在十年情景下，总的搁浅资产价值 57 970 亿元，其中 20 510 亿元来自现役机组，37 460 亿元来自在建设或计划的机组。对十五年时间窗口情景下的总搁浅资产的估值较低，为 44 200 亿元，其中 29 940 亿元（68%）由在建或计划的机组组成。最后，二十年搁浅情景中资产总价值为 30 860 亿元，其中 73%（22 430 亿元）为在建或计划容量。这些情景中煤电搁浅资产规模估算可以达到 30 860 亿元～72 010 亿元，相当于中国 GDP 的 4.1～9.5%[②]。从报告的结论不难看出，我国无须再新建煤电厂，如果继续建设，将多耗费 5 000 亿美元的资金。

8.3.3　强制信息披露和撤资行动

（1）强制信息披露

　　越来越多的国家、地区和国际组织要求企业对其所面临的主要气候变化风险和不确定性进行披露。2010 年 2 月，美国证监会就气候变化披露刊发诠释指引，要求公司在 10-K 表格中披露与气候变化有关的业务风险信息。[③]英国政府于 2013 年 10 月出台修订后的上市公司报告要求，涵盖温室气体排放、主要绩效指标和陈述式报告。G20（20 国集团）财长和中央银行行长要求金融稳定理事会（FSB）研究金融行业如何应对气候相关问题。2015 年 12 月，FSB 主席兼英格兰银行行长 Mark Carney 宣布成立气候相关财务披露工作组（TCFD）。TCFD 建议企业应使用情景分析评估与气

---

　　①　在所有四种情景中，开始日期都设定为 2016 年，已知的燃煤发电装机容量是 978GW（包括 2016 年的预计投产容量）。针对每种资产，使用直线折旧法按照自建成日期开始 35 年寿命周期计算折旧，假定期末没有残值。因为煤电机组最后列入计划是 2020 年，整个时间序列要涵盖 2016 年到 2056 年以容纳所有的折旧。因此，这些估计数值应当解释为在所有燃煤电厂过早关闭的情况下可能的搁浅资产规模上限。

　　②　The World Bank，"World Bank National Accounts Data."

　　③　参见 Commission Guidance Regarding Disclosure Related to Climate Change. https://www.sec.gov/rules/interp/2010/33-9106.pdf.

候相关的风险和机遇的潜在业务、策略和财务影响，并在财务资料申报中作出披露。我国现役、计划和在建煤电机组的最大搁浅资产价值评估如图8-5所示。

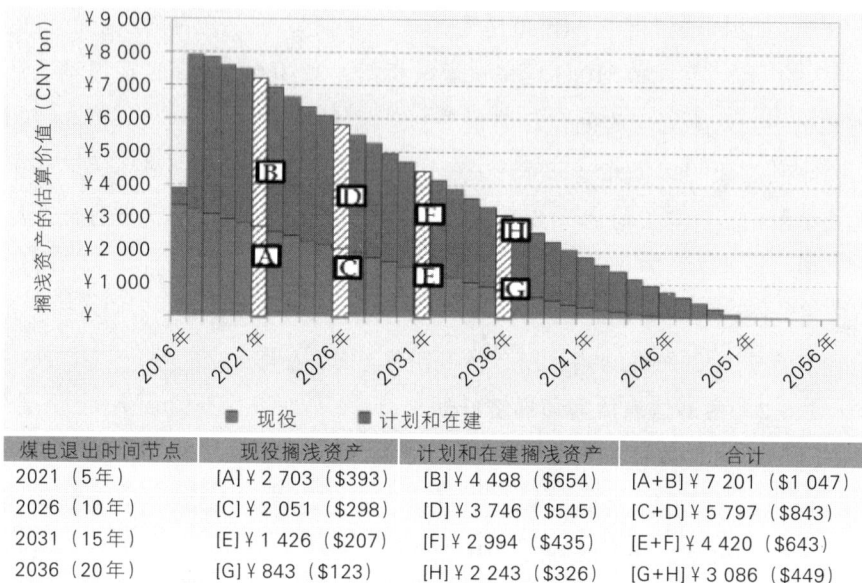

煤电退出时间节点	现役搁浅资产	计划和在建搁浅资产	合计
2021（5年）	[A] ¥ 2 703（$393）	[B] ¥ 4 498（$654）	[A+B] ¥ 7 201（$1 047）
2026（10年）	[C] ¥ 2 051（$298）	[D] ¥ 3 746（$545）	[C+D] ¥ 5 797（$843）
2031（15年）	[E] ¥ 1 426（$207）	[F] ¥ 2 994（$435）	[E+F] ¥ 4 420（$643）
2036（20年）	[G] ¥ 843（$123）	[H] ¥ 2 243（$326）	[G+H] ¥ 3 086（$449）

图8-5 我国现役、计划和在建煤电机组的最大搁浅资产价值评估

资料来源：搁浅资产与中国的燃煤发电：环境风险暴露分析。

彩图8-5

　　2016年8月，人民银行等七部委联合发布《关于构建绿色金融体系的指导意见》，要求建立上市公司和发债企业强制性环境信息披露制度，同时鼓励金融机构对环境风险进行压力测试。此外，还要求机构投资者发布责任投资报告，并分析所持有的公司股票或其他资产所面临的环境风险，以及这些风险是否和如何会转化为对投资者的风险。

　　大多数企业将在中长期内感受到气候变化最重大的影响，而这些影响的时间和程度难以预测，情景分析可以帮助企业管理气候变化的不确定性，并披露企业的策略和财务计划在这些情景下可能受到的影响。

（2）撤资行动

投资者在气候变化问题上的自发行动也开始逐渐增多。气候变化因素带来了投资者投资行为变化，撤资行为频繁发生。负责任投资是一种投资方式，明确了投资者与环境（Environment）、社会（Society）和治理（Governance）（ESG）要素之间的相关性，将市场长期的健康和稳定视为一个整体。截至2016年3月，共有1 330家G20成员单位签署了"负责任投资原则"协定（PRI）。2014年9月，UNPRI启动了"蒙特利尔碳承诺"（Montreal Carbon Pledge），投资者承诺披露投资组合碳足迹信息并为之负责。此外，UNEP-FI正在协调"低碳投资组合联盟"（Portfolio Decarbonization Coalition），这是一个由多方利益相关者组成的全球倡议，旨在通过鼓励机构投资者将其投资组合"脱碳"来推动温室气体减排。直到2015年12月的巴黎联合国气候变化大会，该联盟旨在让机构投资者筹集1 000亿美元的管理资产（AUM），致力于对其投资组合进行脱碳。2016年，DivestInvest. org①称，全球有超过500家在管资产在34亿美元以上的机构及其他投资者，已经承诺要剥除化石燃料类股票。投资者撤资行为如表8-4所示。

表8-4　　　　　　　　　　　投资者撤资行为

机构投资者	瑞典AP4（公共养老储备金）、法国FRR、英国BT养老金计划、纽约州公共退休基金会，以及澳大利亚地方超级管理者都做出了对所持组合资产部分或全部去碳化的决定，它们在股票选择过程中明确纳入了碳标
投资指数机构	几个主要的指数提供机构（Euronext、MSCI、S&P）给出的低碳指数现已演变成股票指数。这些指数在各个投资项目中选择或制衡出污染最轻的对象
其他金融机构	有740亿美元资产的斯堪的纳维亚金融服务企业施多布兰德公司在2013年宣布，将会从19家化石燃料相关企业撤出投资。这个名单在之后扩大到35家企业，包括15家煤炭供应商、10家油砂矿产商和10家主要使用煤炭的公用事业企业
民间组织	民间组织350.org于2012年发起了一场鼓励"金融机构立刻冻结对化石燃料公司的新投资并在五年内撤出包括化石燃料上市股票和公司债券在内的直接所有权资金和混合资金"的运动

---

① 参见http://divestinvest.org/wp-content/uploads/2016/09/ABPressRelease.pdf.

8.4　碳资产管理策略分析

碳资产管理，是指对《京都议定书》中所涵盖的包含二氧化碳在内的六种温室气体进行主动管理，以及在低碳时代规避风险、抓住机遇、提高企业竞争力等其他措施。这些行动的目的是获取更大的经营及品牌价值。[①]由于我国碳排放机制尚处于不成熟阶段，所以企业碳资产管理存在很多问题。首先，我国企业的碳资产管理无论在理论上还是在实践上，几乎都是空白，关于碳资产的研究相对滞后，未能对企业在碳资产管理方面提供充足的理论指导和实践参考。其次，企业碳资产管理的意识薄弱。很多企业把碳资产管理的重要责任放在生产或者环保部门，并没有将其纳入企业整体的管理系统中，以及没有认识到碳资产相当于金融工具这一性质，更没有注重碳资产管理对于碳市场价格、财务风险、税务以及对资产负债表和企业利润等各方面的影响。再次，企业对碳排放的测量方法和计算工具了解不多，也并没有建立完善的碳资产管理流程和管理办法。最后，我国的碳交易市场尚未成熟，企业对于碳交易产生的收益并没有直观的感受，同时边际成本高的企业在减排的过程中产生了额外成本，这严重打击了企业进行勇敢尝试的积极性。

企业碳资产管理框架的设计，包括碳资产盘查、碳预算构建、碳会计处理、碳风险管理和碳信息披露。

8.4.1　碳资产盘查

碳盘查首先要确定盘查的对象，ISO 14064 规定需要对二氧化碳（CO_2）、甲烷（CH_4）、氧化亚氮（N_2O）、氢氟碳化物（HFC）和全氟碳化物（PFC）6 种温室气体进行盘查；其次采用排放系数法来计算温室气体排放量，联合国政府间气候变化专门委员会（IPCC）会公布燃煤排放系数或者发改委每年公布电力系统排放因子，活动数据与排放因子的乘积可

---

①　郭金琴,许群.我国企业碳资产管理分析[J].商业会计,2014（16）：11-13.

作为碳排放量；接着针对不同行业获取温室气体清单，编制温室气体报告书；最后，加强碳信息数据库的建设，完善碳足迹检测系统，以便对企业排放的温室气体进行研究分析，为进一步的碳减排工作提供参考。碳盘查具体流程如图 8-6 所示。

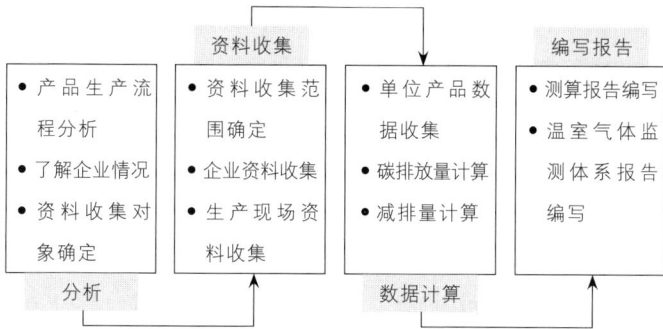

图 8-6 碳资产盘查流程图

资料来源：企业碳资产管理展望，http://qikan.cqvip.com/article/read.aspx?id=41343029&from=article_detail。

8.4.2 碳预算构建

低碳发展使得企业经营环境发生改变，这就需要管理会计发挥其功能，来构建企业的碳预算目标。企业应当根据国家相关排放控制政策，根据碳排放配额合理构建碳排放目标。企业首先应该清晰地了解自身的"碳足迹"，然后对企业未来的二氧化碳排放量进行预测。同时注重配额管理，若采用配额购买和 CCER 的置换策略，则可以在一定程度上降低购买配额的成本，甚至在一定条件下获得盈利。[①]

8.4.3 碳会计处理

在现有会计框架下对碳会计内容进行完善，并编制碳资产负债表。在"环境资产"总分类账户下设置"碳资产"二级账户，在"环境负债"总分类账户下设置"碳负债"二级账户。根据负债的来源和种类不同可以进

---

① 刘潇.碳资产管理及其在中国电力企业中的应用[J].企业改革与管理,2015(1):11.

行明细核算，进而编制"碳资产负债表"。

相关细则可参考：当购买碳固设备时，应按照购置成本借记"固定资产"，贷记"银行存款"等，购买时未能达到可使用状态的，先计入"在建工程"，待达到可使用状态时再转入"固定资产"。购买碳固设备和建设碳固设施过程中排放温室气体产生的碳排放费用也应计入"固定资产"或"在建工程"。在后续计量中，（1）碳固设备折旧的计提，应该请评估机构核证设备的费用支出。折旧计入碳固成本，即借记"碳固成本"，贷记"累计折旧"；核证碳固量的费用支出也计入当期损益，即借记"管理费用"，贷记"银行存款"等。（2）收集温室气体所发生的人工、碳排放费用都计入碳固成本，即借记"碳固成本"，贷记"应付职工薪酬""预计负债"等。（3）取得的排放权，应该根据公允价值借记"碳排放权"，贷记"碳固成本"，借贷方差额计入"营业外收入"。（4）对于前面说到的碳税，企业在交纳碳税时，应该按交纳金额借记"税金及附加"[①]，贷记"应交税费——资源税（碳税）"。（5）企业因为超额排放而被罚款时，按照会计准则的规定，应当按照罚款金额借记"营业外支出"，贷记"银行存款"等。碳会计的处理能够有效地反映碳预算的实施效果，便于企业未来碳成本的更好规划，也能够为企业实施碳信息披露提供依据和基础。[②]

8.4.4　碳风险管理

企业面临的碳风险主要是指气候改变的相关因素（主要是政策、市场和技术）对实物资产经营者造成经济损失的风险。目前，针对气候改变风险的讨论主要围绕高碳行业及企业展开，特别是化石能源公司，这些行业与企业也是本书关注的重点。以一个燃煤电力公司为例，基于电力公司的高碳属性，公司直接面临着碳风险，这可能会导致公司减少向市场供应能源的数量，威胁公司未来持续发展和盈利的能力。如图8-7所示，对企业碳资产进行风险管理主要分为以下四个部分：明确相关环境/气候风险因素；对环境/

---

① 根据《中华人民共和国增值税暂行条例》和《关于全面推开营业税改征增值税试点的通知》（财税〔2016〕36号）等有关规定，全面试行营业税改征增值税后，"营业税金及附加"科目名称调整为"税金及附加"科目。

② 廖高，张凤，张亚连."四化两型"建设与企业碳资产管理的实施路径[J].会计之友，2014（5）：33-35.

气候风险敞口进行筛选（对于低敞口和低风险的因素无需进行下一步）；对面临风险敞口的运营商/公司和投资组合，使用风险和估值模型对潜在的财务影响进行评估；最后通过各种管理方法和策略对环境/气候风险进行管理。

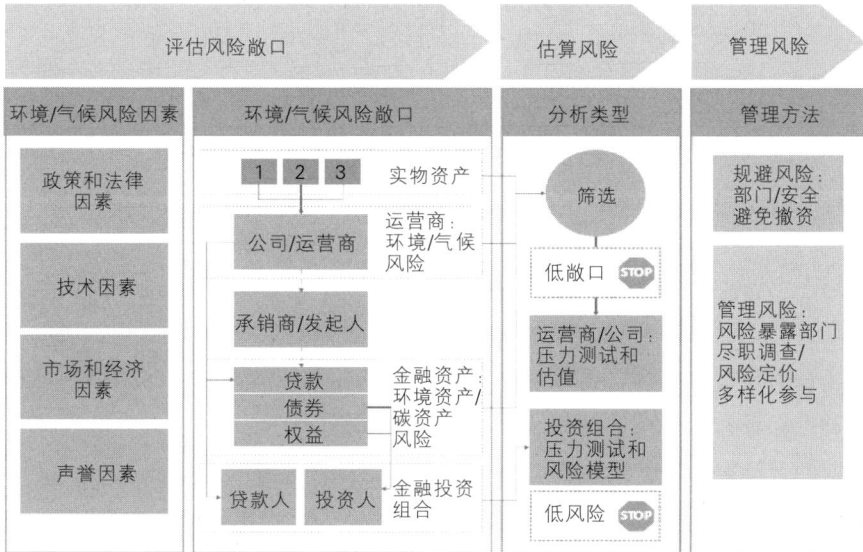

图 8-7　碳资产风险评估和管理

资料来源：WRI&UNEP. Carbon Asset Risk：Discussion Framework. http：//www.wri. org/publication/carbon-asset-risk-discussion framework.

在对运营商/公司层面进行分析时，可以通过情景分析和压力测试等来估计潜在风险对实物资产的影响。分析除了需要考虑实物资产组合的特征外，还需要考虑运营商的碳资产策略等因素。运营商/公司层面的风险评估程序如图 8-8 所示：首先在资产和公司层级对风险数据进行评估筛选；分析财务关系性质（投融资类型、久期或票期等）；考虑政策、技术和市场因素中可能性最大的未来情景。其次，对关键风险因素和敞口进行筛选，运用总体经济框架进行情景分析和压力测试，对供给和需求情况进行检验，并生成对现金流的预期影响结果，反过来影响定价模型。运营商/公司气候风险评估过程如图 8-8 所示。

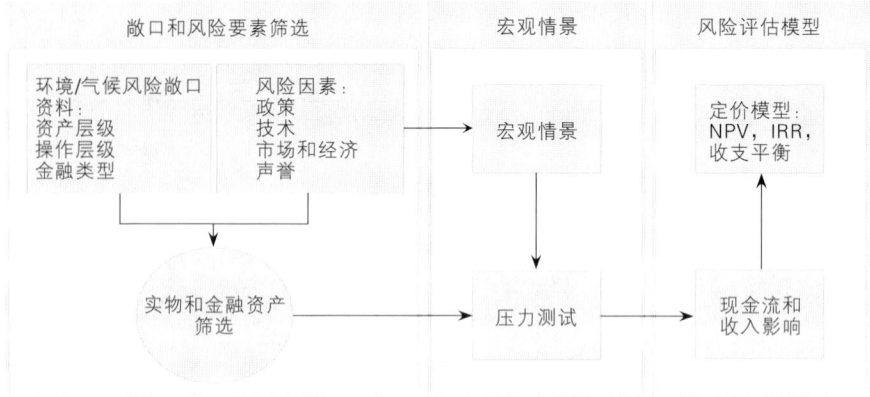

图8-8　运营商/公司气候风险评估过程

资料来源：http：//www.wri.org/publication/carbon-asset-risk-discussion framework.

在投资组合层面，首先运用情景分析来筛选风险因素，然后利用这些数据推动投资组合层面的风险优化，包括分析投资组合规模的分散化、相关性和风险因素等。投资组合气候风险评估如图8-9所示。

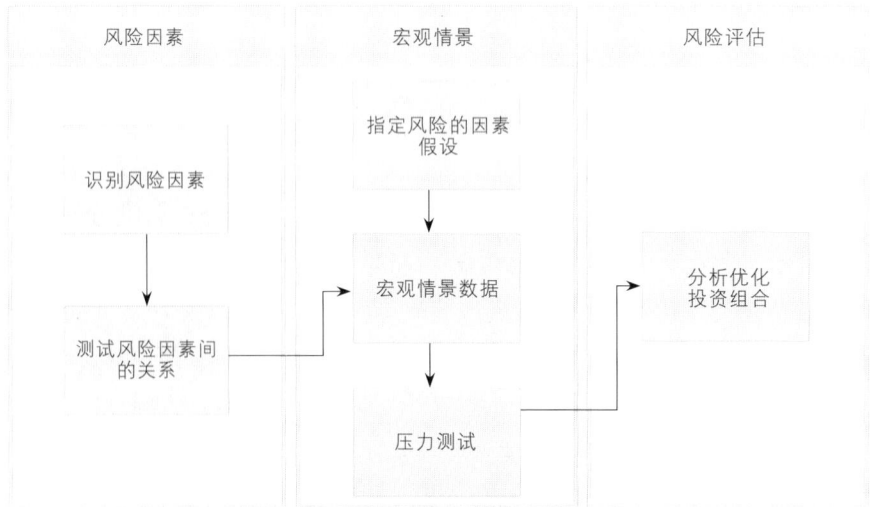

图8-9　投资组合气候风险评估过程

资料来源：http：//www.wri.org/publication/carbon-asset-risk-discussion framework.

（1）识别碳资产风险因素

公司在经营过程中碳资产面临的风险主要分为：监管风险、法律风险、技术风险、声誉风险和市场风险。虽然环境气候因素是对众多因素的一个新补充，但其基础概念是一致的。由于全球温室气体排放限值而出现的新政策、经济、市场以及社会趋势等风险因素是多维度的，并且与现有的监管、市场和声誉风险等在财务决策中有重叠的部分。

（2）评估碳资产风险

①筛选敞口数据和风险因素

识别风险因素后首先要对敞口和风险因素进行筛选。

首先，筛选过程需要的相关数据和信息分为以下三类：第一，运营商/公司和实物资产层级的信息，包括资产类型、燃料构成、地理位置、预期使用寿命、生产成本、温室气体排放情况、公司战略、管理能力、资本结构、具体运营管理方式、有效的风险评估和管理策略、环境/气候风险相关的投资策略等；第二，金融关系的类型和期限，包括投融资类型（例如公司贷款、项目融资贷款、债券、权益等）、预期的流动性和预期的持续期和票期等；第三，基准情景数据（随着时间的推移，风险因素会如何发展）。主要碳资产风险因素如表8-5所示。

其中，情景通常分为几类不确定性因素，主要是宏观层面的政策和经济因素，例如政府行动、技术趋势和投资趋势等。分析时需要将其设定在一个特定的时间范围内，时间范围对环境/气候风险的估计也具有重要影响。全球能源情景大多是基于长期时间框架进行设定的，有些甚至超过了2050年。表8-6列举了分析时被广泛采用的国际能源署（IEA）长期情景数据。[1]

然后，运用情景分析和压力测试来估计风险因素（如政策、市场、技术因素）如何演变，以及产生何种财务影响。分析路径分为两种：一种是在运营商/公司层级的分析；另一种是在金融投资组合层级的分析，关注

---

[1] http://www.iea.org/publications/scenariosandprojections/.

表 8-5 主要碳资产风险因素

风险种类	风险定义	影 响	举 例
监管风险	复杂的监管环境给碳资产运营和财务情况带来的风险	影响实物资产及拥有/运营资产的公司	碳排放交易系统；碳税；奥巴马《清洁电力计划》和特朗普"能源独立"行政令
法律风险	企业因碳资产经营活动不符合法律法规或者外部法律事件导致损失的风险	影响实物资产及拥有/运营资产的公司	"黑天鹅"事件；美国国家环境保护局（EPA）针对发电厂的空气污染和温室气体排放的监管
技术风险	替代品的商业可行性提升、成本降低以及低碳技术的发展	影响技术选择、部署、成本及需求	储能技术；可再生能源技术进步；碳捕集和封存；替代燃料
声誉风险	由于公司品牌及声誉出现负面事件，而使公司遭受损失的风险，包括品牌价值或声誉受损、收益损失或额外资本支出等	影响无形资产及拥有/运营资产的公司	针对化石燃料的剥离运动；美国环保署（EPA）对大众公司的"违法警告"
市场风险	市场发生变动而导致价值未预料到的潜在损失的风险，主要包括市场基础风险、市场运行风险和市场滥用行为	影响实物资产及拥有/运营资产的公司	EU ETS 第一阶段的配额超发；垃圾碳资产；增值税欺诈事件

风险因素如何影响分散投资组合。碳资产风险评估框架总结如表 8-7 所示。

表 8-6 国际能源署（IEA）长期情景数据

世界能源展望	新政策情景（NPS）	• 广泛地作为国际能源署的基准情景 • 它考虑到各国已经宣布的政策承诺和计划，包括国家承诺减少温室气体排放和计划逐步淘汰化石能源补贴，以及尚未确定或宣布执行的承诺和措施
	当前政策情景	• 各国能源政策保持现状不变
	450 情景	• 确定了一个能源途径，通过将大气中的温室气体浓度限制在约百万分之四百五十（450ppm）的二氧化碳，来实现将温度上升限制在 2℃ 的目标
能源技术展望	2℃ 情景（2DS）	• 能源技术展望的主要焦点。2DS 制定了能源系统部署途径和排放轨迹，至少有 50% 的机会将全球平均气温上升限制在 2℃。2DS 将 2015 年至 2100 年之间的剩余能源相关二氧化碳排放总量限制为 1000GtCO$_2$。到 2050 年（对比 2013 年），二氧化碳排放量（包括工业原料、生产，以及燃料燃烧排放量）将减少近 60%，二氧化碳排放预计在 2050 年后将下降至达到碳中和
	4℃ 情景（4DS）	• 考虑各国近期作出的限制排放和提高能源效率的承诺，将长期温度升高限制在 4℃。4DS 情景需要在政策和技术方面进行重大改变。此外，在 4℃ 的长期升温限制下，二氧化碳排放量在 2050 年以后还需要大量削减
	6℃ 情景（6DS）	• 主要是当前趋势的延伸。一次能源需求量和二氧化碳排放量将从 2013 年到 2050 年增长约 60%，累计排放量约为 1 700 GtCO$_2$。在不努力稳定温室气体大气浓度的情况下，从长远来看，预计全球平均气温将比工业前水平上升近 5.5℃，到本世纪末将接近 4℃

对运营商/公司层级进行情景分析，主要使用现金流贴现的方法（NPV、IRR、收支平衡）来衡量对资产的潜在影响。在该层面上，公司的治理结构、运营管理、资本支出以及资本管理都会有影响，相关信息越多对分析越有帮助。

对资产组合层级进行情景分析，由自下而上的情景分析来确定风险因素。这些因素被用来衡量组合整体的风险敞口，从而优化资产配置。

表 8-7   不同层级风险评估过程概括

	敞口数据和风险因素		估值与风险评估模型	指标与结果
运营商/资产层级	资产特征： 类型；位置；燃料； 使用年限；生产成本； 温室气体排放情况	情景投入： 经济增长 需求/价格 政策发展 技术变革	NPV、IRR 收支平衡 定量分析	现金流量影响 估值影响 资本管理
运营商/公司层级	运营商/公司特征： 资产组合；管理能力 未来资本支出计划 转嫁成本能力			
金融投资组合层级	高碳低碳投资组合 预期风险相关性		因素分析组合优化	因素，分散投资

②压力测试

根据国际货币基金组织给出的定义，压力测试是指利用一系列方法来评估金融体系承受罕见但是仍然可能的宏观经济冲击或者重大事件影响的过程。环境压力测试可以帮助企业和金融机构了解面临的环境和气候风险的风险值，从而采取适当的应对措施。

针对资产管理业，环境压力测试是一种以定量分析为主的环境与气候风险分析和管理方法。它通过模拟资产管理公司的资产组合中涉及的企业及其重要关联方在遇到假定的小概率环境和气候事件等环境压力情景下可能发生的股票、债券、股权价值变动，测算环境和气候风险对资产管理公司的资产组合的投资收益率的影响，定量分析环境和气候风险可能给资产管理行业带来的损失。压力测试重点关注政策、技术、市场及经济因素的影响。

（3）管理碳资产风险

应对风险，企业可以选择风险自留、规避、缓释、转移等风险应对工具。①

---

① 参见 http://www.circ.gov.cn/web/site0/tab5225/info146356.htm.

①风险自留

风险自留是指当固有风险在公司风险偏好之内时，公司不对风险发生的可能性或影响程度采取任何措施，而自我承担风险。根据企业建立的碳预算，企业需要围绕发展战略、风险偏好以及风险容忍度，结合风险评估与计量的结果来选择是否自我承担风险。

②风险规避

风险规避是指当固有风险超出公司风险偏好时，公司为避免受风险的影响而退出产生风险的业务活动。为应对气候风险，企业可以对供应链或配送网络进行重构来降低企业运营的碳强度。企业可以使用最低碳的供应链，要求上游供应商提供其碳排放量。同时，企业对碳资产相关产品进行升级，可从生产上使用最新的低碳设施和低碳技术设计和生产产品，使其达到低碳生产、使用、回收与再利用的目标，以及可以从销售上进行低碳营销，加快碳标签的设计与推广，形成完善、可行的碳标签体系，在碳标签的实施过程中，企业可以掌握产品各生产环节的资源消耗量与碳排放量，实现"对症下药"，加强关键环节（能源消耗大、碳排放量大）的生产技术研发，实现节能减排。给产品贴上"碳标签"，向公众传递低碳信息，在降低生产成本的同时，还可以增强产品在市场上的竞争力。跨国零售企业沃尔玛要求供应商汇报他们的碳排放量，并定期向消费者提供他们的碳足迹报告。企业还可以卖掉高碳强度的资产或业务，并购具有低碳竞争力的新业务。

③风险缓释

风险缓释是指通过风险控制措施来降低风险的损失频率或影响程度。企业在应对气候变化风险时，应积极创造碳资产管理的良好环境。

首先，企业家应形成低碳思维，进而在企业内形成良好的低碳文化。企业应紧密贴合现有政策、规划以及资源管理要求，树立低碳形象，提升企业绿色信誉，降低监管风险和声誉风险。

其次，使用低碳技术提升运营效率。这可以降低企业运营过程中的浪费情况，有助于减少碳排放。大量企业的实践证明，大部分低碳技术和措施还可以产生额外经济效益，有助于提高企业赢利水平和提升企业竞争力，创造企业新的经济增长点。例如，云天化是生产化肥的巨头企业，引进世界先进的玻璃纤维池窑纯氧燃烧技术，让氧气助燃天然气，能够使天然气燃烧更充分，从而提高了熔化能力和玻璃纤维液的质量，在源头上避免了氮氧化物的产生，减少了天然气的消耗量和废气排放，具有节能降耗、环保等优点。据测算，纯氧助燃比空气助燃可节省燃料30%～40%，废气排放量减少70%～80%。

接着，企业可对相关人员进行低碳培训，提高其技能和素质。让管理人员掌握相关碳资产管理理论，从而适当调整企业的经营发展方向；让技术人员学习相关碳资产的理论，从而对低碳技术进行创新性研发，以及学习碳资产的核算技术和方法等并应用到企业中去；让操作人员掌握相关碳资产和低碳技术的规范操作方法等。

最后，企业可以进行商业模式再造。投资新的低碳技术或者生产低碳产品应对新市场，减少面临高气候风险的项目投资。企业间应积极主动地参与成立碳资产的管理机构，如碳资产基金体系的构建：碳基金的运营目标——支持低碳技术的研发和商业化推广，碳基金经费使用计划的拟定审批——专业性、合理性、审慎性，碳基金绩效评价——以碳减排等为标准等，从而为碳资产的管理提供强大的资金支持。同时，企业间可成立行业协会，共同为碳资产的管理提出可行性建议，协同进行碳交易，为碳资产管理创造良好的环境。

④风险转移

风险转移是指利用技术或工具将风险部分或全部转移给第三方独立机构，以防止遭受灾难性损失的风险。企业可以通过碳市场中的市场工具对气候风险进行转移。对冲和保险能起到一定的保护作用。高污染高能耗的企业也可以通过碳配额的拍卖来实现企业减排成本的"转嫁"，缓解税收负担，间接增加企业的经济效益，企业不断提高其技术水平来进行低碳升级，有助于企业进行节能减排融资，推动低碳转型发展。随着碳市场的不断深化发展，企业可在其预算基础上在碳市场进行碳期权交易，若碳价低于企业超额排放所付出的边际成本（包括生产成本、罚款成本等），则行权，这在一定程度上有助于转移部分碳风险带来的损失。许多保险公司和银行也会购入一定量的碳排放权为客户提供相应的保险服务，当购入碳保险的客户碳排放量超过其所有的碳配额时，保险公司和银行会用自备的碳排放权弥补超额排放量，企业可根据需要为其买入相应的保险以转移风险。[①]

8.4.5　碳信息披露

会计信息的披露可以反映企业管理层对碳资产的管理情况，为企业的经营、投资和融资决策提供信息。企业可以单独出具一份低碳报告，如图8-10所示，它涵盖低碳质量情况和低碳改进成果。低碳质量情况包括：温室气体的排放量、碳排放成本、碳排放交易权的情况等；低碳改进成果包括：企业绿化率、绿色税收、低碳技术的使用情况、获得的碳质量标准认证等。此外也应披露企业的减排措施、减排效果等，从而为企业、投资者们提供了有效的信息参考。碳信息的披露能够促使企业采取措施进行技术升级减少碳排放，提高了资源利用率，也为相关投资者进行投资提供了另一个角度的参考，同时实现了社会、经济和环境效益。

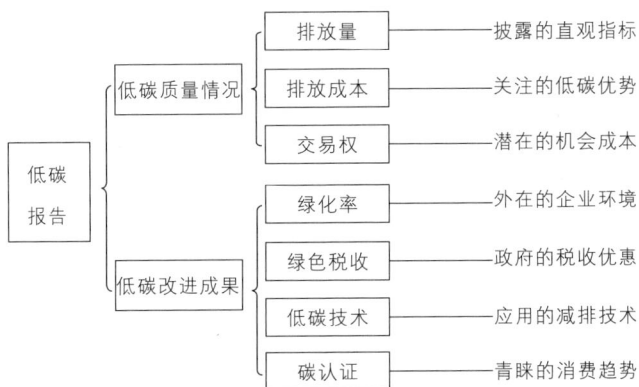

图8-10　低碳报告

---

① 由于国内碳市场尚处于起步阶段，碳保险期权等金融工具仍有待完善，在此仅作为思路提出以供参考。相信随着国内碳市场的逐渐发展成熟，将会有越来越多的企业运用各类金融工具来降低转嫁碳资产风险。

第9章

我国碳金融市场发展现状与展望

9.1 我国碳金融市场的发展现状

作为全球最大的发展中国家，中国人口众多，能源资源匮乏，气候条件复杂，生态环境脆弱，目前正处在工业化和城镇化的历史进程中，各地发展不平衡，低碳经济是我国应对气候变化的根本出路，而大力发展碳金融则将成为低碳经济转型的有力支撑和必由之路。严格来说，我国碳金融发展仍于萌芽阶段，碳金融活动目前主要包括：绿色信贷、CDM财务咨询等，虽然银行在碳金融相关理财产品上已开始有所作为、股票市场也出现低碳概念股、CDM市场与三大环交所平台均有所发展，但这些发展基本处于零星状态，相对于国际平均水平还较为落后。下面从政策环境、市场发展以及机构发展三个方面简单介绍我国碳金融市场的发展现状。

9.1.1 我国碳金融发展政策环境

我国政府高度重视气候变化问题，2007年成立国家应对气候变化领导小组，国务院总理任组长；2008年正式设立国家发改委应对气候变化司，专门负责统筹协调和归口管理应对气候变化工作；2010年来又相继建立应对气候变化的职能机构和工作机制，加强部门间协调配合，提高应对气候变化决策的科学性。在明确提出减排目标的同时也针对具体碳交易业务出台了大量相关政策规范。2005年实施了《清洁发展机制项目运行管理办法》；2010年又颁布《中国清洁发展机制基金管理办法》，明确CDM基金资金来源、使用方法并提出开展相关能力建设，提高推动CDM开发的能力。在节能减排方面，2007年颁布《节能减排授信工作指导意见》、2010年颁布《关于加快推行合同能源管理　促进节能服务产业发展的意见》，要求对节能减排工作加大资金支持力度、改善金融服务。

在碳市场建设方面，《中国应对气候变化的政策与行动（2011）》明确提出要"逐步建立碳排放交易市场，通过规范自愿减排交易和排放权交易试点，完善碳排放交易价格形成机制，逐步建立跨省区的碳排放权交易体系"。《国务院关于印发"十二五"控制温室气体排放工作方案的通知》（国发〔2011〕41号）中提出要探索建立碳排放交易市场，主要任务包括建立自愿减排交易机制、开展碳排放权交易试点以及加强碳排放交易支撑体系建设三个主要突破口。2017年12月19日，国家发改委发布了《全国碳排放权交易市场建设方案（电力行业）》，标志着全国碳市场建设正式启动落实。

虽然国家大力关注碳金融发展并频频出台相关政策，但是我国的碳金融政策依然需要进一步完善。例如，缺乏宏观层面的碳金融发展战略规划、在法律规制等方面也无成型的措施，若这些问题不得以解决，将影响我国碳金融的深入发展。由于我国碳金融发展刚刚起步、经验不足，国家层面急须制定碳金融发展的国家战略；微观层面也需出台更多、更细致深入的碳金融相关业务操作规范，尤其是涉及业务利益分配和纠纷处理等的实施细则；碳交易市场和平台构建也需要相关法律基础。

9.1.2　我国CDM市场的发展近况

在过去十年间，CDM机制使得中国企业能够通过国际碳市场获得可观的资金，从而改善项目的成本收益，这在很大程度上催化了国内温室气体减排项目的开发。正在建设的国内碳市场，也有望在未来通过市场化机制为企业的技术进步和节能减排提供激励。

截至2012年11月，中国有2 676个CDM项目在联合国登记注册，占项目总量的 51.89%[①]；中国已获得签发 CER 总量为 6.62 亿吨，占签发总额的 60.46%[②]。如果以平均价格为 14.09 美元/吨[③]计算，中国可累计获得超过 93 亿美元的气候资金。虽然这对于中国的资金需求来说显得杯水车薪，但 CDM 机制的作用不仅在于为中国提供气候资金，也使得建设国内碳市场所必需的各种基础设施得到顺利发展。

　　然而，近期受国际经济形势、CDM 机制调整等因素的影响，国际碳市场非常低迷。第一，根据多个权威机构对未来经济形势的预测，2013 年之后发达国家经济上行所需减排空间有所减少，2012 年 5 月各国提交的新一期履约目标有所下调，致使各国对减排额度的需求有不同程度的降低，限制了未来对 CDM 项目市场的需求。第二，为改变目前欧盟市场 CDM 过度依赖先进发展中国家的现状，欧盟改变了项目来源规则，明确将不接受 2012 年后注册的除最不发达国家之外的其他国家 CDM 项目产生的减排量。目前中国的 CDM 项目尚可以卖到其他国家，但少了欧盟这一主要市场，总体需求量将变得较为有限。第三，欧盟将从 2013 年 5 月起，不接受来自 HFC23 分解和己二酸项目中 N_2O 分解 CDM 项目产生的减排指标。显然，对于中国、印度等发展中国家来说，CDM 项目的发展将会面临一个相对比较低迷的时期，对这一机制未来的预期也充满了不确定性。

　　由于 CDM 项目增长过快并受欧盟碳配额价格下跌的影响，CDM 项目碳信用 CER 的价格在 2012 年初跌到 5 欧元以下之后继续一路下跌，到 2012 年底时已跌至 1 欧元以下，2013 年大部分时间保持在 0.7 欧元以下。与几年前高峰水平时的 16 欧元相比，下跌幅度超过 90%。CDM 市场的不景气使得国际碳市场为发展中国家提供的资金流大幅缩减。

---

　　①　数据来源：http://cdm.unfccc.int/Statistics/Issuance/CERsIssuedByHostPartyPieChart.html.

　　②　数据来源：http://cdm.unfccc.int/Statistics/Registration/NumOfRegisteredProjByHostParties PieChart.html.

　　③　Climate Policy Initiative 在报告中使用了 2008—2010 年全球一级碳市场平均碳价来估算碳市场带来的资金流。一级市场上的 CER 价格近年来变动较大，本报告仅沿用这一平均碳价水平，大致估算 CDM 可能为中国带来的资金流。

VER市场中，注册在中国的中资或外资企业，通过购买黄金标准（GS）、自愿碳标准（VCS）或熊猫标准（PS）开发的自愿减排量，践行社会责任，提升公司品牌形象。由于缺乏刚性需求，VER市场交易量一直低位运行。2012年6月13日，国家发展和改革委员会正式对外颁布《温室气体自愿减排交易管理暂行办法》，该办法对VER项目、项目减排量、减排量交易、审定与核查等进行了规定。该办法将对自愿减排市场的规范性发挥重要作用，但仍难以改变自愿减排项目供给远大于需求的失衡局面。[①]

9.1.3 我国碳排放权交易的发展

我国碳排放权交易的发展主要经历三个阶段，分别为2007—2012年的准备阶段，2013—2017年的试点阶段和2017年以后的全国统一市场阶段。

准备阶段：自国务院2007年发布《应对气候变化国家方案》以来，中国政府加快布局建立国内碳排放交易市场体系，颁布了一系列支持减排、碳交易的政策文件。2011年10月，国家发展改革委办公厅下发了《关于开展碳排放权交易试点工作的通知》，批准北京、天津、上海、重庆、湖北、广东、深圳七个省市地区开展碳排放权交易试点工作。

试点阶段：2013年，各试点配套文件相继下发，试点交易开始运行。目前，七个试点市场在政策引导下顺利运行。随着试点碳交易市场的完善和国家政策扶持的大力推进，我国自愿减排（CCER）项目开发速度也迅猛增长，成为碳交易的重要组成部分。2016年12月，四川省联合环境交易所、福建海峡股权交易中心相继建立，除此之外，其他非试点省市也作出了积极的部署，基本都拥有了自己的低碳发展规划、应对气候变化方案、温室气体清单的编制、第三方核查机构和碳排放管理平台，这表明非试点地区的碳市场建设正蓬勃发展。

---

① 王伟光,郑国光.应对气候变化报告(2012):气候融资与低碳发展[M].北京:社会科学文献出版社,2012.

统一阶段：全国统一碳市场各项准备工作已进入冲刺阶段，相应的配额总量设定和分配方案、注册登记系统、交易系统等公共基础设施建设也在推进中，全国统一碳市场有望于2017年下半年启动，从而建立全国统一的碳交易平台。

（1）国内"两省五市"区域试点发展情况

国内碳市场建设作为一种市场化手段，对于中国形成长效减排机制、鼓励企业参与碳减排有着重要的意义。在中国政府的积极行动和国际社会的支持下，2011年10月底，国家发改委下发了《关于开展碳排放权交易试点工作的通知》，批准北京、天津、上海、重庆、深圳"五市"和广东省、湖北省"两省"，开展碳排放权交易试点工作。试点的任务主要是制定管理办法，测算本地区的温室气体排放量目标，研究制定温室气体排放指标分配方案。[①]

各个试点的履约时间各不相同，但都集中在每年5、6月份。配额分配多采取逐年分配方式，但上海规定一次性分配三年，且后续年度配额不能用于之前年份履约。在有偿分配方面，广东碳试点在建立第一年采取强制有偿方式，企业只有通过拍卖获得3%的配额，才有资格免费获得剩余97%的配额。因实施效果不够理想，在后续年度取消强制有偿方式。其他多数试点都采取预留一定配额，适时有偿发放的方式。关于市场参与主体，除上海碳试点外，其他试点均允许个人投资者进入并参与交易，深圳是唯一开放境外投资者的碳试点。在交易规则方面，各试点均设置有涨跌停等限制，对市场交易进行一定的约束。碳试点均采取了抵消机制，但对抵消比例作出了不同的规定，关于抵消项目也有具体的不同规则。目前，上海和湖北碳市场纳入了远期交易，为参与者提供了更为灵活的交易方式。表9-1是试点方案特征总结。

---

① 中华人民共和国国家发展和改革委员会.国家发展改革委办公厅关于开展碳排放权交易试点工作的通知[EB/OL].[2011-10-29]. http://www.sdpc.gov.cn/zcfb/zcfbtz/2011tz/t20120113_456506.htm.

表9-1　试点方案的特征总结

地区	纳入行业	纳入标准	配额分配	配额存储和预借	CCER比例和来源	未履约处罚	价格调控
深圳市	工业（电力、水务和制造业等）和大型公共建筑	工业企业：5 000吨；大型公共建筑：20 000平方米以上；国家机关建筑：10 000平方米以上	首个交易期无偿分配不低于配额总90%，拍卖比例不得高于配额总量3%。免费分配中，电力、水务行业采用基准和竞争博弈，制造业基于实际产量进行事后调整	可存储，不可预借	排放量10%	强制扣除，不足部分从下一年度当月之前配额中扣除，并连续六个月之前配额平均价的3倍的罚款	配额储备和配额回购，预留2%，调节"配额储备"市场回购，当市场价高于当月配额数量的10%
广东省	电力、水泥、钢铁和石化	2万吨	97%免费发放，3%有偿发放（包括拍卖和二级市场购买）。免费分配中，电力（燃煤、燃气）、钢铁（长流程）、水泥（熟料生产）采用基准法，电力（热电联产）、石化、钢铁（短流程）、水泥（矿山开采和其他）采用历史法	可存储，不可预借	排放量的10%，且其中须有广东省内70%为省内产生	暂未确定	无
上海市	10个工业行业（钢铁、石化、化工、有色金属、电力、建材、纺织、造纸、橡胶和化纤）和7个非工业行业（航空、港口、机场、铁路、商业、宾馆、金融）	工业行业2万吨，非工业行业1万吨	电力、航空、机场、港口基准法，其他历史法	可存储，不可预借	该年度通过配额取得的配额度的5%	强制扣除，并处5万元~10万元的罚款	无
北京市	电力、热力、水泥、石化和其他工业和服务业	1万吨	现有设施：电力、热力基于历史碳强度；新建设施：基准法	可存储，不可预借	当年配额数量的5%，且项目须从市内开发项目获得的CCER必须达到50%以上	按照市场均价予以处罚的3~5倍予以处罚	拍卖或回购配额调控价格
湖北省	电力、水泥、石化、钢铁、造纸等重工业行业	能耗6万吨标煤	历史法	有条件存储，不可预借	当年配额量的10%，且全部来自湖北境内的项目	按照当年配额均价的3倍处罚，同时在下一年度配额中双倍扣除	预留5%配额调控价格
天津市	电力、热力、石化、钢铁、化工、油气开采	2万吨	电力、热力根据历史强度，其他根据历史排放	可存储，不可预借	排放量的10%	/	通过向市场投放或回购配额等方式，稳定交易价格

*根据公开信息整理。

　　根据北京环交所的统计①，七个试点的配额总量约12亿吨。其中广东配额总量最大，约为4亿吨，其次是湖北，约为2.8亿吨，天津、上海、重庆次之，北京和深圳的配额总量最少。

　　根据对各试点地区发改委相关文件及通知的统计，七个试点纳入的控排企业数量之和在规模以上企业总数量中占比约为3.5%。②其中，北京纳入控排企业的比例最高，约为26%，其他试点均在5%以下。从年交易量来看，七个试点市场从2014年至2016年整体有所上升，但湖北和天津碳市场2015年到2016年有所减少。2017年上半年交易量与之前年度相比有所增加，表明了投资者对于碳市场的认可度逐步提高，交易量逐步提升。从各个交易所的横向比较来看，广东、湖北交易量明显领先，其次是深圳，然后是上海和北京，天津和重庆交易量最小。从时间上来看，每年履约期前交易量猛增，在交易量中占比很大。从单日交易量来看，深圳、广东碳市场交易量的波动性较大，湖北碳市场分布较为均衡，重庆在2017年交易活跃度明显上升。配额交易额的变化趋势与交易量类似，整体来看随时间有所增加，尤其是深圳和广东碳市场增加最为明显，但湖北、天津、上海呈现出一定的下降趋势。此外，北京碳市场的碳价一直保持在较高水平，因此北京的交易额在全国交易额中的占比比交易量占比高。从累计交易额来看，湖北碳市场占比最大，其次是深圳、广东、北京、上海，天津和重庆碳市场的交易额最小。与交易量表现类似，交易额在履约期前的6月份左右同样呈现出猛增趋势，表明企业多数在即将履约时才进行相关配额的买卖，而在平时交易较少。深圳碳市场和广东碳市场的单日交易额呈现出较大的波动，出现过单日极大数量的交易，其他试点市场的交易额相对分布较为均匀，但总体而言都存在履约期附近交易更为集中的现象。

---

　　① 根据北京环境交易所&北京绿色金融协会2017年发布的《北京碳市场年度报告2016》整理而得。

　　② 数据来源:控排企业数量源自对发改委相关文件及通知的统计;规模以上企业总量源自国家统计局网站。

交易价格方面，深圳碳市场作为建立最早的市场，在2013年底出现过几次猛增，最高时超过100元/吨甚至120元/吨，但对应的交易量仅有1吨、3吨等，可以认为是单笔交易导致的价格偏离。2014年履约期过后，深圳碳市场的价格出现了下降的情况，后来稳定在30元~50元/吨的水平。上海碳市场从市场建立后到2016年履约期前后价格一路下跌，但在2016年底出现反弹，2017年价格维持在40元/吨。从整体上看，北京碳市场的价格一直保持在较高的水平，均价较为稳定地保持在50元/吨左右。与深圳碳市场类似，广东碳市场2014年同样经历了价格下跌的过程，后来价格保持在不到20元/吨的较低水平。天津碳市场和湖北碳市场价格一直比较稳定，略有下降趋势。重庆碳市场价格波动大，在2016年下半年价格猛增，但2017年出现暴跌甚至趋近于0。

（2）全国统一的碳排放权交易市场建设正式启动

2017年12月19日，国家发改委发布了《全国碳排放权交易市场建设方案（电力行业）》，标志着全国碳市场建设正式启动落实，并明确了将分三个阶段进行市场建设，分别为：基础建设期，用一年左右的时间开展基础建设；模拟运行期，用一年左右的时间开展发电行业配额模拟交易并完善相关机制；深化完善期，开展以履约为目的的发电行业配额现货交易，并逐步扩大覆盖范围、丰富交易品种。目前首批仅纳入电力行业，其他行业的自备电厂将按照电力行业要求纳入全国碳市场。纳入门槛为年度排放达到2.6万吨二氧化碳当量（综合能源消费量约1万吨标准煤）及以上企业或其他经济组织。[①]

9.1.4 传统商业性金融部门的支持和参与

（1）国内商业银行正在加速参与步伐

作为专业化的金融服务媒介，商业银行的金融服务可深入渗透到各个金融市场之中，然而由于低碳领域的相关投资项目具有较大的不确定性和风险，因此监管严格、高度重视风险管理的商业银行对于开展碳金

---

① 参见 http://mp.weixin.qq.com/s/SpjilkLUwUgDB3iTiVXpFw .

融业务、开发碳金融产品等非常谨慎，而对于相对不够成熟的中国金融市场来说更是如此，目前我国商业银行创新的业务领域主要包括：绿色信贷、低碳理财和低碳咨询业务三个方面，如图9-1所示。

图 9-1　国内商业银行参与气候融资

在传统领域，商业贷款是目前中国最主要的融资工具。虽然商业贷款在应对气候变化领域尚未显现出相应的作用，但已经出现了一些专门为碳减排项目开发的绿色信贷产品。

碳资产质押授信业务。碳资产质押授信业务是指商业银行向申请人提供的以申请人自身拥有的碳资产作为质押的授信业务。当业主的CDM项目注册之后，商业银行可以接受核证减排量的抵押，为业主提供短期的流动性贷款（如专栏9-1列举的案例）。该业务不仅可以帮助企业盘活未来的碳资产，还可通过银行专业人员对项目碳资产价值的评估，帮助企业提高CDM项目的运行管理效率，提高减排量。但目前，由于碳资产存在一定的不确定性，且未来碳资产的价值评估困难，因此银行开展此类业务需要承受较高的风险，单纯以未来碳资产作为抵押授信的业务屈指可数。

专栏 9-1　　　　　　　**碳资产质押担保授信业务**

　　国内首笔单纯以未来碳资产为质押担保（无其他抵押担保条件）的授信业务，是兴业银行于 2011 年 4 月为福州市闽侯县兴源水力发电有限公司提供的碳资产质押贷款。兴源水力发电公司运行的闽侯旺源 20MW 小水电项目，作为 CDM 项目于 2010 年 6 月在联合国注册，预计年减排量为 4.36 万吨，并与国外买方瑞典碳资产管理有限公司签署了减排量购买协议，预计每年至少将获得一笔售碳收入。为盘活未来的碳资产，获取资金用于优化该水电项目的运行管理以增加未来减排量，兴源水力发电公司向兴业银行申请了碳资产质押业务，以未来售碳收入作为抵押。

　　国际碳（CDM）保理业务。保理又称托收保付，是银行与卖方企业签署合同，卖方企业将采用赊销方式进行交易所形成的应收账款转让给银行，银行对其提供综合性金融服务，包括融资、应收账款管理、应收账款催收和信用风险担保等（如图 9-2 所示）。保理业务核心在于应收账款转让。对于那些获得 CERs 签发的 CDM 项目开发企业来说，它们获得的 CERs 收益权可以看成应收账款，如果银行或其他金融机构能够为 CDM 项目开发企业提供一笔有追索权的保理融资，CDM 项目开发企业将 CERs 收益权出售给银行，就能够提前获得该应收账款的支付（如专栏 9-2 所列举的案例）。

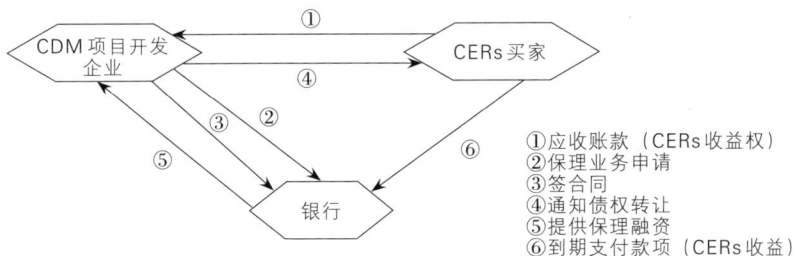

①应收账款（CERs收益权）
②保理业务申请
③签合同
④通知债权转让
⑤提供保理融资
⑥到期支付款项（CERs收益）

图 9-2　碳保理业务流程

专栏9-2　　　　　　　　　浦发银行的国际碳保理融资

浦发银行为联合国EB注册的中国装机最大（装机达20万千瓦）、单体碳减排量最大的水电项目提供了国际碳保理融资。其构建了一套基于"国际碳（CDM）保理融资"的产品体系，该体系包括特色项目融资（IFC能效贷款、AFD绿色中间信贷）—国际碳（CDM）交易财务顾问—国际碳（CDM）保理或国际碳资产质押融资—国际碳（CDM）结算系列化产品等系列产品，目前在国内商业银行中保持领先地位。该业务的推出，使浦发银行碳金融服务链进一步延伸，标志着浦发银行碳金融体系基本形成。

节能减排固定资产贷款和流动资产贷款。节能减排固定资产贷款是指银行为节能减排项目固定资产投资发放的贷款，包括能效提高项目、新能源和可再生能源项目、污水处理和水域治理项目、脱硫脱硝项目、固体废物处理处置项目、节能减排设备生产项目、其他节能减排项目等。节能减排流动资金贷款则指银行为节能减排项目流动资金的周转发放的贷款。两个产品的区别主要在于贷款是用来对固定资产投资还是支持流动资金（如专栏9-3和专栏9-4列举的案例）。

专栏9-3　　　　　兴业银行的节能减排固定资产贷款业务

兴业银行总结了各类节能减排固定资产贷款项目应重点关注的风险：对于节能环保专业服务项目，应重点关注技术的成熟度、节能环保服务合同的完备性以及项目总造价、效益分配比例等是否符合市场行情；对于资源循环利用项目，应重点关注废弃物原料供应的市场风险和废弃物在原材料中的占比情况、资源综合利用的技术成熟度和商业化运作条件、资源综合利用产品质量和销路等；对于节能环保专属产品生产项目，应重点关注由于市场概念操作引发资本的盲目投资，导致相关节能环保专属产品产能过剩的风险。

东莞市长安镇路灯改造项目工程实施过程中，实施企业深圳市某工贸有限公司需要批量采购深圳一企业生产的节电器等设备。项目实施企业缺乏采购资金，无法实施节电器的批量采购。采用买方信贷模式操作，兴业银行对节能设备生产企业给予专项买方信贷授信额度，由项目实施企业作为借款人，贷款专项用于采购节能设备生产企业生产的节电器。贷款期限最长不超过 3 年。节能设备生产企业负责各种售后服务，并在还款期限提供设备回购保证。在支持客户扩大销售能力的同时，对项目实施企业的经济效益及其所在地的环境质量也有积极的促进作用。

专栏 9-4　　　　　兴业银行的节能减排流动资金贷款

　　山东某纯碱生产企业拟对原有的纯碱生产工艺进行改进，采用独创的以电石泥、二氧化碳为主要原料的氨碱法制纯碱工艺，建设年产 40 万吨纯碱项目，对该企业产生的电石泥和二氧化碳实现回收利用。项目实施资金不足，需要获得匹配项目回收期的中长期融资，及时获得新生产线投入生产。兴业银行为该企业提供匹配项目现金流结构的 5 年期项目贷款，专项支持节能减排技术改造项目。

　　合同能源管理融资业务。合同能源管理融资是指节能服务公司申请融资用于合同能源管理项目建设与运营，以节能效益作为主要还款来源，以项目未来收益权质押或采用其他担保方式。该业务能够有效缓解节能服务公司担保难、融资难的问题。产品的主要风险如表 9-2 所示。

表 9-2　　　　　　　　　　合同能源管理融资业务的风险

风险名称	风险内容
信用风险	申请人人才流失、市场萎缩、技术落后、经营恶化，或因用能单位销量减少、收入下降、履约意愿不足而影响节能服务公司的债务偿还能力
项目风险	申请人与用能单位存在合同纠纷，项目所用技术可靠性不足，项目施工、运营无法达到预期目标
操作风险	银行未能及时、准确登录主管部门查询质押登记手续，或申请人应收账款已被转让或被禁止出质

　　多种产品结合的融资模式。当项目具有一定的特殊性时，可以同时结合多种产品对项目进行贷款，以使得项目有充足的资金来发展（如专栏 9-5 列举的案例）。

专栏9-5   浦发银行东海大桥100兆瓦海上风力发电项目

东海大桥100兆瓦海上风力发电示范项目是我国首个海上风电项目，是上海市2009年重大工程项目。浦发银行为项目银团融资的唯一牵头行和代理行，建行、交行和农行上海分行作为参加行，成功筹组18.92亿元银团贷款。

项目的融资方案中包含多个复杂金融产品的结构化设计与衔接，跨越直接资本市场和间接资本市场，成功覆盖项目的建设及运营阶段的融资需求，为未来探索和实践多种产品组合融资方案打下了良好基础。

融资结构创新：开通过"绿色金融＋银团贷款"方式，既满足了借款人对于融资规模及融资期限的要求，又通过引入碳排放交易充实了项目的第一还款，提高了项目的综合收益，满足了银行的信贷风险管理要求（如表9-3所示）。

担保方式创新：在传统抵质押方式的基础上，增加CDM应收账款质押的担保方式，对银团全面掌握项目现金动用主动权，在借款人违约时及时采取措施以最大化保障银团利益等。

再融资方案创新：作为银团牵头行，浦发银行同时设计了未来项目运营期内的再融资方案，针对项目售电收入稳定性的特点开创性地提出了以ABN（资产支持票据）替换银团贷款的理念。再融资方案的设计可以帮助借款人提高项目财务效益，优化财务结构，同时也为银团成员提升资产流动性、释放风险占用提供了操作空间。项目的融资结构如表9-3所示。

表9-3   项目的融资结构

项目	内容
借款人	东海风力发电有限公司
贷款金额	不超过项目总投资的80％
还款来源	发电收入、CDM收入、补贴收入
建设期担保方式	股东担保
股东担保解除条件	• 项目取得工程竣工决算审计报告 • 项目办妥固定资产抵押登记手续
经营期担保方式	• 机器设备抵押 • 变电站、房地产抵押 • 海域使用权抵押
辅助担保方式	• 售电应收账款质押 • CDM应收账款质押 • 保险权益转让（指定银团为项目保险第一受益人）
再融资方式	项目进入稳定经营期后，利用资产支持票据（ABN）等金融创新产品替换传统授信产品

（2）专门投资气候领域的基金公司已经出现

目前，很多产业投资基金或私募股权投资基金都非常关注低碳领域的商机，自2009年起，国内专门投资低碳项目的基金公司也越来越多，如专栏9-6列举的案例。

专栏9-6　　　　　专门投资低碳项目的基金公司

国内首支专注于合同能源管理项目及节能服务公司投资的基金——合同能源管理基金：成立于2011年。2011年9月份通用投资基金管理公司正式启动的合同能源管理基金是国内首支专注于合同能源管理项目及节能服务公司投资的基金，主要投资于交通节能、工业节能、建筑节能领域的项目和节能设备生产商。

全国首个低碳私募股权投资基金——"浙商诺海低碳基金"：成立于2011年。首期募集到的规模达到2.2亿元，除了浙商创投作为GP公司出资2 000万元外，还有26位个人LP（Limited Partners，有限合伙人）参加投资，人均出资额超过800万元。该基金将主要投资于低碳经济领域的节能、环保、新能源等行业，是具有自主创新能力、自主知识产权的高成长性企业。相对来说，诺海基金对一些基金多关注处在发展阶段的中后期，比较成熟的企业，相对于早期企业，则更关注企业是否拥有有核心技术、关键技术。

获得发改委批复的首个具有外资背景的低碳基金——新能源低碳基金：2011年由瑞士ILB-Helios集团和北京中清研信息技术研究院共同出资成立。基金主要用于捐助中国西部省份的新能源与低碳经济工程，并通过引进国外先进技术和产品、建立新能源与低碳经济产业投资基金等多种形式，为西部地区新能源与低碳经济产业发展提供支持。

作为传统金融市场的重要参与者，国外的养老金等机构投资者，近年来对环境友好技术的兴趣也日益增加。但是，考虑到其对风险的容忍度较低，养老金一般较少直接参与股权投资，而是通过一些投资工具投向气候变化领域，例如绿色债券，或者结构性的绿色产品，以及绿色基础设施基金等。

9.1.5　我国碳金融机构的发展

（1）碳基金还未发展起来

碳基金是指为了进行碳信用交易而设立的资金机构。[①]碳基金产生于1999年世界银行原型碳基金，并在2005年以后得到飞速发展。碳基金的投资目的包括：满足强制履约需求、获取金融收益、满足自愿减排需求，以及促进低碳增长等（如表9-4所示）。然而，由于全球金融危机、碳金融市场初始发展阶段的固有弊端以及国际减排机制政策的调整，2009年碳基金完成了第一阶段的发展之后并陷入发展低潮。当前碳基金所面临的挑战是，如何在减排项目中寻找新的投资机会。

表9-4　　　　　　　　　　　　不同资金来源的碳基金

种类	公共资金	公共资金和私人资金	私人资金
设立方	政府或多边金融机构的公共资金	政府及多边机构与私人部门共同设立	私人资本设立
数量	28个	46个	22个
规模	43.95亿欧元	44.14亿欧元	20.10亿欧元
基金举例	亚太碳基金 比利时JI/CDM招标 摩洛哥碳资本基金 森林碳伙伴基金（FCPF） IFC-荷兰碳基金（INCaF） 韩国碳基金	北欧环境能源金融碳基金 欧洲碳基金（CFE） 丹麦碳基金（DCF） KfW碳基金 韩国进出口银行碳基金 多边碳信用基金（MCCF）	气候变化资本集团碳基金 达·芬奇绿色猎鹰基金 德克夏碳基金 欧洲清洁能源基金 欧洲京都基金（EKF） FE全球清洁能源服务基金
典型案例	亚太碳基金（APCF）和未来碳基金（FCF）是ADB的碳市场项目下的两个碳基金，主要向发展中国家CDM项目提供技术和资金支持。APCF已募资1.518亿美元，出资方包括7个国家和地区；FCF已募资1.15亿美元，出资方包括4个国家和地区及2家企业	北欧环境能源金融公司碳基金（NeCF）以信托基金的方式由北欧环境金融公司管理，投资方包括3国政府（丹麦能源署、芬兰政府、挪威政府）和6个私人机构（如丹麦DONG Energy、芬兰EPV Energy等）；2011年8月已募集资金1.65亿欧元	气候变化资本集团（CCC）管理的碳基金 CCC管理着世界上规模最大的私募碳基金，规模达7.5亿欧元；CCC旗下还有另一只清洁能源技术私募股权基金，掌管着2亿欧元的资金

注：数量和规模数据均截至2009年底。

资料来源：CDC Climate Research. Carbon Funds in 2010: Investment in Kyoto Credits and Emissions Reductions. 2010.

　　[①]　碳基金通常是指专门在一级市场购买CERs或ERUs的基金,也包括专门在二级市场进行碳信用产品交易,以及专门购买IET机制下的AAUs的基金。

我国目前还没有专门的碳基金,面对国际碳基金发展态势不确定性增强、国内碳市场正蓄势待发的局面,我国有必要尽快发展专门的碳基金,探索包括公共碳基金、混合碳基金和私人碳基金等多种发展模式,以介入碳市场建设,提高碳市场的活跃度。

(2)交易所处于非金融业务发展阶段

碳排放权交易所(简称"碳交易所")是为从事温室气体排放权交易的买卖双方提供交易的场所、设施以及相关服务等辅助条件的交易平台,在气候融资领域发挥着非常重要的作用(如图9-3所示)。交易所的良性发展是金融市场趋向成熟的表现,一个具有先进的交易系统、广泛的会员网络、成熟的金融产品的碳交易所,是形成国际碳金融中心的重要标志之一。

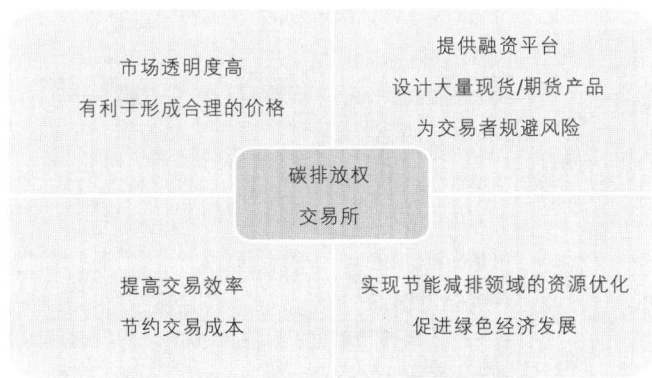

图9-3 碳排放权交易所的重要作用

目前我国已有北京环境交易所、上海环境能源交易所、天津碳排放权交易所等多个交易所从事碳交易,各交易所规划和展开了多样化的业务,项目多以自愿减排交易为主,也涉及CDM项目交易和融资咨询等,如表9-5、9-6、9-7所示。总体上,交易所的发展还处在产权交易的非金融业务阶段,相对于传统金融业务来说,还没有开展碳掉期交易、碳期权、期货以碳证券、碳基金等金融衍生品的交易。

表9-5　　　　　　　　　北京环境交易所气候融资相关领域业务

气候金融相关业务部门	开展的具体业务
低碳转型服务中心	为各级地方政府和园区低碳发展提供一揽子平台化解决方案： ● 碳资产开发与管理 ● 投融资服务（资本和产业对接）：股权转让和节能项目融资等 ● 绿色低碳产业招商 ● 技术转移配套服务 ● 能力建设与专业培训
节能量交易中心	为中外各类节能环保企业提供： ● 技术转让和使用权许可、技术人才的引进 ● 开发区成套技术打包 ● 绿色建筑和生态城建设集成服务 ● 示范性技术项目推广 ● 节能环保项目投融资
CDM信息服务中心	在碳交易的参与方之间搭建一个信息化、市场化、高效率、公开、公平、公正的平台
生态补偿（VER）促进中心	为企业提供多元化解决方案： ● 碳足迹 ● 碳标签 ● 碳排放管理 ● 碳抵消、碳中和 ● 碳资产管理等
其他平台	中国企业碳资产管理与碳中和服务平台、中国合同能源管理投融资交易平台、VER电子交易平台等

　　近年来，随着中国建立本土碳市场的步伐逐渐加快，继贵金属交易所、文物交易所建立热潮之后，中国正掀起碳交易所筹建热潮。2012年发布的《国务院办公厅关于清理整顿各类交易场所的实施意见》[①]提出对包括从事权益类交易的交易所进行清理整顿，并对交易所的成立作出更加严格的限制，要求地方政府"总量控制、合理布局、审慎审批"，这对未

---

　　① 参见 http://www.gov.cn/zwgk/2012-07/20/content_2187828.htm.

表9-6　　　　　　　天津碳排放权交易所气候融资相关领域业务

气候金融相关业务领域	开展的具体业务
温室气体排放权交易	• 能效市场产品交易
	• 基于政府强制性目标要求的温室气体排放权交易
	• 碳中和交易及其他形式的自愿碳减排交易
	• 国际间温室气体排放权交易
节能减排综合服务	• 清洁发展机制（CDM）项目综合服务
	• 合同能源管理（EMC）项目综合服务
	• 区域、行业、项目的低碳解决方案设计
交易产品研发设计	• 排放权交易产品研发设计和环境金融衍生产品研发设计

表9-7　　　　　　　上海环境能源交易所气候融资相关领域业务

气候金融相关业务领域	开展的具体业务
排污权交易自愿减排平台	• 世博自愿减排平台
	• 基于政府强制性目标要求的温室气体排放权交易
	• 碳中和交易及其他形式的自愿碳减排交易
	• 国家间温室气体排放权交易
	• 零碳信用交易平台
"南南全球环境能源交易系统"和"发展中国家应对气候变化培训中心"	• 是由上海环境能源交易所和UNDP南南合作特设局合作建设的国际性合作平台
	• 推进政府和企业间清洁技术、新能源技术和环保技术的交流合作
	• 建立起合理的资金技术转移机制
上海合同能源管理项目融资服务平台	• 信息发布
	• 融资咨询
	• 项目交易

来碳交易所的设立业务开展可能会产生一定的限制。相对于国内较小的市场需求，目前的筹建热潮反映出我国公权力还没有对碳金融市场做好应有的准备。[①]各地方纷纷建立交易所不仅加重了未来我国碳金融市场在各地区各自为战、恶性竞争的风险，也增加了未来建设覆盖全国的统一标准的碳金融市场，进行价格调控及市场监管的难度。

---

① 涂永前．碳金融的法律再造［J］．中国社会科学,2012(3).

从规模来看，全国碳市场只需要一个以配额和CCER为基础产品的全国交易中心，才能实现全国碳市场的真正统一化。当前各个地区独立的碳市场呈现出交易不够活跃、流动性不足等一系列问题，在全国统一的碳市场建立之后能够在很大程度上得到解决。

（3）碳资产管理公司与国外机构尚有差距

"碳资产管理公司"是专门围绕碳信用交易而提供系列服务的碳中介机构，是极为重要的市场情报来源和项目开发的组织实施方，也在项目实施的成本控制、买卖双方信任关系的建立、市场知识、专业知识等方面有所贡献。可以说，碳资产管理公司对CDM/JI项目合格减排量的产生和顺利交易起着至关重要的作用，其业务领域涵盖多个方面，如图9-4所示。

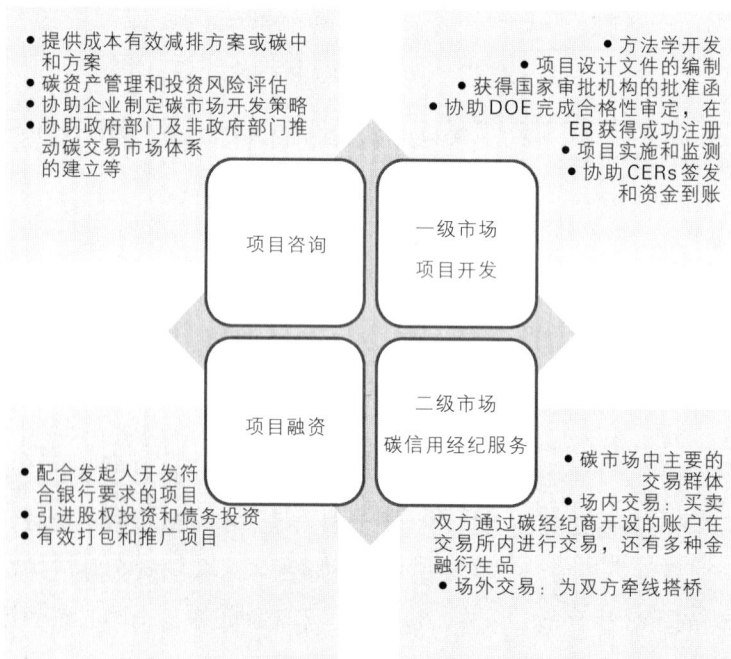

图9-4 碳资产管理公司在多个领域开展业务

目前，世界知名的碳资产管理公司大多是跨国企业，除了成立之初就专注于碳资产管理业务的公司外，也有一些是从传统能源贸易商转型而来，或由一些大型工业集团所设立。我国有十分丰富的碳减排资源，这些机构凭借其在国际金融市场上的经验和专业能力，将我国大量的碳资产转移到国际一、二级市场，赚取差价。尽管中国也产生了本土的碳资产管理公司，但由于缺乏高水平的专业能力和交易经验，本土碳资产管理公司所占市场份额相对较小，现阶段国内项目业主主要委托以国际碳基金、碳资产管理公司为代表的境外买方进行碳资产开发和交易，在交易中不具有定价权。

这与我国碳市场发展阶段相关，同时也与我国相关部门对碳金融的价值、战略意义、操作模式、交易规则、项目开发等关键问题缺乏应有的认知与准备紧密相关，而这一问题也导致了我国对本土碳资产管理公司入市缺乏统筹规划，面对复杂多变的国际碳市场形式缺乏必要的引导。

（4）碳信用评级与服务主要依赖国外机构

由于碳金融的发展，一些传统金融服务机构开始将碳金融事宜纳入其创新业务范畴之中，同时也产生了一些专门的相关服务机构，例如信用评级机构、信息服务机构等，它们为整个碳价值链的发展提供信息集成、服务、教育、引导等功能。

目前，参与到碳减排交易体系中的主要碳信用评级机构有两类：一类是传统资本市场上的信用评估机构，目前国际上几大评级机构穆迪（Moody's）、标准普尔（Standard & Poor's）和惠誉国际（Fitch Rating）都已将碳金融纳入研究事业，如将碳金融因素纳入债券评价中、追踪排放权交易市场等；另一类是专业的碳信用评级机构，如IDEA Carbon（如专栏9-7列举的案例）。到目前为止，评级机构参与的与碳金融相关的主要服务还是集中在企业级和项目级。

专栏 9-7 **专业碳信用评级机构 IDEA Carbon**

IDEA Carbon 是首个提供碳信用评级服务的独立碳信用评级机构，致力于把碳标准化为一件商品，并创立一个关于碳抵消或碳信用的新的资产类别，以使投资者能够在全球范围内使用相同的标准来评估经过碳信用评级的项目，并选择能够达到开发者碳信用评级要求的项目。类似于其他评级机构，IDEA 也将为高质量、低风险的项目提供 AAA 的评级，为高风险的项目提供 C 至 D 的评级，以使投资者能够在不同国家或区域使用统一的标准来评估碳信用风险。该碳信用评级机构为独立的评级、研究以及碳融资战略建议提供者。

碳市场信息服务机构是指为市场参与者提供信息、分析和咨询等服务的第三方。能够及时获得关于碳市场的可靠信息对于碳金融市场的发展及其参与者来说都是必不可少的因素。通过这些信息，碳市场参与者才能计划自己的交易目标、商议交易方式与条款、制定交易策略、了解与量化市场风险，并预测市场的价格波动以及未来的市场趋势。因此，同其他金融市场一样，碳市场的成熟与发展，离不开高效、稳定并可信的信息服务机构。目前，碳市场中最为活跃的碳信息服务机构是碳点公司（Point Carbon）和彭博新能源财经（Bloomburg New Energy Finance）。国内的部分交易所和碳资产管理公司也将这类服务作为其业务的重要组成部分，但在专业化程度上还有待提高。

9.2 我国个人碳账户发展情况

作为碳市场的一个分支，个人碳账户是一个极具潜力的新兴市场。不同于企业碳市场，个人碳账户市场运用的是公众的环保力量。所谓星星之火可以燎原，个人碳账户将成为实现低碳目标的中坚力量，是发展绿色金融不可或缺的组成部分。但是，由于现阶段个人碳账户的发展仍不完善，人们对于这个概念还不太熟悉。

"账户"是根据会计科目设置的，具有一定格式和结构，用于反映会

计要素的增减变动情况及其结果的载体。①简单来说，人们可以根据自己
在各个银行的账户，知道自己的日常收支情况，由此来计划自己下一步的
消费。而"碳账户"的概念也与之基本类似，碳账户作为一种创新型的碳
金融工具，用于度量用户一些日常活动的碳减排成果，最初的个人碳账户
概念着重突出用户碳减排的公益价值。

　　"碳账户"通过一套碳排放计算体系，将人们日常生活中的碳排放额
量化记录在每个人的碳账户中。未来，随着碳金融体系和国家对碳排放配
额制度的完善，个人碳账户中的碳减排量将很可能可以作为资产进行交
易，把降低碳排放量落实到个人，这也将是绿色金融未来的发展方向。个
人碳交易（Personal Carbon Trading，PCT），指通过个人的碳配额交易行
为，将碳减排的责任和义务落实到每一个家庭或个人身上，激励人们减少
碳排放量。

　　《2016全球碳预算报告》显示，中国人均碳排放量是7.5吨，虽然还
不到美国的一半，但高于欧盟的平均水平7吨，远高于全球平均值4.9
吨。②随着节能减排等环保意识在中国的普及和重视程度的日益加强，近
年来中国的个人碳账户也取得了长足的发展。

9.2.1　国内自愿减排互联网平台

（1）北京环交所自愿减排微商平台

　　2015年6月15日，北京环境交易所建立了全国首个自愿减排服务平
台"北京环境交易所服务号"。该平台是集碳排放测算、减排项目展示、
减排套餐购买、微信支付、朋友圈分享功能于一体的综合性微信服务号，
形成了CCER购买从PC端到手机客户端的新渠道，创建了碳中和与微支
付相结合的新形式。

　　通过这个平台，个人用户可以输入个人或家庭某个时间段内在日常交
通、上网冲浪、住宅能耗、会议活动、休闲旅行等方面的行为，计算个人
在该时间段的二氧化碳排放量；同时，为达到碳中和的目的，该平台给个

---

① 　参见 https://baike.baidu.com/item/%E8%B4%A6%E6%88%B7/2506258？fr=aladdin.

② 　参见 http://www.globalcarbonproject.org/index.htm.

人提供了一个连接到被认证的二氧化碳减排项目的渠道，个人用户可以根据个人的二氧化碳排放量选择自己认为合适的减排项目的减排量，弥补碳排放量，从而实现碳中和。北京环境交易所希望借此吸引更多机构和个人加入到碳中和的行列，为积极应对气候变化、建设美丽中国贡献一份力量。

（2）深圳"碳账户2.0"

2016年11月16日，深圳市绿色低碳发展基金会推出"碳账户2.0版"。该平台创建了减排量和碳排放量两个账户，分别用以记录个人用户的低碳、节能、环保行为以及个人的二氧化碳排放量，鼓励个人多做环保行为，控制二氧化碳排放。

"碳账户2.0版"采用正向激励的方式，设计一系列环保行为游戏闯关项目，鼓励公众主动选择低碳环保行为，让低碳成为每个人习以为常的生活方式。"碳账户"里设有专题、活动、任务、圈子、碳日记五大功能区，可以实现不同的功能。

碳账户还跟"智能饮料回收机"、深圳交警的"绿色出行"以及深圳的"充电桩"等建立了连接，只要个人用户选择了这些低碳行为，就能获得相应的碳积分。在"碳账户"里，参与并完成任意功能，都能获得一定的碳积分，累积积分将收获一个个低碳达人等级，并获得专属徽章，还有不定期的意外礼品和小惊喜作为奖励。"碳账户2.0"通过这种计量和鼓励的方式，赋予个人低碳行为以一些趣味性和实在的价值。

（3）"蚂蚁森林"

2016年8月27日，蚂蚁金服宣布对旗下支付宝平台的4.5亿用户全面上线"碳账户"。这将是迄今全球最大的个人碳账户平台。"碳账户"被蚂蚁金服定义为支付宝三大账户之一（资金账户、信用账户、碳账户），用于度量人们日常活动的碳减排量。蚂蚁金服认为未来金融是绿色金融，人们未来的生活方式是绿色的生活方式，"碳账户"将致力于打造成全球最大的低碳生活衡量、交易、共享平台，不仅可以让人记录低碳绿色足迹，也可以促使人们的绿色减排活动形成碳资产的交易账户，未来条件成熟，可能实现碳资产买卖、投资。

　　支付宝"碳账户"计划项目将分阶段进行，在支付宝客户端里，首期"碳账户"概念着重突出用户碳减排的公益价值，被设计为一款"蚂蚁森林"公益行动：用户如果步行、地铁出行、在线缴纳水电煤气费、网上缴交通罚单、网络挂号、网络购票等行为，就会减少相应的碳排放量，可以在支付宝里养一棵虚拟的树。

　　这棵树长大后，公益组织、环保企业等蚂蚁生态伙伴们，可以"买走"用户的"树"，而在现实某个地域种下一棵实体的树。首期用户的虚拟树将由阿拉善SEE基金会在内蒙古阿拉善盟地区种植，至今种植区域已经扩大到武威、库布其等五个地方。

　　"蚂蚁森林"作为一种崭新的发展模式，由于其平台的特殊地位和综合优势，其对于创建个人碳账户具有天然的优势。就目前来看，"蚂蚁森林"的个人碳账户是每一个个人用户的"绿色能量"值，也就是每一位个人用户的碳减排值。蚂蚁金服和北京环境交易所合作，开发了计算相应减排量的方法学。

　　虽然"蚂蚁森林"是一个很好的鼓励大众减排的项目，为增强全民减排意识做出了重要贡献，但"蚂蚁森林"对个人减排的计算方法还需要改进。由于受太多因素影响，科学、合理地计算个人减排量在目前难度比较大，针对不同地区、不同的人，减排的基准线难以界定。"蚂蚁森林"现在由公益支持，同时也是一种引导流量的营销手段，从倡导大众环保意识来说，是很成功的产品。未来如何可持续地发展是其面临的主要问题。

　　"蚂蚁森林"的阶段性成功预示着这种依托于支付宝的碳账户平台是个人碳账户的一个很好的发展方向。依靠支付宝强大的第三方支付功能和大数据处理功能，且参与人数广泛，平台积累了大量的数据信息，为个人碳排放基准线的确定、更准确地计算减排量奠定了基础，并有望成为全球个人碳账户探索中的重大突破。

9.2.2　广东碳普惠制试点

　　2015年7月17日，广东省发改委印发《广东省碳普惠制试点工作实施方案》，并选取了广州、东莞、中山、惠州、韶关、河源等6个城市作为首批试点，决定在全省组织开展碳普惠试点建设，这也是全国首个促进小微企业、家庭和个人碳减排的创新性制度举措。

如表9-8所示,《方案》中明确了省级部门的4项重点建设任务,即建立全省统一的碳普惠制推广平台、省级碳普惠制减碳行为量化核证体系、基于碳普惠制的核证减排量交易机制和基于碳普惠制的商业激励机制。

表9-8　　　　　　　　　　广东碳普惠制试点情况①

碳普惠重点建设任务	具体措施
建设全省统一的碳普惠制推广平台	搭建包括试点城市在内的省级碳普惠制推广平台
	建立汇集低碳知识、资讯、产品和技术等内容的碳普惠宣传推广专业网站、APP程序、微信公众号等
	分行业、分领域建立低碳行为相关数据收集分析平台
	指导试点地区建设企业、个人减碳行为量化核证电子信息系统并与省碳普惠制推广平台链接
建立省级碳普惠制减碳行为量化核证体系	制定小微企业、公众自愿减碳行为量化核查指南
	组织开发和审定省级碳普惠制量化核算办法和核证方法学
	通过报纸、网络、微信等平台集思广益,鼓励企业、公众提出既有创新意义又具备可操作性的自愿减碳行为量化核算方法或意见,研究论证后予以推广
建立基于碳普惠制的核证减排量交易机制	制定我省碳普惠制核证减排量交易管理办法等制度文件
	按照"成熟一个,纳入一个"的原则,探索将基于碳普惠制的省级核证减排量纳入我省自愿减排交易产品
	与碳排放权交易市场进行链接,逐步建立基于碳普惠制的核证减排量对控排企业碳排放配额的抵消补充机制
建立基于碳普惠制的商业激励机制	联合试点地区建立省低碳企业商业联盟
	制定支持碳普惠制推广的金融和财税政策
	鼓励金融机构、商业联盟开发碳信用卡、碳积分、碳币等创新性碳普惠金融产品,便于公众享受低碳权益、兑换优惠
	支持金融机构建立绿色信贷、绿色证券、绿色保险、绿色信托,拓宽低碳企业的融资渠道

---

① 资料来源:《广东省碳普惠制试点工作实施方案》。

除了《方案》外，省发改委还印发了《广东省碳普惠制试点建设指南》，以社区（小区）、公共交通、旅游景区、节能低碳产品为例，介绍了碳普惠制试点的建设指引。具体内容如表9-9所示。

表9-9　　　　　　　　　　　　　广东省碳普惠制减排方式[①]

试点	建设思路	具体步骤	信息来源
社区	根据数据可获取情况及社区实际情况，可在节约用电、节约用水、节约用气、减少私家车出行、垃圾分类回收中选择适合的低碳行为作为试点	节电减碳量量化	从社区所属区供电局获取
		节水减碳量量化	从自来水公司获取
		节气减碳量量化	从燃气公司获取
		减少私家车出行	从物业管理处获取车辆进出的记录
		垃圾分类信息	为社区居民发放垃圾分类积分卡。居民每次投放垃圾前刷卡
公共交通	以公交出行的市民为普惠对象，根据地市实际情况，以先易后难为原则，选择BRT、公共自行车、用清洁能源的公交、轨道交通等作为低碳交通试点	优先鼓励公交通勤的市民，根据城市公交乘坐规律，确定公交出行次数基准线。乘坐试点公交（总和）高于基准线（如16次/月）的予以鼓励	通过公交公司、交通卡发行公司、交通运营公司或者交通数据中心获取乘客出行信息
		统计本地各类交通工具的能耗及碳排放情况，调研公众单次出行的交通选择及里程数，确定人均单次出行的碳排放和试点普惠交通的单次减碳量	通过公交公司、交通卡发行公司、交通运营公司或者交通数据中心获取乘客出行信息
旅游景区	选取以自然风光为主、具有较多森林资源的旅游景区为试点	植物认养减碳量	由景区管理处提供认养人姓名、碳普惠账户等信息
		景区周边酒店低碳住宿减碳量	在专房内张贴二维码获取信息
		乘坐环保车减碳量	在环保车内张贴二维码获取信息
		购买非一次性门票	门票上附带二维码获取信息
节能低碳产品	以低碳产品消费者为普惠对象，根据本地区实际情况，低碳行为可选择购买节能冰箱、节能空调等节能电器或者购买低碳认证产品	购买节能产品减碳量	在试点低碳节能产品的包装上印上相应二维码，扫码即承认购买行为
		购买低碳认证产品减碳量	由销售员记录消费者的购买行为

[①]　资料来源：《广东省碳普惠制试点建设指南》。

2017年4月20日，广东省发布《关于碳普惠制核证减排量管理的暂行办法》，正式将PHCER（碳普惠核证自愿减排量）纳入碳排放权交易市场补充机制。也就是说，广东省纳入碳普惠制试点地区的相关企业或个人，通过自愿参与实施的减少温室气体排放（如节水、节电、公交出行等）和增加绿色碳汇等低碳行为产生的减排量，将正式被允许接入碳交易市场。

广东省尝试将PHCER纳入碳排放权交易市场，实现以小微企业、家庭和个人自愿性为主的碳减排参与碳排放权交易市场，是值得肯定的尝试和探索，但目前还存在一些待解决的问题。

根据广东省碳普惠创新发展中心运营的碳普惠平台碳币兑换的情况，我们发现从试点创立至今只有64个居民用碳币兑换了电影票，其他礼品的兑换量为0，碳普惠平台上减碳置换项目募集碳币也为0。可见碳币还没有深入影响居民生活，还需采取措施提高居民的参与热情。

另外，《关于碳普惠制核证减排量管理的暂行办法》中提到采用同一省级碳普惠行为方法学产生的且累计达到500吨及以上的地方PHCER，可申请转为省级PHCER，省级PHCER可以作为碳排放权交易市场的抵消机制。500吨碳排放这一门槛较高，是私人电动汽车一年的减排量，其体量远大于个人日常生活中所带来的减排量，想要达到这一入市门槛并不容易，很难有能真正入市交易的PHCER。

9.3　我国发展碳金融市场的主要问题与未来展望

目前，七个试点碳交易市场的运行已经积累了丰富的经验，全国统一碳排放权交易市场于2017年12月19日正式启动，也明确了统一市场建设工作的基本思路、重点工作任务和建设时间表。具体细节和相关技术型问题仍有待进一步明确和细化。许多现代市场遵循复杂的规章制度，其运作方式也会随着时间的推移而发生显著的变化。为了保证市场的健康运作，国家会在建立市场上花费很多心思，但以市场方案设计到具体实施运行过程之中，难免会遇到各种各样的问题，企业、市场和国家这三者如何通力合作来维持一个灵活而富有弹性的生产结构，一直是一个耐人寻味的复杂问题。通过分析全球应对气候变化政策形态的演化趋势，观察我国碳市场发展最新进程，对未来我国发展碳金融市场面临的一些主要问题及其展望如下：

9.3.1　重视我国与全球各经济体减排效果的可比性问题

从全球应对气候变的努力来看，目前，全球不仅有很多分立的、自下而上且规则各不相同的排放交易体系，还有一些区域通过碳税或更加传统的规章制度控制减排量。大多数碳交易体系并不覆盖所有的经济活动。例如，EU TES所指定的配额总量目标减少了21%并不代表着整个欧盟经济体减少了21%的温室气体排放量。而澳大利亚和新西兰的交易体系覆盖了所有或者接近所有的经济活动，并将尝试通过减排交易体系兑现其在2011《哥本哈根协议》中的承诺。美国和加拿大的大多数区域级项目并不覆盖整个经济体，也无法明确它们的减排目标与任何国际协定的关联关系。因此，如何评估不同政策组合在国家层面产生的整体减排效果并获得可比的结果，是我国碳市场设计之初就要考虑的问题，也是我国未来应对气候谈判必须关注的问题。

《京都议定书》通过让各方以1990年为基准年进行谈判达成双方互相认可的目标解决了这一问题，但在签订《哥本哈根协议》的过程中，由于各方承诺的标准不一，在这一问题上有着激烈的辩论[①]。大多数的讨论都集中于以下五种衡量方式：（1）与历史基准相比的减排量（例如，与1990年、2005年等相比减排的百分数）；（2）与基准企业相比的减排量（例如，与2020年预测水平相比的减排百分数）；（3）排放密度的减少（例如，与历史基准或未来预测相比单位GDP、单位能耗或单位发电量的减排百分数）；（4）人均减排量；（5）变现的碳价格。不同的指标会各自

---

① 详情请参阅：Levin, K., Bradley, R., 2009. Comparability of Annex I Emission Reduction Pledges. Washington：WRI；Pew Center on Global Climate Change（Pew），2011. Common Metrics：Comparing Countries´Climate Pledges. Washington：C2ES；Jotzo, F., 2010. Comparing the Copenhagen emission targets. In：Environmental Economics Research Hub，Canberra：ANU.

引发意见的巨大分歧各方，截止到目前，还没有就选择哪种衡量指标和衡量方式达成一致意见。当对各种政策的实际实施与效果进行评估的时候，可比性问题会变得更加复杂。

9.3.2 构建碳金融风险防范机制和监管框架

（1）研究和建立碳金融的风险防范机制

为应对碳金融市场未来可能面临的系统性和非系统性风险，需要在规划市场发展、形成市场激励的同时考虑如何健全碳金融稳定协调机制，完善碳金融突发事件应急预案和应急处置机制；建立完善碳金融风险监测信息系统和评估机制。因此首先应逐步厘清和明确碳金融市场的监管框架，支持相关机构开展碳金融风险预测、评估、防范等方面的研究，增强对碳金融风险的预警防范能力，维护碳金融稳定和安全。此外，应当支持碳金融风险管理工具及技术的开发和应用，并为碳金融机构维护重要碳金融信息系统安全提供必要的指导和帮助。

（2）构建我国碳金融市场的规划与监管框架

第一，要明确政府的规划与监管。目前，由于碳市场的多元属性及复杂性，全球各碳市场的监管，均是在碳市场指令或法规下以现有的环境、能源及金融机构及其法律为基础进行监管，监管职能普遍存在较为分散的特征。但各体系在碳市场建立之初，均有相应权威的公权力机构，统摄碳市场的规划设计与规制。因此，为了统筹规范碳金融市场的发展，我国迫切需要建立一个超越地方和部门权限的碳金融公权力机构，将与碳金融存在重大利害关系的问题统摄于该机构的管辖之下，主要的责任包括：碳排放配额的分配；碳交易所的分布与标准设置；碳排放交易的定价与价格调控；以碳期货与期权为基础的碳信用交易的价格发现与调控；与国际（其他国家或地区）碳市场的连接；形成与碳金融相关联的争端解决机制；完善相应的金融监管机制；联合多部门和地方建立企业守法履约的审查机制；制定碳市场风险评价与风险损失标准；建立信息交易与合作系统等。此外，碳市场主管部门与金融主管部门的分工与合作机制也应在碳市场建立早期得到明确，并将金融主管部门的角色尽早融入碳市场的建设过程之中。

　　第二，从主要涉及的政府监管部门来看，鉴于发改委是我国目前负责气候变化事务的主管机构，且根据新华社通报的《国务院机构改革和职能转变方案》，国务院将现国家能源局、电监会的职责整合，重新组建国家能源局，完善能源监督管理体制。新的国家能源局的主要职责是，拟订并组织实施能源发展战略、规划和政策，研究提出能源体制改革建议，负责能源监督管理等。改革后，国家能源局继续由发改委管理。这一改革对发改委统筹考虑能源市场化改革和碳市场发展情况提供了优势条件，同时也为能源监管部门参与和协调碳市场的监管提供了制度基础。

　　碳交易市场建设初期可以从现行的行政管理体制出发，建立以发改委为主体、其他政府部门积极参与的监管机制，这样既有利于监管的权力制衡，消除碳交易市场监管的盲区，又能逐步建立起信息共享、沟通便捷、职责明确的协调配合机制的监管模式。发改委作为碳交易的主管机构，应建立健全排放权交易的管理和监督体系，负责政策制定、定价和交易条件确定等。

　　关于金融管理机构，碳市场作为金融市场的一部分，碳衍生品市场的监管主要依靠金融监管机构进行，应充分发挥中国人民银行、银监会、证监会、财政部等政府部门实施对碳金融业务的监督管理和市场调控作用。

　　第三，要积极启动第三方机构监管。如第7章所述，有一些国际或地方在现有的法律框架下，引入了第三方独立机构，负责碳市场的跟踪监督、监管，在跨越现实制度障碍的同时也可以解决政府内部技术及专业监管力量不足等难题。因此全国市场或地方试点市场也可以仿效此种做法，委托有资质、有经验的碳市场管理与技术优势部门，定期行使部分监管职能。

　　第四，强化碳交易所的监管意识和监管能力。交易所是我国碳市场建设初期碳交易的主要平台，完善交易所的交易制度包括交易规则和交易程序。交易所通过登记系统、追踪系统等对碳交易的各个环节可以形成动态的监管，能够发挥重要的监管职能。交易所可通过资格审查的方式对中介机构和会员企业实施监管，一般而言，会员资格的具体标准由交易所依据有关法律制定。交易所根据标准评估申请者是否有足够的知识、经验、资源和能力来有效地开展其业务活动。另外，交易所还可建议乃至要求会员设计自我管理的制度，落实各项具体的监管措施，严格执行监管制度，发现情况应及时采取措施，并立即上报。交易所还可设立专门的碳交易安全监控中心，并与其他各监管主体联网，以防范交易风险、保证投资者的交易安全。

第五，充分发挥行业协会的自我监管功能。我国已经比较成熟的金融行业协会主要有银行业协会、证券业协会、保险业协会、期货业协会等。金融行业协会具有民间性、自律性和非营利性，并以社团形式开展活动，行业协会能够为政府的碳金融监管部门提供信息服务，其组成人员具有间接融资、直接融资、碳权开发与投资、碳金融衍生市场等专业优势，可保证其公正性和权威性。在市场发展到一定阶段的时候，可以在行业协会内部设置具有负责碳金融行业协会职能的部门，或者成立专门的碳金融行业协会等。协会可以接受政府监管部门的委托，对碳金融产品的开发、咨询服务、碳权衍生品交易是否符合监管机构的指导原则等方面进行调查。例如，可以对商业银行向社会公布的各种低碳信息、碳权价格、温室气体减排行业指数等进行测算核实，发表客观公正的核查报告。另外，协会也能够通过倡导和推广行业条例、人员、技术等方面的标准，从而加强碳金融行业的自律监督能力。

第六，充分发挥社会监督作用。对碳交易市场的社会监管包括媒体、环保组织、投资者、信用评级机构、资产评估机构、会计师事务所、律师事务所等多方面的监督。社会监督作用的发挥可弥补碳交易市场和政府职能的缺陷。

（3）加强传统金融市场的低碳支持

要使得国内金融市场充分参与和发挥作用，需要结合当前实际情况和未来长远目标进行充分规划，并要发挥政府、企业、金融机构、研究机构及行业组织的合力，共同推动低碳融资政策和机制的完善，一些近期可以采取的具体措施包括：

第一，将绿色信贷政策上升为约束性制度安排。尽快将"绿色信贷"由指导性政策上升为一种约束性制度安排，从而引导和约束银行等金融机构加大对节能减排项目的支持，改变碳市场的单边运行状态。完善相关法律，统一绿色信贷的标准，规定绿色贷款指标，将银行和企业的环境、社会风险联系在一起，将环境、社会、气候风险评估纳入内部授信程序，强化环境利益相关者的联动，并强化对违规行为的问责。强制约束的同时，还需逐步构建绿色信贷实施的利益协调机制，处理好利益损失如何分摊、利益补偿与激励机制如何构建等问题。

第二，成立低碳融资行业性联盟。建议在相关政府部门的大力支持下，积极推动由行业协会、金融机构、企业和科研机构等合作成立公益性的产业联合组织。联盟以各方的共同利益为基础，以满足企业融资需求和提升低碳融资创新能力为目标，以具有法律约束力的契约为保障，重点发挥行业协会的自律监督能力、激发金融机构的创新能力以及科研机构的研究实力，形成联合创新、优势互补、利益共享、风险共担的行业性联盟。联盟将推动金融机构建立低碳金融风险管理体系，共同完善低碳投融资的信息披露机制。同时，应建立公共资源共享平台，开展低碳金融标准的制定，推进新型金融工具的创新和试点，并建立创新工具及案例分享机制，引领中国低碳金融产业的发展。联盟还可以在金融机构和企业之间搭建桥梁，帮助企业拓展节能减排融资渠道，促进资金流向低碳技术企业。

第三，充分发挥现有政策性银行的作用，或考虑设立政策性绿色银行。在应对气候变化和低碳转型过程中，存在一些商业银行从盈利角度或自身资金实力角度考虑不愿开展业务的领域，如投资规模大、周期长、经济效益见效慢、资金回收时间长的节能基础设施建设项目等。政策性银行可专门对这些项目进行融资，从而实现集中资金，支持重大项目的建设。我国原先有三家政策性银行[①]，现在的中国进出口银行和中国农业发展银行都可以有针对性地对一些绿色项目进行贷款。此外，我国也可以参考英国设立绿色投资银行的方式，设立专门的政策性低碳银行。例如，英国绿色投资银行是世界上首家专门为低碳项目融资的国家银行，其主要作用是

---

① 国家开发银行于2008年改组为我国第五大商业银行。

为资本市场和需要投资的企业牵线搭桥，实现英国向低碳经济转型。其30亿美元的启动资金来自公共财政，由财政部划拨，但政府承诺将通过立法赋予新银行独立于政府的地位。银行有权在资本市场借款，从2015年4月起银行可向私营部门借款。该银行从2012年4月起发放针对低碳能源项目的贷款，优先考虑海上风电、垃圾发电和非住宅节能项目。预计未来4年，将向低碳产业注入150亿英镑的资金。英国绿色投资银行的建立，不仅为需要投资的绿色企业提供了政府性质的融资渠道，也是一个积极的鼓励私人投资的信号。

第四，建设低碳证券市场，发挥资本市场低碳融资的作用。首先，在现有绿色证券政策基础上，进一步完善其法规政策体系，探讨出台《上市公司环境监管条例》，进一步强化上市公司环保核查制度，逐步完善上市公司的环境信息披露制度，完善企业环境绩效评估体系，设计绿色指数及相关衍生品，设计证券市场可持续投资的绿色指引政策，建立全面而完善的上市公司环境监管和监督体系。从准入核查、可持续信息披露和退出机制等方面着手，引导市场资金向节能减排、可再生能源等绿色产业倾斜，减少对高污染、高能耗企业的投入。

政府还可以尝试建立"低碳投资银行"或"低碳投资基金"等更多创新性的融资方式，且需要通过政策或监管措施来激励金融机构在金融工具方面的创新，鼓励不同类型的传统金融机构投入到气候变化事业中去，积极地开展创新性的案例，并分享成功经验，增强金融机构投资低碳领域的信心，具体措施如下：

①开发多样化的低碳融资贷款产品。目前，我国低碳融资的商业贷款方面已有起色，做得较为出色的如兴业银行，已经发展了多种商业贷款模式。很多其他银行，如地方银行可在目前已有的信贷模式之上，进一步开发针对企业的绿色信贷产品，并重点推出符合当前形势的信贷模式。未来需要开发更多的符合情景的多元化融资模式，并针对同一企业开展多种模式组合的商业贷款。为了推动低碳融资贷款产品的发展，还需要不断完善制度政策，制定不同信贷模式放贷的基本标准。与此同时也要重视跟进当前信贷款项的后续使用，以规范低碳类信贷市场的

发展。

②逐步发展低碳债券产品。广东、上海、浙江、深圳四个地方政府今年收到了发行市政债券的通行证，未来国有铁路公司、大型节能公司和可再生资源的制造企业也可能在香港的离岸人民币债券市场发行债券，这为将低碳城市发展与债券市场进行连接提供了重要的机遇。但是，除了低碳领域公司发行的债券外，中国目前尚鲜有专门的"低碳债券"。中国的发展性金融机构可借鉴国际多边金融机构的经验，向金融机构和其他机构投资者发行低碳债券，以增加应对气候变化的资金。从谨慎角度考虑，建议从发行国债开始，相比企业发债，国债风险较低，投资者对之有更高的信任度，有利于投资者进行投资，也会加快低碳债券体系的形成。因此要合法化低碳国债，打开销售渠道，确定专门负责低碳国债发行的监督机构，建立对低碳国债扶持企业项目统一的资格审核标准，并对债券筹集资金的使用情况实行高效有力的监督。

③发展碳效率指数，推动行业内的碳效率竞争。碳效率指数工具的意图是引导证券投资的资金配置，引导大量资金流向新兴市场碳效率最高的企业。这个新工具可针对被动型的股票投资者，使得投资者在作出投资决策之前，有一个严格的独立参照基准来测评气候友好型投资机会，在几乎不增加风险的情况下提供市场回报。假以时间，此类工具可催生新的市场化举措，例如降低资金成本和提高声誉，为企业测量、披露和减少碳排放提供动力。

9.3.3　大力培育并引导碳金融机构的健康发展

（1）扶持我国第三方核证机构的发展

第三方核证机构是指在碳信用交易中，为避免或减少虚假的排放数据、确认项目产生的减排量的真实性，而规定的经过认证、独立于甲乙双方的第三方交易辅助机构。就京都机制而言，是指经过联合国相关机构认证的、主要负责对温室气体的排放进行核实和核证，以确保减排量的真实性和可靠性的独立机构，即指定经营实体（DOE）。

目前，中国大陆的DOE仅有4家。中国作为一个注册CDM项目最多的东道国，一直存在着CDM项目分散、中介程序烦琐、审核周期长、市场交易机制不完善等问题，应当发展更多本土DOE，因为本土DOE不仅熟悉中国国情，而且与在国外的DOE相比，在中国开展项目的效率也会相对较高。中国国内碳市场在发展的过程中，也需要更多的机构来承担起核准及验证的工作。更为重要的是，主管部门需要制定对相关机构进行资质评价的标准和程序。

（2）发展本土的碳基金

可以参考世界银行碳基金的做法，首先通过发展国家层面的政策性基金的形式，形成中国自愿减排市场中的买方，经过一定阶段的发展后形成一个开放式的基金，来获得更多私人资金[1]。近期可以考虑以现有的中国清洁发展机制基金（China Clean Development Mechanism Fund，CDMF）为主平台，吸收各地方财政和社会资金，建立以扶持地方减排项目和实现各行政区域减排任务的若干区域碳基金。同时借鉴现行的特别基金设计，联合各部委和若干行业协会，建立以各种项目类型为特征的功能型碳基金，如森林碳汇基金、沼气回收利用基金、生态农业基金等。此外，有必要建立清洁发展机制技术转让补偿机制基金，鼓励和促进清洁发展机制项目业主进行技术转让和扩散，示范和支持相应的融资渠道，如绿色贷款、技术引进信用担保等，帮助项目业主解决在购买先进技术时需要大额初始资金的问题[2]。发展到一定阶段，要有相应的激励政策鼓励私人碳基金的建立和发展，引导民间资本进入碳金融领域。另外也需要尽快探索并明确本土碳基金的投资模式、交易和退出等机制。

为了在各区域碳交易市场发展过程中发挥碳基金的融资作用，各地区也应结合自身实际情况，根据自然资源、产业结构、财力水平，由政府和地方企业合作来设立符合地方特色的低碳基金。充分吸收当地政府资金支持，并且发挥民间资本等私人资本对低碳经济的支持作用。

---

① 陈胜涛,张开华.世界银行碳基金组织运作方式及启示[J].国际金融研究,2011(10).

② 鄢德春.世界银行碳基金运作模式对发展我国政策性碳基金的启示[J].上海金融,2010(6).

（3）推动产权交易所的金融化改革和金融创新

国际上主要的碳排放权交易所的母公司或者大股东均为国际知名的交易所。例如，GreenX所属的CME集团是全球最大的期货交易所集团，ICE ECX所在的ICE欧洲期货交易所是欧洲最大、世界第二大的能源期货交易所，EEX和BlueNext的最大股东分别为欧洲期货交易所和纽约泛欧交易所集团。这样的股权结构具有以下几点优势：①丰富的期货交易运营经验；②一体化的交易平台，减少重新建设的成本；③信誉保障和成熟的风险管理措施，大型交易所一般具有较高的信用等级，能够提高投资者对于碳排放交易的信心，并保证投资者的利益；④会员资源，例如EEX与其主要控股公司Eurex在排放权交易领域合作，Eurex的交易会员仅需要通过简单的认证就可以利用已有的渠道参与EEX的衍生品交易。

目前，国内产权市场在碳交易方面承担了交易平台的作用。城市的产权交易所发起的碳交易所，其股东一般不具备进行大规模期货交易资格和经验，不熟悉金融市场，且风险控制、市场管理经验较为欠缺。在初期碳市场发展的情况下，一般会立足现货交易，以企业参与为主，我国并不会盲目发展大众投资者，碳市场也将会发展成类期货市场，不会明显地暴露问题，但当政策放开可以对碳产品进行金融化的时候，或设计与国际碳金融市场对接等问题时，市场经验的欠缺就会成为下一步发展的障碍。解决这个问题，一方面可以通过经验积累和平台建设加快自身的成长；另一方面，可以考虑吸引更多的市场主体特别是有期货运营经验的企业加入，或者以某种方式开展合作，譬如与期货交易所建立合作关系，共同建设期货交易平台、开发环境类期货产品并共享期货交易的会员资源等。

在我国，期货交易归中国证监会监管，与国外相比，我国的期货监管特别是前端准入较为严苛，而且期货新品种的上市需要经历非市场化的两级审批制——先向中国证监会申请，中国证监会再报国务院批准，国务院还需与各部委协调，只有连过两大关后才能上市交易。复杂的审批程序已成为制约我国期货业发展的瓶颈。过于严格的管制与市场需求的不协调导致了各种不符合法规的制度外创新。为此，国务院连续发文整顿交易所，《国务院关于清理整顿各类交易场所切实防范金融风险的决定》（国发〔2011〕38号）以及《国务院办公厅关于清理整顿各类交易场所的实施意见》（国办发〔2012〕37号）要求国内交易所在未取得相关牌照的情况下不得将权益按照标准化交易单位持续挂牌交易，也不得以集中交易方式进行标准化合约交易。

碳交易产品天然具有信用属性和类通货特征，如果没有金融管制，发展成为金融化的碳期货及衍生交易产品可谓顺理成章。碳市场未来的终极发展阶段和归宿将是碳金融市场。随着气候变化效应的不断显现和国际应对行动的升级、低碳经济转型的深化，以及国际金融市场格局的演变，碳金融的重要性也将受到越来越多的重视。就国内环境交易所来说，如果能够取得证监会的期货交易牌照或通过其他方式取得期货交易资格（比如与已有商品期货交易所的合作），将对碳金融业务的开展起到至关重要的推动作用。

（4）鼓励碳资产公司"走出去战略"

由于目前的国内碳市场尚处于试点阶段，至少在2015年以后才可能向全国推广，可适当引导国内碳资产管理公司一方面积极采取"走出去战略"，通过参与其他国家成熟碳市场（例如EU ETS）交易的方式，逐步熟悉碳市场的交易规则、交易类型、各项流程，从而积累经验、储备人才，为最终参与国内市场的交易、应对国际与国内市场的链接做好充分准备。另一方面，则要面向国内市场做准备，未来地方交易试点将涵盖多类经济部门，应积极为挖掘本土多种类型产业的碳资产管理业务做好充分的调查和研究准备。同时，与传统金融部门积极合作，为顺利开展国内配额市场、项目市场的相关业务做好创新金融服务的准备。

（5）培养本土的碳信用评级和服务

我国在建立本土碳市场之初就须从维护国家金融安全和碳资产安全的立场出发，改变过度依赖国外机构的局面，抓紧培养本土的碳信用评级和服务市场，建立自主的碳信用评价体系。目前我国作为碳信用的最大供给方仅仅参与到国际碳产业链的低端范畴，碳金融市场体系正呈现出被欧盟等金融发达国家所垄断的趋势，若我国能在未来建立起标准化碳信用体系，则能够获得与其地位相匹配的碳市场话语权。建立独立、有公信力的碳信用评价体系，培育符合我国企业和国家利益的本土的信息服务体系是关键一环。

主要参考文献

1. Ellerman A D, Convery F J, Perthuis C De. Pricing Carbon: The European Union Emissions Trading Scheme[M]. New York: Cambridge University Press, 2010.

2. Alberola E, Chevallier J, Cheze B. Price drivers and structural breaks in European carbon price 2005—2007[J]. Engergy Policy 2008(36): 297-787.

3. Maeda A,. Impact of banking and forward contracts on tradable permit markets. Environmental Economicsand Policy Studies, 6(2): 81-102, 2004.

4. Benz E, Trück S. Modeling the price dynamics of CO_2 emission allowances[J]. Energy Economics, 2009, 31(1): 4-15.

5. Betz, R. 'What is Driving Price Volatility in the EU ETS?' [EB/OL]. [2009-09-17]. http://www. ceem. unsw. edu. au / content / userDocs / PagesfromAETFReviewOctNov06_web-2-1.pdf.

6. Borovkov K, Decrouez G, Hinz J. Jump-diffusion modeling in emission markets [J]. Stochastic Models, 2011, 27(1): 50-76.

7. Bredin D, Muckley C. An emerging equilibrium in the EU emissions trading scheme[J]. Energy Economics, 2011, 33(2): 353-362.

8. Burtraw D, Palmer K, Kahn D. A symmetric safety valve[J]. Energy Policy, 2010, 38(9): 4921-4932.

9. Carmona R, Delarue F, Espinosa G E, et al. Singular forward backward stochastic differential equations and emissions derivatives[J]. The Annals of Applied Probability, 2013, 23(3): 1086-1128.

10. Carmona R, Fehr M, Hinz J, et al. Market design for emission trading schemes [J]. Siam Review, 2010, 52(3): 403-452.

11. Carmona R, Fehr M, Hinz J. Optimal stochastic control and carbon price formation[J]. SIAM Journal on Control and Optimization, 2009, 48(4): 2168-2190.

12. Carmona R, Hinz J. Risk-neutral models for emission allowance prices and option valuation[J]. Management Science, 2011, 57(8): 1453-1468.

13. Chesney M, Taschini L. The endogenous price dynamics of emission allowances and an application to CO_2 option pricing[J]. Applied Mathematical Finance, 2012, 19(5): 447-475.

14. Chevallier J. Banking and borrowing in the EU ETS: a review of economic modelling, current provisions and prospects for future design[J]. Journal of Economic Surveys, 2012, 26(1): 157-176.

15. Chevallier J. Macroeconomics, finance, commodities: Interactions with carbon markets in a data-rich model[J]. Economic Modelling, 2011, 28(1): 557-567.

16. Coase, Ronald H. The Problem of Social Cost[J]. Journal of Law and Economics, 2013, 3(1): 1-44. doi: 10.1086/466560.

17. Convery F J, Redmond L. Market and price developments in the European Union emissions trading scheme[J]. Review of Environmental Economics and Policy, 2007, 1(1): 88-111.

18. Coulon M, Howison S. Stochastic behaviour of the electricity bid stack: from fundamental drivers to power prices[J]. The Journal of Energy Markets, 2009,

2(1):345-356.

19. Coulon, M. Modelling price dynamics through fundamental drivers in electricity and other energy markets[J]. Working Paper,2009,18(2):194-208.

20. Creti A, Jouvet P A, Mignon V. Carbon price drivers: Phase I versus Phase II equilibrium?[J]. Energy Economics,2012,34(1):327-334.

21. Daskalakis G, Psychoyios D, Markellos R N. Modeling CO_2 emission allowance prices and derivatives: Evidence from the European trading scheme[J]. Journal of Banking & Finance,2009,33(7):1230-1241.

22. Delarue E D, Ellerman A D, D'haeseleer W D. Robust MACCs? The topography of abatement by fuel switching in the European power sector[J]. Energy, 2010,35(3):1465-1475.

23. Ecofys. Allocation in Phase 3 of EU ETS[EB/OL]. [2011-05-02]. http://ec.europa.eu/clima/policies/ets/cap/allocation/docs/gen_en.pdf.

24. Ellerman A D, Buchner B K. Over-allocation or abatement? A preliminary analysis of the EU ETS based on the 2005-06 emissions data[J]. Environmental and Resource Economics,2008,41(2):267-287.

25. Ellerman A D, Convery F J, De Perthuis C. Pricing carbon: The European union emissions trading scheme[M]. Cambridge:Cambridge University Press,2010.

26. Fell H, Burtraw D, Morgenstern R D, et al. Soft and hard price collars in a cap-and-trade system: A comparative analysis[J]. Journal of Environmental Economics and Management,2012,64(2):183-198.

27. Fell H, Morgenstern R D. Alternative approaches to cost containment in a cap-and-trade system[J]. Environmental and Resource Economics,2010,47(2):275-297.

28. Gerard W R. COLUMN-EU readies second best carbon market fix[EB/OL]. [2012-01-04]. http://www.reuters.com/article/2012/01/04/carbon-idUSL..

29. Hintermann B. Market power and windfall profits in emission permit markets [R]. CEPE Center for Energy Policy and Economics,ETH Zurich,2009.

30. Howell,L. (Ed.),2013. Global Risks 2013,Eighth Edition. World Economic Forum. [EB/OL]. [2013-04-22]. http://www3.weforum.org/docs/WEF_Global-Risks_Report_2013.pdf

31. Howison S, Schwarz D. Risk-neutral pricing of financial instruments in emission markets: A structural approach[J]. SIAM Journal on Financial Mathematics, 2012,3(1):709-739.

32. Jacoby H D, Ellerman A D. The safety valve and climate policy[J]. Energy Policy,2004,32(4):481-491.

33. Rubin J. A model of intertemporal emission trading, banking and borrowing[J]. Journal of EnvironmentalEconomics and Management,31(3):269 286,1996.

34. Keppler J H, Mansanet-Bataller M. Causalities between CO2, electricity, and other energy variables during phase I and phase II of the EU ETS[J]. Energy Policy,2010,38(7):3329-3341.

35. Kijima M, Maeda A, Nishide K. Equilibrium pricing of contingent claims in trad-

able permit markets[J]. Journal of Futures Markets,2010,30(6):559-589.

36. Kopp R,Morgenstern R,Pizer W. Something for everyone:A climate policy that both environmentalists and industry can live with[M]. Policy Brief. Washington,DC:Resources for the Future,1997.

37. Kossoy A,Ambrosi P. State and trends of the carbon market[R]. Washington (DC):World Bank,2010.

38. Llewellyn J,Chaix C. The business of climate change II:Policy is accelerating, with major implications for companies and investors[J]. Lehman Brothers, 2007(20).

39. Léon W. Elements of Pure Economics:Or the Theory of Social Wealth[M]. London:Psychology Press,2003.

40. McKibbin W J,Wilcoxen P J. A Better Way to Slow Global Climate Change[R]. Australian National University,Economics and Environment Network,1997.

41. Meehl G A,Stocker T F,Collins W D,et al.,2007. 'Global Climate Projections.' In:Climate Change 2007:The Physical Science Basis. Contribution of Working Group I to the Fourth Assessment Report of the Intergovernmental Panel on Climate Change [Solomon,S.,D. Qin,M. Manning,Z. Chen,M. Marquis,K.B. Averyt,M. Tignor and H.L. Miller (eds.)]. Cambridge University Press,Cambridge,United Kingdom and New York,NY,US.

42. Misiolek W S,Elder H W. Exclusionary manipulation of markets for pollution rights[J]. Journal of Environmental Economics and Management,1989,16(2): 156-166.

43. Murray B C,Newell R G,Pizer W A. Balancing cost and emissions certainty:An allowance reserve for cap-and-trade[J]. Review of Environmental Economics and Policy,2009,3(1):84-103.

44. Norwegian Government,Calculating 2012 Performance Based Payments to Guyana Based on Interim Performance Indicators [EB/OL]. [2012-2-24]. http://www.regjeringen.no/upload/MD/2012/Nyheter/Technical_note_payments.pdf.

45. Olga A,Evgenii V. Radkevich.Second Order Equations with Nonnegative Characteristic Form[J]. American Mathematical Society,1973.

46. Paolella M S,Taschini L. An econometric analysis of emission allowance prices [J]. Journal of Banking & Finance,2008,32(10):2022-2032.

47. Femandez,I.Chile update on MRP implementation phase [EB/OL]. [2013-10-12]. http://www.thepmr.org/system/files/documents/PA%26_Chile%20MRP%20update%20PMR%20Marrakech%20Oct%202013.pdf.

48. Pizer W A. Combining price and quantity controls to mitigate global climate change[J]. Journal of public economics,2002,85(3):409-434.

49. Point Carbon and Chicago Climate Exchange 2004,'What Determines the Price of Carbon?[EB/OL]. [2009-10-14]. http://www.chicagoclimatex.com/news/publications/pdf/EU_CO$_2$_price_drivers.pdf.

50. Patrick N. On the Contribution of Labelled Certified Emission Reductions to Sustainable development:A multi-Criteria Evaluation of CDM Projects [J]. Energy

Policy,2009,37(1):91-101.

51. Pedersen S L. The Danish CO_2 emissions trading system[J]. Review of European Community & International Environmental Law,2001,9(3):223-231.

52. Peters-Stanley M. ,et al.Covering New Ground,State of the Forest Carbon Markets in 2013[J]. Forest Trends Ecosystem Marketplace,2013,28(3):205-218.

53. Pindyck R S. Modeling the impact of warming in climate change economics[R]. National Bureau of Economic Research,2010.

54. Pizer W A. Combining price and quantity controls to mitigate global climate change[J]. Journal of public economics,2002,85(3):409-434.

55. Regional Greenhouse Gas Initiative, Inc.RGGI First Control Period CO2 Allowance Allocation[EB/OL].[2012-02-27]. http://www.rggi.org/docs/Allowance-Allocation.pdf.

56. Reser J P, Pidgeon N, Spence A, et al, 2011. Public risk perceptions, understandings,and responses to climate change in Australia and Great Britain:Interim report[EB/OL].[2013-04-22]. http://www.nccarf.edu. au/publications/public-risk-perceptions-final.

57. Retamal, C, 2009.'Understanding CER Price Volatility'. Carbon Management Consultinggroup, Latin Carbon Forum, Panama[EB/OL].[2010-07-09]. http://www.latincarbon.com/2009/docs/presentations/CERpriceVolatility_Retamal.pdf.

58. Regional Greenhouse Gas Initiative,Inc.RGGI First Control Period CO_2 Allowance Allocation[EB/OL].[2012-2-27]. http://www.rggi.org/docs/Allowance-Allocation.pdf.

59. Rubin,J. D. A model of intertemporal emission trading,banking,and borrowing [J]. Journal ofEnvironmental Economics and Management,2012,31(3),pp. 269 286

60. Schennach S M. (2000) The economics of pollution permit banking in the context of Title IV of the 1990 Clean Air Act Amendments[J]. Journal of Environmental Economics and Management,40(3),pp. 189 210.

61. Seifert J U,Wagner M. Dynamic behavior of CO_2 spot prices[J]. Journal of Environmental Economics and Management,2008,56(2):180-194.

62. Stavins R N. Transaction costs and tradeable permits[J]. Journal of Environmental economics and management,1995,29(2):133-148.

63. Stevens B,Rose A. A dynamic analysis of the marketable permits approach to global warming policy:A comparison of spatial and temporal flexibility[J]. Journal of environmental economics and management,2002,44(1):45-69.

64. Lawrence H,William A. The economics of climate change:the Stern review[M]. London:Cambridge University Press,2007.

65. Unold W, Requate T. Pollution control by options trading[J]. Economics Letters,2001,73(3):353-358.

66. Wagner M,Uhrig-Homburg M. Futures price dynamics of CO_2 emission certificates-An empirical analysis[J]. Journal of Derivatives,2009,17(2):73-88.

67. Montgomery W D. Markets in licenses and efficient pollution control programs

[J]. Journal of Economic Theory,5(3):395 418,1972.

68. Wiener J B. Something borrowed for something blue:legal transplants and the evolution of global environmental law[J]. Ecology LQ,2000,27:1295.

69. Wood P J,Jotzo F. Price floors for emissions trading[J]. Energy Policy,2011, 39(3):1746-1753.

70. Yale Environment. 'Increase in Extreme Weather Influencing Opinion on Climate Change[EB/OL]. [2013-04-22]. http://e360.yale.edu/digest/increase_in_extreme_weather__influencing_opinion_on_climate_change/3552/..

71. 谢平,段兵. 气候变化风险溢价研究[J]. 金融研究,2010(8):16-32.

72. 陈波. 碳排放权交易市场的设计理论与实践研究. 北京:中国经济出版社.2014 (1):129.

73. 谢家智,鲜明. 国外农业保险发展对我国的启示[J]. 农村经济,2003(7):70-72.

74. 杨宏伟,张敏思. 高耗能产品出口对我国能源环境的利弊分析[J]. 中国能源,2007 (1):27-29.

75. 宿凤鸣. 低碳交通的概念和实现途径[J]. 综合运输,2010(5):13-17.

76. 王遥. 碳金融:全球视野与中国布局[M]. 北京:中国经济出版社,2010:30.

77. 苏明,傅志华,许文等. 碳税的国际经验与借鉴[J]. 经济研究参考,2009(2): 17-23.

78. 钱政霖,马晓明. 国际自愿减排标准比较研究[J]. 生态经济,2012(5):39-42.

79. 段茂盛,庞韬. 碳排放权交易体系的基本要素[J]. 中国人口资源与环境,2013,23 (3):110-117.

80. 张敏思,范迪,窦勇. 欧盟碳市场的进展分析及其对我国的借鉴[J]. 环境保护, 2014(8):23.

81. 朱帮助,王平,魏一鸣. 基于 EMD 的碳市场价格影响因素多尺度分析[J]. 经济学 动态,2012(6):92-97.

82. 段茂盛,庞韬. 碳排放权交易体系的基本要素[J]. 中国人口资源与环境,2013,23 (3):110-117.

83. 李挚萍. 碳交易市场的监管机制研究[J]. 江苏大学学报:社会科学版,2012,14(1).